Python Challenge

Dipl.-Inform. Michael Inden ist Oracle-zertifizierter Java-Entwickler. Nach seinem Studium in Oldenburg hat er bei diversen internationalen Firmen in verschiedenen Rollen etwa als Softwareentwickler, -architekt, Consultant, Teamleiter sowie Trainer gearbeitet. Zurzeit ist er als CTO und Leiter Academy in Zürich tätig.

Michael Inden hat über zwanzig Jahre Berufserfahrung beim Entwurf komplexer Softwaresysteme gesammelt, an diversen Fortbildungen und mehreren Java-One-Konferenzen teilgenommen. Sein besonderes Interesse gilt dem Design qualitativ hochwertiger Applikationen mit ergonomischen GUIs sowie dem Coaching. Sein Wissen gibt er gerne als Trainer in internen und externen Schulungen und auf Konferenzen weiter, etwa bei der Java User Group Switzerland, bei der JAX/W-JAX, ch.open und den IT-Tagen.

Michael Inden

Python Challenge

Fit für Prüfung, Job-Interview und Praxis – mit 100 Aufgaben und Musterlösungen

dpunkt.verlag

Michael Inden
michael_inden@hotmail.com

Lektorat: Michael Barabas
Copy-Editing: Ursula Zimpfer, Herrenberg
Satz: Michael Inden
Herstellung: Stefanie Weidner
Umschlaggestaltung: Helmut Kraus, *www.exclam.de*
Druck und Bindung: mediaprint solutions GmbH, 33100 Paderborn

Bibliografische Information der Deutschen Nationalbibliothek
Die Deutsche Nationalbibliothek verzeichnet diese Publikation in der Deutschen Nationalbibliografie; detaillierte bibliografische Daten sind im Internet über *http://dnb.d-nb.de* abrufbar.

ISBN:
Print 978-3-86490-809-5
PDF 978-3-96910-140-7
ePub 978-3-96910-141-4
mobi 978-3-96910-142-1

1. Auflage 2021

Wieblinger Weg 17
69123 Heidelberg

Hinweis:
Dieses Buch wurde auf PEFC-zertifiziertem Papier aus nachhaltiger Waldwirtschaft gedruckt. Der Umwelt zuliebe verzichten wir zusätzlich auf die Einschweißfolie.

PEFC zertifiziert
Das Papier für dieses Buch stammt aus nachhaltig bewirtschafteten Wäldern und kontrollierten Quellen.
PEFC
PEFC/04-31-0810 www.pefc.de

Schreiben Sie uns:
Falls Sie Anregungen, Wünsche und Kommentare haben, lassen Sie es uns wissen: hallo@dpunkt.de.

5 4 3 2 1 0

Für unsere bezaubernde Prinzessin Sophie Jelena

Inhaltsverzeichnis

Vorwort

Zunächst einmal bedanke ich mich bei Ihnen, dass Sie sich für dieses Buch entschieden haben. Hierin finden Sie eine Vielzahl an Übungsaufgaben zu den unterschiedlichsten Themengebieten, die kurzweilige Unterhaltung durch Lösen und Implementieren der Aufgaben bieten und Sie so entweder auf Bewerbungsgespräche einstimmen oder aber einfach Ihre Problemlösungsfähigkeiten verbessern.

Übung macht den Meister

Wir alle kennen das Sprichwort: »Übung macht den Meister.« Im Handwerk und in diversen Bereichen des realen Lebens wird viel geübt und der Ernstfall ist eher selten, etwa im Sport, bei Musikern und in anderen Bereichen. Merkwürdigerweise ist dies bei uns Softwareentwicklern oftmals deutlich anders. Wir entwickeln eigentlich fast die gesamte Zeit und widmen uns dem Üben und Lernen bzw. Einstudieren eher selten, teilweise gar nicht. Wie kommt das?

Vermutlich liegt das neben dem in der Regel vorherrschenden Zeitdruck auch daran, dass nicht so viel geeignetes Übungsmaterial zur Verfügung steht – es gibt zwar Lehrbücher zu Algorithmen sowie Bücher zu Coding, aber meistens sind diese entweder zu theoretisch oder zu Sourcecode-lastig und beinhalten zu wenig Erklärungen der Lösungswege. Das will dieses Buch ändern.

Wieso dieses Buch?

Wie kam ich dazu, dieses Buchprojekt in Angriff zu nehmen? Das hat mehrere Gründe. Zum einen wurde ich immer wieder per Mail oder persönlich von Teilnehmern meiner Workshops gefragt, ob es nicht ein Übungsbuch als Ergänzung zu meinem Buch »Der Weg zum Java-Profi« [4] geben würde. Dadurch kam die erste Idee auf.

Doch wirklich ausgelöst hat das Ganze dann, dass ein Google-Recruiter mit einer Jobanfrage recht überraschend auf mich zukam. Als Vorbereitung für die dann bevorstehenden Jobinterviews und zur Auffrischung meiner Kenntnisse machte ich mich auf die Suche nach geeigneter Lektüre und entwickelte selbst schon ein paar Übungsaufgaben. Dabei entdeckte ich das großartige, aber teilweise auch recht anspruchsvolle Buch »Cracking the coding interview« von Gayle Laakmann McDowell [6], das mich weiter inspirierte. Als Folge davon machte ich mich zunächst an ein auf Java ausgerichtetes Buchprojekt namens »Java Challenge«. Im Laufe der Zeit kam die Idee auf, etwas

Entsprechendes auch für Python umzusetzen. Somit basiert diese Python-Ausgabe auf der Java-Version, allerdings wurde das gesamte Buch überarbeitet und pythonifiziert. Dazu habe ich an einigen Stellen Dinge ergänzt, leicht abgewandelt oder teilweise entfernt. Insbesondere zeige ich, da wo es sinnvoll ist, wie man mit Python-Besonderheiten wie List Comprehensions u. Ä. Lösungen prägnanter gestalten kann.

An wen richtet sich dieses Buch?

Dieses Buch ist kein Buch für Programmierneulinge, sondern richtet sich an Leser, die bereits etwas Python-Know-how besitzen und dieses mithilfe von Übungen vertiefen wollen. Anhand kleiner Programmieraufgaben erweitern Sie auf unterhaltsame Weise Ihr Wissen rund um Python, Algorithmen und gutes Design.

Dieses Buch richtet sich im Speziellen an folgende Zielgruppen:

1. Schüler und Studierende – Zunächst sind dies Schüler mit Interesse an Informatik sowie Informatikstudierende, die Python als Sprache schon ganz passabel beherrschen und nun ihr Wissen anhand von Übungen vertiefen wollen.
2. Lehrer und Dozierende – Selbstverständlich können auch Lehrer und Dozierende von diesem Buch und seiner Vielzahl unterschiedlich schwieriger Aufgaben profitieren, entweder als Anregung für den eigenen Unterricht oder als Vorlage für Übungen oder Prüfungen.
3. Hobbyprogrammierer und Berufseinsteiger – Außerdem richtet sich das Buch an engagierte Hobbyprogrammierer, aber auch Berufseinsteiger, die gerne mit Python programmieren und sich weiterentwickeln wollen. Das Lösen der Aufgaben hilft darüber hinaus, für potenzielle Fragen in Jobinterviews gut vorbereitet zu sein.
4. Erfahrene Softwareentwickler und -architekten – Schließlich ist das Buch für erfahrene Softwareentwickler und -architekten bestimmt, die ihr Wissen ergänzen oder auffrischen wollen, um ihre Junior-Kollegen besser unterstützen zu können, und dafür ein paar Anregungen und frische Ideen suchen. Zudem lassen sich diverse Aufgaben auch in Jobinterviews verwenden, mit dem Komfort, die Musterlösungen direkt zum Vergleich parat zu haben. Aber auch für die alten Hasen sollte es zur Lösungsfindung und zu Algorithmen und Datenstrukturen das eine oder andere Aha-Erlebnis geben.

Generell verwende ich die maskuline Form, um den Text leichter lesbar zu halten. Natürlich beziehe ich damit alle Leserinnen mit ein und freue mich über diese ganz besonders.

Was vermittelt dieses Buch?

Dieses Buch enthält einen bunten Mix an Übungsaufgaben zu verschiedenen Themengebieten. Mitunter gibt es auch einige Knobelaufgaben, die zwar nicht direkt für die Praxis wichtig sind, aber indirekt doch, weil Sie Ihre Fähigkeiten zur Kreativität und zur Lösungsfindung verbessern.

Neben Übungsaufgaben und dokumentierten Lösungen war es mir wichtig, dass jeder im Buch behandelte Themenbereich mit einer kurzen Einführung startet, damit auch diejenigen Leser abgeholt werden, die in einigen Gebieten vielleicht noch nicht so viel Know-how aufgebaut haben. Damit können Sie sich dann an die Aufgaben bis etwa zum mittleren Schwierigkeitsgrad wagen. In jedem Themengebiet finden sich immer auch einige leichtere Aufgaben zum Einstieg. Mit etwas Übung sollten Sie sich dann an etwas schwierigere Probleme wagen. Mitunter gibt es herausfordernde Knacknüsse, an denen sich besser Experten versuchen oder solche, die es werden wollen.

Tipps und Hinweise aus der Praxis

Dieses Buch ist mit diversen Praxistipps gespickt. In diesen werden interessante Hintergrundinformationen präsentiert oder es wird auf Fallstricke hingewiesen.

Tipp:

In derart formatierten Kästen finden sich im späteren Verlauf des Buchs immer wieder einige wissenswerte Tipps und ergänzende Hinweise zum eigentlichen Text.

Schwierigkeitsgrad im Überblick

Für ein ausgewogenes, ansprechendes Übungsbuch bedarf es selbstverständlich einer Vielzahl an Aufgaben verschiedener Schwierigkeitsstufen, die Ihnen als Leser die Möglichkeit bieten, sich schrittweise zu steigern und Ihre Kenntnisse auszubauen. Dabei setze ich zwar ein gutes Python-Grundwissen voraus, allerdings erfordern die Lösungen niemals ganz tiefes Wissen über ein Themengebiet oder ganz besondere Sprachfeatures.

Damit der Schwierigkeitsgrad einfach und direkt ersichtlich ist, habe ich die von anderen Bereichen bekannte Sternekategorisierung genutzt, deren Bedeutung in diesem Kontext in nachfolgender Tabelle etwas genauer erläutert wird.

Sterne (Bedeutung)	Einschätzung	Zeitaufwand
★☆☆☆☆ (sehr leicht)	Die Aufgaben sollten ohne große Vorkenntnisse mit einfachem Python-Wissen in wenigen Minuten lösbar sein.	< 15 min
★★☆☆☆ (leicht)	Die Aufgaben erfordern ein wenig Nachdenken, sind aber dann direkt zu lösen.	< 30 min
★★★☆☆ (mittel)	Die Aufgaben sind mit etwas Nachdenken, ein wenig Strategie und manchmal durch die Betrachtung verschiedener Rahmenbedingungen gut schaffbar.	~ 30 – 45 min
★★★★☆ (schwierig)	Erprobte Problemlösungsstrategien, gutes Wissen zu Datenstrukturen und fundierte Python-Kenntnisse sind zur Lösung nötig.	~ 45 – 90 min
★★★★★ (sehr schwierig)	Die Aufgaben sind wirklich knifflig und schwierig zu lösen. Das sind erst dann Kandidaten, nachdem die anderen Aufgaben Ihnen keine größeren Schwierigkeiten mehr bereiten.	> 60 min

Dies sind jeweils nur Einschätzungen von meiner Seite und eher grobe Einordnungen. Bedenken Sie bitte, dass die von jedem Einzelnen wahrgenommene Schwierigkeit auch sehr von seinem Background und Wissensstand abhängt. Ich habe schon erlebt, dass sich Kollegen mit Aufgaben schwergetan haben, die ich als recht einfach empfand. Aber auch das Gegenteil kenne ich: Während andere eine Aufgabe anscheinend spielend lösen, ist man selbst am Verzweifeln, weil der Groschen einfach nicht fällt. Manchmal hilft eine Kaffeepause oder ein kleiner Spaziergang. Lassen Sie sich auf keinen Fall demotivieren – jeder hat irgendwann mit irgendeiner Art von Aufgabe zu kämpfen.

Hinweis: Mögliche Alternativen zu den Musterlösungen

Beachten Sie bitte, dass es für Problemstellungen nahezu immer einige Varianten gibt, die für Sie vielleicht sogar eingängiger sind. Deswegen werde ich ab und an als Denkanstoß interessante Alternativen zur (Muster-)Lösung präsentieren.

Aufbau dieses Buchs

Nachdem Sie eine grobe Vorstellung über den Inhalt dieses Buchs haben, möchte ich die Themen der einzelnen Kapitel kurz vorstellen.

Wie bereits angedeutet, sind die Übungsaufgaben thematisch gruppiert. Dabei bilden die fünf Kapitel nach der Einleitung die Grundlage und die darauffolgenden drei Kapitel behandeln fortgeschrittenere Themengebiete.

Kapitel 1 – Einleitung Dieses Kapitel beschreibt den Aufbau der folgenden Kapitel mit den Abschnitten Einführung, Aufgaben und Lösungen. Zudem wird ein Grundgerüst für die oftmals zur Prüfung der Lösungen genutzten Unit Tests vorgestellt. Abschließend gebe ich Hinweise zum Ausprobieren der Beispiele und Lösungen.

Kapitel 2 – Mathematische Aufgaben Das zweite Kapitel widmet sich mathematischen Operationen sowie Aufgaben zu Primzahlen und dem römischen Zahlensystem. Darüber hinaus präsentiere ich ein paar Ideen zu Zahlenspielereien.

Kapitel 3 – Rekursion Rekursion ist ein wichtiger Basisbaustein bei der Formulierung von Algorithmen. Dieses Kapitel gibt einen kurzen Einstieg und die diversen Übungsaufgaben sollten dabei helfen, Rekursion zu verstehen.

Kapitel 4 – Strings Strings sind bekanntermaßen Zeichenketten, die eine Vielzahl an Funktionen bieten. Ein solides Verständnis ist elementar wichtig, da nahezu kein Programm ohne Strings auskommt. Deswegen werden wir in diesem Kapitel die Verarbeitung von Zeichenketten anhand verschiedener Übungsaufgaben kennenlernen.

Kapitel 5 – Basisdatenstrukturen: Listen, Sets und Dictionaries Python bietet von Haus aus Listen, Mengen (Sets) und Schlüssel-Wert-Abbildungen (Dictionaries). Für den Programmieralltag ist ein sicherer Einsatz aller drei Container von großem Vorteil, was durch die Übungsaufgaben trainiert wird.

Kapitel 6 – Arrays Arrays bilden in vielen Programmiersprachen Grundbausteine. In Python sind Listen gebräuchlicher. Bezüglich Performance und Speicherverbrauch besitzen Arrays aber deutliche Vorteile. Zudem forcieren sie eine typenreine Datenhaltung. Grund genug, sich das Ganze in diesem Kapitel genauer anzuschauen.

Kapitel 7 – Rekursion Advanced Kapitel 3 hat das Thema Rekursion einleitend behandelt. Dieses Kapitel thematisiert fortgeschrittenere Aspekte. Wir starten mit der Optimierungstechnik namens Memoization. Im Anschluss schauen wir uns Backtracking als eine Problemlösungsstrategie an, die auf Versuch und Irrtum beruht und mögliche Lösungswege durchprobiert. Damit lassen sich diverse Algorithmen ziemlich verständlich und elegant formulieren.

Kapitel 8 – Bäume Baumstrukturen spielen in der Informatik sowohl in der Theorie als auch in der Praxis eine wichtige Rolle. In vielen Anwendungskontexten lassen sich Bäume gewinnbringend einsetzen, etwa für die Verwaltung eines Dateisystems, die Darstellung eines Projekts mit Teilprojekten und Aufgabenpaketen oder eines Buchs mit Kapiteln, Unterkapiteln und Abschnitten.

Kapitel 9 – Suchen und Sortieren Suchen und Sortieren sind zwei elementare Themen der Informatik. Die Python-Standardbibliothek setzt beide um und nimmt einem dadurch Arbeit ab. Jedoch lohnt sich auch ein Blick hinter die Kulissen, etwa auf verschiedene Sortierverfahren und deren spezifische Stärken und Schwächen.

Kapitel 10 – Schlusswort und ergänzende Literatur In diesem Kapitel fasse ich das Buch zusammen und gebe vor allem einen Ausblick auf ergänzende Literatur. Um Ihr Können zu erweitern, ist neben dem Programmiertraining auch das Studium von weiteren Büchern empfehlenswert. Eine Auswahl an hilfreichen Titeln bildet den Abschluss des Hauptteils dieses Buchs.

Anhang A – Kurzeinführung Pytest Zum Prüfen kleinerer Programmbausteine haben sich Unit Tests bewährt. Mit Pytest ist das Ganze insbesondere beim Formulieren von Testfällen für mehrere Eingabekombinationen ziemlich komfortabel. Weil viele der hier im Buch erstellten Lösungen mit Unit Tests geprüft werden, gibt dieser Anhang einen Einstieg in die Thematik.

Anhang B – Kurzeinführung Dekoratoren In diesem Anhang werden Dekoratoren beschrieben. Diese ermöglichen es, elegante Realisierungen von Querschnittsfunktionalitäten transparent vorzunehmen, also ohne Erweiterungen in der Implementierung einer Funktion selbst. Beispielsweise kann man sie für Parameterprüfungen verwenden, aber auch für Memoization, ein fortgeschrittenes Rekursionsthema.

Anhang C – Schnelleinstieg O-Notation In diesem Buch verwende ich manchmal zur Abschätzung des Laufzeitverhaltens und zur Einordnung der Komplexität von Algorithmen die sogenannte O-Notation. Dieser Anhang stellt Wesentliches dazu vor.

Konventionen und ausführbare Programme

Verwendete Zeichensätze

Im gesamten Text gelten folgende Konventionen bezüglich der Schriftart: Der normale Text erscheint in der vorliegenden Schriftart. Dabei werden wichtige Textpassagen *kursiv* oder ***kursiv und fett*** markiert. Englische Fachbegriffe werden eingedeutscht großgeschrieben. Zusammensetzungen aus englischen und deutschen (oder eingedeutschten) Begriffen werden mit Bindestrich verbunden, z. B. Plugin-Manager. Sourcecode-

Listings sind in der Schrift `courier` gesetzt, um zu verdeutlichen, dass dieser Text einen Ausschnitt aus einem Python-Programm wiedergibt. Auch im normalen Text werden Klassen, Methoden, Funktionen, Konstanten und Übergabeparameter in dieser Schriftart dargestellt.

Verwendete Abkürzungen

Im Buch verwende ich die in der nachfolgenden Tabelle aufgelisteten Abkürzungen. Weitere Abkürzungen werden im laufenden Text in Klammern nach ihrer ersten Definition aufgeführt und anschließend bei Bedarf genutzt.

Abkürzung	Bedeutung
API	Application Programming Interface
ASCII	American Standard Code for Information Interchange
(G)UI	(Graphical) User Interface
IDE	Integrated Development Environment

Verwendete Python-Version

Dieses Buch nutzt das aktuelle Python 3.8. Viele Lösungen müssten mit minimalen Anpassungen auch in Python 2.7 laufen. Das habe ich jedoch nur stichprobenartig geprüft. Generell ist es für neue Projekte sinnvoll, auf das modernere Python 3 zu setzen.

Download, Sourcecode und ausführbare Programme

Der Sourcecode der Beispiele steht auf der Webseite

`www.dpunkt.de/python-challenge`

zum Download bereit und ist in ein PyCharm-Projekt[1] integriert. Weil dies ein Buch zum Mitmachen ist, sind viele der Programme ausführbar – natürlich ist eine Ausführung in der IDE bzw. als Unit Test möglich.

Viele Codeschnipsel lassen sich aber auch hervorragend im Python-Kommandozeileninterpreter ausprobieren. Um das zu gewährleisten, sind mitunter bereits entwickelte Funktionen an geeigneter Stelle nochmals abgebildet.

[1] PyCharm ist eine kostenfrei unter `https://www.jetbrains.com/de-de/pycharm/` erhältliche, sehr empfehlenswerte IDE – genau genommen ist es eine auf Python ausgerichtete Variante von Intellij IDEA.

Danksagung

Ein Fachbuch zu schreiben ist eine schöne, aber arbeitsreiche und langwierige Aufgabe. Alleine kann man dies kaum bewältigen. Daher möchte ich mich an dieser Stelle bei allen bedanken, die direkt oder indirekt zum Gelingen des Buchs beigetragen haben. Insbesondere konnte ich bei der Erstellung des Manuskripts auf ein starkes Team an Korrekturlesern zurückgreifen. Es ist hilfreich, von den unterschiedlichen Sichtweisen und Erfahrungen profitieren zu dürfen.

Ein herzlicher Dank geht an Martin Stypinski für diverse nützliche Hinweise und Anregungen. Ebenfalls möchte ich Jean-Claude Brantschen für seine hilfreichen Vorschläge danken. Ihr habt mich noch stärker pythonifiziert :-) Auch verschiedene Kommentare von Rainer Grimm und Tobias Overkamp rund um Python und elegante Lösungen haben das Buch weiter verbessert. Schließlich hat Michael Kulla wie bei vielen meiner Bücher auch diese Python-Variante kritisch begutachtet. Vielen Dank an alle!

Da dieses Buch auf Basis der Java-Version entstanden ist, wird nachfolgend die Danksagung der Java Challenge wiederholt: Zunächst einmal möchte ich mich bei Michael Kulla, der als Trainer für Java SE und Java EE bekannt ist, für sein mehrmaliges, gründliches Review vieler Kapitel, die fundierten Anmerkungen und den tollen Einsatz ganz herzlich bedanken. Ebenfalls bin ich Prof. Dr. Dominik Gruntz für eine Vielzahl an Verbesserungsvorschlägen sehr dankbar. Zudem erhielt ich die eine oder andere hilfreiche Anregung von Jean-Claude Brantschen, Prof. Dr. Carsten Kern und Christian Heitzmann. Wieder einmal hat auch Ralph Willenborg ganz genau gelesen und so diverse Tippfehler gefunden. Vielen Dank dafür!

Ebenso geht ein Dankeschön an das Team des dpunkt.verlags (Dr. Michael Barabas, Martin Wohlrab, Anja Weimer und Birgit Bäuerlein) für die tolle Zusammenarbeit. Außerdem möchte ich mich bei Tobias Overkamp für die fundierte fachliche Durchsicht sowie bei Ursula Zimpfer für ihre Adleraugen beim Copy-Editing bedanken.

Abschließend geht ein lieber Dank an meine Frau Lilija für ihr Verständnis und ihre Unterstützung, vor allem auch für etliche Stupser, um auf das Fahrrad zu steigen und eine Runde zu drehen, anstatt nur am Buch zu arbeiten.

Anregungen und Kritik

Trotz großer Sorgfalt und mehrfachen Korrekturlesens lassen sich missverständliche Formulierungen oder sogar Fehler leider nicht vollständig ausschließen. Falls Ihnen etwas Derartiges auffallen sollte, so zögern Sie bitte nicht, mir dies mitzuteilen. Gerne nehme ich auch Anregungen oder Verbesserungsvorschläge entgegen. Kontaktieren Sie mich bitte per Mail unter:

`michael_inden@hotmail.com`

Zürich, im Dezember 2020
Michael Inden

1 Einleitung

Herzlich willkommen zu diesem Übungsbuch! Bevor Sie loslegen, möchte ich kurz darstellen, was Sie bei der Lektüre erwartet.

Dieses Buch behandelt verschiedene praxisrelevante Themengebiete und deckt diese durch Übungsaufgaben unterschiedlicher Schwierigkeitsstufen ab. Die Übungsaufgaben sind (größtenteils) voneinander unabhängig und können je nach Lust und Laune oder Interesse in beliebiger Reihenfolge gelöst werden. Neben den Aufgaben finden sich die jeweiligen Lösungen inklusive einer kurzen Beschreibung des zur Lösung verwendeten Algorithmus sowie dem eigentlichen, an wesentlichen Stellen kommentierten Sourcecode.

1.1 Aufbau der Kapitel

Jedes Kapitel ist strukturell gleich aufgebaut, sodass Sie sich schnell zurechtfinden werden.

Einführung

Ein Kapitel beginnt jeweils mit einer Einführung in die jeweilige Thematik, um auch diejenigen Leser abzuholen, die mit dem Themengebiet vielleicht noch nicht so vertraut sind, oder aber, um Sie auf die nachfolgenden Aufgaben entsprechend einzustimmen.

Aufgaben

Danach schließt sich ein Block mit Übungsaufgaben und folgender Struktur an:

Aufgabenstellung Jede einzelne Übungsaufgabe besitzt zunächst eine Aufgabenstellung. Dort werden in wenigen Sätzen die zu realisierenden Funktionalitäten beschrieben. Oftmals wird auch schon eine mögliche Signatur als Anhaltspunkt zur Lösung angegeben.

Beispiele Ergänzend finden sich fast immer Beispiele zur Verdeutlichung mit Eingaben und erwarteten Ergebnissen. Nur für einige recht einfache Aufgaben, die vor allem zum Kennenlernen eines APIs dienen, wird mitunter auf Beispiele verzichtet.

Oftmals werden in einer Tabelle verschiedene Wertebelegungen von Eingabeparameter(n) sowie das erwartete Ergebnis dargestellt, etwa wie folgt:

Eingabe A	Eingabe B	Ergebnis
[1, 2, 4, 7, 8]	[2, 3, 7, 9]	[2, 7]

Für die Angaben gelten folgende Notationsformen:

- "AB" – steht für textuelle Angaben
- True / False – repräsentieren boolesche Werte
- 123 – Zahlenangaben
- [value1, value2, ...] – steht für Sets oder Listen
- { key1 : value1, key2 : value2, ... } – beschreibt Dictionaries

Lösungen

Auch der Teil der Lösungen besitzt die nachfolgend beschriebene Struktur.

Aufgabenstellung und Beispiele Zunächst finden wir nochmals die Aufgabenstellung, sodass wir nicht ständig zwischen Aufgaben und Lösungen hin- und herblättern müssen, sondern das Ganze in sich abgeschlossen ist.

Algorithmus Danach folgt eine Beschreibung des gewählten Algorithmus zur Lösung. Aus Gründen der Didaktik zeige ich bewusst auch einmal einen Irrweg oder eine nicht so optimale Lösung, um daran dann Fallstricke aufzudecken und iterativ zu einer Verbesserung zu kommen. Tatsächlich ist die eine oder andere Brute-Force-Lösung manchmal sogar schon brauchbar, bietet aber Optimierungspotenziale. Exemplarisch werde ich immer wieder entsprechende, manchmal verblüffend einfache, aber oft auch sehr wirksame Verbesserungen vorstellen.

Python-Shortcut Mitunter werden in der Aufgabenstellung gewisse Python-Standardfunktionalitäten explizit zur Realisierung der Lösung ausgeschlossen, um ein Problem algorithmisch zu durchdringen. In der Praxis sollten Sie aber die Standards nutzen. In diesem eigenen kurzen Abschnitt »Python-Shortcut« zeige ich, wie man damit die Lösung oftmals kürzer und prägnanter gestalten kann.

Prüfung Teilweise sind die Aufgaben recht leicht oder dienen nur dem Kennenlernen von Syntax oder API-Funktionalität. Dafür scheint es mir oftmals ausreichend, ein paar Aufrufe direkt mit dem Python-Kommandozeileninterpreter auszuführen. Deshalb verzichte ich hierfür auf Unit Tests. Gleiches gilt auch, wenn wir bevorzugt eine grafische Aufbereitung einer Lösung, etwa die Darstellung eines Sudoku-Spielfelds, zur Kontrolle nutzen und der korrespondierende Unit Test vermutlich schwieriger verständlich wäre.

Je komplizierter allerdings die Algorithmen werden, desto mehr lauern auch Fehlerquellen, wie falsche Indexwerte, eine versehentliche oder unterbliebene Negation oder ein übersehener Randfall. Deswegen bietet es sich an, Funktionalitäten mithilfe von Unit Tests zu überprüfen – in diesem Buch kann das aus Platzgründen natürlich nur exemplarisch für wichtige Eingaben geschehen. Insgesamt existieren jedoch rund 80 Unit-Test-Module mit über 600 Testfällen. Ein ziemlich guter Anfang. Trotzdem sollte in der Praxis das Netz an Unit Tests und Testfällen wenn möglich noch umfangreicher sein.

1.2 Grundgerüst des PyCharm-Projekts

Auch das mitgelieferte PyCharm-Projekt orientiert sich in seinem Aufbau an demjenigen des Buchs und bietet für die Kapitel mit Übungsaufgaben jeweils ein eigenes Verzeichnis pro Kapitel, z. B. ch02_math oder ch07_recursion_advanced.

Einige der Sourcecode-Schnipsel aus den jeweiligen Einführungen finden sich in einem Unterverzeichnis intro. Die bereitgestellten (Muster-)Lösungen werden in jeweils eigenen Unterverzeichnissen namens solutions gesammelt und die Module sind gemäß Aufgabenstellung wie folgt benannt: ex<Nr>_<Aufgabenstellung>.py.

Sourcen Nachfolgend ist ein Ausschnitt für das Kapitel 2 gezeigt:

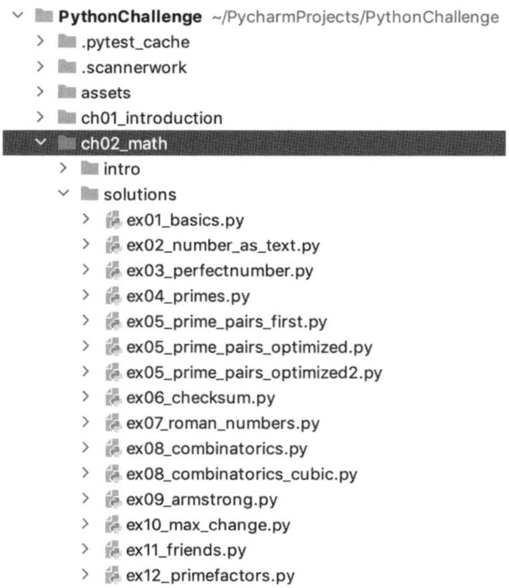

Utility-Klassen Alle in den jeweiligen Kapiteln entwickelten nützlichen Utility-Funktionen sind im bereitgestellten PyCharm-Projekt in Form von Utility-Modulen enthalten. Diese kombinieren wir dann in einem Modul xyz_utils, das in einem eigenen

Unterverzeichnis `util` liegt – für das Kapitel zu mathematische Aufgabenstellungen im Unterverzeichnis `ch02_math.util`. Gleiches gilt für die anderen Kapitel und Themengebiete.

Test-Klassen Exemplarisch sind nachfolgende einige Tests zu Kapitel 2 gezeigt:

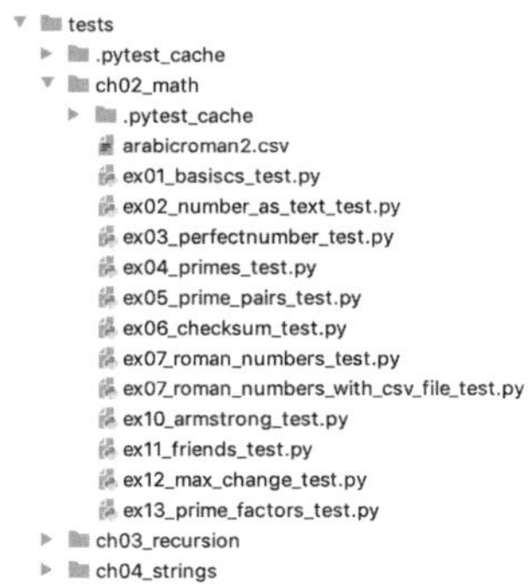

1.3 Grundgerüst für die Unit Tests mit PyTest

Um den Rahmen des Buchs nicht zu sprengen, zeigen die abgebildeten Unit Tests jeweils nur die Testfunktionen, jedoch oftmals nicht die Imports. Damit Sie ein Grundgerüst haben, in das Sie die Testfunktionen einfügen können, sowie als Ausgangspunkt für eigene Experimente ist nachfolgend ein typisches Modul gezeigt:

```
import pytest

from ch02_math.solutions import ex01_basics
from ch02_math.solutions.ex01_basics import calc, \
    calc_sum_and_count_all_numbers_div_by_2_or_7_v2


@pytest.mark.parametrize("m, n, expected",
                         [(6, 7, 0), (3, 4, 6), (5, 5, 5)])
def test_calc(m, n, expected):
    assert calc(m, n) == expected


@pytest.mark.parametrize("n, expected",
                         [(3, {"sum": 2, "count": 1}),
                          (8, {"sum": 19, "count": 4}),
                          (15, {"sum": 63, "count": 8})])
def test_calc_sum_and_count_all_numbers_div_by_2_or_7(n, expected):
    assert calc_sum_and_count_all_numbers_div_by_2_or_7_v2(n) == expected
```

Neben den Imports sehen wir die ausgiebig genutzten parametrisierten Tests, die das Prüfen mehrerer Wertkombinationen auf einfache Weise erlauben. Für Details und eine Kurzeinführung in Pytest schauen Sie bitte in Anhang A.

1.4 Anmerkung zum Programmierstil

In diesem Abschnitt möchte ich noch vorab etwas zum Programmierstil sagen, weil in Diskussionen ab und an einmal die Frage aufkam, ob man gewisse Dinge nicht kompakter gestalten sollte.

Gedanken zur Sourcecode-Kompaktheit

In der Regel sind mir beim Programmieren und insbesondere für die Implementierungen in diesem Buch vor allem eine leichte Nachvollziehbarkeit sowie eine übersichtliche Strukturierung und damit später eine vereinfachte Wartbarkeit und Veränderbarkeit wichtig. Deshalb sind die gezeigten Implementierungen möglichst verständlich programmiert und dadurch ist vielleicht nicht jedes Konstrukt maximal kompakt. Dem Aspekt der guten Verständlichkeit möchte ich in diesem Buch den Vorrang geben. Auch in der Praxis kann man damit oftmals besser leben als mit einer schlechten Wartbarkeit, dafür aber einer kompakteren Programmierung.

Beispiel 1

Schauen wir uns zur Verdeutlichung ein kleines Beispiel an. Zunächst betrachten wir die lesbare, gut verständliche Variante zum Umdrehen des Inhalts eines Strings, die zudem sehr schön die beiden wichtigen Elemente des rekursiven Abbruchs und Abstiegs verdeutlicht:

```
def reverse_string(input):
    # rekursiver Abbruch
    if len(input) <= 1:
        return input

    first_char = input[0]
    remaining = input[1:]

    # rekursiver Abstieg
    return reverse_string(remaining) + first_char
```

Die folgende deutlich kompaktere Variante bietet diese Vorteile nicht:

```
def reverse_string_short(input):
    return input if len(input) <= 1 else \
        reverse_string_short(input[1:]) + input[0]
```

Überlegen Sie kurz, in welcher der beiden Funktionen Sie sich sicher fühlen, eine nachträgliche Änderung vorzunehmen. Und wie sieht es aus, wenn Sie noch Unit Tests ergänzen wollen: Wie finden Sie passende Wertebelegungen und Prüfungen?

Beispiel 2

Lassen Sie mich noch ein weiteres Beispiel anbringen, um meine Aussage zu verdeutlichen. Nehmen wir folgende der Standardfunktion `count()` nachempfundene Funktion `count_substrings()`, die die Anzahl der Vorkommen eines Strings in einem anderen zählt und für die beiden Eingaben "halloha" und "ha" das Ergebnis 2 liefert.

Zunächst implementieren wir das einigermaßen geradeheraus wie folgt:

```
def count_substrings(input, value_to_find):
    # rekursiver Abbruch
    if len(input) < len(value_to_find):
        return 0

    count = 0
    remaining = ""

    # startet der Text mit der Suchzeichenfolge?
    if input.startswith(value_to_find):
        # Treffer: Setze die Suche nach dem gefundenen
        # Begriff nach der Fundstelle fort
        remaining = input[len(value_to_find):]
        count = 1
    else:
        # entferne erstes Zeichen und suche erneut
        remaining = input[1:]

    # rekursiver Abstieg
    return count_substrings(remaining, value_to_find) + count
```

Schauen wir uns an, wie man dies kompakt zu realisieren versuchen könnte:

```
def count_substrings_short(input, value_to_find):
    return 0 if len(input) < len(value_to_find) else \
        (1 if input.startswith(value_to_find) else 0) + \
        count_substrings_short(input[1:], value_to_find)
```

Würden Sie lieber in dieser Funktion oder in der zuvor gezeigten ändern?

Übrigens: Die untere enthält noch eine subtile funktionale Abweichung! Bei den Eingaben von "XXXX" und "XX" »konsumiert« die erste Variante immer die Zeichen und findet zwei Vorkommen. Die untere bewegt sich aber jeweils nur um ein Zeichen weiter und findet somit drei Vorkommen.

Und weiter: Die Integration der oben realisierten Funktionalität des Weiterschiebens um den gesamten Suchstring in die zweite Variante wird zu immer undurchsichtigerem Sourcecode führen. Dagegen kann man oben das Weiterschieben um nur ein Zeichen einfach umsetzen und diese Funktionalität dann sogar aus dem `if` herausziehen.

Dekoratoren und Sanity Checks am Methodenanfang

Um für stabile Programme zu sorgen, ist es oftmals eine gute Idee, die Parameter einer Methode auf Gültigkeit zu prüfen. Das kann man in Form einfacher `if`-Abfragen realisieren. In Python geht das aber eleganter mithilfe von Dekoratoren. Werfen Sie zum Einstieg doch bitte einen Blick in Anhang B.

Blockkommentare in Listings

Beachten Sie bitte, dass sich in den Listings diverse Blockkommentare finden, die der Orientierung und dem besseren Verständnis dienen. In der Praxis sollte man derartige Kommentierungen mit Bedacht einsetzen und lieber einzelne Sourcecode-Abschnitte in Funktionen auslagern. Für die Beispiele des Buchs dienen diese Kommentare aber als Anhaltspunkte, weil die eingeführten oder dargestellten Sachverhalte für Sie als Leser vermutlich noch neu und ungewohnt sind.

```
# startet der Text mit der Suchzeichenfolge?
if input.startswith(value_to_find):
    # Treffer: Setze die Suche nach dem gefundenen
    # Begriff nach der Fundstelle fort
    remaining = input[len(value_to_find):]
    count = 1
else:
    # entferne erstes Zeichen und suche erneut
    remaining = input[1:]
```

PEP 8 und Zen of Python

Neben meinen bereits präsentierten Gedanken zum Programmierstil möchte ich noch zwei Dinge explizit erwähnen:

- PEP 8 – Coding-Standard (PEP = Python Enhancement Proposal)
- Zen of Python – Gedanken zu Python

PEP 8 – Coding-Standard Der offizielle Coding-Standard ist als PEP 8 unter `https://www.python.org/dev/peps/pep-0008/` online verfügbar. Dieser soll dabei helfen, sauberen, einheitlichen und verständlichen Python-Code zu schreiben. Tendenziell legt man in der Python-Community mehr Wert auf schönen Sourcecode, als dies in anderen Sprachen der Fall ist. Generell ist aber »Hauptsache es funktioniert« keine nachhaltige Strategie, wie ich es auch bereits motiviert habe.

Allerdings gibt es ein paar wenige Dinge, über die man auch geteilter Meinung sein kann, etwa die Begrenzung der Zeilenlänge auf 79 Zeichen. Bei heutigen HiDPI-Monitoren und Auflösungen jenseits von Full-HD sind sicher auch längere Zeilen von rund 120 Zeichen möglich. Aber allzu lang sollte eine Zeile auch nicht werden – vor allem, wenn man einmal zwei Versionsstände einer Datei miteinander vergleichen möchte, kann dies sonst störend sein.

Zen of Python Interessanterweise ist in den Kommandozeileninterpreter eine Ausgabe von Stilhinweisen, auch als Zen of Python bekannt, eingebaut. Diese erhält man durch einen Aufruf von:

```
>>> import this
```

Es kommt zu folgender Ausgabe:

```
The Zen of Python, by Tim Peters
Beautiful is better than ugly.
Explicit is better than implicit.
Simple is better than complex.
Complex is better than complicated.
Flat is better than nested.
Sparse is better than dense.
Readability counts.
Special cases aren't special enough to break the rules.
Although practicality beats purity.
Errors should never pass silently.
Unless explicitly silenced.
In the face of ambiguity, refuse the temptation to guess.
There should be one-- and preferably only one --obvious way to do it.
Although that way may not be obvious at first unless you're Dutch.
Now is better than never.
Although never is often better than *right* now.
If the implementation is hard to explain, it's a bad idea.
If the implementation is easy to explain, it may be a good idea.
Namespaces are one honking great idea -- let's do more of those!
```

Tooling Wie schon erwähnt, bietet sich PyCharm als IDE an und gibt direkt im Editor verschiedene Hinweise zum Stil und zu Verbesserungsmöglichkeiten. Eine Konfiguration kann man unter `Preferences-> Editor-> Code Style -> Python` sowie `Preferences-> Editor-> Inspections-> Python` vornehmen. Insbesondere gibt es bei letzterer die Möglichkeit, `PEP8 coding style violation` zu aktivieren.

Alternativ oder ergänzend können Sie das Tool `flake8` wie folgt installieren:

```
pip3 install flake8
```

Dieses hilft dabei, verschiedene potenzielle Probleme und Verstöße gegen PEP 8 aufzudecken, wenn Sie es wie folgt aufrufen:

```
flake8 <mypythonmodule>.py mydirwithmodules ...
```

Es gibt noch weitere Tools. Empfehlenswert für größere Projekte, wenn auch etwas aufwendiger, ist es, eine statische Sourcecode-Analyse mittels Sonar auszuführen. Dazu ist allerdings Sonar und auch ein Sonar Runner zu installieren. Dafür erhält man dann aber eine schöne Übersicht sowie eine Historisierung, sodass man sowohl positive als auch negative Trends schnell erkennen und bei Bedarf gegensteuern kann.

Weitere Informationen Weitere Informationen, wie Sie sauberes Python schreiben, finden Sie in folgenden Büchern:

- »Python-Tricks – Praktische Tipps für Fortgeschrittene« von Dan Bader [2]
- »Mastering Python« von Rick van Hattern [14]

1.5 Anmerkung zu den Aufgaben

Bei der Lösung der Aufgaben ist es das Ziel, sich mit den dazu notwendigen Algorithmen und Datenstrukturen zu befassen. Python bietet eine recht umfangreiche Sammlung an Funktionalitäten, etwa zur Ermittlung von Summen und Minimum von Listen oder gar komplexeren Dingen wie der Berechnung von Permutationen.

Einige der Aufgaben lassen sich mit den vorgefertigten Standardfunktionalitäten in wenigen Zeilen lösen. Das ist jedoch nicht das Ziel, denn die Übungsaufgaben dienen dem algorithmischen Verständnis und der Erweiterung Ihrer Problemlösungsstrategien. Wenn man dies selbst ergründet und löst, lernt man viel dabei. Dinge selbst zu entwickeln, ist nur für das Training gedacht, nicht für den Praxiseinsatz: Bedenken Sie bitte, dass in realen Projekten der Standardfunktionalität von Python immer der Vorzug gegeben werden sollte und Sie nicht im Traum daran denken sollten, etwas selbst zu erfinden, wofür es schon eine vorgefertigte Lösung gibt. Deswegen weise ich oftmals in einem eigenen kurzen Abschnitt »Python-Shortcut« auf eine Lösung hin, die Python-Standardfunktionalität verwendet.

1.6 Ausprobieren der Beispiele und Lösungen

Grundsätzlich verwende ich möglichst nachvollziehbare Konstrukte und keine ganz besonders ausgefallenen Syntax- oder API-Features. Vielfach können Sie die abgebildeten Sourcecode-Schnipsel einfach in den Python-Kommandozeileninterpreter kopieren und ausführen. Alternativ finden Sie alle relevanten Sourcen in dem zum Buch mitgelieferten PyCharm-Projekt. Dort lassen sich die Programme durch eine `main()`-Funktion starten oder durch oftmals vorhandene korrespondierende Unit Tests überprüfen.

Los geht's: Entdeckungsreise Python Challenge

So, nun ist es genug der Vorrede und Sie sind bestimmt schon auf die ersten Herausforderungen durch die Übungsaufgaben gespannt. Deshalb wünsche ich Ihnen nun viel Freude mit diesem Buch sowie einige neue Erkenntnisse beim Lösen der Übungsaufgaben und beim Experimentieren mit den Algorithmen.

Wenn Sie zunächst eine Auffrischung Ihres Wissens zu Unit Tests, zum Python-Kommandozeileninterpreter oder der O-Notation benötigen, bietet sich ein Blick in die Anhänge an.

I Grundlagen

2 Mathematische Aufgaben

In diesem Kapitel lernen wir zunächst Grundlegendes zu einigen mathematischen Operationen und zu Primzahlen, aber auch zum römischen Zahlensystem kennen. Darüber hinaus präsentiere ich ein paar Ideen zu Zahlenspielereien. Mit diesem Wissen sollten Sie für die Vielzahl an Übungsaufgaben gut gewappnet sein.

2.1 Einführung

Kurzeinführung Division und Modulo

Neben Multiplikation und Division wird auch die Modulo-Operation (%) recht häufig verwendet. Sie dient dazu, den Rest einer Division zu ermitteln. Veranschaulichen wir uns dies wie folgt für Ganzzahlen, bei denen Divisionsreste unter den Tisch fallen:

$$\begin{aligned}(\mathbf{5} * 7 + 3)\,/\,7 &= 38\,/\,7 = 5\\ (5 * 7 + \mathbf{3})\,\%\,7 &= 38\,\%\,7 = 3\end{aligned}$$

Selbst mit diesen wenigen Operationen lassen sich diverse Aufgabenstellungen lösen. Wir rufen uns folgende Dinge für Aktionen auf Zahlen in Erinnerung:

- $n \,\%\, 10$ – Ermittelt den Rest einer Division durch 10 und somit die letzte Ziffer.
- $n\,/\,10$ – Teilt durch den Wert 10. Seit Python 3 liefert das eine Fließkommazahl als Ergebnis. Benötigt man eine Ganzzahl, so kann man eine Typumwandlung mit `int()`, etwa `int(value / 10)`, nutzen.
- $n\,//\,10$ – Teilt ebenfalls durch den Wert 10. Weil der Operator // eine Ganzzahldivision ohne Rest ausführt, ist es damit möglich, die letzte Ziffer abzuschneiden.

Extraktion von Ziffern Zur Extraktion der Ziffern einer Zahl kombinieren wir Modulo und Division so lange, wie der verbleibende Wert größer als 0 ist:

```
def extract_digits(number):
    remaining_value = number
    while remaining_value > 0:
        digit = remaining_value % 10
        remaining_value = remaining_value // 10
        print(digit, end=' ')
    print()
```

In Python gibt es noch eine Besonderheit mit der Built-in-Funktion `divmod()`, die als Ergebnis sowohl den Teiler als auch den Rest liefert – als Abkürzung für die häufig in Kombination aufgerufenen Operatoren. Zudem nutzen wir das Tuple Unpacking nachfolgend aus, wodurch das Ergebnis der jeweiligen Variablen zugewiesen wird:

```
def extract_digits(number):
    remaining_value = number
    while remaining_value > 0:
        remaining_value, digit = divmod(remaining_value, 10)
        print(digit, end=' ')
    print()
```

Wir rufen diese Funktion auf, um deren Arbeitsweise zu verstehen – bitte beachten Sie, dass die Ziffern in umgekehrter Reihenfolge ausgegeben werden und Leerzeilen bei der Verarbeitung im Python-Kommandozeileninterpreter mitunter Probleme machen: In IDEs wie PyCharm ist dies dagegen problemlos möglich – ich werde Leerzeilen für die Beispiele nutzen, sofern dies klareren Sourcecode gibt.

```
>>> extract_digits(123)
3 2 1
```

Anzahl Ziffern ermitteln Statt einzelne Ziffern zu extrahieren, kann man mithilfe einer wiederholten Division auch die Anzahl der Ziffern einer Dezimalzahl ermitteln, indem man einfach so lange durch 10 teilt, bis kein Rest mehr übrigbleibt:

```
def count_digits(number):
    count = 0
    remaining_value = number
    while remaining_value > 0:
        remaining_value = remaining_value // 10
        count += 1
    return count
```

Kurzeinführung Teiler

Nachfolgend schauen wir uns an, wie man alle echten Teiler einer Zahl, also diejenigen ohne die Zahl selbst, ermitteln kann. Der Algorithmus ist recht einfach: Wir durchlaufen alle Zahlen bis zur Hälfte des Werts (alle höheren Werte können keine ganzzahligen Teiler sein, weil ja die 2 bereits ein Teiler ist) und prüfen, ob diese die gegebene Zahl ohne Rest teilen. Ist das der Fall, so ist diese Zahl ein Teiler und wird in eine Ergebnisliste aufgenommen. Das Ganze implementieren wir wie folgt:

```
def find_proper_divisors(value):
    divisors = []
    for i in range(1, value // 2 + 1):
        if value % i == 0:
            divisors.append(i)
    return divisors
```

Noch eine kleine Anmerkung zur Namensgebung: Für Schleifenvariablen sind kurze Namen wie `i` gebräuchlich, aber `current_number` wäre auch eine lesbare Alternative.

Mithilfe von List Comprehension[1] schreiben wir die Berechnung kürzer:

```
def find_proper_divisors(value):
    return [i for i in range(1, value // 2 + 1) if value % i == 0]
```

Rufen wir diese Funktion einmal auf, um deren Arbeitsweise zu verstehen und durch die erwartungskonforme Ausgabe zu bestätigen:

```
>>> find_proper_divisors(6)
[1, 2, 3]
>>> find_proper_divisors(24)
[1, 2, 3, 4, 6, 8, 12]
```

Kurzeinführung Primzahlen

Eine Primzahl ist eine natürliche Zahl, die größer als 1 und ausschließlich durch sich selbst und durch 1 teilbar ist. Es gibt zwei recht einfach zu verstehende Algorithmen, um zu prüfen, ob eine gegebene Zahl eine Primzahl ist, bzw. um Primzahlen bis zu einem vorgegebenen Maximalwert zu berechnen.

Brute-Force-Algorithmus für Primzahlen Ob eine Zahl eine Primzahl ist oder nicht, lässt sich wie folgt bestimmen: Man schaut für die zu prüfende Zahl ausgehend von der 2 bis maximal zur Hälfte der Zahl, ob die momentane Zahl ein Teiler der ursprünglichen Zahl ist.[2] In dem Fall ist es keine Primzahl, ansonsten muss weiter geprüft werden. In Python lässt sich das folgendermaßen formulieren:

```
def is_prime(potentially_prime):
    for i in range(2, potentially_prime // 2 + 1):
        if potentially_prime % number == 0:
            return False
    return True
```

Probieren wir die Berechnung einmal aus:

```
>>> primes = []
>>> for number in range(2, 25):
...     if is_prime(number):
...         primes.append(number)
... print(primes)
```

Mithilfe von List Comprehension schreiben wir dies kürzer:

```
>>> primes = [number for number in range(2, 25) if is_prime(number)]
... print(primes)
```

In beiden Fällen erhalten wir dann als korrektes Ergebnis die Primzahlen kleiner 25:

```
[2, 3, 4, 5, 7, 11, 13, 17, 19, 23]
```

[1]Als List Comprehension bezeichnet man einen Ausdruck, der basierend auf einer Sequenz von Werten sowie einer Berechnungsvorschrift eine neue Ergebnisliste erzeugt.

[2]Optimiert muss man tatsächlich nur bis zur Wurzel berechnen. Darauf gehe ich kurz im nachfolgenden Praxistipp »Mögliche Optimierungen« ein.

Optimierung: Sieb des Eratosthenes Der Algorithmus zur Bestimmung der Primzahlen bis zu einem vorgegebenen Maximalwert nennt sich das ***Sieb des Eratosthenes*** und geht auf den gleichnamigen griechischen Mathematiker zurück.

Das Ganze funktioniert wie folgt: Initial werden alle Zahlen startend bei zwei bis zu dem vorgegebenen Maximalwert aufgeschrieben, etwa:

$$2, 3, 4, 5, 6, 7, 8, 9, 10, 11, 12, 13, 14, 15$$

Alle Zahlen gelten zunächst als potenzielle Kandidaten für Primzahlen. Nun werden schrittweise diejenigen Zahlen gestrichen, die keine Primzahlen sein können. Man nimmt die kleinste unmarkierte Zahl, hier zunächst die 2. Diese entspricht der ersten Primzahl. Nun streicht man alle Vielfachen davon, also im Beispiel $4, 6, 8, 10, 12, 14$:

$$2, 3, \cancel{4}, 5, \cancel{6}, 7, \cancel{8}, 9, \cancel{10}, 11, \cancel{12}, 13, \cancel{14}, 15$$

Weiter geht es mit der Zahl 3. Das ist die zweite Primzahl. Nun werden wieder die Vielfachen gestrichen, nachfolgend $6, 9, 12, 15$:

$$2, 3, \cancel{4}, 5, \cancel{6}, 7, \cancel{8}, \cancel{9}, \cancel{10}, 11, \cancel{12}, 13, \cancel{14}, \cancel{15}$$

Die nächste unmarkierte Zahl und somit eine Primzahl ist die 5. Das Verfahren wiederholt man so lange,wie es noch nicht durchgestrichene Zahlen nach der aktuellen Primzahl gibt:

$$2, 3, \cancel{4}, 5, \cancel{6}, 7, \cancel{8}, \cancel{9}, \cancel{10}, 11, \cancel{12}, 13, \cancel{14}, \cancel{15}$$

Damit verbleibt dann als Ergebnis für alle Primzahlen kleiner 15:

$$2, 3, 5, 7, 11, 13$$

In Aufgabe 4 sollen Sie das Sieb des Eratosthenes selbst implementieren. Dann können Sie Ihren Algorithmus ergänzend zu den obigen mit folgenden Werten prüfen:

Grenzwert	Resultat
25	[2, 3, 5, 7, 11, 13, 17, 19, 23]
50	[2, 3, 5, 7, 11, 13, 17, 19, 23, 29, 31, 37, 41, 43, 47]

Tipp: Mögliche Optimierungen

Wie man sieht, werden oftmals Zahlen mehrfach durchgestrichen. Wenn man mathematisch etwas bewanderter ist, lässt sich zeigen, dass mindestens ein Primfaktor einer zusammengesetzten Zahl immer kleiner gleich der Wurzel der Zahl selbst sein muss. Der Grund ist, dass wenn x ein Teiler größer als $\sqrt{n}$ ist, dann gilt, dass $p = n/x$ kleiner als $\sqrt{n}$ ist und somit dieser Wert bereits ausprobiert worden ist. Dadurch kann man das Streichen der Vielfachen optimieren: Zum einen kann man das Streichen mit dem Quadrat der Primzahl beginnen, weil alle kleineren Vielfachen bereits gestrichen sind. Zum anderen muss die Berechnung nur bis zur Wurzel der oberen Grenze erfolgen. Mehr Details liefert `https://de.wikipedia.org/wiki/Sieb_des_Eratosthenes`.

2.1.1 Römische Zahlen

Das römische Zahlensystem arbeitet mit speziellen Buchstaben und Kombinationen daraus, um Zahlen zu repräsentieren. Dabei gilt folgende Grundabbildung:[3]

Römische Ziffer	I	V	X	L	C	D	M
Wert	1	5	10	50	100	500	1000

Der jeweilige Wert ergibt sich normalerweise aus der Addition der Werte der einzelnen Ziffern von links nach rechts, wobei normalerweise (siehe die nachfolgenden Regeln) links die größte und rechts die kleinste Zahl steht, beispielsweise XVI für den Wert 16.

Hinweis: Größere Zahlen

Für die Darstellung größerer römischer Zahlen (im Bereich von zehntausend und mehr) gibt es spezielle Schreibweisen, weil keine vier oder mehr M aufeinander folgen dürfen. Dies ist für die Aufgaben dieses Buchs nicht von Relevanz und kann vom Leser bei Interesse im Internet oder anderen Quellen nachgeschaut werden.

Regeln

Die römischen Zahlen werden nach bestimmten Regeln zusammengesetzt:

1. **Additionsregel**: Gleiche Ziffern nebeneinander werden addiert, etwa XXX = 30 Ebenso gilt dies für kleinere Ziffern nach größeren, z. B. XII = 12.
2. **Wiederholungsregel**: Es dürfen maximal drei gleiche Ziffern aufeinanderfolgen. Nach Regel 1 könnte man die Zahl 4 als IIII schreiben, was diese Regel 2 verbietet. Hier kommt die Subtraktionsregel ins Spiel.
3. **Subtraktionsregel**: Steht ein kleineres Zahlzeichen vor einem größeren, so wird der entsprechende Wert subtrahiert. Schauen wir nochmals auf die 4: Diese kann man als Subtraktion 5 – 1 realisieren. Das wird im römischen Zahlensystem als IV notiert. Für die Subtraktion gelten folgende Regeln:
   - I steht nur vor V und X
   - X steht nur vor L und C
   - C steht nur vor D und M

[3] Interessanterweise gibt es bei den römischen Zahlen den Wert 0 nicht.

Beispiele

Zum besseren Verständnis und zur Verdeutlichung der obigen Regeln schauen wir uns einige Notationen römischer Zahlen und die korrespondierenden Werte an:

$$\begin{aligned}
VII &= 5 + 1 + 1 &&= 7\\
MDCLXVI &= 1000 + 500 + 100 + 50 + 10 + 5 + 1 &&= 1666\\
MMXVIII &= 1000 + 1000 + 10 + 5 + 1 + 1 + 1 &&= 2018\\
MMXIX &= 1000 + 1000 + 10 - 1 + 10 &&= 2019
\end{aligned}$$

Bemerkenswertes

Die bei uns heute verbreiteten arabischen Zahlen nutzen das Zehnersystem, bei dem die Position der Ziffern über deren Wert entscheidet: Somit kann die 7 einmal die Zahl selbst sein, aber auch für 70 oder 700 stehen. Im römischen Zahlensystem steht die V aber immer für eine 5, unabhängig von der Position.

Aufgrund dieses besonderen Aufbaus der römischen Zahlen sind viele mathematische Operationen aufwendig, selbst eine einfache Addition kann schon eine stärkere oder manchmal gar eine komplette Veränderung der Zahl bewirken: Das sieht man sehr schön für die Zahlen 2018 und 2019 oder für die Addition III + II = V. Schlimmer noch: Deutlich komplexer ist eine Multiplikation oder Division – es gibt Vermutungen, dass dies einer der Faktoren war, warum das römische Weltreich untergegangen ist.

2.1.2 Zahlenspielereien

Nachfolgend schauen wir uns ein paar spezielle Zahlenkonstellationen an:

- Vollkommene oder perfekte Zahlen
- Armstrong-Zahlen
- Prüfsummen

Bei vielen der nachfolgend genutzten Algorithmen untergliedert man Zahlen in ihre Ziffern, um entsprechende Zahlenspielereien machen zu können.

Vollkommene oder perfekte Zahlen

Laut Definition wird eine Zahl als »vollkommene Zahl« oder auch »perfekte Zahl« bezeichnet, wenn ihr Wert gleich der Summe ihrer echten Teiler ist (also ohne sich selbst). Klingt etwas merkwürdig, ist aber ganz einfach. Betrachten wir als Beispiel die Zahl 6: Sie hat als echte Teiler die Zahlen 1, 2 und 3. Interessanterweise gilt nun:

$$1 + 2 + 3 = 6$$

Schauen wir uns noch ein Gegenspiel an: die Zahl 20. Diese besitzt die echten Teiler 1, 2, 4, 5 und 10, deren Summe ist jedoch 22 und nicht 20:

$$1 + 2 + 4 + 5 + 10 = 22$$

Armstrong-Zahlen

Im Folgenden betrachten wir sogenannte Armstrong-Zahlen: Das sind Zahlen, deren einzelne Ziffern zunächst mit der Anzahl der Ziffern in der Zahl potenziert und danach summiert werden. Wenn diese Summe dann mit dem Wert der ursprünglichen Zahl übereinstimmt, so spricht man von einer Armstrong-Zahl. Um das Ganze etwas einfacher zu halten, schauen wir uns den Spezialfall einer dreistelligen Zahl an. Als Armstrong-Zahl muss für diese Zahl folgende Gleichung erfüllt sein:

$$100 * x + 10 * y + z = x^3 + y^3 + z^3$$

Dabei sind die Ziffern der Zahl als x, y und z modelliert und jeweils alle dem Wertebereich von 0 bis 9 entnommen.

Die Formel $100 * x + 10 * y + z$ ergibt sich aus der Position der Ziffern und einer textuellen Darstellung von `"xyz"`, also

$$100 * 1 + 10 * 5 + 3 = "153"$$

$$100 * 3 + 10 * 7 + 1 = "371"$$

Nach dieser Vorüberlegung betrachten wir zwei Beispiele, für die die obige Formel erfüllt ist:

$$\begin{aligned} 153 = 1^3 + 5^3 + 3^3 &= 1 + 125 + 27 = 153 \\ 371 = 3^3 + 7^3 + 1^3 &= 27 + 343 + 1 = 371 \end{aligned}$$

Abwandlung Als Abwandlung ist es auch ganz interessant, für welche Ziffern bzw. Zahlen folgende Gleichungen erfüllt sind:

$$100 * x + 10 * y + z = x^1 + y^2 + z^3$$

oder

$$100 * x + 10 * y + z = x^3 + y^2 + z^1$$

Für die erste Gleichung gibt es folgende Lösungen:

$$[135, 175, 518, 598]$$

Für die zweite Gleichung existiert für x, y, z im Bereich bis 100 keine Lösung. Wenn Sie mögen, können Sie das beim Implementieren des Bonusteils von Aufgabe 9 selbst nachvollziehen – oder einfach in die Lösungen schauen.

Algorithmus für eine einfache Prüfsumme

In diverse Zahlen ist eine Prüfsumme hineincodiert, sodass die Validität ermittelt werden kann. Das gilt etwa für Kreditkartennummern und bei Datenübertragungen über spezielle Protokolle.

Nehmen wir an, es wäre eine Prüfsumme für eine Zahl mit vier Ziffern (nachfolgend als a bis d modelliert) zu berechnen. Dann könnte man positionsbasiert folgende Rechnung vornehmen:

$$abcd \Rightarrow (a * 1 + b * 2 + c * 3 + d * 4) \,\%\, 10$$

Auch hier möchte ich die Berechnung anhand von Beispielen verdeutlichen:

Eingabe	Positionsberechnung	Wert	Prüfsumme
1111	1 * 1 + 1 * 2 + 1 * 3 + 1 * 4	1 + 2 + 3 + 4 = 10	10 % 10 = 0
1234	1 * 1 + 2 * 2 + 3 * 3 + 4 * 4	1 + 4 + 9 + 16 = 30	30 % 10 = 0
4321	4 * 1 + 3 * 2 + 2 * 3 + 1 * 4	4 + 6 + 6 + 4 = 20	20 % 10 = 0
7271	7 * 1 + 2 * 2 + 7 * 3 + 1 * 4	7 + 4 + 21 + 4 = 36	36 % 10 = 6
0815	0 * 1 + 8 * 2 + 1 * 3 + 5 * 4	0 + 16 + 3 + 20 = 39	39 % 10 = 9
5180	5 * 1 + 1 * 2 + 8 * 3 + 0 * 4	5 + 2 + 24 + 0 = 31	31 % 10 = 1

2.2 Aufgaben

2.2.1 Aufgabe 1: Grundrechenarten (★☆☆☆☆)

Aufgabe 1a: Grundrechenarten (★☆☆☆☆)

Schreiben Sie eine Funktion `calc(m, n)`, die zwei Variablen vom Typ `int` multipliziert, das Produkt dann halbiert und den ganzzahligen Rest bezüglich der Division durch 7 ausgibt.

Beispiele

m	n	m * n	m * n // 2	Resultat ((n * m // 2) % 7)
6	7	42	21	0
5	5	25	12	5

Als kleiner Hinweis zur Erinnerung hier nochmals: Bei einer Ganzzahldivision wird der Rest abgeschnitten, deswegen ergibt $25/2$ als Ergebnis den Wert 12.

Aufgabe 1b: Statistik (★★☆☆☆)

Ermitteln Sie die Summe sowie die Anzahl der natürlichen Zahlen, die durch 2 oder 7 teilbar sind, bis zu einem gegebenen Maximalwert (exklusiv) und geben Sie diese auf der Konsole aus. Schreiben Sie eine Funktion `calc_sum_and_count_all_numbers_div_by_2_or_7(max_exclusive)`. Erweitern Sie das Ganze, sodass statt der Konsolenausgabe eine Rückgabe der beiden Werte erfolgt.

Beispiele

			Resultat	
Maximalwert	Teilbar durch 2	Teilbar durch 7	Anzahl	Summe
3	2	-/-	1	2
8	2, 4, 6	7	4	19
15	2, 4, 6, 8, 10, 12, 14	7, 14	8	63

Aufgabe 1c: Gerade oder ungerade Zahl (★☆☆☆☆)

Erstellen Sie die Funktionen `is_even(n)` und `is_odd(n)`, die prüfen, ob die übergebene Ganzzahl gerade bzw. ungerade ist.

2.2.2 Aufgabe 2: Zahl als Text (★★☆☆☆)

Schreiben Sie eine Funktion `number_as_text(n)`, die für eine gegebene positive Zahl vom Typ `int` die jeweiligen Ziffern in korrespondierenden Text umwandelt.

Starten Sie mit folgendem Fragment für die letzte Ziffer einer Zahl:

```
def number_as_text(n):
    remainder = n % 10
    value_to_text = ""

    if remainder == 0:
        value_to_text = "ZERO"
    if remainder == 1:
        value_to_text = "ONE"

    # ...

    return value_to_text
```

Beispiele

Eingabe	Resultat
7	"SEVEN"
42	"FOUR TWO"
24680	"TWO FOUR SIX EIGHT ZERO"
13579	"ONE THREE FIVE SEVEN NINE"

2.2.3 Aufgabe 3: Vollkommene Zahlen (★★☆☆☆)

Laut Definition wird eine Zahl als »vollkommene / perfekte Zahl« bezeichnet, wenn ihr Wert gleich der Summe ihrer echten Teiler ist. Das gilt etwa für die 6 oder die 28:

$$\begin{aligned} 1+2+3 &= 6 \\ 1+2+4+7+14 &= 28 \end{aligned}$$

Schreiben Sie eine Funktion `calc_perfect_numbers(max_exclusive)`, die die vollkommenen Zahlen bis zu einem Maximalwert, z. B. 10.000, errechnet.

Beispiele

Eingabe	Resultat
1000	[6, 28, 496]
10000	[6, 28, 496, 8128]

2.2.4 Aufgabe 4: Primzahlen (★★☆☆☆)

Schreiben Sie eine Funktion `calc_primes_up_to(max_value)` zur Berechnung aller Primzahlen bis zu einem vorgegebenen Maximalwert. Zur Erinnerung: Eine Primzahl ist eine natürliche Zahl, die größer als 1 und ausschließlich durch sich selbst und durch 1 teilbar ist. Zur Berechnung existiert das sogenannte Sieb des Eratosthenes, was zuvor schon beschrieben wurde.

Beispiele Prüfen Sie Ihren Algorithmus mit folgenden Werten:

Eingabe	Resultat
15	[2, 3, 5, 7, 11, 13]
25	[2, 3, 5, 7, 11, 13, 17, 19, 23]
50	[2, 3, 5, 7, 11, 13, 17, 19, 23, 29, 31, 37, 41, 43, 47]

2.2.5 Aufgabe 5: Primzahlpaare (★★☆☆☆)

Berechnen Sie alle Paare von Primzahlen mit einem Abstand von 2 (Zwilling), 4 (Cousin) und 6 (sexy) bis zu einer oberen Grenze für n. Für Zwillinge gilt dann:

$$isPrime(n) \ \&\& \ isPrime(n+2)$$

Beispiele Folgende Ergebnisse werden für den Grenzwert 50 erwartet:

Art	Resultat
Zwilling	{3: 5, 5: 7, 11: 13, 17: 19, 29: 31, 41: 43}
Cousin	{3: 7, 7: 11, 13: 17, 19: 23, 37: 41, 43: 47}
Sexy	{5: 11, 7: 13, 11: 17, 13: 19, 17: 23, 23: 29, 31: 37, 37: 43, 41: 47, 47: 53}

2.2.6 Aufgabe 6: Prüfsumme (★★☆☆☆)

Erstellen Sie eine Funktion `calc_checksum(input)`, die zu einer beliebig langen als String vorliegenden Zahl für deren Prüfsumme positionsbasiert folgende Rechnung vornimmt – dabei seien die n Ziffern als z_1 bis z_n modelliert:

$$z_1 z_2 z_3 \ldots z_n \Rightarrow (1 * z_1 + 2 * z_2 + 3 * z_3 + \ldots + n * z_n) \,\%\, 10$$

Beispiele

Eingabe	Summe	Resulat
"11111"	1 + 2 + 3 + 4 + 5 = 15	15 % 10 = 5
"87654321"	8 + 14 + 18 + 20 + 20 + 18 + 14 + 8 = 120	120 % 10 = 0

2.2.7 Aufgabe 7: Römische Zahlen (★★★★☆)

Aufgabe 7a: Römische Zahlen → Dezimalzahlen (★★★☆☆)

Schreiben Sie eine Funktion `from_roman_number(roman_number)`, die aus einer textuell vorliegenden, gültigen römischen Zahl die korrespondierende Dezimalzahl errechnet.[4]

Aufgabe 7b: Dezimalzahlen → Römische Zahlen (★★★★☆)

Schreiben Sie eine Funktion `to_roman_number(value)`, die eine Dezimalzahl in eine (gültige) römische Zahl in textueller Form umwandelt.

Beispiele

Arabisch	Römisch
17	"XVII"
444	"CDXLIV"
1971	"MCMLXXI"
2020	"MMXX"

2.2.8 Aufgabe 8: Kombinatorik (★★☆☆☆)

Aufgabe 8a: Berechnung von $a^2 + b^2 = c^2$

Berechnen Sie alle Kombinationen der Werte a, b und c (jeweils startend ab 1 und kleiner 100), für die folgende Formel gilt:

$$a^2 + b^2 = c^2$$

Bonus (★★★☆☆) Reduzieren Sie die Laufzeit von $O(n^3)$ auf $O(n^2)$. Konsultieren Sie bei Bedarf den Anhang C für eine Einführung in die O-Notation.

Aufgabe 8b: Berechnung von $a^2 + b^2 = c^2 + d^2$

Berechnen Sie alle Kombinationen der Werte a, b, c und d (jeweils startend ab 1 und kleiner 100), für die folgende Formel gilt:

$$a^2 + b^2 = c^2 + d^2$$

Bonus (★★★☆☆) Reduzieren Sie die Laufzeit von $O(n^4)$ auf $O(n^3)$.

[4] Für syntaktisch ungültige römische Zahlen, wie IXD, darf ein falsches Ergebnis, hier 489, errechnet werden – durch zweimal Subtraktionsregel hintereinander: $0 - 1 - 10 + 500$.

2.2.9 Aufgabe 9: Armstrong-Zahlen (★★☆☆☆)

Diese Übung behandelt dreistellige Armstrong-Zahlen. Per Definition versteht man darunter Zahlen, für deren Ziffern x, y und z von 1 bis 9 folgende Gleichung erfüllt ist:

$$100 * x + 10 * y + z = x^3 + y^3 + z^3$$

Schreiben Sie eine Funktion `calc_armstrong_numbers()` zur Berechnung aller Armstrong-Zahlen für x, y und z (jeweils < 10).

Beispiele

$$\begin{aligned} 153 = 1^3 + 5^3 + 3^3 &= 1 + 125 + 27 = 153 \\ 371 = 3^3 + 7^3 + 1^3 &= 27 + 343 + 1 = 371 \end{aligned}$$

Bonus Finden Sie eine generische Variante mit Funktionen oder Lambdas und probieren Sie dann folgende drei Formeln aus:

$$\begin{aligned} 100 * x + 10 * y + z &= x^3 + y^3 + z^3 \\ 100 * x + 10 * y + z &= x^1 + y^2 + z^3 \\ 100 * x + 10 * y + z &= x^3 + y^2 + z^1 \end{aligned}$$

2.2.10 Aufgabe 10: Max Change Calculator (★★★★☆)

Nehmen wir an, wir hätten eine Sammlung von Münzen bzw. Zahlen unterschiedlicher Werte. Schreiben Sie eine Funktion `calc_max_possible_change(values)`, die für positive Ganzzahlen ermittelt, welche Beträge damit ausgehend vom Wert 1 *nahtlos* erzeugt werden können. Als Ergebnis soll der Maximalwert zurückgeliefert werden.

Beispiele

Eingabe	Mögliche Werte	Maximum
1	1	1
1, 1	1, 2	2
1, 5	1	1
1, 2, 4	1, 2, 3, 4, 5, 6, 7	7
1, 2, 3, 7	1, 2, 3, 4, 5, 6, 7, 8, 9, 10, 11, 12, 13	13
1, 1, 1, 1, 5, 10, 20, 50	1, 2, 3, 4, 5, 6, ..., 30, ..., 39	39

2.2.11 Aufgabe 11: Befreundete Zahlen (★★☆☆☆)

Zwei Zahlen n_1 und n_2 heißen befreundet, wenn die Summe ihrer Teiler der jeweils anderen Zahl entsprechen:

$$sum(divisors(n_1)) = n_2$$

$$sum(divisors(n_2)) = n_1$$

Schreiben Sie eine Funktion `calc_friends(max_exclusive)` zur Berechnung aller befreundeten Zahlen bis zu einem übergebenen Maximalwert.

Beispiele

Eingabe	Teiler
$\sum(divisors(220)) = 284$	div(220) = 1, 2, 4, 5, 10, 11, 20, 22, 44, 55, 110
$\sum(divisors(284)) = 220$	div(284) = 1, 2, 4, 71, 142
$\sum(divisors(1184)) = 1210$	div(1184) = 1, 2, 4, 8, 16, 32, 37, 74, 148, 296, 592
$\sum(divisors(1210)) = 1184$	div(1210) = 1, 2, 5, 10, 11, 22, 55, 110, 121, 242, 605

2.2.12 Aufgabe 12: Primfaktorzerlegung (★★★☆☆)

Jede natürliche Zahl größer 1 lässt sich als eine Multiplikation von Primzahlen darstellen – denken Sie daran, die 2 ist auch eine Primzahl. Schreiben Sie eine Funktion `calc_prime_factors(value)`, die eine Liste mit Primzahlen liefert, deren Multiplikation die gewünschte Zahl ergeben.

Beispiele

Eingabe	Primfaktoren	Resultat
8	2 * 2 * 2	[2, 2, 2]
14	2 * 7	[2, 7]
42	2 * 3 * 7	[2, 3, 7]
1155	3 * 5 * 7 * 11	[3, 5, 7, 11]
2222	2 * 11 * 101	[2, 11, 101]

2.3 Lösungen

2.3.1 Lösung 1: Grundrechenarten (★☆☆☆☆)

Lösung 1a: Grundrechenarten (★☆☆☆☆)

Schreiben Sie eine Funktion `calc(m, n)`, die zwei Variablen vom Typ `int` multipliziert, das Produkt dann halbiert und den ganzzahligen Rest bezüglich der Division durch 7 ausgibt.

Beispiele

m	n	m * n	m * n // 2	Resultat ((n * m // 2) % 7)
6	7	42	21	0
5	5	25	12	5

Als kleiner Hinweis zur Erinnerung hier nochmals: Bei einer Ganzzahldivision wird der Rest abgeschnitten, deswegen ergibt $25/2$ als Ergebnis den Wert 12.

Algorithmus Die Implementierung folgt einfach der mathematischen Operationen:

```
def calc(m, n):
    return m * n // 2 % 7
```

Statt des speziellen Operators `//` kann man auch eine Umwandlung des Ergebnisses der einfachen Division in eine Ganzzahl durch einen Aufruf von `int()` vornehmen:

```
def calc_v2(m, n):
    return int(m * n / 2) % 7
```

Lösung 1b: Statistik (★★☆☆☆)

Ermitteln Sie die Summe sowie die Anzahl der natürlichen Zahlen, die durch 2 oder 7 teilbar sind, bis zu einem gegebenen Maximalwert (exklusiv) und geben Sie diese auf der Konsole aus. Schreiben Sie eine Funktion `calc_sum_and_count_all_numbers_div_by_2_or_7(max_exclusive)`. Erweitern Sie das Ganze, sodass statt der Konsolenausgabe eine Rückgabe der beiden Werte erfolgt.

Beispiele

			Resultat	
Maximalwert	Teilbar durch 2	Teilbar durch 7	Anzahl	Summe
3	2	-/-	1	2
8	2, 4, 6	7	4	19
15	2, 4, 6, 8, 10, 12, 14	7, 14	8	63

Algorithmus Die Implementierung ist ein klein wenig komplexer als zuvor und nutzt zwei Variablen für Anzahl und Summe sowie eine Schleife. Dabei wird mit Modulo geprüft, ob die Teilbarkeit gegeben ist:

```
def calc_sum_and_count_all_numbers_div_by_2_or_7(max_exclusive):
    count = 0
    sum = 0

    for i in range(1, max_exclusive):
        if i % 2 == 0 or i % 7 == 0:
            count += 1
            sum += i

    print("count:", count)
    print("sum:", sum)
```

Verbleibt noch der Wunsch nach der Rückgabe der beiden Werte. Mit Python ist das kein Problem, da man dazu Tupel nutzen kann, etwa mit `return (sum, count)` oder noch kürzer `return sum, count`.

Noch etwas übersichtlicher ist es, schlicht ein Dictionary zu nutzen – das macht den Unit Test nachher auch sehr gut lesbar:

```
def calc_sum_and_count_all_numbers_div_by_2_or_7_v2(max_exclusive):
    count = 0
    sum = 0

    for i in range(1, max_exclusive):
        if i % 2 == 0 or i % 7 == 0:
            count += 1
            sum += i

    return {"sum": sum, "count": count}
```

Lösung 1c: Gerade oder ungerade Zahl (★☆☆☆☆)

Erstellen Sie die Funktionen `is_even(n)` und `is_odd(n)`, die prüfen, ob die übergebene Ganzzahl gerade bzw. ungerade ist.

Algorithmus Die Implementierung nutzt jeweils den Modulo-Operator. Eine Zahl ist gerade, sofern eine Division durch 2 keinen Rest besitzt, andernfalls ist sie ungerade:

```
def is_even(n):
    return n % 2 == 0


def is_odd(n):
    return n % 2 != 0
```

Prüfung

Zum Test der Aufgabe 1a nutzen wir einen parametrisierten Test und für die Angabe der Eingabewerte für m und n sowie für das Ergebnis eine kommaseparierte Aufzählung – zum Auffrischen Ihres Wissens zu Pytest empfiehlt sich ein Blick in Anhang A.

```
@pytest.mark.parametrize("m, n, expected",
                         [(6, 7, 0), (3, 4, 6), (5, 5, 5)])
def test_calc(m, n, expected):
    assert calc(m, n) == expected
```

Zur Kontrolle des Aufgabenteils 1b nutzen wir die Python-Kommandozeile:

```
>>> calc_sum_and_count_all_numbers_div_by_2_or_7(8)
count: 4
sum: 19
```

Generell ist es aber zu bevorzugen, Unit Tests zu erstellen. In anderen Sprachen wäre bereits ein kombinierter Rückgabewert eine erste Hürde – mit Python und Tupeln in Kombination mit Dictionaries gestaltet sich das sehr leicht:

```
@pytest.mark.parametrize("n, expected",
                         [(3, {"sum": 2, "count": 1}),
                          (8, {"sum": 19, "count": 4}),
                          (15, {"sum": 63, "count": 8})])
def test_calc_sum_and_count_all_numbers_div_by_2_or_7_v2(n, expected):
    assert calc_sum_and_count_all_numbers_div_by_2_or_7_v2(n) == expected
```

Die Prüfung der Aufgabe 1c auf gerade oder ungerade ist so einfach, dass wir uns hier mit zwei exemplarischen Aufrufen in der Python-Kommandozeile begnügen:

```
>>> is_even(2)
True
>>> is_odd(7)
True
```

2.3.2 Lösung 2: Zahl als Text (★★☆☆☆)

Schreiben Sie eine Funktion `number_as_text(n)`, die für eine gegebene positive Zahl vom Typ `int`die jeweiligen Ziffern in korrespondierenden Text umwandelt.

Beispiele

Eingabe	Resultat
7	"SEVEN"
42	"FOUR TWO"
24680	"TWO FOUR SIX EIGHT ZERO"
13579	"ONE THREE FIVE SEVEN NINE"

Algorithmus Berechne immer den Rest (also die letzte Ziffer), gib diesen aus und teile dann durch zehn. Wiederhole dies, bis kein Rest mehr existiert. Beachte, dass die Repräsentation der Ziffer vorne an den Text angehängt werden muss, weil immer die letzte Ziffer extrahiert wird und ansonsten die Texte der Ziffern in der falschen Reihenfolge geliefert würden:

```
def number_as_text(n):
    value = ""
    remaining_value = n
    while remaining_value > 0:
        remainder_as_text = digit_as_text(remaining_value % 10)
        remaining_value = int(remaining_value / 10)
        value = remainder_as_text + " " + value

    return value.strip()
```

Die Abbildung von Ziffer auf Text realisieren wir mit einem Dictionary wie folgt:

```
value_to_text_mapping = {
    0: "ZERO", 1: "ONE", 2: "TWO", 3: "THREE", 4: "FOUR",
    5: "FIVE", 6: "SIX", 7: "SEVEN", 8: "EIGHT", 9: "NINE"}


def digit_as_text(n):
    return value_to_text_mapping[n % 10]
```

Python-Shortcut Wie einleitend erwähnt, kann man bei Division und Modulo die Python-Built-in-Funktion `divmod()` oftmals gewinnbringend einsetzen. Dadurch verändert sich der Ablauf nur minimal:

```
def number_as_text(n):
    value = ""
    remaining_value = n
    while remaining_value > 0:
        remaining_value, remainder = divmod(remaining_value, 10)
        value = digit_as_text(remainder) + " " + value

    return value.strip()
```

Es gibt noch eine Variante, die zeichenweise durch die Zahl geht, indem zunächst ein String daraus erstellt wird:

```
def number_as_text_shorter(n):
    value = ""
    for ch in str(n):
        value += digit_as_text(int(ch)) + " "

    return value.strip()
```

Prüfung

Zur Prüfung auf korrekte Funktionsweise nutzen wir einen parametrisierten Test, der mit Pytest elegant zu formulieren ist:

```
@pytest.mark.parametrize("n, expected",
                         [(7, "SEVEN"), (42, "FOUR TWO"),
                          (7271, "SEVEN TWO SEVEN ONE"),
                          (24680, "TWO FOUR SIX EIGHT ZERO"),
                          (13579, "ONE THREE FIVE SEVEN NINE")])
def test_number_as_text(n, expected):
    assert number_as_text(n) == expected
```

2.3.3 Lösung 3: Vollkommene Zahlen (★★☆☆☆)

Laut Definition wird eine natürliche Zahl als »vollkommene / perfekte Zahl« bezeichnet, wenn ihr Wert gleich der Summe ihrer echten Teiler ist. Das gilt etwa für die 6 oder die 28:

$$
\begin{aligned}
1+2+3 &= 6 \\
1+2+4+7+14 &= 28
\end{aligned}
$$

Schreiben Sie eine Funktion `calc_perfect_numbers(max_exclusive)`, die die vollkommenen Zahlen bis zu einem Maximalwert, z. B. 10.000, errechnet.

Beispiele

Eingabe	Resultat
1000	[6, 28, 496]
10000	[6, 28, 496, 8128]

Algorithmus Die einfachste Variante besteht darin, alle Zahlen von 2 bis zur Hälfte des gewünschten Maximalwerts zu prüfen, ob diese einen Teiler der ursprünglichen Zahl darstellen. In dem Fall wird die Summe der Teiler um genau den Wert erhöht. Die Summe startet mit dem Wert 1, weil dies immer ein gültiger Teiler ist. Zum Abschluss muss man nur noch die ermittelte Summe mit der eigentlichen Zahl vergleichen:

```
def is_perfect_number_simple(number):
    # immer durch 1 teilbar
    sum_of_multipliers = 1

    for i in range(2, int(number / 2) + 1):
        if number % i == 0:
            sum_of_multipliers += i

    return sum_of_multipliers == number
```

Basierend darauf ist die eigentliche Funktion sehr leicht zu implementieren:

```
def calc_perfect_numbers(max_exclusive):
    results = []
    for i in range(2, max_exclusive):
        if is_perfect_number_simple(i):
            results.append(i)

    return results
```

Python-Shortcut Mithilfe von List Comprehensions lässt sich das in Python noch ein wenig kürzer und eleganter schreiben:

```
def calc_perfect_numbers_comprehension(max_exclusive):
    return [i for i in range(2, max_exclusive) if is_perfect_number_simple(i)]
```

Prüfung

Zum Test nutzen wir folgende Eingaben, die die korrekte Funktionsweise für dedizierte Zahlen zeigen:

```
@pytest.mark.parametrize("n, expected",
                         [(6, True), (28, True),
                          (496, True), (8128, True)])
def test_is_perfect_number_simple(n, expected):
    assert is_perfect_number_simple(n) == expected
```

Damit haben wir den Basisbaustein der Prüfung auf vollkommene Zahlen getestet, allerdings sollten wir noch sicherstellen, dass keine anderen Werte als vollkommene Zahlen geliefert werden, sondern wirklich nur diese – für die Tests also die ersten drei bzw. vier vollkommenen Zahlen, nämlich die Zahlen 6, 28, 496 und 8128:

```
@pytest.mark.parametrize("n, expected", [(50, [6, 28]),
                                         (1000, [6, 28, 496]),
                                         (10000, [6, 28, 496, 8128])])
def test_calc_perfect_numbers(n, expected):
    assert calc_perfect_numbers(n) == expected
```

Optimierung der Implementierung

Basierend auf der bereits in der Einführung dieses Kapitels vorgestellten Funktion `find_proper_divisors(n)`, die alle echten Teiler ermittelt, kann man die Prüfung wie folgt vereinfachen:

```
def is_perfect_number_based_on_proper_divisors(number):
    divisors = find_proper_divisors(number)

    return sum(divisors) == number
```

Praktischerweise existiert mit `sum()` schon eine Build-in-Funktionalität zum Summieren der Elemente einer Liste, die wir hier nutzen.

2.3.4 Lösung 4: Primzahlen (★★☆☆☆)

Schreiben Sie eine Funktion `calc_primes_up_to(max_value)` zur Berechnung aller Primzahlen bis zu einem vorgegebenen Maximalwert. Zur Erinnerung: Eine Primzahl ist eine natürliche Zahl, die größer als 1 und ausschließlich durch sich selbst und durch 1 teilbar ist. Zur Berechnung existiert das sogenannte Sieb des Eratosthenes, was zuvor schon beschrieben wurde.

Beispiele Prüfen Sie Ihren Algorithmus mit folgenden Werten:

Eingabe	Resultat
15	[2, 3, 5, 7, 11, 13]
25	[2, 3, 5, 7, 11, 13, 17, 19, 23]
50	[2, 3, 5, 7, 11, 13, 17, 19, 23, 29, 31, 37, 41, 43, 47]

Algorithmus Der Algorithmus folgt dem Sieb des Eratosthenes. Zunächst wird eine Liste mit `booleans` erzeugt und mit `True` initialisiert, weil alle Zahlen als potenzielle Primzahlen angesehen werden: Gedanklich ist dies analog dazu, dass initial die Zahlen $2, 3, 4, \ldots$ bis zu einem vorgegebenen Maximalwert aufgeschrieben werden, z. B.:

$$2, 3, 4, 5, 6, 7, 8, 9, 10, 11, 12, 13, 14, 15$$

Nun wird startend bei dem Wert 2 mit dem »Sieben« begonnen: Weil die Zahl 2 nicht durchgestrichen ist, wird sie in die Liste der Primzahlen aufgenommen. Dann wird jedes Vielfache davon gestrichen, da diese keine Primzahlen sein können:

$$2, 3, \not{4}, 5, \not{6}, 7, \not{8}, 9, \not{10}, 11, \not{12}, 13, \not{14}, 15$$

Iterativ schaut man nach der nächsten nicht aussortierten Zahl. Hier ist dies die 3. Das ist die zweite Primzahl. Nun werden wieder alle Vielfachen davon gestrichen:

$$2, 3, \not{4}, 5, \not{6}, 7, \not{8}, \not{9}, \not{10}, 11, \not{12}, 13, \not{14}, \not{15}$$

Dieses Vorgehen wiederholt sich, bis man die Hälfte des Maximalwerts erreicht hat. Die Primzahlberechnung wird in Python wie folgt implementiert:

```
def calc_primes_up_to(max_value):
    # initial alle Werte als potenzielle Primzahl markieren
    is_potentially_prime = [True for _ in range(1, max_value + 2)]

    # Durchlaufe alle Zahlen startend bei 2, Optimierung nur bis zur Hälfte
    for number in range(2, max_value // 2 + 1):
        if is_potentially_prime[number]:
            erase_multiples_of_current(is_potentially_prime, number)

    return build_primes_list(is_potentially_prime)
```

Die Funktionalität des Durchstreichens bzw. Ausradierens der Vielfachen lagern wir in folgende Hilfsfunktion `erase_multiples_of_current()` aus – dabei nutzen wir als Trick zum einen die Schrittweite von i sowie zum anderen, dass das erste Vielfache durch Addition des Startwerts ermittelt wird. Bei ersten Versuchen kann die auskommentierte Konsolenausgabe zum Nachvollziehen hilfreich sein:

```
def erase_multiples_of_current(values, number):
    for n in range(number + number, len(values), number):
        values[n] = False
        # print("Eliminating:", n)
```

Schließlich müssen wir aus der Liste von `boolean` noch eine Liste von Zahlen rekonstruieren – wichtig ist, dass wir erst ab dem Wert 2 starten, da die beiden Werte darunter durch unsere Initialisierung (fälschlicherweise, aber hier ohne negative Auswirkung) nicht auf `False` gesetzt sind:

```
def build_primes_list(is_potentially_prime):
    primes = []
    for number in range(2, len(is_potentially_prime)):
        if is_potentially_prime[number]:
            primes.append(number)

    return primes
```

Python-Shortcut Mithilfe von List Comprehensions lässt sich das in Python noch ein wenig kürzer und eleganter schreiben:

```
def build_primes_list(is_potentially_prime):
    return [number for number in range(2, len(is_potentially_prime))
            if is_potentially_prime[number]]
```

Python-Shortcut Gerne möchte ich noch eine weitere Variante zeigen, die auf `compress()` aus dem Modul `itertools` basiert. Damit kann man aus einer Sequenz von Daten und einer Sequenz von Selektoren in Form boolescher Werte eine neue Sequenz mit nur den Werten erhalten, für die der Selektor `True` bzw. 1 ist:

```
print(list(itertools.compress("ABCDEF", [1,0,1,0,1,0])))
['A', 'C', 'E']
```

Für die Primzahlberechnung nutzen wir das wie folgt:

```
def calc_primes_up_to_v2(max_value):
    is_potentially_prime = [True for _ in range(1, max_value + 2)]

    for number in range(2, int(max_value / 2) + 1):
        if is_potentially_prime[number]:
            erase_multiples_of_current(is_potentially_prime, number)

    # Werte 0 und 1 als keine Primzahl markieren
    is_potentially_prime[0:2] = False, False

    # Zusammenführen / Auswahl der Werte
    return list(itertools.compress(range(len(is_potentially_prime)),
                                   is_potentially_prime))
```

Prüfung

Zum Test nutzen wir folgende Eingaben, die die korrekte Funktionsweise zeigen:

```
def input_and_expected():
    return [(2, [2]),
            (3, [2, 3]),
            (10, [2, 3, 5, 7]),
            (15, [2, 3, 5, 7, 11, 13]),
            (20, [2, 3, 5, 7, 11, 13, 17, 19]),
            (25, [2, 3, 5, 7, 11, 13, 17, 19, 23]),
            (50, [2, 3, 5, 7, 11, 13, 17, 19, 23, 29, 31, 37, 41, 43, 47])]


@pytest.mark.parametrize("n, expected",
                         input_and_expected())
def test_calc_primes_up_to(n, expected):
    assert calc_primes_up_to(n) == expected


@pytest.mark.parametrize("n, expected",
                         input_and_expected())
def test_calc_primes_up_to_v2(n, expected):
    assert calc_primes_up_to_v2(n) == expected
```

2.3.5 Lösung 5: Primzahlpaare (★★☆☆☆)

Berechnen Sie alle Paare von Primzahlen mit einem Abstand von 2 (Zwilling), 4 (Cousin) und 6 (sexy) bis zu einer oberen Grenze für n. Für Zwillinge gilt dann:

$$isPrime(n) \ \&\& \ isPrime(n+2)$$

Beispiele Folgende Ergebnisse werden für den Grenzwert 50 erwartet:

Art	Resultat
Zwilling	{3: 5, 5: 7, 11: 13, 17: 19, 29: 31, 41: 43}
Cousin	{3: 7, 7: 11, 13: 17, 19: 23, 37: 41, 43: 47}
Sexy	{5: 11, 7: 13, 11: 17, 13: 19, 17: 23, 23: 29, 31: 37, 37: 43, 41: 47, 47: 53}

Algorithmus In einem ersten Schritt gilt es, die Bedingungen für Paare zu definieren. Das lässt sich explizit über `if`-Abfragen oder aber eleganter durch die Definition passender Prädikate in Form von Funktionen oder Lambdas bewerkstelligen. Nun kann man für alle Zahlen startend bei 2 bis zu einer gewünschten Obergrenze jeweils prüfen, ob die Zahl selbst und die entsprechende andere um 2, 4 oder 6 erhöhte Zahl eine Primzahl darstellen. Dazu greift man auf eine Funktion `is_prime(n)` zurück, die wiederum die zuvor geschriebene Funktion zur Ermittlung der Primzahlen aufruft. Für Zwillinge habe ich hier noch die eher nicht Pythonic-`for`-Schleife mit `if`-Abfrage genutzt und für die anderen beiden kommen Dict Comprehensions zum Einsatz. Weitere Details zu Primzahlzwillingen finden Sie unter `https://de.wikipedia.org/wiki/Primzahlzwilling`.

```
def main():
    def is_twin_pair(n):
        return is_prime(n) and is_prime(n + 2)

    def is_cousin_pair(n):
        return is_prime(n) and is_prime(n + 4)

    def is_sexy_pair(n):
        return is_prime(n) and is_prime(n + 6)

    # Update von Hand
    twin_pairs = {}
    for i in range(1, 50):
        if is_twin_pair(i):
            twin_pairs.update({i: i + 2})

    # Dict Comprehensions
    cousin_pairs = {i: i + 4 for i in range(1, 50) if is_cousin_pair(i)}
    sexy_pairs = {i : i + 6 for i in range(1, 50) if is_sexy_pair(i)}

    print("Twins:", twin_pairs)
    print("Cousins:", cousin_pairs)
    print("Sexy:", sexy_pairs)1


def is_prime(n):
    primes = calc_primes_up_to(n + 1)
    return n in primes
```

Die hier gezeigte Realisierung nutzt zwar bereits implementierte Funktionalitäten – was prinzipiell zu bevorzugen ist –, besitzt aber zwei Schwachstellen:

1. Es werden jedes Mal wieder alle Primzahlen bis zum vorgegebenen Maximalwert berechnet. Das lässt sich optimieren, wenn man die Berechnung nur einmal durchführt und die Ergebnisse geeignet zwischenspeichert.
2. Momentan sind die Prüfungen noch alle miteinander verwoben. Übersichtlicher ist eine Prüffunktion, die jeweils nur eine Bedingung überprüft und auch nur ein Ergebnis zurückliefert.

Optimierung der Implementierung

Schwachstelle 1: Wiederholte Aufrufe Zunächst sollten wir die Primzahlen bis zu dem Maximalwert nur einmal berechnen – dabei müssen wir den Grenzwert um 7 nach oben verschieben, damit wir alle Paare korrekt abbilden können:

```
def calc_prime_pairs(max_value):
    primes = calc_primes_up_to(max_value + 7)

    def is_twin_pair(n):
        return is_prime(primes, n) and is_prime(primes, n + 2)

    def is_cousin_pair(n):
        return is_prime(primes, n) and is_prime(primes,n + 4)

    def is_sexy_pair(n):
        return is_prime(primes, n) and is_prime(primes, n + 6)

    # Update von Hand
    twin_pairs = {}
    for i in range(1, 50):
        if is_twin_pair(i):
            twin_pairs.update({i: i + 2})

    # Dict Comprehensions
    cousin_pairs = {i: i + 4 for i in range(1, 50) if is_cousin_pair(i)}
    sexy_pairs = {i: i + 6 for i in range(1, 50) if is_sexy_pair(i)}

    print("Twins: ", twin_pairs)
    print("Cousins: ", cousin_pairs)
    print("Sexy: ", sexy_pairs)
```

Das Berechnen der Primzahlen erfolgt einmalig am Anfang der Funktion und somit erreicht man eine deutliche Verbesserung der Performance.

Schließlich lagern wir die Prüfung auf eine Primzahl in folgende Funktion aus:

```
def isPrime(primes, n):
    return n in primes
```

Schwachstelle 2: Unübersichtliche Programmstruktur Wie schon zuvor wollen wir eher allgemeingültige Funktionen schreiben. Die Grundbausteine haben wir bereits gelegt. Es sollte jedoch die Ermittlung der Paare in eine Funktion `calc_pairs()` ausgegliedert werden. Auf diese Weise lässt sich das Ganze noch übersichtlicher und verständlicher schreiben:

```
def calc_prime_pairs_improved(max_value):
    twin_pairs = calc_pairs(max_value, 2)
    cousin_pairs = calc_pairs(max_value, 4)
    sexy_pairs = calc_pairs(max_value, 6)

    print("Twins:", twin_pairs)
    print("Cousins:", cousin_pairs)
    print("Sexy:", sexy_pairs)


def calc_pairs(max_value, distance):
    primes = calc_primes_up_to(max_value + distance)

    return {number: number + distance for number in range(1, 50)
            if is_prime(primes, number) and is_prime(primes, number + distance)}
```

Dieser Umbau legt den Grundstock, um das Ganze ohne viel Mühe mit Unit Tests prüfen zu können.

Prüfung

Rufen wir die Funktion mit dem Maximalwert 50 auf, so erhalten wir dieses Ergebnis:

```
Twins: {3: 5, 5: 7, 11: 13, 17: 19, 29: 31, 41: 43}
Cousins: {3: 7, 7: 11, 13: 17, 19: 23, 37: 41, 43: 47}
Sexy: {5: 11, 7: 13, 11: 17, 13: 19, 17: 23, 23: 29, 31: 37, 37: 43, 41: 47, 47:
     53}
```

Erstellen wir nun noch einen Unit Test mit jeweils einer Testfunktion:

```
@pytest.mark.parametrize("n, expected",
                         [(2, {3: 5, 5: 7, 11: 13, 17: 19, 29: 31, 41: 43}),
                          (4, {3: 7, 7: 11, 13: 17, 19: 23, 37: 41, 43: 47}),
                          (6, {5: 11, 7: 13, 11: 17, 13: 19, 17: 23, 23: 29,
                               31: 37, 37: 43, 41: 47, 47: 53})])
def test_calc_pairs(n, expected):
    maxValue = 50

    assert calc_pairs(maxValue, n) == expected
```

2.3.6 Lösung 6: Prüfsumme (★★☆☆☆)

Erstellen Sie eine Funktion `calc_checksum(input)`, die zu einer beliebig langen als String vorliegenden Zahl für deren Prüfsumme positionsbasiert folgende Rechnung vornimmt – dabei seien die n Ziffern als z_1 bis z_n modelliert:

$$z_1 z_2 z_3 \ldots z_n \Rightarrow (1 * z_1 + 2 * z_2 + 3 * z_3 + \ldots + n * z_n) \% 10$$

Beispiele

Eingabe	Summe	Resulat
"11111"	1 + 2 + 3 + 4 + 5 = 15	15 % 10 = 5
"87654321"	8 + 14 + 18 + 20 + 20 + 18 + 14 + 8 = 120	120 % 10 = 0

Algorithmus Durchlaufe alle Ziffern von vorne bis zur letzten Position, extrahiere die Ziffer an der gegebenen Position und multipliziere deren Zahlenwert mit der aktuellen Position. Addiere diesen zur Summe hinzu. Schlussendlich wird durch die Modulo-Operation die Summe auf eine Ziffer abgebildet:

```
def calc_checksum(input):
    if not input.isdigit():
        raise ValueError("illegal chars: not only digits")

    crc = 0

    for i, current_char in enumerate(input):
        value = (int(current_char)) * (i + 1)
        crc += value

    return int(crc % 10)
```

Prüfung

Zum Test nutzen wir folgende Eingaben, die die korrekte Funktionsweise zeigen:

```
@pytest.mark.parametrize("n, expected",
                         [("11111", 5),
                          ("22222", 0),
                          ("111111", 1),
                          ("12345678", 4),
                          ("87654321", 0)])
def test_calc_checksum(n, expected):
    assert calc_checksum(n) == expected
```

2.3.7 Lösung 7: Römische Zahlen (★★★★☆)

Lösung 7a: Römische Zahlen → Dezimalzahlen (★★★☆☆)

Schreiben Sie eine Funktion `from_roman_number(roman_number)`, die aus einer textuell vorliegenden, gültigen römischen Zahl die korrespondierende Dezimalzahl errechnet.[5]

Beispiele

Arabisch	Römisch
17	"XVII"
444	"CDXLIV"
1971	"MCMLXXI"
2020	"MMXX"

Algorithmus Gemäß den Regeln in Abschnitt 2.1.1 ergibt sich der jeweilige Wert normalerweise aus der Addition der Werte der einzelnen Ziffern von links nach rechts, wenn ein größeres Zeichen vor einem kleineren steht. Steht jedoch ein kleineres Zahlzeichen vor einem größeren, so wird der entsprechende Wert subtrahiert.

Mit diesem Wissen laufen wir die Zeichen von rechts nach links ab und schauen den jeweiligen Wert in einem Dictionary nach. Um zwischen Addition oder Subtraktion entscheiden zu können, speichern wir das letzte relevante Zeichen:

```
def from_roman_number(roman_number):
    value = 0
    last_digit_value = 0

    #for i in range(len(roman_number) - 1, -1, -1):
    #    roman_digit = roman_number[i]
    for roman_digit in reversed(roman_number):
        digit_value = value_map[roman_digit]

        add_mode = digit_value >= last_digit_value
        if add_mode:
            value += digit_value
            last_digit_value = digit_value
        else:
            value -= digit_value

    return value


value_map = {"I": 1, "V": 5, "X": 10, "L": 50,
             "C": 100, "D": 500, "M": 1000}
```

Im Listing habe ich eine schönere Variante des Durchlaufens genutzt: Mithilfe der Standardfunktionalität `reversed()` erhält man einen Iterator, der die Daten in umgekehrter

[5] Für syntaktisch ungültige römische Zahlen, wie IXD, darf ein falsches Ergebnis, hier 489, errechnet werden – durch zweimal Subtraktionsregel hintereinander: $0 - 1 - 10 + 500$.

Richtung durchläuft und Zugriff auf das jeweilige Element bietet. Im Kommentar ist eine indexbasierte Verarbeitung gezeigt, die etwas weniger Python-like ist.

Lösung 7b: Dezimalzahlen → Römische Zahlen (★★★★☆)

Schreiben Sie eine Funktion `to_roman_number(value)`, die eine Dezimalzahl in eine (gültige) römische Zahl in textueller Form umwandelt.

Algorithmus Bei der Umwandlung einer Dezimalzahl in eine römische Zahl verwenden wir wiederum ein Dictionary für die Abbildung. Die römischen Zahlenwerte sortieren wir absteigend, sodass der größte Wert, also die 1000, am Anfang steht. Der momentane Zahlenwert wird durch diesen Faktor geteilt. Damit erhält man die Anzahl der benötigten Wiederholungen dieses Werts. Nun wird der Rest per Modulo ermittelt. Das wiederholt man, bis alle Werte geprüft sind und der Rest noch größer 0 ist. Nachfolgend ist der Ablauf exemplarisch für die Zahl 7 gezeigt:

```
7 =>  7 / 1000 => 0 => 0 x 'M'
            ...
             7 / 5 = 1 => 1 x 'V'
             7 % 5 = 2
             2 / 1 = 2 => 2 x 'I'
             2 % 1 = 0
    => 'VII'
```

Das Verfahren wird in Python wie folgt realisiert:

```
def to_roman_number(value):
    result = ""
    remainder = value

    # absteigende Sortierung => mit größtem Wert starten
    for i in sorted(int_to_roman_digit_map.keys(), reverse=True):
        if remainder > 0:
            multiplier = i
            roman_digit = int_to_roman_digit_map[i]

            times = remainder // multiplier
            remainder = remainder % multiplier
            result += roman_digit * times

    return result


int_to_roman_digit_map = {1: "I", 5: "V", 10: "X", 50: "L",
                          100: "C", 500: "D", 1000: "M"}
```

Hier bietet sich wieder die Funktion `divmod()` an. Dann wird aus den Aufrufen

```
times = remainder // multiplier
remainder = remainder % multiplier
```

folgender Einzeiler:

```
times, remainder = divmod(remainder, multiplier)
```

Die Umwandlung ist allerdings noch nicht 100 % korrekt, da sie die Dreierregel nicht beachtet, sondern Ziffern auch viermal wiederholt. Um das zu beheben, kann man die nachfolgend nur angedeuteten Spezialbehandlungen implementieren:

```
multiplier = i
roman_digit = int_to_roman_digit_map[i]

if remainder >= 900 and roman_digit == 'D':
    result += "CM"
    remainder -= 900}
# ...
elif remainder >= 4 and roman_digit == 'I':
    result += "IV"
    remainder -= 4
else:
    times = remainder / multiplier
    remainder = remainder % multiplier

    result += roman_digit * times
```

Das wird jedoch schnell unübersichtlich. Eleganter ist das Einfügen weiterer Lookup-Werte für die Spezialfälle:

```
int_to_roman_digit_map = {1: "I", 4: "IV", 5: "V", 9: "IX", 10: "X",
                          40: "XL", 50: "L", 90: "XC", 100: "C",
                          400: "CD", 500: "D", 900: "CM", 1000: "M"}
```

Prüfung

Beginnen wir den Unit Test mit verschiedenen Werten, die die korrekte Umwandlung, insbesondere auch für die vier Werte 17, 444, 1971 und 2020 aus dem Beispiel, zeigen:

```
def arabic_to_roman_number_map():
    return [(1, "I"), (2, "II"), (3, "III"), (4, "IV"),
            (5, "V"), (7, "VII"), (9, "IX"), (17, "XVII"),
            (40, "XL"), (90, "XC"), (400, "CD"), (444, "CDXLIV"),
            (500, "D"), (900, "CM"), (1000, "M"), (1666, "MDCLXVI"),
            (1971, "MCMLXXI"), (2018, "MMXVIII"), (2019, "MMXIX"),
            (2020, "MMXX"), (3000, "MMM")]

# Achtung hier andere Reihenfolge, damit man es nicht zweimal definieren muss
@pytest.mark.parametrize("expected, roman_number",
                         arabic_to_roman_number_map())
def test_from_roman_number(roman_number, expected):
    assert from_roman_number(roman_number) == expected
```

Nun betrachten wir, wie das Austesten der Gegenrichtung geschieht – hier profitieren wir bereits von der zuvor definierten Funktion `arabic_to_roman_number_map()` zum Bereitstellen der Testergebnisse:

```
@pytest.mark.parametrize("roman_number, expected",
                         arabic_to_roman_number_map())
def test_to_roman_number(roman_number, expected):
    assert to_roman_number(roman_number) == expected
```

Ohne die Extraktion der Werte in eine Liste mit Tupeln wäre es zu einer Dopplung der Angaben gekommen. Nur bei der Angabe von `expected` und `roman_number` müssen wir etwas aufpassen, da es sich hier um eine bidirektionale Abbildung handelt.

Datenbereitstellung in CSV-Datei Zur Vermeidung der Duplikation könnte man die Werte auch aus einer Datei einlesen. Dazu implementieren wir das Einlesen aus einer CSV-Datei wie folgt – in diesem Fall verlassen wir uns auf den korrekten Aufbau, der im Anschluss gezeigt ist. Außerdem nutzen wir einen Import des Moduls `csv`:

```
def arabic_to_roman_number_map():
    result = []
    with open('arabicroman2.csv','rt') as file:
        data = csv.reader(file)

        skip_first = True
        for row in data:
            if not skip_first:
                result.append((int(row[0].strip()), row[1].strip()))
            skip_first = False

    return result
```

Die CSV-Datei sieht dann auszugsweise wie folgt aus:

```
arabic,roman
1, I
2, II
3, III
4, IV
5, V
7, VII
...
```

2.3.8 Lösung 8: Kombinatorik (★★☆☆☆)

Lösung 8a: Berechnung von $a^2 + b^2 = c^2$

Berechnen Sie alle Kombinationen der Werte a, b und c (jeweils startend ab 1 und kleiner 100), für die folgende Formel gilt:

$$a^2 + b^2 = c^2$$

Algorithmus Die Brute-Force-Lösung besteht darin, drei ineinander geschachtelte Schleifen zu nutzen und dann zu prüfen, ob die obige Formel erfüllt ist:

```
# brute force, drei verschachtelte Schleifen
def solve_quadratic_simple():
    for a in range(1, 100):
        for b in range(1, 100):
            for c in range(1, 100):
                # if a ** 2 + b ** 2 == c ** 2:
                if a * a + b * b == c * c:
                    print("a =", a, "/ b =", b, "/ c =", c)
```

Zur Quadrierung bietet die einfache Multiplikation eine leicht bessere Lesbarkeit als die im Kommentar angedeutete Verwendung des Operators `**`.

Python-Shortcut Durch den Einsatz von List Comprehension kann man sich alle Tupel erzeugen lassen – allerdings ist eine derartige Konstruktion schon stilistisch zweifelhaft:

```
def solve_quadratic_shorter():
    return [(a,b,c) for a in range(1, 100) for b in range(1, 100)
                    for c in range(1, 100) if a * a + b * b == c * c]
```

Bonus: Reduzieren Sie die Laufzeit von $O(n^3)$ auf $O(n^2)$ (★★★☆☆)

In der oberen Lösung finden wir drei ineinander geschachtelte Schleifen, was zu einer Laufzeit von $O(n^3)$ führt. Das wollen wir auf $O(n^2)$ reduzieren. Dabei machen wir uns folgende Umformung (Auflösen nach c) zunutze:

$$c = \sqrt{a * a + b * b}$$

Basierend auf dieser Umformung bzw. Auflösung der Gleichung nach c können wir die Quadratwurzel berechnen und danach dann die Formel prüfen:

```
def solve_quadratic():
    for a in range(1, 100):
        for b in range(1, 100):
            c = int(math.sqrt(a * a + b * b))
            if a * a + b * b == c * c:
                print("a =", a, "/ b =", b, "/ c =", c)
```

Diese Lösung enthält noch einen kleinen Schönheitsfehler. Theoretisch kann c nun auch Werte größer als 100 annehmen. Dazu ergänzen wir die Prüfung wie folgt:

```
def solve_quadratic():
    for a in range(1, 100):
        for b in range(1, 100):
            c = int(math.sqrt(a * a + b * b))
            if c < 100 and a * a + b * b == c * c:
                print("a =", a, "/ b =", b, "/ c =", c)
```

Prüfung

Zum Test rufen wir die Funktion `solve_quadratic()` auf und vollziehen die Rechnung für einige Werte nach:

```
>>> import math
>>> solve_quadratic()
a = 3 / b = 4 / c = 5
a = 4 / b = 3 / c = 5
a = 5 / b = 12 / c = 13
a = 6 / b = 8 / c = 10
...
```

Hinweis: Wieso funktioniert die Berechnung überhaupt?

Wenn man nur kurz auf die Umwandlung schaut, könnte man sich fragen, wieso die Berechnung nicht für alle Werte einen erfolgreichen Vergleich liefert. Tatsächlich wäre dies rein mathematisch der Fall, da wir ja c aus a und b herleiten. Allerdings nutzen wir auch einen Cast auf einen `int`:

```
c = int(math.sqrt(a * a + b * b))
if a * a + b * b == c * c:
    print("a =", a, "/ b =", b, "/ c =", c)
```

Dadurch werden die Nachkommastellen abgeschnitten. Das führt wiederum dazu, dass der Vergleich nur für ausgewählte Werte erfolgreich ist.

Lösung 8b: Berechnung von $a^2 + b^2 = c^2 + d^2$

Berechnen Sie alle Kombinationen der Werte a, b, c und d (jeweils startend ab 1 und kleiner 100), für die folgende Formel gilt:

$$a^2 + b^2 = c^2 + d^2$$

Algorithmus Analog zum vorherigen Aufgabenteil besteht die Brute-Force-Lösung darin, vier ineinander geschachtelte Schleifen zu nutzen und dann zu prüfen, ob die obige Formel erfüllt ist. Wiederum gilt, dass die einfache Multiplikation nach meinem Geschmack eine leicht bessere Lesbarkeit als die Verwendung des Operators `**` bietet:

```
# brute force, vier verschachtelte Schleifen
def solve_cubic_simple():
    for a in range(1, 100):
        for b in range(1, 100):
            for c in range(1, 100):
                for d in range(1, 100):
                    if a * a + b * b == c * c + d * d:
                        print("a =", a, " / b =", b, " / c =", c, " / d =", d)
```

Python-Shortcut Durch den Einsatz von List Comprehension kann man sich alle Tupel erzeugen lassen – allerdings ist eine derartige Konstruktion schon stilistisch zweifelhaft:

```
def solve_cubic_shorter():
    return [(a,b,c,d) for a in range(1, 100) for b in range(1, 100)
                      for c in range(1, 100) for d in range(1, 100)
                      if a * a + b * b == c * c + d * d]
```

Bonus: Reduzieren Sie die Laufzeit von $O(n^4)$ auf $O(n^3)$ (★★★☆☆)

Die Lösung verwendet vier ineinander geschachtelte Schleifen, was zu einer Laufzeit von $O(n^4)$ führt. Das wollen wir auf $O(n^3)$ reduzieren. Dabei machen wir uns Umformungen zunutze. Zunächst separieren wir nach d:

$$a * a + b * b - c * c = d * d$$

Dann lösen wir nach d auf:

$$d = \sqrt{a * a + b * b - c * c}$$

Basierend auf dieser Umformung bzw. Auflösung der Gleichung nach d können wir die Quadratwurzel berechnen und danach dann die Formel prüfen:

```
def solve_cubic():
    for a in range(1, 100):
        for b in range(1, 100):
            for c in range(1, 100):
                # Besonderheit sqrt arbeitet nicht mit negativen Zahlen
                value = a * a + b * b - c * c
                if value > 0:
                    d = int(math.sqrt(value))
                    if d < 100 and a * a + b * b == c * c + d * d:
                        print("a =", a, " / b =", b, " / c =", c, " / d =", d)
```

Prüfung

Zum Test nutzen wir einen Funktionsaufruf und kontrollieren einige der Werte:

```
>>> solve_cubic()
a = 1 / b = 1 / c = 1 / d = 1
a = 1 / b = 2 / c = 1 / d = 2
a = 1 / b = 2 / c = 2 / d = 1
a = 1 / b = 3 / c = 1 / d = 3
a = 1 / b = 3 / c = 3 / d = 1
...
```

2.3.9 Lösung 9: Armstrong-Zahlen (★★☆☆☆)

Diese Übung behandelt dreistellige Armstrong-Zahlen. Per Definition versteht man darunter Zahlen, für deren Ziffern x, y und z von 1 bis 9 folgende Gleichung erfüllt ist:

$$100 * x + 10 * y + z = x^3 + y^3 + z^3$$

Schreiben Sie eine Funktion `calc_armstrong_numbers()` zur Berechnung aller Armstrong-Zahlen für x, y und z (jeweils < 10).

Beispiele

$$153 = 1^3 + 5^3 + 3^3 \quad = \quad 1 + 125 + 27 = 153$$
$$371 = 3^3 + 7^3 + 1^3 \quad = \quad 27 + 343 + 1 = 371$$

Algorithmus Durchlaufe alle Kombinationen dreistelliger Zahlen mithilfe dreier ineinander geschachtelter Schleifen. Der Zahlenwert wird basierend auf der Position durch die Formel $x * 100 + y * 10 + z$ ermittelt. Berechne zudem die dritte Potenz für jede Ziffer, summiere diese und prüfe, ob die Summe mit der Zahl übereinstimmt:

```
def calc_armstrong_numbers():
    results = []

    for x in range(1, 10):
        for y in range(1, 10):
            for z in range(1, 10):
                numeric_value = x * 100 + y * 10 + z
                cubic_value = int(pow(x, 3) + pow(y, 3) + pow(z, 3))

                if numeric_value == cubic_value:
                    results.append(numeric_value)

    return results
```

Hinweis: Wieso starten die Schleifen nicht bei 0?

Zwar könnte man auch den Wert 0 verwenden, jedoch ist dieser ungewöhnlich an erster Stelle, beispielsweise würde eine Wertebelegung mit $x = 0$ und $y = 0$ dem Wert z entsprechen. Es gibt allerdings noch einen weiteren Grund, nicht mit 0 zu starten: Eine führende 0 dient zur Kennzeichnung von Oktalzahlen, weswegen wir hier darauf verzichten. Seit Python 3.8 starten Oktalzahlen mit dem Präfix `0o`.

Prüfung

Zum Test rufen wir obige Funktion auf und schauen, ob die beiden als Beispiel angegebenen Wertekombinationen in der Ergebnisliste enthalten sind:

```
def test_calc_armstrong_numbers():
    assert calc_armstrong_numbers() == [153, 371]
```

Bonus (★★★☆☆)

Finden Sie eine generische Variante mit Funktionen oder Lambdas und probieren Sie dann folgende drei Formeln aus:

$$100 * x + 10 * y + z = x^3 + y^3 + z^3$$
$$100 * x + 10 * y + z = x^1 + y^2 + z^3$$
$$100 * x + 10 * y + z = x^3 + y^2 + z^1$$

Algorithmus Statt der konkreten Berechnung fügen wir zur Berechnung einen Aufruf über eine passende `cubic_function` ein:

```
def calc_numbers(cubic_function):
    results = []
    for x in range(1, 10):
        for y in range(1, 10):
            for z in range(1, 10):
                numeric_value = x * 100 + y * 10 + z
                cubic_value = int(cubic_function(x, y, z))
                if numeric_value == cubic_value:
                    results.append(numeric_value)
    return results
```

Damit lässt sich die Berechnung als Funktion oder Lambda formulieren:

```
def special(x,y,z):
    return int(pow(x, 3) + pow(y, 3) + pow(z, 3))

special_as_lambda = lambda x, y, z: int(pow(x, 3) + pow(y, 3) + pow(z, 3))
```

Basierend auf dieser allgemeineren Lösung kann man jetzt ohne viel Mühe andere Varianten von Berechnungsvorschriften einfach ausprobieren:

```
def special2(x, y, z):
    return int(pow(x, 1) + pow(y, 2) + pow(z, 3))
```

Ebenso definieren wir schließlich noch Folgendes:

```
def special3(x, y, z):
    return int(pow(x, 3) + pow(y, 2) + pow(z, 1))
```

Prüfung

Zum Test rufen wir obige Funktion mit verschiedenen Berechnungsvorschriften auf und schauen für diejenige der Armstrong-Zahlen, ob die beiden als Beispiel angegebenen Wertekombinationen in der Ergebnisliste enthalten sind:

```
>>> def special(x,y,z):
...     return int(pow(x, 3) + pow(y, 3) + pow(z, 3))
...
>>> print(calc_numbers(special))
[153, 371]

>>> def special2(x,y,z):
...     return int(pow(x, 1) + pow(y, 2) + pow(z, 3))
...
>>> print(calc_numbers(special2))
[135, 175, 518, 598]

>>> special3 = lambda x, y, z: int(pow(x, 3) + pow(y, 2) + pow(z, 1))
>>> print(calc_numbers(special3))
[]
```

2.3.10 Lösung 10: Max Change Calculator (★★★★☆)

Nehmen wir an, wir hätten eine Sammlung von Münzen bzw. Zahlen unterschiedlicher Werte. Schreiben Sie eine Funktion `calc_max_possible_change(values)`, die für positive Ganzzahlen ermittelt, welche Beträge damit ausgehend vom Wert 1 *nahtlos* erzeugt werden können. Als Ergebnis soll der Maximalwert zurückgeliefert werden.

Beispiele

Eingabe	Mögliche Werte	Maximum
1	1	1
1, 1	1, 2	2
1, 5	1	1
1, 2, 4	1, 2, 3, 4, 5, 6, 7	7
1, 2, 3, 7	1, 2, 3, 4, 5, 6, 7, 8, 9, 10, 11, 12, 13	13
1, 1, 1, 1, 5, 10, 20, 50	1, 2, 3, 4, 5, 6, ..., 30, ..., 39	39

Algorithmus Man könnte das Ganze lösen, indem man eine Abbildung auf alle Permutationen der Summe der Zahlen errechnet – es geht aber viel weniger aufwendig: Zweckmäßigerweise sortiert man die Werte zunächst zur leichteren Handhabung:

Eingabe	Mögliche Zahlen	Max Change
1, 2, 3, 7	1, 2, 3, 4, 5, 6, 7, 8, 9, 10, 11, 12, 13	13
1, 2, 3, 8	1, 2, 3, 4, 5, 6, => _ <= , 8, 9, 10, 11, 12, 13, 14	6

Wenn man sich die beiden Beispiele anschaut, sieht man für die Fälle $1, 2, 3, 7$ und $1, 2, 3, 8$ den Schlüssel, um die Berechnung entscheidend vereinfachen zu können. Statt immer aufwendig alle Permutationen zu errechnen und dann auf eine Lücke, hier durch einen Unterstrich (_) angedeutet, im Zahlenstrahl zu prüfen, kann man alternativ bei der ersten Zahl starten, immer die Summe der Zahlen zu der vorherigen Summe bilden und dies iterativ wiederholen, bis $next\_number > sum + 1$ gilt.

Übertragen wir dies auf Python: Sortiere zunächst die Eingabewerte. Beginne mit der Annahme, dass zunächst nichts zu wechseln ist, also $max\_possible\_change = 0$. Prüfe nun für jeden Wert die nachfolgende Bedingung. Falls $current\_value > max\_possible\_change + 1$ gilt, so kann man nicht mehr wechseln. Ansonsten addiert man den aktuellen Wert zu $max\_possible\_change$. Das Ganze wiederholt man, bis alle Werte geprüft sind oder vorher die Abbruchbedingung erfüllt ist. Das ergibt folgende Implementierung:

```
def calc_max_possible_change(values):
    # Wrappng nötig, damit wir nicht das Original sortieren
    sorted_numbers = list(values)
    sorted_numbers.sort()

    max_possible_change = 0

    for current_value in sorted_numbers:
        if current_value > max_possible_change + 1:
            break

        max_possible_change += current_value

    return max_possible_change
```

Prüfung

Zum Test nutzen wir folgende Eingaben, die die korrekte Funktionsweise zeigen:

```
@pytest.mark.parametrize("coins, max_change",
                         [([1], 1),
                          ([1, 1], 2),
                          ([1, 5], 1),
                          ([1, 2, 4], 7),
                          ([1, 2, 3, 7], 13),
                          ([1, 2, 3, 8], 6),
                          ([1, 1, 1, 1, 5, 10, 20, 50], 39)])
def test_calc_max_possible_change(coins, max_change):
    assert calc_max_possible_change(coins) == max_change
```

2.3.11 Lösung 11: Befreundete Zahlen (★★☆☆☆)

Zwei Zahlen n_1 und n_2 heißen befreundet, wenn die Summe ihrer Teiler der jeweils anderen Zahl entspricht:

$$sum(divisors(n_1)) = n_2$$

$$sum(divisors(n_2)) = n_1$$

Schreiben Sie eine Funktion `calc_friends(max_exclusive)` zur Berechnung aller befreundeten Zahlen bis zu einem übergebenen Maximalwert.

Beispiele

Eingabe	Teiler
$\sum(divisors(220)) = 284$	div(220) = 1, 2, 4, 5, 10, 11, 20, 22, 44, 55, 110
$\sum(divisors(284)) = 220$	div(284) = 1, 2, 4, 71, 142
$\sum(divisors(1184)) = 1210$	div(1184) = 1, 2, 4, 8, 16, 32, 37, 74, 148, 296, 592
$\sum(divisors(1210)) = 1184$	div(1210) = 1, 2, 5, 10, 11, 22, 55, 110, 121, 242, 605

Algorithmus Ob zwei Zahlen befreundet sind, kann man leicht prüfen, indem man für jede Zahl deren Teiler und daraus deren Summe ermittelt. Nun lassen sich von dieser wieder die Teiler ermitteln und summieren. Ist diese zweite Summe gleich der originalen Zahl, so handelt es sich um befreundete Zahlen:

```
def calc_friends(max_exclusive):
    friends = {}

    for i in range(2, max):
        divisors1 = find_proper_divisors(i)
        sum_div1 = sum(divisors1)
        divisors2 = find_proper_divisors(sum_div1)
        sum_div2 = sum(divisors2)

        if i == sum_div2 and sum_div1 != sum_div2:
            friends[i] = sum_div1

    return friends
```

Bei der Implementierung greifen wir zudem auf die bereits in der Einführung vorgestellte Funktion `find_proper_divisors()` zum Ermitteln aller echten Teiler zurück. Ein weiteres Mal zeigt sich der Vorteil des Untergliederns von Software in kleinere, in sich abgeschlossene Funktionalitäten.

Prüfung

In diesem Fall nutzen wir wieder einen parametrisierten Test, der sowohl den Maximalwert als auch ein Dictionary mit den beiden Zahlen liefert. Bei der Notation der Zahlen habe ich hier einmal die Möglichkeit zur Separation der Ziffern mit einem Unterstrich genutzt, womit sich gut Tausenderpunkte nachbilden lassen. Das ist gerade bei größeren Zahlen hilfreich und dient hier nur der Demonstration:

```
@pytest.mark.parametrize("max, friends",
                         [(250, {220: 284}),
                          (300, {220: 284, 284: 220}),
                          (2_000, {220: 284, 284: 220,
                                   1_184: 1_210, 1_210: 1_184})])
def test_calc_friends(max, friends):
    assert calc_friends(max) == friends
```

2.3.12 Lösung 12: Primfaktorzerlegung (★★★☆☆)

Jede natürliche Zahl größer 1 lässt sich als eine Multiplikation von Primzahlen darstellen – denken Sie daran, die 2 ist auch eine Primzahl. Schreiben Sie eine Funktion `calc_prime_factors(value)`, die eine Liste mit Primzahlen liefert, deren Multiplikation die gewünschte Zahl ergeben.

Beispiele

Eingabe	Primfaktoren	Resultat
8	2 * 2 * 2	[2, 2, 2]
14	2 * 7	[2, 7]
42	2 * 3 * 7	[2, 3, 7]
1155	3 * 5 * 7 * 11	[3, 5, 7, 11]
2222	2 * 11 * 101	[2, 11, 101]

Algorithmus Teile die Zahl zunächst so lange durch 2, wie die Zahl gerade und größer als 2 ist. Dann kommt man irgendwann zu einer ungeraden Zahl. Ist dies die 1, so ist man fertig (siehe Fall für die Zahl 8). Ansonsten prüft man, ob die ungerade Zahl eine Primzahl ist, und nimmt diese auf. Falls ja, ist man fertig (Beispiel für die Zahl 14). Wenn nicht, muss man die ungerade Zahl weiter teilen. Nehmen wir als Beispiel die 50: Zunächst teilen wir durch 2, es verbleibt die 25, die keine Primzahl ist. Für diese prüfen wir für alle Primzahlen, ob diese einen Teiler darstellen. Das Ganze führen wir so lange durch, bis wir bei der 1 angekommen sind, was bedeutet, dass alle Teiler aufgesammelt wurden. Weitere Infos finden Sie etwa unter `https://de.wikipedia.org/wiki/Primfaktorzerlegung`.

```
def calc_prime_factors(value):
    all_primes = calc_primes_up_to(value)

    prime_factors = []
    remaining_value = value

    # solange gerade, immer wieder durch 2 teilen
    while remaining_value % 2 == 0 and remaining_value >= 2:
        remaining_value = remaining_value // 2
        prime_factors.append(2)

    # prüfe Rest auf Primzahl
    if is_prime(all_primes, remaining_value):
        prime_factors.append(remaining_value)
    else:
        # Rest ist keine Primzahl, weitere Prüfung
        while remaining_value > 1:
            for current_prime in all_primes:
                if remaining_value % current_prime == 0:
                    remaining_value = remaining_value // current_prime
                    prime_factors.append(current_prime)
```

```
                # starte noch mal von vorne, weil jeder Teiler
                # mehrfach vorkommen kann
                break

    return prime_factors


def is_prime(all_primes, n):
    return n in all_primes
```

Optimierter Algorithmus Wenn man den gerade entwickelten Algorithmus anschaut, könnte man sich an den ganzen Spezialbehandlungen stören. Mit etwas Nachdenken kommt man darauf, dass man die 2 nicht gesondert prüfen muss, da sie ja auch eine Primzahl ist. Somit ist dies durch die `while`-Schleife abgedeckt. Statt des `break` zur wiederholten Prüfung der gleichen Zahl lässt sich dies stilistisch schöner mit einer `while`-Schleife ausdrücken. Mit diesen Vorüberlegungen kommen wir zu folgender Implementierung:

```
def calc_prime_factors_optimized(value):
    all_primes = calc_primes_up_to(value)

    prime_factors = []

    remaining_value = value
    while remaining_value > 1:
        for current_prime in all_primes:
            while remaining_value % current_prime == 0:
                remaining_value = remaining_value // current_prime
                prime_factors.append(current_prime)

    return prime_factors
```

Prüfung

Zum Test nutzen wir folgende Eingaben, die die korrekte Funktionsweise zeigen:

```
def value_and_prime_factors():
    return [(8, [2, 2, 2]),
            (14, [2, 7]),
            (42, [2, 3, 7]),
            (1155, [3, 5, 7, 11]),
            (2222, [2, 11, 101])]


@pytest.mark.parametrize("value, primefactors",
                         value_and_prime_factors())
def test_calc_prime_factors(value, primefactors):
    assert calc_prime_factors(value) == primefactors


@pytest.mark.parametrize("value, primefactors",
                         value_and_prime_factors())
def test_calc_prime_factors_optimized(value, primefactors):
    assert calc_prime_factors_optimized(value) == primefactors
```

3 Rekursion

In der Natur und in der Mathematik findet man das Thema ***Selbstähnlichkeit*** bzw. sich wiederholende Strukturen, etwa für Schneeflocken oder Fraktale und Julia-Mengen, die interessante grafische Gebilde sind. Man spricht in diesem Zusammenhang von ***Rekursion*** und meint damit, dass Dinge sich wiederholen oder ähneln. Bezogen auf Funktionen bedeutet dies, dass diese sich selbst aufrufen. Wichtig dabei ist eine Abbruchbedingung in Form spezieller Eingabewerte, die zum Ende der Selbstaufrufe führt.

3.1 Einführung

Diverse Berechnungen lassen sich hervorragend als rekursive Funktion beschreiben. Ziel dabei ist es, einen komplexeren Sachverhalt in mehrere einfachere Teilaufgabenstellungen herunterzubrechen.

3.1.1 Mathematische Beispiele

Nachfolgend schauen wir uns mit der Fakultät, der Summenbildung und den Fibonacci-Zahlen drei einführende Beispiele zur rekursiven Definition an.

Beispiel 1: Fakultät

Mathematisch ist die ***Fakultät*** für eine positive Zahl n als das Produkt (also die Multiplikation) aller natürlichen Zahlen von 1 bis einschließlich n definiert. Zur Notation wird das Ausrufezeichen der entsprechenden Zahl nachgestellt. Beispielsweise steht 5! für die Fakultät der Zahl 5:

$$5! = 5 * 4 * 3 * 2 * 1 = 120$$

Dies lässt sich wie folgt verallgemeinern:

$$n! = n * (n-1) * (n-2) * ... * 2 * 1$$

Basierend darauf ergibt sich die rekursive Definition:

$$n! = \begin{cases} 1, & n = 1 \\ n \cdot (n-1)!, & \forall n > 1 \end{cases}$$

Dabei steht das umgedrehte »A« ($\forall$) für »für alle« .

Es ergibt sich für die ersten n folgender Werteverlauf:

n	1	2	3	4	5	6	7	8
n!	1	2	6	24	120	720	5040	40320

Berechnung der Fakultät in Python Schauen wir uns an, wie sich die rekursive Berechnungsvorschrift der Fakultät in eine ebensolche Funktion transferieren lässt:

```
def factorial(n):
    if n <= 0:
        raise ValueError("n must be >= 0")

    # rekursiver Abbruch
    if n == 1:
        return 1

    # rekursiver Abstieg
    return n * factorial(n - 1)
```

Verdeutlichen wir uns, was diese rekursive Definition an Aufrufen erzeugt:

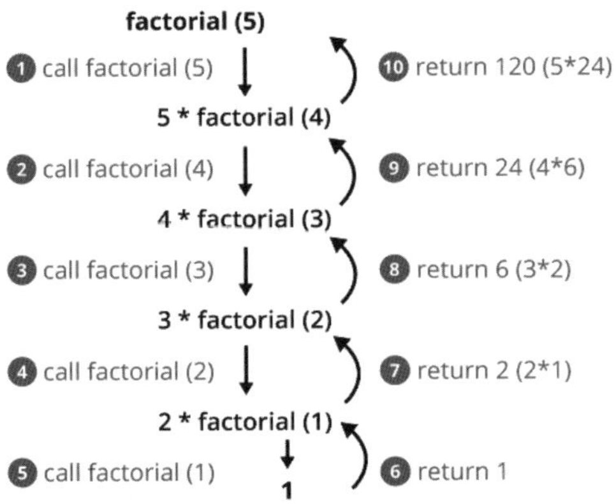

***Abbildung 3-1** Rekursive Aufrufe bei* `factorial(5)`

Python-Shortcut Um Ihnen zu demonstrieren, dass man mit Python recht kompakten Sourcecode schreiben kann, werde ich in den folgenden Abschnitten immer wieder zeigen, welche Abkürzungen es gibt. In diesem Fall kann man die Berechnung in Form eines Lambdas als Einzeiler schreiben. Die Kürze bietet oftmals auch ein paar Nachteile: Hier erfolgt z. B. keine Behandlung von falschen Eingaben und das Ganze ist etwas schlechter lesbar. Insgesamt ist die Unterscheidung von rekursivem Abbruch und Abstieg schwieriger erkennbar. Zudem wird die mathematische Formel nicht so deutlich ersichtlich und dieses Konstrukt bietet sich höchstens einmal als Parameter an:

```
factorial = lambda n: n if n == 1 else n * factorial(n - 1)
```

Fast immer gibt es viele Wege nach Rom und zur Lösung. Als Variante möchte ich die Funktion `reduce()` aus dem Modul `functools` zeigen. Dabei wird allerdings keine Rekursion genutzt und die Lesbarkeit verschlechtert sich – was sich aber durch einen sprechenden Funktionsnamen kompensieren lässt:

```
def factorial(n):
    return functools.reduce(lambda n_1, n: n_1 * n, range(1, n + 1))
```

Beispiel 2: Berechnung der Summe der Zahlen bis n

Mathematisch ist die ***Summe*** für eine Zahl n als die Addition aller natürlichen Zahlen von 1 aufsteigend bis einschließlich n definiert:

$$\sum_{1}^{n} i = n + n - 1 + n - 2 + ... + 2 + 1$$

Das kann man folgendermaßen rekursiv definieren:

$$\sum_{1}^{n} i = \begin{cases} 1, & n = 1 \\ n + \sum_{1}^{n-1} i, & \forall n > 1 \end{cases}$$

Es ergibt sich für die ersten n folgender Werteverlauf:

n	1	2	3	4	5	6	7	8
sum(n)	1	3	6	10	15	21	28	36

Berechnung der Summe in Python Erneut überführen wir die rekursive Berechnungsvorschrift der Summation in eine rekursive Funktion:

```
def sum(n):
    if n <= 0:
        raise ValueError("n must be >= 1")

    # rekursiver Abbruch
    if n == 1:
        return 1

    # rekursiver Abstieg
    return n + sum(n - 1)
```

Python-Shortcut Auch für die Summenberechnung kann man einen Lambda verwenden, allerdings wieder ohne Fehlerbehandlung und etwas schlechterer Lesbarkeit:

```
sum = lambda n: n if n == 1 else n + sum(n - 1)
```

Ebenso lässt sich die Funktion `reduce()` aus dem Modul `functools` verwenden – mit den zuvor angedeuteten Nachteilen und Möglichkeiten zur Kompensation:

```
def sum(n):
    return functools.reduce(lambda n_1, n: n_1 + n, range(1, n + 1))
```

Berechnung der Summe in Python Bedenken Sie bitte, dass die hier vorgestellten Algorithmen nur der Verdeutlichung der rekursiven Natur bzw. der Funktionalitäten aus der Python-Standardbibliothek dienten. Weil es aber für die Berechnung der Summe der Zahlen von 1 bis n eine Formel gibt, die das Ganze Performance-optimal in $O(1)$ ermittelt, sollte man die vorherigen Varianten in der Praxis nicht nutzen:

$$\sum_{1}^{n} i = \frac{(n+1)*n}{2}$$

Beispiel 3: Fibonacci-Zahlen

Auch die ***Fibonacci-Zahlen*** lassen sich hervorragend rekursiv definieren, wobei die Formel schon ein klein wenig komplexer ist:

$$fib(n) = \begin{cases} 1, & n = 1 \\ 1, & n = 2 \\ fib(n-1) + fib(n-2), & \forall n > 2 \end{cases}$$

Es ergibt sich für die ersten n folgender Werteverlauf:

n	1	2	3	4	5	6	7	8
fib(n)	1	1	2	3	5	8	13	21

Wenn man sich die Berechnungsvorschrift grafisch verdeutlicht, dann wird schnell klar, wie weit sich der Baum der Selbstaufrufe potenziell aufspannt – für größere n wäre der Aufrufbaum viel ausladender, wie es durch die gestrichelten Pfeile angedeutet ist:

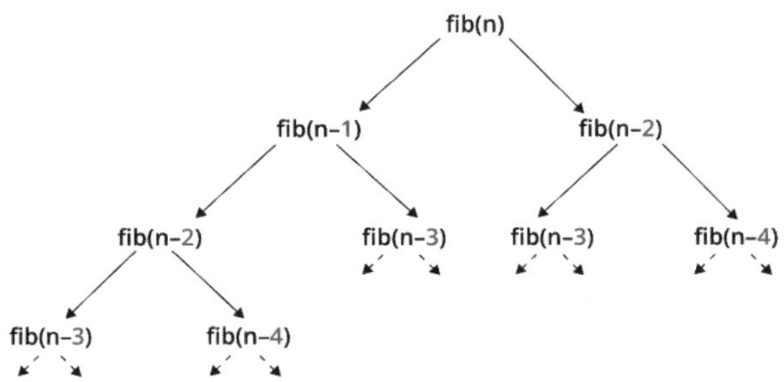

Abbildung 3-2 *Fibonacci rekursiv*

Selbst bei diesem exemplarischen Aufruf erkennt man, dass diverse Aufrufe mehrmals erfolgen, etwa für $fib(n-4)$ und $fib(n-2)$, aber insbesondere dreimal für $fib(n-3)$. Das führt sehr schnell zu aufwendigen und langwierigen Berechnungen. Wie wir dies optimieren können, lernen wir später in Abschnitt 7.1 kennen.

Tipp: Abweichende Definition mit null als Startwert

Es sei noch angemerkt, dass es eine Abwandlung gibt, die beim Wert 0 startet. Dann gilt $fib(0) = 0$ und $fib(1) = 1$ und danach gemäß der rekursiven Definition $fib(n) = fib(n-1) + fib(n-2)$. Dies produziert die gleiche Zahlenfolge wie die obige Definition, nur um den Wert für die 0 ergänzt.

Achtung: Beschränkte Aufruftiefe

Bitte bedenken Sie, dass zur Summenbildung und bei der Berechnung der Fibonacci-Zahlen immer wieder Selbstaufrufe geschehen. Deswegen kann man hier nur einen Wert um die 990 übergeben. Bei größeren Werten kommt es zu einem `RecursionError: maximum recursion depth exceeded`. Für andere rekursive Funktionen gelten ähnliche Beschränkungen bezüglich der Anzahl an Selbstaufrufen. Andere Programmiersprachen wie Java erlauben deutlich mehr Selbstaufrufe. In Java sind über 10.000 Selbstaufrufe problemlos möglich.

Bei der Rekursion gibt es verschiedene Varianten. Eine vorteilhafte ist die sogenannte endrekursive (tail recursive). Diese zeichnet sich dadurch aus, dass der rekursive Aufruf die letzte Aktion bei der Berechnung ist. Als Besonderheit können derartige Funktionen ohne die sonst üblichen Mechanismen der Zwischenspeicherung auf dem Stack abgearbeitet werden.

3.1.2 Algorithmische Beispiele

Zur Einführung haben wir uns mathematische Beispiele angeschaut. Darüber hinaus eignet sich Rekursion aber auch sehr gut für algorithmische Aufgabenstellungen, beispielsweise um für ein Array zu prüfen, ob die dort hinterlegten Werte ein ***Palindrom*** bilden. Unter einem Palindrom versteht man ein Wort, das sich von vorne und hinten gleich liest, etwa OTTO oder ABBA. Hier ist gemeint, dass die Elemente jeweils paarweise vorne und hinten übereinstimmen. Das gilt z. B. für eine Liste mit folgenden Werten `[ 1, 2, 3, 2, 1 ]`.

Beispiel 1: Palindrom – rekursive Variante

Die Prüfung auf Palindrom-Eigenschaft lässt sich rekursiv recht einfach lösen. Schauen wir uns dies als Programm an, nachdem ich kurz den Algorithmus beschrieben habe.

Algorithmus Wenn das Array die Länge 0 oder 1 hat, dann ist es per Definition ein Palindrom. Ist die Länge zwei und größer, dann wird jeweils das äußere linke und äußere rechte Element auf Übereinstimmung geprüft und danach eine Kopie des Arrays verkürzt um je eine Position vorne und hinten erzeugt. Die weitere Prüfung erfolgt im Anschluss auf dem verbliebenen Teilstück, wie es nachfolgendes Listing zeigt:

```
def is_palindrome_simple_recursive(values):
    # rekursiver Abbruch
    if len(values) <= 1:
        return True

    left = 0
    right = len(values) - 1

    if values[left] == values[right]:
        # Achtung: exklusive End
        remainder = values[left + 1 : right]

        # rekursiver Abstieg
        return is_palindrome_simple_recursive(remainder)

    return False
```

Das beschriebene und realisierte Vorgehen führt jedoch zu relativ vielen Kopien und Extraktionen von Teilarrays. Diesen Aufwand kann man vermeiden, wenn man zwar die Idee beibehält, den Algorithmus jedoch mithilfe eines Tricks minimal abwandelt.

Optimierter Algorithmus Statt der Kopien nutzt man weiterhin das Originalarray und verwendet zwei Positionsmarkierungen `left` und `right`, die initial das gesamte Array umfassen. Nun prüft man, ob der durch diese Positionen referenzierte linke und rechte Wert übereinstimmen. Ist das der Fall, verkleinert man den Prüfbereich auf beiden Seiten um eine Position und ruft das Ganze rekursiv auf. Das wird so lange wiederholt, bis der linke Positionszeiger den rechten überspringt.

Die Implementierung ändert sich wie folgt:

```
def is_palindrome_recursive_optimized(values):
    return is_palindrome_recursive_in_range(values, 0, len(values) - 1)


def is_palindrome_recursive_in_range(values, left, right):
    # rekursiver Abbruch
    if left >= right:
        return True

    if values[left] == values[right]:
        # rekursiver Abstieg
        return is_palindrome_recursive_in_range(values, left + 1, right - 1)

    return False
```

Vielleicht fragen Sie sich, wieso ich das Ganze nicht kompakter schreibe und weniger `return`-Anweisungen verwende. Bei der Darstellung dieser Algorithmen geht es mir vor allem um Verständlichkeit. Mehrere `returns` sind eigentlich nur dann ein Problem, wenn die Funktion sehr lang und unübersichtlich ist.

Tipp: Hilfsfunktionen zur Rekursionserleichterung

Die Idee von Positionszeigern in Arrays oder Strings ist bei Lösungen zur Rekursion ein gebräuchliches Mittel zur Optimierung und Vermeidung etwa von Kopien. Damit das Ganze für Aufrufer nicht unkomfortabel wird, bietet sich eine High-Level-Funktion an, die eine Hilfsfunktion aufruft, die weitere Parameter besitzt. Dadurch ist es möglich, beim rekursiven Abstieg gewisse Informationen mitzugeben. In diesem Beispiel sind es die linke und rechte Grenze, sodass man auf potenziell aufwendige Kopien verzichten kann. Viele nachfolgende Beispiele werden von der generellen Idee Gebrauch machen.

Beispiel 1: Palindrom – iterative Variante

Obwohl eine rekursive Definition eines Algorithmus mitunter ziemlich elegant ist, produziert diese doch durch den rekursiven Abstieg in Form der Selbstaufrufe potenziell einiges an Overhead. Praktischerweise lässt sich jeder rekursive Algorithmus in einen iterativen umwandeln. Schauen wir uns dies für die Palindrom-Berechnung an. Für die iterative Umsetzung verwenden wir zwei Positionszeiger – statt des rekursiven Abstiegs nutzen wir eine `while`-Schleife. Diese bricht ab, wenn alle Elemente geprüft wurden oder falls zuvor eine Abweichung festgestellt wurde:

```
def is_palindrome_iterative(values):
    left = 0
    right = len(values) - 1

    same_value = True
    while left < right and same_value:
        same_value = values[left] == values[right]
        left += 1
        right -= 1

    return same_value
```

Auch hier noch eine Anmerkung zur Kompaktheit: Diese Funktion könnte man wie folgt schreiben, indem man auf die Hilfsvariable verzichtet:

```
def is_palindrome_iterative_compact(values):
    left = 0
    right = len(values) - 1

    while left < right and values[left] == values[right]:
        left += 1
        right -= 1

    # left >= right or values[left] != values[right]
    return left >= right
```

Der Rückgabewert ergibt sich aus der als Kommentar angedeuteten Bedingung, falls $left >= right$ gilt, dann ist `values` kein Palindrom. Bei dieser Variante muss man aber deutlich mehr über die Rückgabe nachdenken – ich bevorzuge erneut Verständlichkeit und Wartbarkeit gegenüber Kürze oder Performance.

Python-Shortcut Natürlich kann man das Ganze viel einfacher durch einen Aufruf der Built-in-Funktionalität `[::-1]` erreichen, die einen String oder eine Liste (oder auch ein Array) mit den Buchstaben bzw. Elementen in umgekehrter Reihenfolge erzeugt. Diese Slicing genannte Besonderheit von Python bespreche ich später in den Kapiteln 4 und 5. Kommen wir zur Aufgabenstellung und der Prüfung der Palindrom-Eigenschaft einer Liste zurück, was sich mit Slicing extrem kompakt schreiben lässt:

```
def is_palindrome_shorter(values):
    return values == values[::-1]
```

Bedenken Sie bei dieser Variante auch, dass in dem vermutlich seltenen Fall sehr großer Datenmengen hier eine inverse Variante der Originalliste erzeugt wird und dadurch zweimal der Speicher benötigt wird.

Beispiel 2: Fraktal als Beispiel

Wie eingangs erwähnt, lassen sich mit Rekursion auch Grafiken erzeugen. Nachfolgend wird eine grafisch simple Variante ausgegeben, die den Unterteilungen eines Lineals nachempfunden ist:

```
-
==
-
===
-
==
-
```

Das lässt sich mit zweimaligem rekursivem Abstieg leicht wie folgt formulieren:

```
def fractal_generator(n):
    if n < 1:
        return
    if n == 1:
        print("-")
    else:
        fractal_generator(n - 1)
        print("=" * n)
        fractal_generator(n - 1)
```

Verwendet man statt ASCII-Zeichen etwas aufwendigere Zeichenfunktionen, so kann man mithilfe von Rekursion interessante und ansprechende Gebilde erzeugen, etwa folgende Schneeflocke.

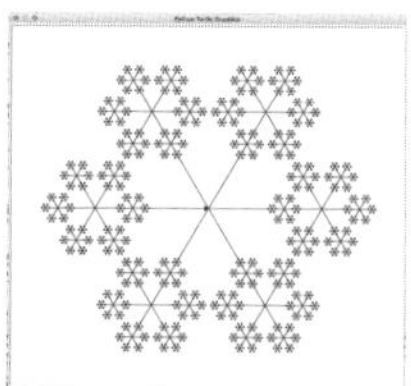

Abbildung 3-3 *Rekursive Grafik mit* `draw_snowflake()`

Diese stilisierte Darstellung einer Schneeflocke lässt sich wie folgt implementieren:

```
import turtle


def draw_snowflake(turtle, length, depth):
    # rekursiver Abbruch
    if depth == 0:
        return

    for _ in range(6):
        turtle.right(60)
        turtle.forward(length)

        # rekursiver Abstieg
        draw_snowflake(turtle, length // 3, depth - 1)

        turtle.back(length)


screen = turtle.Screen()
turtle.speed(10)
draw_snowflake(turtle, 240, 5)
screen.exitonclick()
```

Ablauf beim Multiplizieren der Ziffern einer Zahl

Zum Abschluss der algorithmischen Beispiele möchte ich nochmals die einzelnen Schritte und Selbstaufrufe verdeutlichen. Als artifizielles Beispiel nutzen wir dazu das Multiplizieren der Ziffern einer Zahl, auch Querprodukt genannt, etwa für den Wert $257 \Rightarrow 2 * 5 * 7 = 10 * 7 = 70$. Mithilfe von Modulo lassen sich die Extraktion der einzelnen Ziffern und deren Multiplikation recht einfach wie folgt implementieren:

```
def multiply_all_digits(value):
    remainder = value // 10
    digit_value = value % 10
    print("multiply_all_digits: %-10d | remainder: %d, digit: %d" %
          (value, remainder, digit_value))

    if remainder > 0:
        result = multiply_all_digits(remainder)
        print("-> %d * %d = %d" % (digit_value, result, digit_value * result))
        return digit_value * result
    else:
        print("-> " + str(value))
        return value
```

Betrachten wir die Ausgaben für die zwei Zahlen 1234 und 257:

```
>>> multiply_all_digits(1234)
multiply_all_digits: 1234       | remainder: 123, digit: 4
multiply_all_digits: 123        | remainder: 12, digit: 3
multiply_all_digits: 12         | remainder: 1, digit: 2
multiply_all_digits: 1          | remainder: 0, digit: 1
-> 1
-> 2 * 1 = 2
-> 3 * 2 = 6
-> 4 * 6 = 24
24
```

```
>>> multiply_all_digits(257)
multiply_all_digits: 257          | remainder: 25, digit: 7
multiply_all_digits: 25           | remainder: 2, digit: 5
multiply_all_digits: 2            | remainder: 0, digit: 2
-> 2
-> 5 * 2 = 10
-> 7 * 10 = 70
70
```

Es ist gut ersichtlich, wie die rekursiven Aufrufe mit einer immer kürzeren Zahlenfolge geschehen und schließlich das Ergebnis auf Basis der letzten Ziffer in anderer Richtung konstruiert bzw. berechnet wird.

Python-Shortcut Erneut kann man das Ganze viel einfacher durch einen Aufruf der Built-in-Funktionalität `reduce()` erreichen, jedoch ging es hier um das Kennenlernen der rekursiven Beschreibung der Multiplikation der Ziffern einer Zahl:

```
def multiply_all_digits_shorter(value):
    return reduce(lambda x, y: int(x) * int(y), str(value))
```

3.1.3 Typische Probleme: Endlose Aufrufe und `RecursionError`

Rekursion erlaubt es oftmals, Problemstellungen auf verständliche Weise zu formulieren und zu implementieren. Allerdings werden die Selbstaufrufe auf dem Stack zwischengespeichert. Für jeden Funktionsaufruf wird ein sogenannter Stackframe mit Informationen zur aufgerufenen Funktion und deren Parametern auf dem Stack abgelegt. Der Stack ist allerdings in seiner Größe beschränkt und somit können nur eine endliche Zahl an verschachtelten Funktionsaufrufen erfolgen – in der Regel nur rund 990. Das hatte ich bereits in einem Praxistipp kurz thematisiert.

Bei vielen rekursiven Aufrufen hintereinander kann ein `RecursionError: maximum recursion depth exceeded` auftreten. Manchmal wird dies durch eine fehlende oder falsch formulierte Abbruchbedingung verursacht:

```
// Achtung: Zur Demonstration bewusst falsch
def infinite_recursion(value):
    infinite_recursion(value)


def factorial_no_abortion(number):
    return number * factorial_no_abortion(number - 1)
```

Mitunter ist auch einfach der Aufruf falsch, weil kein verringerter Wert übergeben wird:

```
// Achtung: Zur Demonstration bewusst falsch
def factorial_wrong_call(n):
    if n == 0 or n == 1:
        return 1

    return n * factorial_wrong_call(n)
```

Während man einen direkten endlosen Selbstaufruf noch recht gut optisch erkennen kann, wird dies mit zunehmender Anzahl Zeilen schwieriger: Die fehlende Abbruchbedingung in der Funktion `factorial_no_abortion()` mag – spätestens mit etwas Erfahrung und Übung bezüglich Rekursion – auch noch gut erkennbar sein. In der Funktion `factorial_wrong_call()` ist das nicht mehr so leicht zu ermitteln. Hier muss man schon genauer wissen, wie die Logik sein sollte.

Aus den Beispielen sollten wir zwei Dinge mitnehmen:

1. **Abbruchbedingung** – Eine rekursive Funktion muss immer auch mindestens einen Abbruch beinhalten. Aber selbst bei korrekter Definition kann es sein, dass beispielsweise der nicht erlaubte negative Wertebereich nicht überprüft wird. Für `factorial(n)` würde dann ein Aufruf mit einem negativen Wert zu einem `RecursionError` führen.
2. **Komplexitätsreduktion** – Eine rekursive Funktion muss immer das ursprüngliche Problem in ein oder mehrere kleinere Teilprobleme untergliedern – manchmal ist dies bereits durch den um 1 reduzierten Wert eines Parameters gegeben.

3.2 Aufgaben

3.2.1 Aufgabe 1: Fibonacci (★★☆☆☆)

Aufgabe 1a: Fibonacci rekursiv (★☆☆☆☆)

Schreiben Sie eine Funktion `fib_rec(n)`, die die Fibonacci-Zahlen rekursiv basierend auf folgender Definition berechnet:

$$fib(n) = \begin{cases} 1, & n = 1 \\ 1, & n = 2 \\ fib(n-1) + fib(n-2), & \forall n > 2 \end{cases}$$

Beispiel Prüfen Sie die Implementierung beispielsweise mit folgendem Werteverlauf:

Eingabe	1	2	3	4	5	6	7	8
fib(n)	1	1	2	3	5	8	13	21

Aufgabe 1b: Fibonacci iterativ (★★☆☆☆)

Die rekursive Berechnung der Fibonacci-Zahlen ist nicht effizient und die Laufzeit nimmt ab etwa der 40. – 50. Fibonacci-Zahl enorm zu. Schreiben Sie eine iterative Variante zur Berechnung.

3.2.2 Aufgabe 2: Ziffern verarbeiten (★★☆☆☆)

Aufgabe 2a: Ziffern zählen (★★☆☆☆)

Schreiben Sie eine rekursive Funktion `count_digits(value)`, die die Anzahl an Ziffern in einer positiven natürlichen Zahl ermittelt.

Aufgabe 2b: Quersumme (★★☆☆☆)

Berechnen Sie die Quersumme einer Zahl. Diese ist definiert als die Summe ihrer Ziffern. Schreiben Sie dazu eine rekursive Funktion `calc_sum_of_digits(value)`.

Beispiele

Eingabe	Anzahl Ziffern	Quersumme
1234	4	1 + 2 + 3 + 4 = 10
1234567	7	1 + 2 + 3 + 4 + 5 + 6 + 7 = 28

3.2.3 Aufgabe 3: ggT / GCD (★★☆☆☆)

Aufgabe 3a: ggT rekursiv (★☆☆☆☆)

Schreiben Sie eine Funktion `gcd(a, b)`, die den größten gemeinsamen Teiler (ggT) berechnet, ohne auf die Standardfunktionalität `math.gcd()` zurückzugreifen. Im Englischen wird der ggT als Greatest Common Divisor (GCD) bezeichnet und lässt sich mathematisch rekursiv wie folgt für zwei natürliche Zahlen a und b definieren:

$$gcd(a,b) = \begin{cases} a, & b = 0 \\ gcd(b, a \,\%\, b), & b \neq 0 \end{cases}$$

Beispiele

Eingabe 1	Eingabe 2	Resultat
42	7	7
42	28	14
42	14	14

Aufgabe 3b: ggT iterativ (★★☆☆☆)

Erstellen Sie eine iterative Variante für die GCD-Berechnung.

Aufgabe 3c: kgV / LCM (★☆☆☆☆)

Schreiben Sie eine Funktion `lcm(a, b)`, die das kleinste gemeinsame Vielfache (kgV) berechnet. Im Englischen wird dies Least Common Multiplier (LCM) genannt. Für zwei natürliche Zahlen a und b kann man dies basierend auf dem ggT / GCD mithilfe folgender Formel berechnen:

$$lcm(a,b) = a * b \,/\, gcd(a,b);$$

Beispiele

Eingabe 1	Eingabe 2	Resultat
2	7	14
42	14	42

3.2.4 Aufgabe 4: Reverse String (★★☆☆☆)

Schreiben Sie eine rekursive Funktion `reverse_string(input)`, die die Buchstaben des übergebenen Eingabetexts umkehrt. Es darf nicht auf die Standardfunktionalität `[::-1]` zurückgegriffen werden.

Beispiele

Eingabe	Resultat
"A"	"A"
"ABC"	"CBA"
"abcdefghi"	"ihgfedcba"

3.2.5 Aufgabe 5: Array Sum (★★☆☆☆)

Schreiben Sie eine Funktion `sum_rec(values)`, die die Summe der Werte des übergebenen Arrays rekursiv errechnet. Dabei ist explizit kein Aufruf der Built-in-Funktionalität `sum()` erlaubt.

Beispiele

Eingabe	Resultat
[1, 2, 3]	6
[1, 2, 3, -7]	-1

3.2.6 Aufgabe 6: Array Min (★★☆☆☆)

Schreiben Sie eine Funktion `min_rec(values)`, die per Rekursion das Minimum der Werte des übergebenen Arrays ermittelt. Für ein leeres Array soll der Wert `sys.maxsize` geliefert werden. Bei der Implementierung ist explizit kein Aufruf der Built-in-Funktionalität `min()` erlaubt.

Beispiele

Eingabe	Resultat
[7, 2, 1, 9, 7, 1]	1
[11, 2, 33, 44, 55, 6, 7]	2
[1, 2, 3, -7]	-7

3.2.7 Aufgabe 7: Konvertierungen (★★☆☆☆)

Aufgabe 7a: Binärzahlen (★★☆☆☆)

Schreiben Sie eine Funktion `to_binary(n)`, die die gegebene positive Ganzzahl rekursiv in eine textuelle Binärdarstellung umwandelt. Es darf kein Aufruf von `int(x, base)` verwendet werden.

Beispiele

Eingabe	Resultat
5	"101"
7	"111"
22	"10110"
256	"100000000"

Aufgabe 7b: Oktal- und Hexadezimalzahlen (★★☆☆☆)

Schreiben Sie Konvertierungen in Oktal- und Hexadezimalzahlen mit den korrespondierenden Funktionen `to_octal(n)` und `to_hex(n)`. Erneut darf kein Aufruf von `int(x, base)` verwendet werden.

Beispiele

Eingabe	System	Resultat
7	oktal	"7"
8	oktal	"10"
42	oktal	"52"
15	hexadezimal	"F"
77	hexadezimal	"4D"

3.2.8 Aufgabe 8: Exponentialfunktion (★★☆☆☆)

Aufgabe 8a: Zweierpotenz (★★☆☆☆)

Schreiben Sie eine rekursive Funktion `is_power_of_2(n)`, die die gegebene positive Ganzzahl prüft, ob diese eine Zweierpotenz ist.

Beispiele

Eingabe	Resultat
2	True
10	False
16	True

Aufgabe 8b: Potenzierung rekursiv (★★☆☆☆)

Schreiben Sie eine rekursive Funktion `power_of(value, exponent)`, die die gegebene positive Ganzzahl mit der als Zweites angegebenen positiven Zahl potenziert. Beispielsweise sollte der Aufruf `power_of(4, 2)` das Quadrat von 4 ermitteln, also $4^2 = 16$ berechnen. Hierbei dürfen Sie weder die Built-in-Funktionalität `pow()` noch den Operator `**` nutzen.

Aufgabe 8c: Potenzierung iterativ (★★☆☆☆)

Schreiben Sie eine iterative Variante der Potenzierfunktionalität.

Beispiele

Eingabe Basis	Eingabe Exponent	Resultat
2	2	4
2	8	256
4	4	256

3.2.9 Aufgabe 9: Pascal'sches Dreieck (★★☆☆☆)

Schreiben Sie eine Funktion `print_pascal(n)`, die das Pascal'sche Dreieck ausgibt. Für den Wert 5 sollte die folgende Ausgabe erzeugt werden:

```
1
1 1
1 2 1
1 3 3 1
1 4 6 4 1
```

Jede Zeile ergibt sich aus der vorhergehenden mithilfe einer Addition, wie es in der letzten Zeile der nachfolgenden Definition gezeigt ist. Diese Werte werden pro Zeile vorne und hinten von einer 1 flankiert. Da es sich um eine zweidimensionale Struktur handelt, ist die rekursive Definition ein wenig komplexer:

$$pascal(row, col) = \begin{cases} 1, & row = 1 \text{ und } col = 1 \text{ (Spitze)} \\ 1, & \forall row \in \{1, n\} \text{ und } col = 1 \\ 1, & \forall row \in \{1, n\} \text{ und } col = row \\ pascal(row-1, col) + & \\ pascal(row-1, col-1), & \text{sonst (basierend auf Vorgänger)} \end{cases}$$

Tipp Schauen Sie für Hintergrundinfomationen und eine eingehende Erklärung doch einmal hier nach: `https://de.wikipedia.org/wiki/Pascalsches_Dreieck`

3.2.10 Aufgabe 10: Zahlenpalindrome (★★★★☆)

Ein Palindrom ist ein Wort, das sich von vorne und von hinten gleich liest. Diese Definition kann man auf die Ziffern einer Zahl ausweiten. Schreiben Sie eine rekursive Funktion `is_number_palindrome(number)`, allerdings ohne die Zahl in einen String zu wandeln und dann auf String-Funktionalitäten wie `[::-1]` zurückzugreifen.

Beispiele

Eingabe	Resultat
7	true
13	false
171	true
47742	false

3.2.11 Aufgabe 11: Permutationen (★★★☆☆)

Berechnen Sie alle Permutationen einer als String gegebenen Folge von Buchstaben, also alle möglichen Kombinationen aus diesen Buchstaben. Implementieren Sie diese Berechnung in einer Funktion `calc_permutations(input)`. Bedenken Sie auch den Fall von doppelten Buchstaben. Nutzen Sie nicht die Python-Standardfunktionalität aus dem Modul `itertools`.

Beispiele

Eingabe	Resultat
"A"	"A"
"AA"	"AA"
"AB"	"AB", "BA"
"ABC"	"ABC, "BAC", "ACB", "CAB", "CBA", "BCA"
"AAC"	"AAC", "ACA", "CAA"

3.2.12 Aufgabe 12: Count Substrings (★★☆☆☆)

Schreiben Sie eine Funktion `count_substrings(input, value_to_find)`, die in der Eingabe alle Vorkommen des übergebenen Teilstrings zählt. Dabei soll bei Auffinden eines Musters, dieses »konsumiert« werden, also nicht nochmals für Treffer verfügbar sein, wie es die nachfolgende Tabelle als letzten Fall zeigt. Implementieren Sie das Ganze selbst, ohne auf den Standard `count()` zurückzugreifen.

Beispiele

Eingabe	Suchtext	Resultat
"xhixhix"	"x"	3
"xhixhix"	"hi"	2
"mic"	"mic"	1
"haha"	"ho"	0
"xxxxyz"	"xx"	2

3.2.13 Aufgabe 13: Lineal (★★☆☆☆)

In der Einführung habe ich gezeigt, wie man eine simple Form eines Lineals sowie eine stilisierte Schneeflocke (siehe Abbildung 3-3) mithilfe von Rekursion zeichnen kann. In dieser Aufgabe wollen wir ein Lineal im englischen Stil nachahmen. Dabei wird ein Bereich von einem Inch in 1/2 und 1/4 sowie 1/8 unterteilt. Dabei nimmt die Länge der Striche jeweils um eins ab.

Beispiel Die Ausgabe sollte in etwa wie folgt aussehen:

```
---- 0
-
--
-
---
-
--
-
---- 1
-
--
-
---
-
--
-
---- 2
```

3.3 Lösungen

3.3.1 Lösung 1: Fibonacci (★★☆☆☆)

Lösung 1a: Fibonacci rekursiv (★☆☆☆☆)

Schreiben Sie eine Funktion `fib_rec(n)`, die die Fibonacci-Zahlen rekursiv basierend auf folgender Definition berechnet:

$$fib(n) = \begin{cases} 1, & n = 1 \\ 1, & n = 2 \\ fib(n-1) + fib(n-2), & \forall n > 2 \end{cases}$$

Beispiel Prüfen Sie die Implementierung beispielsweise mit folgendem Werteverlauf:

Eingabe	1	2	3	4	5	6	7	8
fib(n)	1	1	2	3	5	8	13	21

Algorithmus Die Umsetzung in Python erfolgt exakt aus der mathematischen Definition:

```
def fib_rec(n):
    if n <= 0:
        raise ValueError("n must be >= 1")

    # rekursiver Abbruch
    if n == 1 or n == 2:
        return 1

    # rekursiver Abstieg
    return fib_rec(n - 1) + fib_rec(n - 2)
```

Python-Shortcut Tatsächlich kann man zur Berechnung der Fibonacci-Zahlen einen Lambda verwenden und das Ganze als Einzeiler schreiben – allerdings ohne Fehlerbehandlung und etwas schlechterer Lesbarkeit. Zudem ist der rekursive Abbruch und Abstieg schwieriger erkennbar:

```
fib = lambda n: n if n < 2 else fib(n - 1) + fib(n - 2)
```

Achtung: Optimierungen

Bitte bedenken Sie, dass bei der Berechnung der Fibonacci-Zahlen immer wieder Selbstaufrufe geschehen und das sogar für bereits zuvor berechnete Werte. Das ist suboptimal. Neben der im Anschluss gezeigten iterativen Variante bietet sich die in Abschnitt 7.1 besprochene Technik ***Memoization*** zur Optimierung an. Dazu kann man in Python sogenannte Dekoratoren nutzen, die ich in Anhang B kurz vorstelle.

Lösung 1b: Fibonacci iterativ (★★☆☆☆)

Die rekursive Berechnung der Fibonacci-Zahlen ist nicht besonders effizient und die Laufzeit nimmt ab etwa der 40. – 50. Fibonacci-Zahl enorm zu. Schreiben Sie eine iterative Variante zur Berechnung.

Algorithmus Ebenso wie die rekursive Variante prüft die iterative Umsetzung zunächst die Eingabe auf Gültigkeit und dann die Spezialfälle für den Aufruf mit den Werten 1 oder 2. Danach verwendet man zwei Hilfsvariablen und eine Schleife, die von 2 bis n läuft und dann zunächst die korrespondierende Fibonacci-Zahl aus der Summe der beiden Hilfsvariablen errechnet. Danach werden die beiden Hilfsvariablen passend zugewiesen. Damit ergibt sich folgende Implementierung:

```
def fib_iterative(n):
    if n <= 0:
        raise ValueError("n must be >= 1")

    if n == 1 or n == 2:
        return 1

    fib_n_2 = 1
    fib_n_1 = 1

    for _ in range(2, n):
        fib_n = fib_n_1 + fib_n_2
        # um eins "weiterschieben"
        fib_n_2 = fib_n_1
        fib_n_1 = fib_n

    return fib_n
```

Prüfung

Zum Test nutzen wir folgende Eingaben, die die korrekte Funktionsweise zeigen:

```
def input_and_expected():
    return [(1, 1), (2, 1), (3, 2), (4, 3),
            (5, 5), (6, 8), (7, 13), (8, 21)]


@pytest.mark.parametrize("n, expected", input_and_expected())
def test_fib_rec(n, expected):
    assert fib_rec(n) == expected


@pytest.mark.parametrize("n, expected", input_and_expected())
def test_fib_iterative(n, expected):
    assert fib_iterative(n) == expected
```

3.3.2 Lösung 2: Ziffern verarbeiten (★★☆☆☆)

Lösung 2a: Ziffern zählen (★★☆☆☆)

Schreiben Sie eine rekursive Funktion `count_digits(value)`, die die Anzahl an Ziffern in einer positiven natürlichen Zahl ermittelt. Wie man Ziffern extrahieren kann, haben wir bereits im vorherigen Kapitel in Abschnitt 2.1 besprochen.

Beispiele

Eingabe	Anzahl Ziffern	Quersumme
1234	4	1 + 2 + 3 + 4 = 10
1234567	7	1 + 2 + 3 + 4 + 5 + 6 + 7 = 28

Algorithmus Wenn die Zahl kleiner als 10 ist, dann liefere den Wert 1, weil dies einer Ziffer entspricht. Ansonsten berechne den restlichen Wert, indem die Zahl durch 10 geteilt wird. Damit ruft man die Zählfunktion rekursiv wie folgt auf:

```
def count_digits(value):
    if value < 0:
        raise ValueError("value must be >= 0")

    # rekursiver Abbruch
    if value < 10:
        return 1

    # rekursiver Abstieg
    return count_digits(valuc // 10) + 1
```

Achtung: Sanity Checks am Methodenanfang

Um für stabile Programme zu sorgen, ist es oftmals eine gute Idee, die in eine Methode eingehenden Parameter auf Gültigkeit zu prüfen. Das kann man in Form einfacher `if`-Abfragen realisieren, wie wir es bereits mehrmals genutzt haben. In Python geht das aber eleganter mithilfe von Dekoratoren, die ich in Anhang B kurz vorstelle.

Python-Shortcut Selbstverständlich gibt es verschiedene Varianten, diese Aufgabe nicht rekursiv und in diesem Fall performanter zu lösen: Mit einer List Comprehension wandelt man jede Ziffer in eine 1 und summiert dies. Das ist jedoch eher eine ausgefallene artifizielle Lösung. Deutlich klarer und verständlicher ist es, die Zahl in einen String zu wandeln und dafür `len()` aufzurufen:

```
def count_digits_shorter(value):
    return sum([1 for _ in str(value)])


def count_digits_tricky(value):
    return len(str(value))
```

Lösung 2b: Quersumme (★★☆☆☆)

Berechnen Sie die Quersumme einer Zahl. Diese ist definiert als die Summe ihrer Ziffern. Schreiben Sie dazu eine rekursive Funktion `calc_sum_of_digits(value)`.

Algorithmus Basierend auf der Lösung zur ersten Teilaufgabe variieren wir lediglich die Rückgabe bei der Ziffer sowie die Addition und den Selbstaufruf wie folgt:

```
def calc_sum_of_digits(value):
    if value < 0:
        raise ValueError("value must be >= 0")

    # rekursiver Abbruch
    if value < 10:
        return value

    remainder = value // 10
    last_digit = value % 10

    # rekursiver Abstieg
    return calc_sum_of_digits(remainder) + last_digit
```

Python-Shortcut Hier bietet sich die Built-in-Funktion `divmod()` an:

```
def calc_sum_of_digits(value):
    if value < 0:
        raise ValueError("value must be >= 0")

    # rekursiver Abbruch
    if value < 10:
        return value

    remainder, last_digit = divmod(value, 10)

    # rekursiver Abstieg
    return calc_sum_of_digits(remainder) + last_digit
```

Zur Berechnung der Quersumme bedienen wir uns wieder einer List Comprehension, mit der man jede Ziffer in einen Zahlenwert umwandelt. Die Summe bildet man mit `sum()`:

```
def calc_sum_of_digits_shorter(value):
    return sum([int(ch) for ch in str(value)])
```

Allerdings ging es in dieser Aufgabenstellung nicht um Kürze, sondern um das Kennenlernen der rekursiven Beschreibung der Berechnung der Quersumme.

Prüfung

Zum Test nutzen wir folgende Eingaben, die die korrekte Funktionsweise zeigen:

```
@pytest.mark.parametrize("number, expected", [(1234, 4), (1234567, 7)])
def test_count_digits(number, expected):
    assert count_digits(number) == expected


@pytest.mark.parametrize("number, expected", [(1234, 10), (1234567, 28)])
def test_calc_sum_of_digits(number, expected):
    assert calc_sum_of_digits(number) == expected
```

3.3.3 Lösung 3: ggT / GCD (★★☆☆☆)

Lösung 3a: ggT rekursiv (★☆☆☆☆)

Schreiben Sie eine Funktion `gcd(a, b)`, die den größten gemeinsamen Teiler (ggT) berechnet, ohne auf die Standardfunktionalität `math.gcd()` zurückzugreifen. Im Englischen wird der ggT als Greatest Common Divisor (GCD) bezeichnet und lässt sich mathematisch rekursiv wie folgt für zwei natürliche Zahlen a und b definieren:

$$gcd(a,b) = \begin{cases} a, & b = 0 \\ gcd(b, a \,\%\, b), & b \neq 0 \end{cases}$$

Beispiele

Eingabe 1	Eingabe 2	Resultat
42	7	7
42	28	14
42	14	14

Algorithmus Die Berechnung des größten gemeinsamen Teilers kann man ziemlich direkt aus der mathematischen Definition in Python programmieren:

```
def gcd(a, b):
    # rekursiver Abbruch
    if b == 0:
        return a

    # rekursiver Abstieg
    return gcd(b, a % b)
```

Python-Shortcut Natürlich kann man das Ganze viel einfacher durch einen Aufruf der Built-in-Funktionalität `gcd()` erreichen, jedoch ging es in dieser Aufgabenstellung um das Kennenlernen der rekursiven Beschreibung der Berechnung des ggT:

```
result = math.gcd(a, b)
```

Lösung 3b: ggT iterativ (★★☆☆☆)

Erstellen Sie eine iterative Variante für die GCD-Berechnung.

Algorithmus Man wandelt den Selbstaufruf in eine Schleife, die so lange ausgeführt wird, bis die Bedingung des rekursiven Abbruchs erfüllt ist. Der Trick besteht darin, die Variablen so neu zu belegen, wie es durch die rekursive Definition vorgegeben ist:

```
def gcd_iterative(a, b):
    while b != 0:
        remainder = a % b
        a = b
        b = remainder

    # hier gilt b == 0
    return a
```

Prüfung

Zum Test nutzen wir folgende Eingaben, die die korrekte Funktionsweise zeigen:

```
@pytest.mark.parametrize("a, b, expected",
                         [(42, 7, 7), (42, 28, 14), (42, 14, 14)])
def test_gcd(a, b, expected):
    assert gcd(a, b) == expected


@pytest.mark.parametrize("a, b, expected",
                         [(42, 7, 7), (42, 28, 14), (42, 14, 14)])
def test_gcd_iterative(a, b, expected):
    assert gcd_iterative(a, b) == expected
```

Lösung 3c: kgV / LCM (★☆☆☆☆)

Schreiben Sie eine Funktion `lcm(a, b)`, die das kleinste gemeinsame Vielfache (kgV) berechnet. Im Englischen wird dies Least Common Multiplier (LCM) genannt. Für zwei natürliche Zahlen a und b kann man dies basierend auf dem ggT / GCD mithilfe folgender Formel berechnen:

$$lcm(a, b) = a * b \,/\, gcd(a, b);$$

Beispiele

Eingabe 1	Eingabe 2	Resultat
2	7	14
42	14	42

Algorithmus Auch die Berechnung des kleinsten gemeinsamen Vielfachen lässt sich direkt aus der mathematischen Definition herunterprogrammieren, sofern man die Funktionalität für den GCD bereits realisiert hat:

```
def lcm(a, b):
    return a * b // gcd(a, b)
```

Prüfung

Zum Test nutzen wir folgende Eingaben, die die korrekte Funktionsweise zeigen:

```
@pytest.mark.parametrize("a, b, expected",
                         [(2, 7, 14), (7, 14, 14), (42, 14, 42)])
def test_lcm(a, b, expected):
    assert lcm(a, b) == expected
```

3.3.4 Lösung 4: Reverse String (★★☆☆☆)

Schreiben Sie eine rekursive Funktion `reverse_string(input)`, die die Buchstaben des übergebenen Eingabetexts umkehrt. Es darf nicht auf die Standardfunktionalität `[::-1]` zurückgegriffen werden.

Beispiele

Eingabe	Resultat
"A"	"A"
"ABC"	"CBA"
"abcdefghi"	"ihgfedcba"

Algorithmus Extrahiere wiederholt so lange das erste Zeichen, bis wir einen String der Länge 1 haben, füge das Gesamte dann in umgekehrter Reihenfolge aneinander.

```
def reverse_string(input):
    # rekursiver Abbruch
    if len(input) <= 1:
        return input

    first_char = input[0]
    remaining = input[1:]

    # rekursiver Abstieg
    return reverse_string(remaining) + first_char
```

Python-Shortcut Das kann man viel einfacher durch folgenden Aufruf erzielen, jedoch ging es in dieser Aufgabenstellung um das Kennenlernen von Rekursion:

```
reversed_input = input[::-1]
```

Prüfung

Folgende Eingaben zeigen die korrekte Funktionsweise:

```
@pytest.mark.parametrize("input, expected",
                         [("A", "A"), ("ABC", "CBA"),
                          ("abcdefghi", "ihgfedcba")])
def test_reverse_string(input, expected):
    assert reverse_string(input) == expected
```

3.3.5 Lösung 5: Array Sum (★★☆☆☆)

Schreiben Sie eine Funktion `sum_rec(values)`, die die Summe der Werte des übergebenen Arrays rekursiv errechnet. Dabei ist explizit kein Aufruf der Built-in-Funktionalität `sum()` erlaubt.

Beispiele

Eingabe	Resultat
[1, 2, 3]	6
[1, 2, 3, -7]	-1

Algorithmus Bilde so lange die Teilsumme mit der rekursiven Definition

$$\begin{aligned} sum(values(0)) &= values[0] \\ sum(values(0 \ldots n)) &= values[0] + sum(values(1 \ldots n)) \end{aligned}$$

bis nur noch ein Element vorhanden ist. Wie schon in der Einführung erwähnt, bietet sich eine Hilfsfunktion an, die die eigentliche Verarbeitung und Logik enthält. Hier wird der aktuelle Wert im Array zu dem rekursiv ermittelten Ergebnis hinzu addiert:

```
def sum_rec(values):
    return sum_helper(values, 0)


def sum_helper(values, pos):
    # rekursiver Abbruch
    if pos >= len(values):
        return 0

    # rekursiver Abstieg
    return values[pos] + sum_helper(values, pos + 1)
```

Alternativer Algorithmus Alternativ ist es genauso möglich, den `pos`-Zähler von `length - 1` bis 0 laufen zu lassen, d. h., die Rekursion kehrt sich zu

$$sum(values(0 \ldots n)) = sum(values(0 \ldots n-1)) + values[n]$$

um. Dies lässt sich in Form der Funktionen `sum_tail(values)` und `sum_tail_helper(values, pos)` wie folgt implementieren:

```
def sum_tail(values):
    return sum_tail_helper(values, len(values) - 1)


def sum_tail_helper(values, pos):
    # rekursiver Abbruch
    if pos < 0:
        return 0

    # rekursiver Abstieg
    return sum_tail_helper(values, pos - 1) + values[pos]
```

Python-Shortcut Natürlich kann man das Ganze viel einfacher durch einen Aufruf der Built-in-Funktionalität `sum()` erreichen, jedoch ging es in dieser Aufgabenstellung um das Kennenlernen der rekursiven Beschreibung der Summenberechnung:

```
result = sum(values)
```

Ebenso lässt sich die Funktion `reduce()` aus dem Modul `functools` verwenden – allerdings ist das weniger verständlich und schlechter lesbar:

```
def sum_lambda(values):
    return functools.reduce(lambda x, y: x + y, values)
```

Prüfung

Folgende Eingaben zeigen die korrekte Funktionsweise:

```
@pytest.mark.parametrize("values, expected",
                         [([1], 1), ( [1, 2, 3], 6), ([1, 2, 3, -7], -1)])
def test_sum_rec(values, expected):
    assert sum_rec(values) == expected


@pytest.mark.parametrize("values, expected",
                         [([1], 1), ( [1, 2, 3], 6), ([1, 2, 3, -7], -1)])
def test_sum_tail(values, expected):
    assert sum_tail(values) == expected


@pytest.mark.parametrize("values, expected",
                         [([1], 1), ( [1, 2, 3], 6), ([1, 2, 3, -7], -1)])
def test_sum_lambda(values, expected):
    assert sum_lambda(values) == expected
```

3.3.6 Lösung 6: Array Min (★★☆☆☆)

Schreiben Sie eine Funktion `min_rec(values)`, die per Rekursion das Minimum der Werte des übergebenen Arrays ermittelt. Für ein leeres Array soll der Wert `sys.maxsize` geliefert werden. Bei der Implementierung ist explizit kein Aufruf der Built-in-Funktionalität `min()` erlaubt.

Beispiele

Eingabe	Resultat
[7, 2, 1, 9, 7, 1]	1
[11, 2, 33, 44, 55, 6, 7]	2
[1, 2, 3, -7]	-7

Algorithmus Prüfe das Array ausgehend vom ersten Element und vergleiche es mit einem initial auf `sys.maxsize` gesetzten Minimum. Ist das aktuelle Element kleiner, wird es zum neuen Minimum. Rufe diese Prüfung so lange für das um eine Position verkürzte Array auf, bis die Position am Ende des Arrays angekommen ist.

```
def min_rec(values):
    return min_helper(values, 0, sys.maxsize)


def min_helper(values, pos, min_value):
    # rekursiver Abbruch
    if pos >= len(values):
        return min_value

    value = values[pos]
    if value < min_value:
        min_value = value

    # rekursiver Abstieg
    return min_helper(values, pos + 1, min_value)
```

Python-Shortcut Ein Aufruf der Built-in-Funktionalität `min()` wäre viel einfacher, jedoch ging es hier um die rekursive Ermittlung des Minimums:

```
result = min(values)
```

Prüfung

Zum Test nutzen wir folgende Eingaben, die die korrekte Funktionsweise zeigen:

```
@pytest.mark.parametrize("values, expected",
                         [([7, 2, 1, 9, 7, 1 ], 1), ([1, 2, 3, -7], -7),
                          ([11, 2, 33, 44, 55, 6, 7], 2), ([], sys.maxsize)])
def test_min_rec(values, expected):
    assert min_rec(values) == expected
```

3.3.7 Lösung 7: Konvertierungen (★★☆☆☆)

Lösung 7a: Binärzahlen (★★☆☆☆)

Schreiben Sie eine Funktion `to_binary(n)`, die die gegebene positive Ganzzahl rekursiv in eine textuelle Binärdarstellung umwandelt. Es darf kein Aufruf von `int(x, base)` verwendet werden.

Beispiele

Eingabe	Resultat
5	"101"
7	"111"
22	"10110"
256	"100000000"

Algorithmus Die Umwandlung basiert auf der bereits kennengelernten Extraktion der letzten Ziffer und der Ermittlung des verbleibenden Rests, wie es in Abschnitt 2.1 vorgestellt wurde. Zur Umwandlung einer Dezimalzahl in eine Binärzahl prüft man, ob die übergebene Zahl sich durch eine einzelne Ziffer im Binärsystem darstellen lässt, also kleiner als 2 ist. Ansonsten extrahiert man zunächst die letzte Ziffer mithilfe einer Modulo-Operation sowie den Rest. Für diesen ruft man die Funktion rekursiv auf und konkateniert dann die Stringrepräsentation der letzten Ziffer. Damit ergibt sich für den Wert 22 folgender Ablauf:

Aufruf	Ablauf	Ergebnis
to_binary(22)	to_binary(22/2) + str(22%2) => to_binary(11) + "0"	"10110"
to_binary(11)	to_binary(11/2) + str(11%2) => to_binary(5) + "1"	"1011"
to_binary(5)	to_binary(5/2) + str(5%2) => to_binary(2) + "1"	"101"
to_binary(2)	to_binary(2/2) + str(2%2) => to_binary(1) + "0"	"10"
to_binary(1)	to_binary(1/2) + str(1%2) => to_binary(0) + "1"	"1"

Implementieren wir das Ganze nun in Python wie folgt:

```
def to_binary(n):
    if n < 0:
        raise ValueError("n must be >= 0")

    # rekursiver Abbruch: prüfe auf Ziffer im Binärsystem
    if n <= 1:
        return str(n)

    remainder, last_digit = divmod(n, 2)

    # rekursiver Abstieg
    return to_binary(remainder) + str(last_digit)
```

Lösung 7b: Oktal- und Hexadezimalzahlen (★★☆☆☆)

Schreiben Sie Konvertierungen in Oktal- und Hexadezimalzahlen mit den korrespondierenden Funktionen `to_octal(n)` und `to_hex(n)`. Erneut darf kein Aufruf von `int(x, base)` verwendet werden.

Beispiele

Eingabe	System	Resultat
7	oktal	"7"
8	oktal	"10"
42	oktal	"52"
15	hexadezimal	"F"
77	hexadezimal	"4D"

Algorithmus Der Algorithmus ist prinzipiell wieder der Gleiche. Man prüft, ob die übergebene Zahl sich durch eine einzelne Ziffer des gewünschten Zahlensystems darstellen lässt, also für das Beispiel kleiner als 8 (oktal) bzw. 16 (hexadezimal) ist. Ansonsten extrahiert man zunächst die letzte Ziffer mithilfe einer Modulo-Operation sowie den Rest. Für diesen ruft man die Funktion rekursiv auf und konkateniert dann die Stringrepräsentation der letzten Ziffer. Bei dieser Lösung verwende ich zum einen eine explizite Division und den Modulo-Operator und zum anderen die Built-in-Funktion `divmod()`:

```
def to_octal(n):
    if n < 0:
        raise ValueError("n must be >= 0")

    # rekursiver Abbruch: prüfe auf Ziffer im Oktalsystem
    if n < 8:
        return str(n)

    last_digit = n % 8
    remainder = n // 8

    # rekursiver Abstieg
    return to_octal(remainder) + str(last_digit)


def to_hex(n):
    if n < 0:
        raise ValueError("n must be >= 0")

    # rekursiver Abbruch: prüfe auf Ziffer im Hexadezimalsystem
    if n <= 15:
        return as_hex_digit(n)

    remainder, last_digit = divmod(n, 16)

    # rekursiver Abstieg
    return to_hex(remainder) + as_hex_digit(last_digit)
```

Der Vollständigkeit halber verbleibt noch die Umwandlung in eine Hexadezimalziffer:

```
# einfachere Handhabung der Hexadezimalumwandlung
def as_hex_digit(n):
    if 0 <= n < 9:
        return str(n)
    if 10 <= n <= 15:
        # spezielle Character-Arithmetik
        return chr(ord('A') + (n - 10))

    raise ValueError("value not in range 0 - 15, " + "but is: " + n)
```

Tipp: Mögliche Optimierungen

Obwohl die gezeigte Implementierung zur Umwandlung einer einzelnen hexadezimalen Ziffer in einen String ziemlich direkt ist, gibt es doch eine verblüffend elegante Variante, die zudem gut lesbar und verständlich ist und in einer vorgegebenen Zeichenmenge mit einem indizierten Zugriff per `[n]` prüft:

```
def as_hex_digit_optimized(n):
    if 0 <= n <= 15:
        return "0123456789ABCDEF"[n]

    raise ValueError("value not in range 0 - 15, " + "but is: " + n)
```

Python-Shortcut Die ganzen Umrechnungen kann man viel einfacher durch folgende Aufrufe erzielen, jedoch ging es in dieser Aufgabenstellung um das Kennenlernen von Rekursion:

```
def to_binary_short(n):
    return int(n, 2)


def to_octal_short(n):
    return int(n, 8)


def to_hex_short(n):
    return int(n, 16)
```

Prüfung

Zum Test nutzen wir folgende Eingaben, die die korrekte Funktionsweise zeigen:

```
@pytest.mark.parametrize("value, expected",
                         [(5, "101"), (7, "111"), (22, "10110"),
                          (42, "101010"), (256, "100000000")])
def test_to_binary(value, expected):
    assert to_binary(value) == expected


@pytest.mark.parametrize("value, expected",
                         [(42, "52"), (7, "7"), (8, "10")])
def test_to_octal(value, expected):
    assert to_octal(value) == expected


@pytest.mark.parametrize("value, expected",
                         [(77, "4D"), (15, "F"), (16, "10")])
def test_to_hex(value, expected):
    assert to_hex(value) == expected
```

3.3.8 Lösung 8: Exponentialfunktion (★★☆☆☆)

Lösung 8a: Zweierpotenz (★☆☆☆☆)

Schreiben Sie eine rekursive Funktion `is_power_of_2(n)`, die die gegebene positive Ganzzahl prüft, ob diese eine Zweierpotenz ist.

Beispiele

Eingabe	Resultat
2	True
10	False
16	True

Algorithmus Sofern die übergebene Zahl kleiner als der Wert 2 ist, entspricht nur der Wert 1 einer Potenz, nämlich der 0-ten, also 2^0. Prüfe nun, ob es sich um eine ungerade Zahl handelt. Wenn dies der Fall ist, kann sie kein Vielfaches von 2 sein. Ist die Zahl gerade, dann prüfe rekursiv mit der durch 2 geteilten Zahl:

```
def is_power_of_2(n):
    # rekursiver Abbruch
    if n < 2:
        return n == 1

    if n % 2 != 0:
        return False

    # rekursiver Abstieg
    return is_power_of_2(n // 2)
```

Bei der initialen Prüfung nutzen wir einen kleinen Trick mit `return n == 1`, der sich wie folgt auswirkt:

$$\begin{array}{lll} n < 0: & \texttt{False} & \text{(negative Zahl, also niemals der Wert 1)} \\ n = 0: & \texttt{False} & (0 \neq 1) \\ n = 1: & \texttt{True} & (1 = 1) \end{array}$$

Schauen wir uns eine Kurzvariante der Implementierung an – für mein Empfinden ist die obere verständlicher. Zudem ist in der ersten Variante wieder sowohl der rekursive Abbruch als auch der Abstieg viel klarer ersichtlich:

```
def is_power_of_2_short(n):
    return n == 1 or n > 0 and n % 2 == 0 and is_power_of_2_short(n // 2)
```

Lösung 8b: Potenzierung rekursiv (★★☆☆☆)

Schreiben Sie eine rekursive Funktion `power_of(value, exponent)`, die die gegebene positive Ganzzahl mit der als Zweites angegebenen positiven Zahl potenziert. Beispielsweise sollte der Aufruf `power_of(4, 2)` das Quadrat von 4 ermitteln, also $4^2 = 16$ berechnen. Hierbei dürfen Sie weder die Built-in-Funktionalität `pow()` noch den Operator `**` nutzen.

Algorithmus Rufen Sie die Funktion so lange rekursiv auf und multiplizieren Sie die Zahl mit dem Ergebnis des Selbstaufrufs, bis der Exponent 0 oder 1 erreicht ist. Reduzieren Sie zudem bei jedem Aufruf den Exponenten um 1:

```
def power_of(value, exponent):
    if exponent < 0:
        raise ValueError("exponent must be >= 0")

    # rekursiver Abbruch
    if exponent == 0:
        return 1
    if exponent == 1:
        return value

    # rekursiver Abstieg
    return value * power_of(value, exponent - 1)
```

Diese Variante hat einen Aufwand von $O(n)$. Das kann man aber relativ einfach optimieren und auf $O(log(n))$ reduzieren.

Optimierter Algorithmus Zur Optimierung nutzt man den Trick, dass man den Wert quadriert und dadurch den Exponenten halbieren kann. Dann verbleibt nur noch die Spezialbehandlung eines ungeraden Exponenten, die eine weitere Multiplikation erfordert.

```
def power_of_optimized(value, exponent):
    if exponent < 0:
        raise ValueError("exponent must be >= 0")

    # rekursiver Abbruch
    if exponent == 0:
        return 1
    if exponent == 1:
        return value

    # rekursiver Abstieg
    result = power_of_optimized(value * value, exponent // 2)
    if exponent % 2 == 1:
        return value * result

    return result
```

Python-Shortcut Natürlich kann man das Ganze viel einfacher durch einen Aufruf der Built-in-Funktionalität `pow()` oder den Operator `**` erreichen, jedoch ging es in dieser Aufgabenstellung um das Kennenlernen der rekursiven Berechnung.

```
result = pow(value, exponent)
result = value ** exponent
```

Lösung 8c: Potenzierung iterativ (★★☆☆☆)

Schreiben Sie eine iterative Variante der Potenzierfunktionalität.

Beispiele

Eingabe Basis	Eingabe Exponent	Resultat
2	2	4
2	8	256
4	4	256

Algorithmus Wie bei der rekursiven Variante startet man vermutlich mit den zwei Prüfungen. Zudem konvertiert man den Selbstaufruf in eine Schleife und multipliziert die Zahl mit dem bisherigen Zwischenergebnis. Außerdem reduziert man in jedem Durchlauf den Exponenten. Ein scharfer Blick zeigt dann aber schnell, dass die beiden initialen Prüfungen durch den allgemeinen Fall bereits abgedeckt sind und deshalb im Listing nicht mehr gezeigt sind:

```
def power_of_iterative(value, exponent):
    result = 1
    while exponent > 0:
        result *= value
        exponent -= 1

    return result
```

Prüfung

Zum Test nutzen wir folgende Eingaben, die die korrekte Funktionsweise zeigen:

```
@pytest.mark.parametrize("value, expected",
                         [(2, True), (3, False), (4, True),
                          (10, False), (16, True)])
def test_is_power_of2(value, expected):
    assert is_power_of_2(value) == expected


def inputs_and_expected():
    return [(2, 2, 4), (4, 2, 16), (16, 2, 256),
            (4, 4, 256), (2, 8, 256)]


@pytest.mark.parametrize("number, exponent, expected",
                         inputs_and_expected())
def test_power_of(number, exponent, expected):
    assert power_of(number, exponent) == expected


@pytest.mark.parametrize("number, exponent, expected",
                         inputs_and_expected())
def test_power_of_iterative(number, exponent, expected):
    assert power_of_iterative(number, exponent) == expected
```

3.3.9 Lösung 9: Pascal'sches Dreieck (★★☆☆☆)

Schreiben Sie eine Funktion `print_pascal(n)`, die das Pascal'sche Dreieck ausgibt. Für den Wert 5 sollte die folgende Ausgabe erzeugt werden:

```
1
1 1
1 2 1
1 3 3 1
1 4 6 4 1
```

Jede Zeile ergibt sich aus der vorhergehenden mithilfe einer Addition, wie es in der letzten Zeile der nachfolgenden Definition gezeigt ist. Diese Werte werden pro Zeile vorne und hinten von einer 1 flankiert. Da es sich um eine zweidimensionale Struktur handelt, ist die rekursive Definition ein wenig komplexer:

$$pascal(row, col) = \begin{cases} 1, & row = 1 \text{ und } col = 1 \text{ (Spitze)} \\ 1, & \forall row \in \{1, n\} \text{ und } col = 1 \\ 1, & \forall row \in \{1, n\} \text{ und } col = row \\ pascal(row-1, col) + & \\ pascal(row-1, col-1), & \text{sonst (basierend auf Vorgänger)} \end{cases}$$

Tipp Schauen Sie für Hintergrundinformationen und eine eingehende Erklärung doch einmal hier nach: `https://de.wikipedia.org/wiki/Pascalsches_Dreieck`.

Algorithmus Die rekursive Definition implementieren wir als Funktion wie folgt:

```
def calc_pascal(row, col):
    # rekursiver Abbruch: Spitze
    if col == 1 and row == 1:
        return 1

    # rekursiver Abbruch: Ränder
    if col == 1 or col == row:
        return 1

    # rekursiver Abstieg
    return calc_pascal(row - 1, col) + calc_pascal(row - 1, col - 1)
```

Eigentlich benötigt es für die Spitze keine separate Abbruchbedingung. Diese wird hier zum besseren Verständnis trotzdem aufgeführt – das ist aber Geschmackssache.

Zur Berechnung des Pascal'schen Dreiecks muss die vorherige Funktion nun für jede Position im Dreieck mithilfe zweier verschachtelter Schleifen für alle Zeilen und Spalten aufgerufen werden:

```
def print_pascal(n):
    for row in range(1, n + 1):
        for col in range(1, row + 1):
            print(calc_pascal(row, col), end=' ')

        print()
```

Zum Ausprobieren nutzen wir die Python-Konsole:

```
>>> print_pascal(7)
1
1 1
1 2 1
1 3 3 1
1 4 6 4 1
1 5 10 10 5 1
1 6 15 20 15 6 1
```

Optimierter Algorithmus Bei der rein rekursiven Definition kommt es zu ziemlich vielen Berechnungen. Leichter verständlich und besser nachvollziehbar sowie auch performanter wird das Ganze, wenn man zeilenweise arbeitet.

Als Ausgangsbasis dient die erste Zeile, die lediglich den Wert 1 enthält. Für andere Werte muss einfach n-mal die Funktion selbst aufgerufen werden, um dann in der Hilfsfunktion `__calc_line(previous_line_values)` die neue Zeile zu berechnen. Um aber nicht die Berechnung und die Konsolenausgabe zu mixen, fügen wir einen Parameter hinzu, der Aktionen ausführen kann, etwa Zwischenschritte auf der Konsole protokollieren:

```
def calc_pascal_with_action(n, action):
    # rekursiver Abbruch
    if n == 1:
        if action:
            action([1])
        return [1]
    else:
        # rekursiver Abstieg
        previous_line_values = calc_pascal_with_action(n - 1, action)

        new_line = __calc_line(previous_line_values)

        if action:
            action(new_line)

        return new_line
```

Etwas mehr Komplexität findet sich in der Hilfsfunktion `__calc_line(previous_line)` zur Berechnung der Werte der neuen Zeile auf Basis der vorherigen. Hierbei muss man beachten, dass die Vorgängerzeile mindestens zwei Werte enthält und dass man nicht bis zum letzten, sondern nur bis zum vorletzten Element summiert. Mithilfe von List Comprehension lässt sich das aber recht gut verständlich und kurz wie folgt implementieren:

```
def __calc_line(previous_line):
    # Wert ergibt sich aus den zwei Werten der Vorgängerzeile
    current_line = [previous_line[i] + previous_line[i + 1]
                    for i in range(len(previous_line) - 1)]

    # flankiert von jeweils einer 1
    return [1] + current_line + [1]
```

Prüfung

Zum Test nutzen wir folgenden Aufruf, der die korrekte Funktionsweise zeigt:

```
>>> calc_pascal_with_action(5, print)
[1]
[1, 1]
[1, 2, 1]
[1, 3, 3, 1]
[1, 4, 6, 4, 1]
```

Etwas formaler kann man dann mit einem Unit Test prüfen:

```
@pytest.mark.parametrize("n, expected",
                         [(1, [1]),
                          (2, [1, 1]),
                          (3, [1, 2, 1]),
                          (4, [1, 3, 3, 1]),
                          (5, [1, 4, 6, 4, 1]),
                          (6, [1, 5, 10, 10, 5, 1]),
                          (7, [1, 6, 15, 20, 15, 6, 1])])
def test_calc_pascal_with_action(n, expected):
    assert calc_pascal_with_action(n, None) == expected
```

3.3.10 Lösung 10: Zahlenpalindrome (★★★★☆)

Ein Palindrom ist ein Wort, das sich von vorne und von hinten gleich liest. Diese Definition kann man auf die Ziffern einer Zahl ausweiten. Schreiben Sie eine rekursive Funktion `is_number_palindrome(number)`, allerdings ohne die Zahl in einen String zu wandeln und dann auf String-Funktionalitäten wie `[::-1]` zurückzugreifen.

Beispiele

Eingabe	Resultat
7	true
13	false
171	true
47742	false

Algorithmus Aufgrund der in der Aufgabenstellung geforderten Restriktion kann man nicht zeichenweise vergleichen. Allerdings bieten sich die Operationen Modulo und Division an, die wir schon für ähnliche Aufgaben eingesetzt haben. Beide verwenden wir, um die linke und die rechte Zahl zu separieren und zu vergleichen.

Nähern wir uns der Lösung anhand von Beispielen an:

```
#Ziffern        Wert           Berechnung
-------------------------------------------------------------------------
1 Ziffer                       => Spezialfall, ist immer Palindrom

2 Ziffern       11             Divisor = 10
< 100                            1 % 10 = 1
                                11 / 10 = 1     Palindrom
                13
                                 3 % 10 = 3
                                13 / 10 = 1     X

3 Ziffern       171            Divisor = 100
< 1000                           1 % 10 = 1
                               171 / 100 =  1
                        Rest:    7 (171 / 10 = 17 % 10 = 7) => rekursiv prüfen


4 Ziffern       4774           Divisor = 1000
<10000                             4 % 10 = 4
                               4774 / 1000 = 4    ok
                        Rest:    77 (4774 / 10 = 477 % 100 = 77)   => rekursiv
                               prüfen
```

Es wird jeweils die rechte und die linke Ziffer einer Zahl extrahiert. Stimmen diese überein, so wird der neue Wert ermittelt, indem man zunächst durch 10 teilt (die letzte Ziffer abschneidet) und dann mithilfe einer Modulo-Operation mit der passend gewählten Anzahl an Stellen den Rest ermittelt, also die vordere Zahl abschneidet. Insbesondere muss man die Länge der Zahl als Zehnerpotenz berechnen, damit man den richtigen Teiler erhält.

```
def is_number_palindrome(number):
    if number < 10:
        return True

    # geht nur, wenn es eine Ziffer >= 1 ist
    factor = calc_pow_of_ten(number)
    divisor = int(pow(10, factor))

    if (number < divisor * 10):
        left_number = number // divisor
        right_number = number % 10

        # schneidet eine führende Null weg ...
        remaining_number = (number // 10) % (divisor // 10)

        return left_number == right_number and \
               is_number_palindrome(remaining_number)

    return False
```

Nachfolgend sehen wir die Berechnung der Zehnerpotenz sowie das Zählen von Ziffern als Hilfsfunktionen, die aus dem Utility-Modul `MathUtils` stammen:

```
def calc_pow_of_ten(number):
    return count_digits(number) - 1


def count_digits(number):
    count = 0

    while number > 0:
        number = number // 10
        count += 1

    return count
```

Die gezeigte Lösung ist nicht wirklich optimal, da ständig die Faktoren ermittelt werden müssen und das Ganze im Sourcecode trotz der Extraktion von Hilfsfunktionen immer noch recht schwierig nachvollziehbar ist.

Optimierter Algorithmus Als Optimierung implementieren wir folgende Variante: Separiere jeweils die letzte Ziffer, teile dann durch 10 und rufe die Funktion mit den neuen Werten auf. Berechne zuvor noch aus dem aktuellen Wert und der letzten Ziffer den neuen Wert, indem der aktuelle Wert mit 10 multipliziert und die letzte Ziffer angehängt wird. Ist es ein Palindrom, dann gilt, dass der Originalwert dem berechneten Wert entspricht. Der rekursive Abbruch erfolgt, wenn entweder keine Ziffer mehr oder nur noch eine einzelne existiert. Der Trick ist, dass man die Zahl von hinten neu aufbaut und zum Schluss mit dem Originalwert vergleicht. Im Gegensatz zu den bislang vorgestellten anderen rekursiven Hilfsfunktionen benötigt man hier zwei Zwischenspeicher, einen für den aktuellen Wert und einen für den verbleibenden Wert:

```
def is_number_palindrome_rec(number):
    return __is_number_palindrome_rec_helper(number, 0, number)


def __is_number_palindrome_rec_helper(original_number, current_value,
                                      remaining_value):
    # rekursiver Abbruch
    if current_value == original_number:
        return True

    # rekursiver Abbruch
    if (remaining_value < 1):
        return False

    last_digit = remaining_value % 10
    new_current = current_value * 10 + last_digit
    new_remaining = remaining_value // 10

    print("last_digit: %d, new_current: %d, new_remaining: %d" %
          (last_digit, new_current, new_remaining))

    return __is_number_palindrome_rec_helper(original_number, new_current,
                                             new_remaining)
```

Dabei kann man sich die Aufrufe für den Wert 121 wie folgt verdeutlichen:

```
__is_number_palindrome_rec_helper(121, 0, 121) =>
last_digit: 1, new_current: 1, new_remaining: 12
__is_number_palindrome_rec_helper(121, 1, 12) =>
last_digit: 2, new_current: 12, new_remaining: 1
i__s_number_palindrome_rec_helper(121, 12, 1) =>
last_digit: 1, new_current: 121, new_remaining: 0
__is_number_palindrome_rec_helper(121, 121, 0)
True
```

Interessant ist sicher auch, wie sich das Ganze für eine Zahl, etwa 123, verhält, die kein Palindrom ist:

```
__is_number_palindrome_rec_helper(123, 0, 123) =>
last_digit: 3, new_current: 3, new_remaining: 12
__is_number_palindrome_rec_helper(123, 3, 12) =>
last_digit: 2, new_current: 32, new_remaining: 1
__is_number_palindrome_rec_helper(123, 32, 1) =>
last_digit: 1, new_current: 321, new_remaining: 0
__is_number_palindrome_rec_helper(123, 321, 0)
False
```

Prüfung

Zum Test nutzen wir folgende Eingaben, die die korrekte Funktionsweise zeigen:

```
@pytest.mark.parametrize("number, expected",
                         [(7, True), (13, False), (171, True),
                          (47742, False), (123321, True),
                          (1234554321, True)])
def test_is_number_palindrome(number, expected):
    assert is_number_palindrome(number) == expected
```

3.3.11 Lösung 11: Permutationen (★★★☆☆)

Berechnen Sie alle Permutationen einer als String gegebenen Folge von Buchstaben, also alle möglichen Kombinationen aus diesen Buchstaben. Implementieren Sie diese Berechnung in einer Funktion `calc_permutations(input)`. Bedenken Sie auch den Fall von doppelten Buchstaben. Nutzen Sie nicht die Python-Standardfunktionalität aus dem Modul `itertools`.

Beispiele

Eingabe	Resultat
"A"	"A"
"AA"	"AA"
"AB"	"AB", "BA"
"ABC"	"ABC, "ACB", "BAC", "BCA", "CAB", "CBA"
"AAC"	"AAC", "ACA", "CAA"

Algorithmus Die Berechnung aller Permutationen für einen gegebenen String kann man am besten dadurch lösen, dass man sich zunächst die rekursive Definition anschaut:

$$
\begin{aligned}
A \Rightarrow \quad & perm(A) && = A \\
AA \Rightarrow \quad & A + perm(A) \cup A + perm(A) && = AA \cup AA = AA \\
AB \Rightarrow \quad & A + perm(B) \cup B + perm(A) && = AB \cup BA \\
ABC \Rightarrow \quad & A + perm(BC) \cup B + perm(AC) \cup C + perm(AB) && = ABC \cup ACB \cup \ldots
\end{aligned}
$$

Man erkennt, dass für ein einzelnes Zeichen die Permutationen aus dem Zeichen selbst bestehen. Bei mehreren Zeichen berechnen sich die Permutationen, indem man für jedes Zeichen die Permutationen des verbliebenen Strings ohne das Zeichen selbst berechnet und später wieder mit dem Zeichen geeignet kombiniert – später dazu mehr. Das ursprüngliche Problem wird von einer Zeichenfolge der Länge n auf n Probleme für die Zeichenfolgen der Länge $n - 1$ reduziert. Damit ergibt sich für die Zeichenfolge ABC der in Abbildung 3-4 visualisierte Berechnungsvorgang.

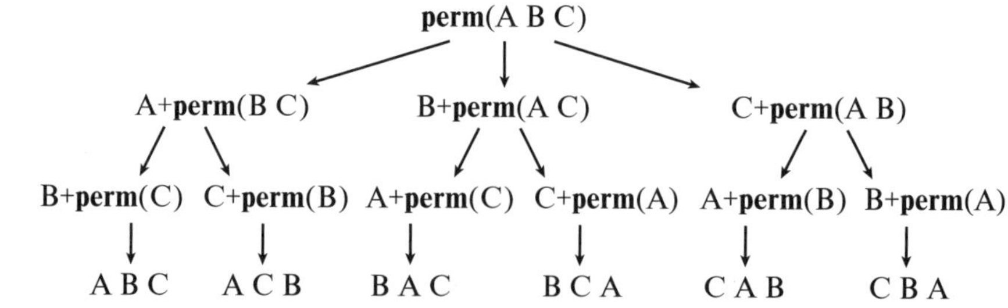

Abbildung 3-4 *Berechnung der Permutationen von ABC*

Mit diesem Wissen im Hinterkopf fällt die Implementierung gleich deutlich leichter und wir wandeln folgende Schritte in Python um:

- Wähle und extrahiere i-tes Zeichen
- Bilde den restlichen String und berechne dafür die Permutationen
- Füge das Ganze wieder zusammen

Das implementieren wir wie folgt:

```
def calc_permutations(input):
    # rekursiver Abbruch
    if is_blank(input) or len(input) == 1:
        return {input}

    combinations = set()
    # Extrahiere i-tes Zeichen als neues erstes Zeichen
    for i, new_first in enumerate(input):
        # rekursiver Abstieg für Rest ohne i-tes Zeichen
        permutations = calc_permutations(input[0:i] + input[i + 1:])

        # Hinzufügen des extrahierten Zeichens zu allen Teillösungen
        for perm in permutations:
            combinations.add(new_first + perm)

    return combinations


def is_blank(my_string):
    return not (my_string and my_string.strip())
```

Die gerade gezeigte Umsetzung führt dazu, dass recht viele Strings und auch Sets als Zwischenspeicher erzeugt werden. Wie kann man dies verbessern?

Optimierter Algorithmus Für kürzere Strings sind die beschriebenen Nachteile vernachlässigbar. Je länger jedoch der String wird, desto stärker fallen die ganzen temporären Objekte und die Stringaktionen ins Gewicht. Um das zu vermeiden, greifen wir wieder die Ideen auf, die wir schon in anderen Lösungen gesehen haben. Anstatt die Strings jeweils zusammenzubauen, können wir diese auch geschickt als Parameter übergeben. Dabei definiert der eine die verbliebene Zeichenfolge und der andere das derzeit schon berechnete Präfix.

```
def calc_permutations_mini_opt(input):
    return __calc_permutations_mini_opt_helper(input, "")


def __calc_permutations_mini_opt_helper(remaining, prefix):
    # rekursiver Abbruch
    if len(remaining) == 0:
        return {prefix}

    candidates = set()

    for i in range(len(remaining)):
        new_prefix = prefix + remaining[i]
        new_remaining = remaining[0: i] + remaining[i + 1:]
```

```
        # rekursiver Abstieg
        candidates.update(__calc_permutations_mini_opt_helper(newRemaining,
                                                              newPrefix))

    return candidates
```

Lassen Sie mich noch ein paar Anmerkungen zur Optimierung machen: Während der Aufruf `calc_permutations("abcdefghij")` mit meinem iMac (i7 4 Ghz) ca. 7 bis 8 Sekunden benötigt, ist `calc_permutations_mini_opt("abcdefghij")` bereits nach rund 4 Sekunden fertig – das liegt an der sehr großen Anzahl an Aufrufen, wofür sich kleinere Optimierungen lohnen können. Fügt man jedoch nur ein weiteres Zeichen hinzu, so wächst der Aufwand enorm auf rund 111 Sekunden und optimiert auf rund 85 Sekunden. Derartige Zuwächse in der Laufzeit sind natürlich absolut unerwünscht.

Python-Shortcut Interessanterweise bietet Python im Modul `itertools` bereits eine vorgefertigte Funktionalität, deren Ergebnis jedoch etwas unhandlich ist, weil die Permutationen als Sequenz einzelner Zeichen dargestellt werden. Für die von uns gewünschte Darstellung des Ergebnisses müssen wir nur noch die Werte der Ergebnistupel mit `join()` zusammenführen – die Performance ist nochmals besser als die der eigenen optimierten Variante – ein Aufruf mit `"abcdefghij"` benötigt rund 3 Sekunden, mit einem Zeichen länger sind es rund 50 Sekunden.

```
def calc_permutations_built_in(input):
    result_tuples = list(itertools.permutations(input))

    return {"".join(tuple) for tuple in result_tuples}
```

Prüfung

Zum Test nutzen wir folgende Eingaben, die die korrekte Funktionsweise zeigen:

```
def input_and_expected():
    return [("A", {"A"}),
            ("AA", {"AA"}),
            ("AB", {"AB", "BA"}),
            ("ABC", {"ABC", "BAC", "ACB", "CAB", "CBA", "BCA"}),
            ("AAC", {"AAC", "ACA", "CAA"})]


@pytest.mark.parametrize("input, expected", input_and_expected())
def test_calc_permutations(input, expected):
    assert calc_permutations(input) == expected


@pytest.mark.parametrize("input, expected", input_and_expected())
def test_calc_permutations_mini_opt(input, expected):
    assert calc_permutations_mini_opt(input) == expected


@pytest.mark.parametrize("input, expected", input_and_expected())
def test_calc_permutations_built_in(input, expected):
    assert calc_permutations_built_in(input) == expected
```

3.3.12 Lösung 12: Count Substrings (★★☆☆☆)

Schreiben Sie eine Funktion `count_substrings(input, value_to_find)`, die in der Eingabe alle Vorkommen des übergebenen Teilstrings zählt. Dabei soll bei Auffinden eines Musters, dieses »konsumiert« werden, also nicht nochmals für Treffer verfügbar sein, wie es die nachfolgende Tabelle als letzten Fall zeigt. Implementieren Sie das Ganze selbst, ohne auf den Standard `count()` zurückzugreifen.

Beispiele

Eingabe	Suchtext	Resultat
"xhixhix"	"x"	3
"xhixhix"	"hi"	2
"mic"	"mic"	1
"haha"	"ho"	0
"xxxxyz"	"xx"	2

Algorithmus Zunächst wird geprüft, ob die ersten Zeichen vom Ausgangstext und die Suchzeichenfolge übereinstimmen. Ist dies der Fall, so wird die Anzahl erhöht und die Suche nach der Fundstelle fortgesetzt. Gibt es keine Übereinstimmung, dann wird der Ausgangstext um das erste Zeichen verkürzt und rekursiv der gerade beschriebene Ablauf weiterverfolgt. Als Abbruchkriterium gilt, dass die Länge der gegebenen Eingabe kleiner als die des Suchtexts ist:

```
def count_substrings(input, value_to_find):
    # rekursiver Abbruch
    if len(input) < len(value_to_find):
        return 0

    count = 0
    remaining = ""

    # startet der Text mit der Suchzeichenfolge?
    if input.startswith(value_to_find):
        # Treffer: Setze die Suche nach dem gefundenen
        # Begriff nach der Fundstelle fort
        remaining = input[len(value_to_find):]
        count = 1
    else:
        # entferne erstes Zeichen und suche erneut
        remaining = input[1:]

    # rekursiver Abstieg
    return count_substrings(remaining, value_to_find) + count
```

Tipp: Mögliche Abwandlung

Als Abwandlung der Anforderungen könnte gewünscht sein, alle potenziellen Teilstrings zu finden und nicht nach dem Auffinden eines Teilstücks erst dahinter weiterzusuchen. Interessanterweise vereinfacht dies die Implementierung:

```
def count_substrings_v2(input, value_to_find):
    # rekursiver Abbruch
    if len(input) < len(value_to_find):
        return 0

    # startet der Text mit der Suchzeichenfolge?
    count = 1 if input.startswith(value_to_find) else 0

    # entferne erstes Zeichen und suche erneut
    remaining = input[1:]

    # rekursiver Abstieg
    return count_substrings_v2(remaining, value_to_find) + count
```

Optimierter Algorithmus In dem ursprünglichen Algorithmus werden durch Aufrufe von `input[len(value_to_find):]` und `input[1:]` immer wieder neue Strings erzeugt. Für kurze Eingabewerte ist dies nicht so dramatisch. Gehen wir aber von einem sehr langen Text aus, so kann dies ungünstig sein. Wie könnte also eine Optimierung aussehen? Wir durchlaufen die Eingabe weiterhin von links nach rechts. Statt die Eingabe zu verkürzen, können wir auch einen Positionszeiger `left` nutzen. Das verursacht folgende Anpassungen:

1. Da der Text nicht kürzer wird, müssen wir jetzt initial von der Länge den Wert von `left` subtrahieren.
2. Zum Vergleich auf Übereinstimmung haben wir `startswith()` genutzt, praktischerweise gibt es eine Variante, der man einen Offset mitgeben kann.
3. Bei einem Treffer müssen wir den Positionszeiger um die Anzahl der Zeichen im Suchmuster bewegen, ansonsten um eine Position.

Damit ergibt sich folgende Implementierung:

```
def count_substrings_optimized(input, value_to_find):
    return count_substrings_helper(input, value_to_find, 0)


def count_substrings_helper(input, value_to_find, left):
    if len(input) - left < len(value_to_find):
        return 0

    count = 1 if input.startswith(value_to_find, left) else 0

    if input.startswith(value_to_find, left):
        left += len(value_to_find)
    else:
        left += 1

    return count_substrings_helper(input, value_to_find, left) + count
```

Python-Shortcut Praktischerweise ist diese Funktionalität schon in Python integriert und deshalb wäre ein Aufruf der Built-in-Funktionalität `count()` viel einfacher, jedoch ging es hier um die Betrachtung der Varianten und die Erkenntnis, wie sich zu viele temporäre Strings vermeiden lassen.

In der Praxis nutzen Sie bitte Aufrufe wie die folgenden, hier für die Eingaben aus dem Beispiel dieser Aufgabe:

```
print("xhixhix".count("x"))
print("xhixhix".count("hi"))
print("mic".count("mic"))
print("haha".count("ho"))
print("xxxxyz".count("xx"))
```

Prüfung

Folgende Eingaben zeigen die korrekte Funktionsweise für die drei Varianten. Wir finden hier im ersten und letzten Testfall die gleichen Angaben und haben dies zur Vermeidung von Duplikation daher bereits in eine Funktion ausgelagert.

```
def create_inputs_and_expected():
    return [("xhixhix", "x", 3), ("xhixhix", "hi", 2), ("mic", "mic", 1),
            ("haha", "ho", 0), ("xxxxyz", "xx", 2), ("xxxx", "xx", 2),
            ("xx-xxx-xxxx-xxxxx-xxxxxx", "xx", 9),
            ("xx-xxx-xxxx-xxxxx-xxxxxx", "xxx", 5)]


@pytest.mark.parametrize("input, search_for, expected",
                         create_inputs_and_expected())
def test_count_substrings(input, search_for, expected):
    assert count_substrings(input, search_for) == expected


@pytest.mark.parametrize("input, search_for, expected",
                         [("xhixhix", "x", 3), ("xhixhix", "hi", 2),
                          ("mic", "mic", 1), ("haha", "ho", 0),
                          ("xxxxyz", "xx", 3), ("xxxx", "xx", 3),
                          ("xx-xxx-xxxx-xxxxx-xxxxxx", "xx", 15),
                          ("xx-xxx-xxxx-xxxxx-xxxxxx", "xxx", 10)])
def test_count_substrings_v2(input, search_for, expected):
    assert count_substrings_v2(input, search_for) == expected


@pytest.mark.parametrize("input, search_for, expected",
                         create_inputs_and_expected())
def test_count_substrings_optimized(input, search_for, expected):
    assert count_substrings_optimized(input, search_for) == expected
```

3.3.13 Lösung 13: Lineal (★★☆☆☆)

In der Einführung habe ich gezeigt, wie man eine simple Form eines Lineals sowie eine stilisierte Schneeflocke (siehe Abbildung 3-3) mithilfe von Rekursion zeichnen kann. In dieser Aufgabe wollen wir ein Lineal im englischen Stil nachahmen. Dabei wird ein Bereich von einem Inch in 1/2 und 1/4 sowie 1/8 unterteilt. Dabei nimmt die Länge der Striche jeweils um eins ab.

Beispiel Die Ausgabe sollte in etwa wie folgt aussehen:

```
---- 0
-
--
-
---
-
--
-
---- 1
-
--
-
---
-
--
-
---- 2
```

Algorithmus Das Zeichnen der vollen Inch-Markierungen erledigen wir in einer Schleife. Die Zwischenlinien erzeugen wir in einer Funktion `draw_interval()`. Diese nutzt die rekursive Natur der Aufteilung der Linien: Um die längere Mittellinie wird jeweils eine kürze Linie gezeichnet. Dies wiederholt sich, solange die Linienlänge noch größer gleich 1 ist:

```
def draw_ruler(major_tick_count, max_length):
    draw_line(max_length, "0")

    for i in range(1, major_tick_count + 1):
        draw_interval(max_length - 1)
        draw_line(max_length, i)
```

Schließlich benötigen wir noch zwei Hilfsfunktionen zum Zeichnen eines Intervalls und einer Linie der übergebenen Länge inklusive einer optionalen Markierung (für die vollen Inch-Zahlen):

```
def draw_interval(center_length):
    if center_length > 0:
        draw_interval(center_length - 1)
        draw_line(center_length, "")
        draw_interval(center_length - 1)


def draw_line(count, label):
    print(("-" * count) + " " + str(label))
```

Prüfung

Zum Test rufen wir die Funktion `draw_ruler()` wie folgt auf:

```
>>> draw_ruler(3,4)
---- 0
-
--
-
---
-
--
-
---- 1
-
--
-
---
-
--
-
---- 2
-
--
-
---
-
--
-
---- 3
```

4 Strings

Strings modellieren Zeichenketten und besitzen den Typ `str`, der eine Vielzahl an Funktionen bietet. In diesem Kapitel werden wir diese Thematik anhand verschiedener Übungsaufgaben kennenlernen.

4.1 Einführung

Strings bestehen aus einzelnen Zeichen und bilden wie Listen sequenzielle Datentypen (vgl. Abschnitt **??**), weshalb viele Aktionen analog dazu ausführbar sind, etwa Slicing. Im Gegensatz zu anderen Sprachen besitzt Python keinen Datentyp für einzelne Zeichen, sondern diese werden einfach als String der Länge 1 repräsentiert.

Strings lassen sich als Zeichenkette in doppelten oder einfachen Anführungszeichen erzeugen, wie dies folgende zwei Zeilen zeigen:

```
str1 = "DOUBLE QUOTED STRING"
str2 = 'SINGLE QUOTED STRING'
```

Praxisrelevante Funktionen

Für Strings gehe ich vor allem auf die gängigsten und in der Praxis nützlichsten Funktionen ein. Nehmen wir an, die Variable `str` wäre ein String. Dann können wir folgende Funktionen aufrufen:

- `len(str)` – Ermittelt die Länge des Strings. Dies ist eine allgemeine Python-Funktion zum Abfragen der Länge von sequenziellen Datentypen wie Listen oder Tupeln usw., aber auch Strings.
- `str[index]` – Ermöglicht den indexbasierten Zugriff auf einzelne Buchstaben.
- `str[start:end]` / `str[start:end:step]` – Extrahiert die Zeichen zwischen den beiden Positionen `start` und `end` - 1. Als Besonderheit lässt sich eine Schrittweite angeben. Interessanterweise kann sogar die Bereichsangabe entfallen und mit `[::-1]` nur eine negative Schrittweite zum Einsatz kommen, wodurch ein neuer String mit umgekehrter Buchstabenreihenfolge des Originals entsteht.
- `str[:end]` – Extrahiert die Zeichen zwischen Anfang und der Position `end` - 1.
- `str[start:]` – Extrahiert die Zeichen zwischen der Position `start` und dem Ende des Strings.

- `str.lower()` / `str.upper()` – Erzeugt einen neuen String, der aus Klein- bzw. Großbuchstaben besteht – Ziffern und Satzzeichen werden nicht umgewandelt.
- `str.strip()` – Entfernt Leerzeichen am Textanfang und -ende und gibt dies als neuen String zurück. Als Besonderheit kann man ein Zeichen übergeben, das dann statt Whitespace entfernt wird.
- `str.isalpha()` / `str.isdigit()` / ... – Prüft, ob alle Zeichen des Strings alphanumerisch, Ziffern usw. sind.
- `str.startswith(other)` / `str.endswith(other)` – Prüft, ob der String mit dem übergebenen String startet bzw. endet.
- `str.find(other)` / `str.rfind(other)` – Sucht nach dem übergebenen String und gibt den Index des ersten Vorkommens zurück oder -1 bei Nichtexistenz. Die Funktion `rfind()` sucht vom Ende. Als Besonderheit kann man in beiden Fällen noch einen Indexbereich angeben.
- `str.index(other, start, end)` / `str.rindex(other, start, end)` – Liefert den Index des ersten bzw. letzten Vorkommens von `other`. Im Gegensatz zu `find()` wird bei Nichtvorhandensein eine Exception ausgelöst.
- `str.count(text)` – Zählt, wie häufig `text` im String vorkommt.
- `str.replace(old, new)` – Erzeugt einen neuen String, in dem alle Vorkommen von `old` durch `new` ersetzt sind.
- `str.split(delim)` – Liefert eine Liste mit Teilstrings, die sich durch Aufteilung des ursprünglichen Strings ergeben. Der Delimiter ist *kein* regulärer Ausdruck[1]. Ohne die Angabe eines Delimiters wird ein Text bezüglich Whitespace aufgespalten.
- `str.join(list)` – Bewirkt das Gegenteil von `split()`. Konkret: Die als Liste übergebenen Elemente werden mit dem String als Delimiter verbunden.
- `str.capitalize()` / `str.title()` – Wandelt das erste Zeichen in Großbuchstaben um. Mit `title()` wird zusätzlich innerhalb eines Strings der Anfang jedes neuen Worts in Großbuchstaben umgewandelt.

Beispiel Umwandlungen und Extraktionen

Schauen wir uns einführend einfache Aktionen auf Strings wie die Umwandlung in Klein- oder Großbuchstaben sowie das Aufspalten an:

```
name = "Karl Heinz Müller"
print(name.lower())
print(name.upper())

print(name.split())

time = '20:26:45'
hrs, mins, secs = time.split(':')
print(hrs, mins, secs)
```

[1] https://de.wikipedia.org/wiki/Regulärer_Ausdruck

Das führt zu folgenden Ausgaben:

```
karl heinz müller
KARL HEINZ MÜLLER
['Karl', 'Heinz', 'Müller']
20 26 45
```

Zudem können wir Texte mit `*` wiederholen und mit `strip()` Textbestandteile, oftmals Whitespace, an den Rändern entfernen:

```
print("-repeater-" * 3)

with_whitespace = "  --CONTENT--  "
stripped1 = with_whitespace.strip()
stripped2 = stripped1.strip("-")
print("strip1:", stripped1, "length:", len(stripped1))
print("strip2:", stripped2, "length:", len(stripped2))
```

Das führt zu folgenden Ausgaben:

```
-repeater--repeater--repeater-
strip1: --CONTENT-- length: 11
strip2: CONTENT length: 7
```

Gleichheit

Nun schauen wir uns die Definition zweier Strings und deren Vergleich an, insbesondere die Auswirkungen von `==` (inhaltliche Gleichheit) und `is` (Referenzgleichheit):

```
str1 = 'String with same contents but different quotes'
str2 = "String with same contents but different quotes"
str3 = "String with same contents but XXX quotes".replace("XXX", "different")
print("str1:", str1)
print("str2:", str2)
print("str3:", str3)

if str1 == str2:
    print("Inhaltlich gleich")
if str1 is str2:
    print("Referenz str1 / str2 gleich")
if str1 == str3:
    print("Inhaltlich gleich")
if str1 is str3:
    print("Referenz str1 / str3 gleich")
```

Man erhält folgende Ausgaben:

```
str1: String with same contents but different quotes
str2: String with same contents but different quotes
str3: String with same contents but different quotes
Inhaltlich gleich
Referenz str1 / str2 gleich
Inhaltlich gleich
```

Die Ausgabe, dass die Referenzen von `str1` und `str2` gleich sind, mag zunächst überraschen. Wie kommt das? Als Optimierung fasst Python gleiche Objekte manchmal zusammen. Dieses Verhalten ist jedoch nicht garantiert. Spätestens wenn Aktionen auf den Strings erfolgen, wie oben das `replace()` sind die Referenzen nicht mehr gleich, der Inhalt aber in diesem Fall natürlich schon.

Zugriff auf einzelne Zeichen und Substrings – Slicing

Betrachten wir noch die mächtigen Slicing-Operationen, um einzelne Zeichen, ganze Bestandteile sowie sogar nicht zusammenhängende Bereiche extrahieren zu können. Danach zählen wir Vorkommen und simulieren ein Suchen und Weitersuchen. Schließlich ersetzen wir einen Textbestandteil:

```
strange_message= "a message containing only a message"

mid_chars = strange_message[10:20]
last_seven_chars = strange_message[-7:]
print("mid_chars:", mid_chars, " / last_seven_chars:", last_seven_chars)

first_char = strange_message[0]
print(first_char, "count:", strange_message.count(first_char))
print(last_seven_chars, "count:", strange_message.count(last_seven_chars))

# Suchen und weitersuchen
print("find message:", strange_message.find("message"))
print("find next message:", strange_message.find("message", 3))

# (alle) ersetzen
print("replace by info:", strange_message.replace("message", "info"))
```

Das führt zu folgenden Ausgaben:

```
mid_chars: containing  / last_seven_chars: message
a count: 5
message count: 2
find message: 2
find next message: 28
replace by info: a info containing only a info
```

String in Liste von Zeichen wandeln

Mitunter möchte man Texte als einzelne Zeichen verarbeiten. Dabei kann ein Aufruf von `list()` behilflich sein:

```
print(list("Text als Liste"))
```

Man erhält folgende Ausgabe:

```
['T', 'e', 'x', 't', ' ', 'a', 'l', 's', ' ', 'L', 'i', 's', 't', 'e']
```

Iteration

Beim Durchlaufen der einzelnen Zeichen eines Strings gibt es verschiedene Varianten. Zunächst kann man indiziert mit einer `for`-Schleife und `len()` in Kombination mit `range()` arbeiten. Das ist jedoch in Python der am wenigsten adäquate Weg. Besser ist es mit `enumerate()` zu arbeiten, was sowohl Zugriff auf den Index als auch den Wert bietet. Teilweise benötigt man gar keinen Zugriff auf den Index, dann empfiehlt sich die dritte Variante mit `in`:

```
message = "Python has several loop variants"
for i in range(len(message)):
    print(i, message[i], end=',')

for i, current_char in enumerate(message):
    print(i, current_char, end=',')

for current_char in message:
    print(current_char, end=',')
```

Formatierte Ausgabe

Die folgenden Aufrufe von `capitalize()` und `title()`

```
text = "this is a very special string"
print(text.capitalize())
print(text.title())
```

ergeben diese Ausgaben:

```
This is a very special string
This Is A Very Special String
```

Auch beim Aufbereiten einer Ausgabe mit Platzhaltern bietet Python verschiedene Formen. Im einfachsten Fall gibt man die Werte kommasepariert in `print()` an. Alternativ kann man Platzhalter per `{}` im Text angeben, die dann mit den Werten des Aufrufs von `format()` befüllt werden. Zudem gibt es noch die Variante mit Platzhaltern wie `%s` und `%d` sowie dem Modulo-Operator in Kombination mit einem Tupel, das die Werte bereitstellt. Schließlich lässt sich noch ein explizit formatierter String mit `f"text"` und benannten Parametern nutzen:

```
product = "Apple iMac"
price = 3699

# Varianten der formatierten Ausgabe
print("the", product, "costs", price)
print("the {} costs {}".format(product, price))
print(f"the %s costs %d" % (product, price))
print(f"the {product} costs {price}")
```

Das führt zu folgenden Ausgaben:

```
the Apple iMac costs 3699
the Apple iMac costs 3699
the Apple iMac costs 3699
the Apple iMac costs 3699
```

Zeichenverarbeitung

Manchmal muss man einzelne Zeichen verarbeiten, dann können die Funktionen `ord()` und `chr()` nützlich sein. Dabei konvertiert `chr()` einen `int`-Wert in eine Zeichenfolge der Länge 1 und `ord()` eine solche Zeichenfolge in einen `int`-Wert:

```
>>> ord("A")
65
>>> chr(65)
'A'
>>> ord("0")
48
>>> chr(48)
'0'
```

Beispiel: Stringverarbeitung

Als abschließendes Beispiel zur Stringverarbeitung wollen wir jeweils die Anzahl der Vorkommen von Buchstaben in einem String zählen und dabei Klein- und Großbuchstaben gleich behandeln. Für den Text »Otto« erwarten wir durch die Umwandlung in Kleinbuchstaben 2 x t und 2 x o. Eine solche Aufbereitung wird auch ***Histogramm*** genannt. Darunter versteht man eine Darstellung der Verteilung von Objekten, oftmals sind das numerische Werte. Man kennt es etwa aus der Fotografie für die Helligkeitsverteilung eines Bildes. Nachfolgend geht es um die Verteilung bzw. Ermittlung der Häufigkeiten von Buchstaben für einen Text. Dazu wandeln wir die Eingabe zunächst mit `lower()` in Kleinbuchstaben und durchlaufen diese Zeichenfolge. Durch Aufruf von `isalpha()` stellen wir sicher, dass wir nur Buchstaben in unsere Zählung aufnehmen:

```
from operator import itemgetter


def generate_character_histogram(word):
    char_count_map = {}

    for current_char in list(word.lower()):
        if current_char.isalpha():
            if current_char in char_count_map:
                char_count_map[current_char] += 1
            else:
                char_count_map[current_char] = 1

    return dict(sorted(char_count_map.items(), key=itemgetter(0)))
```

Probieren wir das Ganze einmal in der Python-Kommandozeile aus:

```
>>> generate_character_histogram("Otto")
[('o', 2), ('t', 2)]

>>> generate_character_histogram("Hallo Micha")
[('a', 2), ('c', 1), ('h', 2), ('i', 1), ('l', 2), ('m', 1), ('o', 1)]

>>> generate_character_histogram("Python Challenge, Ihr Python-Training")
[('a', 2), ('c', 1), ('e', 2), ('g', 2), ('h', 4), ('i', 3), ('l', 2), ('n', 5),
     ('o', 2), ('p', 2), ('r', 2), ('t', 3), ('y', 2)]
```

4.2 Aufgaben

4.2.1 Aufgabe 1: Zahlenumwandlungen (★★☆☆☆)

Implementieren Sie basierend auf einem String eine Prüfung auf eine Binärzahl, eine Umwandlung in eine solche sowie beides auch für Hexadezimalzahlen.

Hinweis Die Umwandlung lässt sich mit `int(value, radix)` und der Basis 2 für Binärzahlen sowie der Basis 16 für Hexadezimalzahlen lösen. Nutzen Sie diese explizit nicht, sondern programmieren Sie dies selbst.

Beispiele

Eingabe	Funktion	Resultat
"10101"	is_binary_number()	True
"111"	binary_to_decimal()	7
"AB "	hex_to_decimal()	171

Aufgabe 1a (★☆☆☆☆)

Schreiben Sie eine Funktion `is_binary_number(number)`, die prüft, ob ein gegebener String nur aus den Zeichen 0 und 1 besteht, also eine Binärzahl repräsentiert.

Aufgabe 1b (★★☆☆☆)

Schreiben Sie eine Funktion `binary_to_decimal(number)`, die eine als String dargestellte (gültige) Binärzahl in die korrespondierende Dezimalzahl umwandelt.

Aufgabe 1c (★★☆☆☆)

Schreiben Sie das Ganze erneut, aber diesmal für Hexadezimalzahlen.

4.2.2 Aufgabe 2: Joiner (★☆☆☆☆)

Schreiben Sie eine Funktion `join(values, delimiter)`, die eine Liste von Strings mit der übergebenen Trennzeichenfolge verbindet und als einen String zurückliefert. Implementieren Sie dies ohne Verwendung spezieller Python-Funktionalität selbst.

Beispiel

Eingabe	Separator	Resultat
["hello", "world", "message"]	" +++ "	"hello +++ world +++ message"

4.2.3 Aufgabe 3: Reverse String (★★☆☆☆)

Schreiben Sie eine Funktion `reverse(text)`, die die Buchstaben in einem String umdreht und als Ergebnis liefert. Realisieren Sie dies selbst, also ohne Verwendung spezieller Python-Funktionalität, etwa `[::-1]`.

Beispiele

Eingabe	Resultat
"ABCD"	"DCBA"
"OTTO"	"OTTO"
"PETER	"RETEP"

4.2.4 Aufgabe 4: Palindrom (★★★☆☆)

Aufgabe 4a (★★☆☆☆)

Schreiben Sie eine Funktion `is_palindrome(input)`, die überprüft, ob ein gegebener String unabhängig von Groß- und Kleinschreibung ein Palindrom ist. Erinnern wir uns: Ein Palindrom ist ein Wort, das sich von vorne und von hinten gleich liest.

Beispiele

Eingabe	Resultat
"Otto"	True
"ABCBX"	False
"ABCXcba"	True

Aufgabe 4b (★★★☆☆)

Schreiben Sie eine Erweiterung, die auch Leerzeichen und Satzzeichen nicht als maßgeblich ansieht, wodurch sich dann ganze Sätze prüfen lassen, etwa dieser:

```
Dreh mal am Herd.
```

4.2.5 Aufgabe 5: No Duplicate Chars (★★★☆☆)

Finden Sie heraus, ob ein gegebener String keine doppelten Buchstaben enthält. Dabei sollen Groß- und Kleinbuchstaben keinen Unterschied machen. Schreiben Sie dazu eine Funktion `check_no_duplicate_chars(input)`.

Beispiele

Eingabe	Resultat
"Otto"	False
"Adrian"	False
"Micha"	True
"ABCDEFG"	True

4.2.6 Aufgabe 6: Doppelte Buchstaben entfernen (★★★☆☆)

Schreiben Sie eine Funktion `remove_duplicates(input)`, die in einem gegebenen Text jeden Buchstaben nur einmal behält, also alle späteren doppelten unabhängig von Groß- und Kleinschreibung löscht. Dabei soll aber die ursprüngliche Reihenfolge der Buchstaben beibehalten werden.

Beispiele

Eingabe	Resultat
"bananas"	"bans"
"lalalamama"	"lam"
"MICHAEL"	"MICHAEL"

4.2.7 Aufgabe 7: Capitalize (★★☆☆☆)

Aufgabe 7a (★★☆☆☆)

Schreiben Sie eine Funktion `capitalize(input)`, die einen gegebenen Text in das Format eines englischen Titels überführt, bei dem jedes Wort mit einem Großbuchstaben beginnt. Dabei dürfen Sie explizit nicht die eingebaute Funktion `title()` der Strings nutzen.

Beispiele

Eingabe	Resultat
"this is a very special title"	"This Is A Very Special Title"
"effective java is great"	"Effective Java Is Great"

Aufgabe 7b: Abwandlung (★★☆☆☆)

Nehmen wir an, als Eingabe diene nun eine Liste von Strings und es soll ein Liste von Strings zurückgegeben werden, wobei die einzelnen Wörter dann mit einem Großbuchstaben anfangen. Beginnen Sie mit folgender Signatur:

```
capitalize\_words(words)
```

Aufgabe 7c: Sonderbehandlung (★★☆☆☆)

In Überschriften findet man in der Regel eine Sonderbehandlung von Wörtern wie »is« oder »a«, die nicht großgeschrieben werden. Implementieren Sie dies in einer Methode `capitalize_special_2(words, ignorable_words)`, die als zweiten Parameter die Wörter erhält, die von der Umwandlung auszuschließen sind.

Beispiele

Eingabe	Ausnahmen	Resultat
["this", "is", "a", "title"]	["is", "a"]	["This", "is", "a", "Title"]
["java", "is", "great")	["is", "a"]	["Java", "is", "Great"]

4.2.8 Aufgabe 8: Rotation (★★☆☆☆)

Gegeben seien zwei Strings `str1` und `str2`, wobei der erste String länger als der zweite sein soll. Finden Sie heraus, ob der erste den anderen enthält. Dabei dürfen die Buchstaben innerhalb des ersten Strings auch rotiert werden: Vom Anfang oder Ende können Zeichen an die jeweils gegenüberliegende Position verschoben werden (auch wiederholt). Erstellen Sie dazu eine Funktion `contains_rotation(str1, str2)`, die Groß- und Kleinschreibung bei der Prüfung außer Acht lässt.

Beispiele

Eingabe 1	Eingabe 2	Resultat
"ABCD"	"ABC"	True
"ABCDEF	"EFAB"	True ("ABCDEF" ↢ x 2 ⇒ "CDEFAB" enthält "EFAB")
"BCDE"	"EC"	False
"Challenge"	"GECH"	True

4.2.9 Aufgabe 9: Wohlgeformte Klammern (★★☆☆☆)

Schreiben Sie eine Funktion `check_braces(input)`, die prüft, ob die als String übergebene Folge von runden Klammern jeweils passende (sauber geschachtelte) Klammerpaare enthält.

Beispiele

Eingabe	Resultat	Kommentar
"(())"	True	
"()()"	True	
"(()))((())"	False	zwar gleich viele öffnende und schließende Klammern, aber nicht sauber geschachtelt
"((()"	False	keine passende Klammerung

4.2.10 Aufgabe 10: Anagramm (★★☆☆☆)

Als Anagramm bezeichnet man zwei Strings, die dieselben Buchstaben in der gleichen Häufigkeit enthalten. Dabei soll Groß- und Kleinschreibung keinen Unterschied machen. Schreiben Sie eine Funktion `is_anagram(str1, str2)`.

Beispiele

Eingabe 1	Eingabe 2	Resultat
"Otto"	"Toto"	True
"Mary"	"Army"	True
"Ananas"	"Bananas"	False

4.2.11 Aufgabe 11: Morse Code (★★☆☆☆)

Schreiben Sie eine Funktion `to_morse_code(input)`, die einen übergebenen Text in Morsezeichen übersetzen kann. Diese bestehen aus Sequenzen von ein bis vier kurzen und langen Tönen pro Buchstabe, symbolisiert durch '.' oder '-'. Zur leichteren Unterscheidbarkeit soll zwischen jedem Ton ein Leerzeichen und zwischen jeder Buchstabentonfolge jeweils drei Leerzeichen Abstand sein – ansonsten würden sich S (...) und EEE (...) nicht voneinander unterscheiden lassen.

Beschränken Sie sich der Einfachheit halber auf die Buchstaben E, O, S, T, W mit folgender Codierung:

Buchstabe	Morsecode
E	.
O	- - -
S	. . .
T	-
W	. - -

Beispiele

Eingabe	Resultat
SOS	. . . - - - . . .
TWEET	- . - - . . -
WEST	. - - . . . . -

Bonus Experimentieren Sie ein wenig und ermitteln Sie für alle Buchstaben des Alphabets die korrespondierenden Morsezeichen, etwa, um Ihren Namen umzuwandeln. Dazu finden Sie unter `https://de.wikipedia.org/wiki/Morsezeichen` die notwendigen Hinweise.

4.2.12 Aufgabe 12: Pattern Checker (★★☆☆☆)

Schreiben Sie eine Funktion `matches_pattern(pattern, text)`, die einen mit Leerzeichen separierten String (2. Parameter) auf die Struktur eines Musters hin untersucht, das in Form einzelner Zeichen als erster Parameter übergeben wird.

Beispiele

Eingabe Muster	Eingabe Wörter	Resultat
"xyyx"	"tim mike mike tim"	True
"xyyx"	"tim mike tom tim"	False
"xyxx"	"tim mike mike tim"	False
"xxxx"	"tim tim tim tim"	True

4.2.13 Aufgabe 13: Tennis-Punktestand (★★★☆☆)

Schreiben Sie eine Funktion `tennis_score(score, player1_name, player2_name)`, die auf Basis eines textuell vorliegenden Punktestands für zwei Spieler PL1 und PL2 im Format <PL1-Punkte>:<PL2-Punkte> eine Ansage im bekannten Stil wie »Fifteen Love«, »Deuce« oder »Advantage Player X« macht.

Dabei gelten für ein Spiel im Tennis folgende Zählregeln:

- Ein Spiel ist gewonnen (»Game <PlayerX>«), wenn ein Spieler 4 oder mehr Punkte erreicht und dazu einen Vorsprung von mindestens 2 Punkten hat.
- Punkte von 0 bis 3 werden mit den Bezeichnungen »Love», »Fifteen«, »Thirty« und »Forty« benannt.
- Bei mindestens 3 Punkten und Gleichstand heißt es »Deuce«.
- Bei mindestens 3 Punkten und einem Punkt Unterschied heißt es »Advantage <PlayerX>«, für denjenigen der einen Punkt mehr hat.

Beispiele

Eingabe	Punktestand
"1:0", "Micha", "Tim"	"Fifteen Love"
"2:2", "Micha", "Tim"	"Thirty Thirty"
"2:3", "Micha", "Tim"	"Thirty Forty"
"3:3", "Micha", "Tim"	"Deuce"
"4:3", "Micha", "Tim"	"Advantage Micha"
"4:4", "Micha", "Tim"	"Deuce"
"5:4", "Micha", "Tim"	"Advantage Micha"
"6:4", "Micha", "Tim"	"Game Micha"

4.2.14 Aufgabe 14: Versionsnummern (★★☆☆☆)

Schreiben Sie eine Funktion `compare_versions(version1, version2)`, die es ermöglicht, Versionsnummern im Format $MAJOR.MINOR.PATCH$ miteinander zu vergleichen – dabei ist die Angabe von $PATCH$ optional. Das Ergebnis soll in Form der Zeichen <, = und > dargestellt werden.

Beispiele

Version 1	Version 2	Resultat
1.11.17	2.3.5	<
2.1	2.1.3	<
2.3.5	2.4	<
3.3	3.2.9	>
7.2.71	7.2.71	=

4.2.15 Aufgabe 15: Konvertierung `str_to_number` (★★☆☆☆)

Wandeln Sie einen String in eine Ganzzahl. Schreiben Sie dazu eine Funktion `str_to_number(input)`.

Hinweis Die Umwandlung lässt sich mit `int(value)` problemlos lösen. Nutzen Sie diese explizit nicht, sondern implementieren Sie das Ganze selbst.

Beispiele

Eingabe	Resultat
"+123"	123
"-123"	-123
"7271"	7271
"ABC"	`ValueError`
"0123"	83 (für Bonusaufgabe)
"-0123"	-83 (für Bonusaufgabe)
"0128"	`ValueError` (für Bonusaufgabe)

Bonus Ermöglichen Sie das Parsing von Oktalzahlen.

4.2.16 Aufgabe 16: Print Tower (★★★☆☆)

Schreiben Sie eine Funktion `print_tower(n)`, die als ASCII-Grafik einen Stab der Höhe $n + 1$ und n aufeinander gestapelte Scheiben, symbolisiert durch das Zeichen `#`, darstellt sowie eine untere Begrenzungslinie zeichnet.

Beispiel Ein Turm der Höhe 3 sollte in etwa wie folgt aussehen:

```
    |
   #|#
  ##|##
 ###|###
---------
```

4.2.17 Aufgabe 17: Gefüllter Rahmen (★★☆☆☆)

Schreiben Sie eine Funktion `print_box(width, height, fillchar)`, die als ASCII-Grafik ein Rechteck der angegebenen Größe zeichnet und mit dem übergebenen Füllzeichen ausfüllt.

Beispiele Nachfolgend sehen wir zwei unterschiedlich gefüllte Rechtecke:

```
+-----+     +-------+
|*****|     |$$$$$$$|
|*****|     |$$$$$$$|
|*****|     |$$$$$$$|
+-----+     |$$$$$$$|
            |$$$$$$$|
            +-------+
```

4.2.18 Aufgabe 18: Vokale raten (★★☆☆☆)

Schreiben Sie eine Funktion `translate_vowel(text, replacement)`, die in einem gegebenen Text alle Vokale durch ein Zeichen bzw. eine Zeichenfolge ersetzt. Das kann man etwa für ein kleines Ratequiz nutzen oder aber um Wortähnlichkeiten nur basierend auf den Konsonanten zu ermitteln.

Eingabe	Ersatzzeichen	Resultat
"Reiseführer"	"?"	"R??s?f?hr?r"
"Rasenmäher"	"-"	"R-s-nm-h-r"
"Ratespiel"	"_"	"R_t_sp__l"
"Rasenmäher"	""	"Rsnmhr"

4.3 Lösungen

4.3.1 Lösung 1: Zahlenumwandlungen (★★☆☆☆)

Implementieren Sie basierend auf einem String eine Prüfung auf eine Binärzahl, eine Umwandlung in eine solche sowie beides auch für Hexadezimalzahlen.

Hinweis Die Umwandlung lässt sich mit `int(value, radix)` und der Basis 2 für Binärzahlen sowie der Basis 16 für Hexadezimalzahlen lösen. Nutzen Sie diese explizit nicht, sondern programmieren Sie dies selbst.

Beispiele

Eingabe	Funktion	Resultat
"10101"	is_binary_number()	True
"111"	binary_to_decimal()	7
"AB "	hex_to_decimal()	171

Lösung 1a (★☆☆☆☆)

Schreiben Sie eine Funktion `is_binary_number(number)`, die prüft, ob ein gegebener String nur aus den Zeichen 0 und 1 besteht, also eine Binärzahl repräsentiert.

Algorithmus Eine Brute-Force- und indexbasierte Variante durchläuft den String zeichenweise vom Anfang bis zum Ende und prüft dabei, ob das aktuelle Zeichen 0 oder 1 ist. Wird ein anderes Zeichen erkannt, so bricht die Schleife ab und die Rückgabe ist `False`:

```
def is_binary_number(number):
    is_binary = True
    i = 0

    while i < len(number) and is_binary:
        current_char = number[i]
        is_binary = (current_char == "0" or current_char == "1")
        i += 1

    return is_binary
```

Das kann man auch als Suchproblem formulieren, muss hier jedoch bei der Rückgabe etwas nachdenken:

```
def is_binary_number_v2(number):
    i = 0
    while i < len(number) and number[i] in ["0", "1"]:
        i += 1

    return i >= len(number)
```

Python-Shortcut Das Ganze kann man mit Python-Spezifika noch etwas einfacher und verständlicher wie folgt realisieren:

```
def is_binary_number_short_cut(word):
    for current_char in word:
        if current_char not in ["0", "1"]:
            return False

    return True
```

Tipp: Python-Stil »Don't ask for permission, ask for forgiveness«

Es gibt – wie in der Aufgabenstellung schon angedeutet – noch die Möglichkeit, `int()` zu nutzen. Dann folgt man dem Python-Motto »Don't ask for permission, ask for forgiveness«. In diesem Fall heißt es, potenziell gefährliche Aktionen auszuprobieren, wie Indexzugriffe mit falschem Index, und bei Fehlschlag geeignet zu reagieren. Diese Gewohnheit sehe ich mit einem starken Java-Background doch eher kritisch – sicherlich ist das Vorgehen oftmals praktisch, manchmal aber doch ein wenig riskant. Doch schauen uns diese stilistisch vollkommen adäquate Variante der Prüfung an:

```
def is_binary_number_v3(number):
    try:
        int(number, 2)
        return True
    except ValueError:
        return False
```

Lösung 1b (★★☆☆☆)

Schreiben Sie eine Funktion `binary_to_decimal(number)`, die eine als String dargestellte (gültige) Binärzahl in die korrespondierende Dezimalzahl umwandelt.

Algorithmus Man durchläuft den String zeichenweise von links nach rechts und verarbeitet jedes Zeichen als binäre Ziffer. Dabei errechnet sich der Wert auf Basis des aktuellen Zeichens, indem man den zuvor umgewandelten Wert mit 2 multipliziert und den aktuellen Wert addiert. Der Algorithmus lässt sich klar und ohne Sonderbehandlungen formulieren, weil durch Aufruf der zuvor implementierten Funktion `is_binary_number(number)` eine gültige Eingabe sichergestellt ist:

```
def binary_to_decimal(number):
    if not is_binary_number(number):
        raise ValueError(number + " is not a binary number")

    decimal_value = 0
    for i, current_char in enumerate(number):
        value = int(current_char)
        decimal_value = decimal_value * 2 + value

    return decimal_value
```

Lösung 1c (★★☆☆☆)

Schreiben Sie das Ganze erneut, aber diesmal für Hexadezimalzahlen.

Algorithmus Für Hexadezimalzahlen muss der Faktor auf 16 geändert werden. Zudem sind nun die Buchstaben A bis F sowohl klein- als auch großgeschrieben erlaubt. Deren Wert wird durch eine Subtraktion `ord(current_char) - ord("A") + 10` ermittelt – dadurch bildet man 'A' bis 'F' auf die Werte 0 bis 5 ab und addiert 10, was dann den korrekten Wert ergibt:

```
def hex_to_decimal(number):
    if not is_hex_number(number):
        raise ValueError(number + " is not a hex number")

    decimal_value = 0
    for i, current_char in enumerate(number):

        if current_char.isdigit():
            value = int(current_char)
        else:
            value = ord(current_char.upper()) - ord("A") + 10

        decimal_value = decimal_value * 16 + value

    return decimal_value
```

Die Prüfung auf gültige Hexadezimalzahlen nutzt eine trickreiche Prüfung mit `in` unter der Angabe aller möglichen Ziffern und Buchstaben für Hexadezimalzahlen:

```
def is_hex_number(number):
    for current_char in number:
        if current_char not in "0123456789ABCDEFabcdef":
            return False

    return True
```

Prüfung

Zum Test nutzen wir folgende Eingaben, die die korrekte Funktionsweise zeigen:

```
@pytest.mark.parametrize("value, expected",
                         [("10101", True), ("222", False), ("12345", False)])
def test_is_binary_number(value, expected):
    assert is_binary_number(value) == expected


@pytest.mark.parametrize("value, expected",
                         [("111", 7), ("1010", 10), ("1111", 15), ("10000", 16)])
def test_binary_to_decimal(value, expected):
    assert binary_to_decimal(value) == expected


@pytest.mark.parametrize("value, expected",
                         [("7", 7), ("A", 10), ("F", 15), ("10", 16)])
def test_hex_to_decimal(value, expected):
    assert hex_to_decimal(value) == expected
```

4.3.2 Lösung 2: Joiner (★☆☆☆☆)

Schreiben Sie eine Funktion `join(values, delimiter)`, die eine Liste von Strings mit der übergebenen Trennzeichenfolge verbindet und als einen String zurückliefert. Implementieren Sie dies ohne Verwendung spezieller Python-Funktionalität selbst.

Beispiel

Eingabe	Separator	Resultat
["hello", "world", "message"]	" +++ "	"hello +++ world +++ message"

Algorithmus Durchlaufe die Liste der Werte von vorne nach hinten. Füge jeweils den Text in einen String ein, füge dann die Trennzeichenfolge hinzu und wiederhole dies bis zum letzten Wert. Als Spezialbehandlung darf nach diesem keine Trennzeichenfolge mehr hinzugefügt werden:

```
def join(values, delimiter):
    result = ""
    for i, current_value in enumerate(values):
        result += current_value
        # Kein Trenner nach letztem Vorkommen
        if i < len(values) - 1:
            result += delimiter

    return result
```

Python-Shortcut Das Zusammenfügen von Strings lässt sich mit der geeigneten Funktion `join()` schön kompakt, verständlich und ohne Spezialbehandlung schreiben:

```
result = delimiter.join(values)
```

Ein Variante mit `reduce()` sieht wie folgt aus:

```
result = reduce(lambda str1, str2: str1 + delimiter + str2, values)
```

Übrigens: Die Funktion `join()` ist auch praktisch, wenn man die Werte einer Liste in einen String wandeln möchte. Dazu verwendet man einen Leerstring als Delimiter:

```
"".join(values)      # Trick: Liste in String wandeln
```

Prüfung

Zum Test nutzen wir folgende Eingaben, die die korrekte Funktionsweise zeigen:

```
@pytest.mark.parametrize("values, delimiter, expected",
                         [(["hello", "world", "message"], " +++ ",
                           "hello +++ world +++ message")])
def test_join(values, delimiter, expected):
    assert join(values, delimiter) == expected
```

4.3.3 Lösung 3: Reverse String (★★☆☆☆)

Schreiben Sie eine Funktion `reverse(text)`, die die Buchstaben in einem String umdreht und als Ergebnis liefert. Realisieren Sie dies selbst, also ohne Verwendung spezieller Python-Funktionalität, etwa `[::-1]`.

Beispiele

Eingabe	Resultat
"ABCD"	"DCBA"
"OTTO"	"OTTO"
"PETER	"RETEP"

Algorithmus Anfangs könnte man die Idee haben, den Originalstring zeichenweise vom Ende zu durchlaufen und das jeweilige Zeichen dem Resultat hinzuzufügen:

```
def reverse(text):
    reversed_text = ""

    for i in range(len(text) - 1, -1, -1):
        current_char = text[i]
        reversed_text += current_char

    return reversed_text
```

Etwas unschön ist die `for`-Schleife mit den mehrfachen `-1`. Die Built-in-Funktionalität `reversed()` erlaubt uns ein zeichenweises Durchlaufen des Textes von hinten nach vorne, was besser lesbar ist:

```
def reverse_nicer(text):
    reversed_text = ""

    for current_char in reversed(text):
        reversed_text += current_char

    return reversed_text
```

Allerdings gibt es in beiden Varianten ein kleines Problem: Die Stringkonkatenationen mit += sind potenziell »teuer«, weil dadurch neue Stringobjekte entstehen, da Strings in Python als unveränderliche Objekte realisiert sind, d. h., jede nach außen sichtbare Änderung erzeugt einen neuen String.

Optimierter Algorithmus Fragen wir uns kurz: Wie ginge es speichereffizienter, etwa wenn sehr lange Strings extrem häufig umgedreht werden sollen?

Die Idee dazu ist, den String mit `list()` in eine Liste zu wandeln und direkt darauf zu arbeiten. Zudem verwendet man zwei Positionszeiger $left$ und $right$, die zunächst auf das erste bzw. letzte Zeichen zeigen. Nun vertauscht man die jeweiligen Buchstaben und die Positionszeiger wandern nach innen. Das Ganze wiederholt man, solange *left* < *right* gilt, bzw. bei *left* >= *right* erfolgt der Abbruch. Verdeutlichen wir uns das Vorgehen an dem Text `ABCD`, wobei in der Darstellung `l` für *left* und `r` für *right* steht:

```
A B C D
l     r

D B C A
  l r

 D C B A
   r l        => Ende
```

Das beschriebene Verfahren implementieren wir wie folgt:

```
def reverse_inplace(text):
    original_chars = list(text)

    left = 0
    right = len(original_chars) - 1

    while left < right:
        left_char = original_chars[left]
        right_char = original_chars[right]

        original_chars[left] = right_char
        original_chars[right] = left_char
        left+=1
        right-=1

    # Trick: Liste in String wandeln
    return "".join(original_chars)
```

Python-Shortcut Natürlich kann man das Ganze viel einfacher durch folgende zwei Aufrufe erreichen, jedoch ging es in dieser Aufgabenstellung um das Kennenlernen der zeichenweisen Verarbeitung und möglicher Optimierungen dabei:

```
input[::-1])
"".join(reversed(input)))
```

Prüfung

Schreiben wir einen Unit Test, um die gewünschte Funktionsweise zu überprüfen:

```
def input_and_expected():
    return [("ABCD", "DCBA"), ("OTTO", "OTTO"), ("PETER", "RETEP")]

@pytest.mark.parametrize("input, expected",
                         input_and_expected())
def test_reverse(input, expected):
    assert reverse(input) == expected


@pytest.mark.parametrize("input, expected",
                         input_and_expected())
def test_reverse_inplace(input, expected):
    assert reverse_inplace(input) == expected
```

4.3.4 Lösung 4: Palindrom (★★★☆☆)

Lösung 4a (★★☆☆☆)

Schreiben Sie eine Funktion `is_palindrome(input)`, die überprüft, ob ein gegebener String unabhängig von Groß- und Kleinschreibung ein Palindrom ist. Erinnern wir uns: Ein Palindrom ist ein Wort, das sich von vorne und von hinten gleich liest.

Beispiele

Eingabe	Resultat
"Otto"	True
"ABCBX"	False
"ABCXcba"	True

Tipps für das Jobinterview: Mögliche Fragen

Exemplarisch für ein Jobinterview nenne ich hier wieder einmal mögliche Fragen, die Sie stellen können, um die Aufgabenstellung zu präzisieren:

- Soll es case-sensitive sein? ANTWORT: nein beliebig
- Sind Leerzeichen relevant? ANTWORT: erst mal ja, später nein, dann ignorieren

Algorithmus Wie bei Aufgabe 3 »Reverse String« stellt man den String als Liste dar und geht von links und rechts jeweils eine Position nach innen, solange die Zeichen übereinstimmen und die linke Position noch kleiner als die rechte ist:

```
def is_palindrome(input):
    left = 0
    right = len(input) - 1

    lower_input = input.lower()
    is_same_char = True
    while left < right and is_same_char:
        is_same_char = (lower_input[left] == lower_input[right])
        left += 1
        right -= 1

    return is_same_char
```

Python-Shortcut Natürlich kann man das Ganze viel einfacher durch einen Aufruf der Built-in-Funktionalität `[::-1]` erreichen, allerdings wird dann ein zusätzlicher String erzeugt:

```
def is_palindrome_short(input):
    adjusted_input = input.lower()

    return adjusted_input == adjusted_input[::-1]
```

Algorithmus mit Rekursion Fragen wir uns nun, wie man das Palindrom-Problem auch ohne Liste als Hilfsdatenstruktur und rekursiv lösen kann. Nach Lektüre von Kapitel 3 und dem Bearbeiten einiger der dort vorgegebenen Übungsaufgaben zur Rekursion sollte es uns einigermaßen leichtfallen, das Ganze zu realisieren. Mit der Strategie bzw. dem Idiom der Hilfsfunktion im Hinterkopf ergibt sich folgende rekursive Implementierung, die von außen startend immer zwei Zeichen prüft und, solange diese übereinstimmen und dabei die linke Position kleiner als die rechte ist, weiter nach innen geht:

```
def is_palindrome_rec(input):
    return is_palindrome_rec_in_range(input.lower(), 0, len(input) - 1)


def is_palindrome_rec_in_range(input, left, right):
    if left >= right:
        return True

    if input[left] == input[right]:
        return is_palindrome_rec_in_range(input, left + 1, right - 1)

    return False
```

Eine Variante wäre, den String immer um die Zeichen zu verkürzen. Wieso ist diese logische Lösung praktisch nicht so gut? Die Antwort liegt auf der Hand: Es würden viele temporäre Stringobjekte entstehen und zudem müssten eine Vielzahl an Kopieraktionen stattfinden.

Lösung 4b (★★★☆☆)

Schreiben Sie eine Erweiterung, die auch Leerzeichen und Satzzeichen nicht als maßgeblich ansieht, wodurch sich dann ganze Sätze prüfen lassen, etwa dieser:

```
Dreh mal am Herd.
```

Algorithmus Man kann in den Algorithmus spezielle Prüfungen auf Leerzeichen einbauen, einfacher ist es jedoch, wenn man eine Variante der Funktion erstellt und dort vor der eigentlichen Prüfung alle unerwünschten Satzzeichen und Leerzeichen ersetzt und dann die ursprüngliche Funktion aufruft:

```
def is_palindrome_special(input, ignore_spaces_and_punctuation):
    adjusted_input = input.lower()
    if ignore_spaces_and_punctuation:
        adjusted_input = adjusted_input.replace(" ", "")
        adjusted_input = adjusted_input.replace("!", "")
        adjusted_input = adjusted_input.replace(".", "")

    return is_palindrome_rec(adjusted_input)
```

Beachten Sie bitte, dass hierbei in `replace()` leider kein regulärer Ausdruck genutzt werden kann, um die zu ersetzenden Zeichen, konkret Leerzeichen, Ausrufezeichen und Punkt, aus dem zu prüfenden Text zu entfernen. Daher rufen wir das einfach dreimal passend auf.

Tipp: Reguläre Ausdrücke mit Python

Für den Fall, dass Sie doch lieber einen regulären Ausdruck verwenden möchten, können Sie das Modul `re` folgendermaßen nutzen:

```
import re


def is_palindrome_special_with_reg_ex(input, ignore_spaces_and_punctuation):
    adjusted_input = input.lower()
    if ignore_spaces_and_punctuation:
        adjusted_input = re.sub(r"[ !\.\?]", "", adjusted_input)

    return is_palindrome_rec(adjusted_input)
```

Prüfung

Zur Überprüfung schreiben wir wieder einen Unit Test mit folgenden Eingaben, die die korrekte Funktionsweise zeigen:

```
def palindrome_inputs_and_expecteds():
    return [("Otto", True),
            ("ABCBX", False),
            ("ABCXcba", True)]


@pytest.mark.parametrize("input, expected",
                         palindrome_inputs_and_expecteds())
def test_is_palindrome(input, expected):
    assert is_palindrome(input) == expected


@pytest.mark.parametrize("input, expected",
                         palindrome_inputs_and_expecteds())
def test_is_palindrome_rec(input, expected):
    assert is_palindrome_rec(input) == expected


@pytest.mark.parametrize("input, expected",
                         [("Dreh mal am Herd.", True),
                          ("Das ist kein Palindrom!", False)])
def test_is_palindrome_special(input, expected):
    ignore_spaces_and_punctuation = True
    assert is_palindrome_special(input,
                                 ignore_spaces_and_punctuation) == expected
```

Erkenntnisse: Achten Sie auf Verständlichkeit

Während es für Strings aufgrund ihres APIs und des positions-/indexbasierten Zugriffs absolut natürlich ist, eine iterative Lösung zu wählen, wäre diese nicht mehr günstig, wenn man die Palindrom-Eigenschaft für die Ziffern einer Zahl bestimmen müsste. Das geht mithilfe von Rekursion und etwas Überlegen auch ohne den Umweg über die Konvertierung und wurde schon auf Seite 93 als Übungsaufgabe 10 in Abschnitt 3.3.10 gezeigt. Nachdem wir in der Aufgabe die Funktionalität `reverse()` entwickelt haben, können wir diese hier gewinnbringend wie folgt nutzen:

```
def is_palindrome_with_reverse(input):
    adjusted_input = input.lower()

    return adjusted_input == reverse(adjusted_input)
```

Man erkennt, dass durch eine problem- und kontextangepasste Programmierung verständliche, wartbare Lösungen entstehen können. Die Eigenschaften verständlich, wartbar und änderbar sind in der Praxis von großer Bedeutung, da Sourcecode normalerweise aufgrund sich wandelnder oder neuer Anforderungen viel häufiger modifiziert als komplett neu erstellt wird.

4.3.5 Lösung 5: No Duplicate Chars (★★★☆☆)

Finden Sie heraus, ob ein gegebener String keine doppelten Buchstaben enthält. Dabei sollen Groß- und Kleinbuchstaben keinen Unterschied machen. Schreiben Sie dazu eine Funktion `check_no_duplicate_chars(input)`.

Beispiele

Eingabe	Resultat
"Otto"	False
"Adrian"	False
"Micha"	True
"ABCDEFG"	True

Algorithmus Bei der Lösung der Aufgabe kommt man vielleicht auf die Idee, die einzelnen Zeichen in einem Set zu speichern. Wir durchlaufen die Eingabe zeichenweise von vorne nach hinten. Für jedes Zeichen prüfen wir, ob es bereits im Set vorhanden ist. Falls ja, sind wir auf einen doppelten Buchstaben gestoßen und brechen die Verarbeitung ab. Andernfalls fügen wir das Zeichen ins Set ein und machen mit dem nächsten Zeichen weiter:

```
def check_no_duplicate_chars(input):
    contained_chars = set()

    for current_char in input.upper():
        if current_char in contained_chars:
            return False

        contained_chars.add(current_char)

    return True
```

Python-Shortcut: Built-in

Obwohl die gezeigte Implementierung ziemlich klar ist, kann man weitere noch kompaktere Alternativen finden, wenn man ausnutzt, dass jeder String mithilfe der Funktion `list()` bzw. `set()` in eine Liste oder Menge gewandelt werden kann. Existieren keine Duplikate, muss die Anzahl der Länge des Strings entsprechen. Viele Worte, aber wenig Anweisungen ... das Ganze lässt sich wie folgt formulieren:

```
def check_no_duplicate_chars_v2(input):
    upper_case_input = input.upper()
    return len(upper_case_input) == len(set(upper_case_input))
```

Prüfung

Wir nutzen erneut einen Unit Test, um die gewünschte Funktionsweise zu überprüfen:

```
@pytest.mark.parametrize("input, expected",
                         [("Otto", False), ("Adrian", False),
                          ("Micha", True), ("ABCDEFG", True)])
def test_check_no_duplicate_chars(input, expected):
    assert check_no_duplicate_chars(input) == expected
```

4.3.6 Lösung 6: Doppelte Buchstaben entfernen (★★★☆☆)

Schreiben Sie eine Funktion `remove_duplicates(input)`, die in einem gegebenen Text jeden Buchstaben nur einmal behält, also alle späteren doppelten unabhängig von Groß- und Kleinschreibung löscht. Dabei soll aber die ursprüngliche Reihenfolge der Buchstaben beibehalten werden.

Beispiele

Eingabe	Resultat
"bananas"	"bans"
"lalalamama"	"lam"
"MICHAEL	"MICHAEL"

Algorithmus Auch hier laufen wir zeichenweise durch den String und speichern die jeweiligen Buchstaben in einem Set namens `already_seen`. Ist das aktuelle Zeichen dort noch nicht enthalten, so wird es sowohl in das Set als auch in den Ergebnistext aufgenommen. Gibt es allerdings ein solches Zeichen schon, so fahren wir mit dem nächsten Zeichen der Eingabe fort:

```
def remove_duplicates(input):
    result = ""
    already_seen = set()

    for current_char in input:
        if not current_char in already_seen:
            already_seen.add(current_char)
            result += current_char

    return result
```

Prüfung

Das Entfernen doppelter Buchstaben überprüfen wir mithilfe von folgendem Unit Test:

```
@pytest.mark.parametrize("input, expected",
                         [("bananas", "bans"),
                          ("lalalamama", "lam"),
                          ("MICHAEL", "MICHAEL") ])
def test_remove_duplicates(input, expected):
    assert remove_duplicates(input) == expected
```

4.3.7 Lösung 7: Capitalize (★★☆☆☆)

Lösung 7a (★★☆☆☆)

Schreiben Sie eine Funktion `capitalize(input)`, die einen gegebenen Text in das Format eines englischen Titels überführt, bei dem jedes Wort mit einem Großbuchstaben beginnt. Dabei dürfen Sie explizit nicht die eingebaute Funktion `title()` der Strings nutzen.

Beispiele

Eingabe	Resultat
"this is a very special title"	"This Is A Very Special Title"
"effective java is great"	"Effective Java Is Great"

Algorithmus Weil Strings unveränderlich sind, kopieren wir initial den Inhalt in eine Liste, auf der wir die Modifikationen vornehmen. Diese Liste durchlaufen wir von vorne nach hinten, auf der Suche nach einem neuen Wortanfang. Als Indikator nutzen wir ein boolesches Flag `capitalize_next_char`. Dies zeigt an, dass der erste Buchstabe des nächsten Worts großgeschrieben werden muss. Initial ist dieses Flag `True`, sodass das aktuelle (erste) Zeichen in einen Großbuchstaben umgewandelt wird. Das geschieht nur für Buchstaben, nicht jedoch für Ziffern. Nach der Umwandlung wird das Flag zurückgesetzt und so lange Buchstaben übersprungen, bis ein Leerzeichen gefunden wird. Dann setzt man das Flag wieder auf `True`. Das Prozedere wird wiederholt, bis man am Ende der Liste angekommen ist. Abschließend wird ein neuer String erzeugt:

```
def capitalize(input):
    input_chars = list(input)

    capitalize_next_char = True
    for i, current_char in enumerate(input_chars):
        if current_char.isspace():
            capitalize_next_char = True
        elif capitalize_next_char and current_char.isalpha():
            input_chars[i] = current_char.upper()
            capitalize_next_char = False

    return "".join(input_chars)
```

Probieren wir das Ganze einmal in der Python-Kommandozeile aus:

```
>>> capitalize("alles scheint in ordnung")
'Alles Scheint In Ordnung'
```

Nun kann man sich aber fragen, wie das Verhalten für Buchstaben nach Ziffern oder anderen Nichtbuchstaben sein soll:

```
>>> capitalize("was passiert mit -a +b 1c")
'Was Passiert Mit -A +B 1C'
```

Tipp: Variante zur Spezialbehandlung

Gerade habe ich noch einen Spezialfall angesprochen. Es ist Definitionssache, wie man damit verfahren soll. Wenn die Buchstaben nach besonderen Zeichen nicht in Großbuchstaben gewandelt werden dürfen, dann kann man dies einfach erreichen. Der Unterschied zu vorher ist subtil: Wir entfernen die Prüfung `isalpha()` und rufen `upper()` in jedem Fall auf – das ist möglich, weil die Funktion neben Buchstaben auch mit anderen Zeichen umgehen kann:

```
def capitalize_special(input):
    input_chars = list(input)

    capitalize_next_char = True
    for i, current_char in enumerate(input_chars):

        if current_char.isspace():
            capitalize_next_char = True
        elif capitalize_next_char:
            input_chars[i] = current_char.upper()
            capitalize_next_char = False

    return "".join(input_chars)
```

Damit erhalten wir dann folgende Ausgaben:

```
>>> capitalize_special("was passiert mit -a +b 1c")
'Was Passiert Mit -a +b 1c'
```

Verhalten für Whitespace Es ist auch interessant, wie Whitespace behandelt wird:

```
print(capitalize("Dies ist ein text"))
print(capitalize("Dies \t ist   ein   text"))
```

Das liefert nicht ganz überraschungsfrei Folgendes – was aber für für unsere Aufgabenstellung nicht weiter betrachtet werden soll.

```
Dies Ist Ein Text
Dies     Ist   Ein   Text
```

Python-Shortcut Die gewünschte Funktionalität kann man wie folgt mit einer List Comprehension und `split()` umsetzen:

```
def capitalize_shorter(input):
    converted = [word[0].upper() + word[1:] for word in input.split()]
    return " ".join(converted)
```

Das liefert für

```
print(capitalize_shorter("Dies ist ein text"))
print(capitalize_shorter("Dies \t ist   ein   text"))
```

jeweils:

```
Dies Ist Ein Text
```

Lösung 7b: Abwandlung (★★☆☆☆)

Nehmen wir an, als Eingabe diene nun eine Liste von Strings und es soll ein Liste von Strings zurückgegeben werden, wobei die einzelnen Wörter dann mit einem Großbuchstaben anfangen. Beginnen Sie mit folgender Signatur:

```
capitalize\_words(words)
```

Algorithmus Erzeuge zunächst eine Liste für die umgewandelten Wörter. Durchlaufe dann alle Elemente der übergebenen Liste und verarbeite jedes einzelne durch Aufruf der Funktion `capitalize_word()`. Um das erste Zeichen in einen Großbuchstaben zu wandeln, wird dieses mit `[0]` indiziert ermittelt und dann `upper()` aufgerufen. Die restlichen Zeichen liefert das Slicing mit `[1:]`. Aus beiden wird ein neues Wort gebildet und in das Resultat eingefügt. Um die Funktion `capitalize_word()` fehlertolerant zu machen, behandelt sie eine leere Eingabe mit einem Sanity Check:

```
def capitalize_words(words):
    return [capitalize_word(word) for word in words]


def capitalize_word(word):
    if not word:
        return ""

    return word[0].upper() + word[1:]
```

Lösung 7c: Sonderbehandlung (★★☆☆☆)

In Überschriften findet man in der Regel eine Sonderbehandlung von Wörtern wie »is« oder »a«, die nicht großgeschrieben werden. Implementieren Sie dies in einer Methode `capitalize_special_2(words, ignorable_words)`, die als zweiten Parameter die Wörter erhält, die von der Umwandlung auszuschließen sind.

Beispiele

Eingabe	Ausnahmen	Resultat
["this", "is", "a", "title"]	["is", "a"]	["This", "is", "a", "Title"]
["java", "is", "great")	["is", "a"]	["Java", "is", "Great"]

Algorithmus Die zuvor entwickelte Funktionalität erweitern wir um eine Liste mit Wörtern, die nicht konvertiert werden sollen. Beim Durchlaufen prüfen wir, ob das aktuelle Wort eines aus der Negativliste ist, und fügen es in dem Fall dem Ergebnis unverändert hinzu. Ansonsten führen wir die Aktionen wie zuvor aus:

```
def capitalize_special_2(words, ignorable_words):
    capitalized_words = []

    for word in words:
        if word in ignorable_words:
            capitalized_words.append(word)
        else:
            capitalized_words.append(capitalize_word(word))

    return capitalized_words
```

Prüfung

Zum Test nutzen wir folgende Eingaben, die die korrekte Funktionsweise zeigen:

```
@pytest.mark.parametrize("input, expected",
                         [("this is a very special title",
                           "This Is A Very Special Title"),
                          ("effective java is great",
                           "Effective Java Is Great")])
def test_capitalize(input, expected):
    assert capitalize(input) == expected


@pytest.mark.parametrize("words, expected",
                         [(["this", "is", "a", "very", "special", "title"],
                           ["This", "Is", "A", "Very", "Special", "Title"]),
                          (["effective", "java", "is", "great"],
                           ["Effective", "Java", "Is", "Great"])])
def test_capitalize_words(words, expected):
    assert capitalize_words(words) == expected


@pytest.mark.parametrize("words, expected",
                         [(["this", "is", "a", "very", "special", "title"],
                           ["This", "is", "a", "Very", "Special", "Title"]),
                          (["effective", "java", "is", "great"],
                           ["Effective", "Java", "is", "Great"])])
def test_capitalize_special_2(words, expected):
    assert capitalize_special_2(words, ["a", "is"]) == expected
```

4.3.8 Lösung 8: Rotation (★★☆☆☆)

Gegeben seien zwei Strings `str1` und `str2`, wobei der erste String länger als der zweite sein soll. Finden Sie heraus, ob der erste den anderen enthält. Dabei dürfen die Buchstaben innerhalb des ersten Strings auch rotiert werden: Vom Anfang oder Ende können Zeichen an die jeweils gegenüberliegende Position verschoben werden (auch wiederholt). Erstellen Sie dazu eine Funktion `contains_rotation(str1, str2)`, die Groß- und Kleinschreibung bei der Prüfung außer Acht lässt.

Beispiele

Eingabe 1	Eingabe 2	Resultat
"ABCD"	"ABC"	True
"ABCDEF	"EFAB"	True ("ABCDEF" ↤ x 2 ⇒ "CDEFAB" enthält "EFAB")
"BCDE"	"EC"	False
"Challenge"	"GECH"	True

Tipps für das Jobinterview: Mögliche Fragen und Ideen

Exemplarisch für ein Jobinterview nenne ich hier wieder mögliche Fragen, die Sie stellen können, um die Aufgabenstellung zu präzisieren:

- Ist die Rotationsrichtung bekannt ← / →? ANTWORT: nein, beliebig
- Soll dic Rotationsprüfung case-sensitive sein? ANTWORT: nein, gleich behandeln

Idee 1: Brute Force Als erste Idee könnte man versuchen, alle Kombinationen auszuprobieren. Man startet nicht rotiert. Dann rotiert man den String `str1` nach links und prüft, ob dieser rotierte String in `str2` enthalten ist. Im schlechtesten Fall wiederholt man dieses Vorgehen bis zu n-mal. Das ist extrem ineffizient.

Idee 2: Prüfe erst einmal, ob Rotation sinnvoll Eine weitere Idee zur Lösung wäre, zunächst einmal alle Zeichen in einem Set pro String aufzusammeln und dann mittels `issubset()`-Prüfung festzustellen, ob überhaupt alle benötigten Buchstaben enthalten sind. Aber auch das ist aufwendig und spiegelt das zu lösende Problem nicht wirklich gut wider.

3: Vorgehen in der Realität Wir überlegen eine Weile und schauen, wie wir das Problem vielleicht auf einem Blatt Papier lösen würden. Irgendwann kommt man auf die Idee, das Wort zweimal hintereinander zu schreiben:

```
ABCDEF       EFAB
ABCDEFABCDEF EFAB
```

Algorithmus Die Prüfung, ob der eine String durch Rotation im anderen vorhanden sein kann, lässt sich mit dem einfachen Trick des Hintereinanderschreibens des längeren Strings sehr elegant lösen. In der Kombination prüft man, ob der zu suchende String dort enthalten ist. Mit diesem Ansatz ist die Lösung sowohl überraschend kurz als auch extrem einfach:

```
def contains_rotation(str1, str2):
    new_doubled_str1 = (str1 + str1).lower()

    return str2.lower() in new_doubled_str1
```

Prüfung

Zum Test nutzen wir folgende Eingaben, die die korrekte Funktionsweise zeigen:

```
@pytest.mark.parametrize("str1, str2, expected",
                         [("ABCD", "ABC", True),
                          ("ABCDEF", "EFAB", True),
                          ("BCDE", "EC", False),
                          ("Challenge", "GECH", True)])
def test_contains_rotation(str1, str2, expected):
    assert contains_rotation(str1, str2) == expected
```

4.3.9 Lösung 9: Wohlgeformte Klammern (★★☆☆☆)

Schreiben Sie eine Funktion `check_braces(input)`, die prüft, ob die als String übergebene Folge von runden Klammern jeweils passende (sauber geschachtelte) Klammerpaare enthält.

Beispiele

Eingabe	Resultat	Kommentar
"(())"	True	
"()()"	True	
"(()))((())"	False	zwar gleich viele öffnende und schließende Klammern, aber nicht sauber geschachtelt
"((()"	False	keine passende Klammerung

Algorithmus Ohne viel Nachdenken ist man vielleicht versucht, alle möglichen Kombinationen auszuprobieren. Nach etwas Überlegen kommt man vermutlich auf folgende Optimierung: Man zählt einfach die Anzahl öffnender Klammern und vergleicht diese geeignet mit der Anzahl schließender Klammern. Dabei muss man das Detail einer schließenden Klammer vor einer öffnenden beachten. Man geht wie folgt vor: Durchlaufe den String von vorne nach hinten. Ist das aktuelle Zeichen eine öffnende Klammer, so erhöhe den Zähler für öffnende Klammer um eins. Ist es eine schließende Klammer, so reduziere den Zähler um den Wert eins. Ist dieser kleiner 0, wurde eine schließende Klammer ohne zugehörige öffnende Klammer gefunden. Zum Schluss muss die Anzahl gleich 0 sein, damit die Eingabe einer sauberen Klammerung entspricht:

```
def check_braces(input):
    opening_count = 0

    for ch in input:
        if ch == "(":
            opening_count += 1
        elif ch == ")":
            opening_count -= 1
            if opening_count < 0:
                return False

    return opening_count == 0
```

Prüfung

Unsere gerade entwickelte Prüfung auf korrekte Klammerung testen wir mit folgenden Eingaben für einen parametrisierten Test – hierbei nutzen wir als Trick einen zusätzlichen Hinweisparameter, der nicht zur Prüfung, sondern nur zum Aufbereiten einer informativen Ausgabe verwendet wird:

```
@pytest.mark.parametrize("input, expected, hint",
                         [("(())", True, "ok"),
                          ("()()", True, "ok"),
                          ("(()))((())", False, "nicht sauber geschachtelt"),
                          ("(()", False, "keine passende Klammerung"),
                          (")()", False, "startet mit schliessender Klammer")])
def test_check_braces(input, expected, hint):
    assert check_braces(input) == expected
```

4.3.10 Lösung 10: Anagramm (★★☆☆☆)

Als Anagramm bezeichnet man zwei Strings, die dieselben Buchstaben in der gleichen Häufigkeit enthalten. Dabei soll Groß- und Kleinschreibung keinen Unterschied machen. Schreiben Sie eine Funktion `is_anagram(str1, str2)`.

Beispiele

Eingabe 1	Eingabe 2	Resultat
"Otto"	"Toto"	True
"Mary"	"Army"	True
"Ananas"	"Bananas"	False

Algorithmus Die Aufgabenstellung liefert schon Hinweise, wie wir vorgehen können. Zunächst wandeln wir die Worte mit einer Funktion `calc_char_frequencies(input)` in ein Histogramm: Dabei läuft man zeichenweise durch das jeweilige Wort und befüllt ein Dictionary. Das macht man für beide Worte. Danach lassen sich die entstandenen beiden Dictionaries miteinander vergleichen:

```
def is_anagram(str1, str2):
    char_counts1 = calc_char_frequencies(str1)
    char_counts2 = calc_char_frequencies(str2)

    return char_counts1 == char_counts2


def calc_char_frequencies(input):
    char_counts = {}

    for current_char in input.upper():
        if current_char in char_counts:
            char_counts[current_char] += 1
        else:
            char_counts[current_char] = 1

    return char_counts
```

Python-Shortcut Tatsächlich kann man das Erstellen des Histogramms, also das Zählen der Buchstabenhäufgkeiten, noch etwas kompakter – für meinen Geschmack aber weniger verständlich – wie folgt schreiben und dabei ausnutzen, dass `setdefault()` den momentanen Wert für den Schlüssel zurückgibt oder aber den hier angegebenen Defaultwert bei Nichtexistenz:

```
def calc_char_frequencies_shorter(input):
    char_counts = {}

    for current_char in input.upper():
        char_counts[current_char] = char_counts.setdefault(current_char, 0) + 1

    return char_counts
```

Prüfung

Zum Test nutzen wir folgende Eingaben, die die korrekte Funktionsweise zeigen:

```
@pytest.mark.parametrize("str1, str2, expected",
                         [("Otto", "Toto", True),
                          ("Mary", "Army", True),
                          ("Ananas", "Bananas", False)])
def test_is_anagram(str1, str2, expected):
    assert is_anagram(str1, str2) == expected
```

Interessanterweise bilden die drei Wörter

- Ampel
- Palme
- Maple

auch jeweils Anagramme.

4.3.11 Lösung 11: Morse Code (★★☆☆☆)

Schreiben Sie eine Funktion `to_morse_code(input)`, die einen übergebenen Text in Morsezeichen übersetzen kann. Diese bestehen aus Sequenzen von ein bis vier kurzen und langen Tönen pro Buchstabe, symbolisiert durch '.' oder '-'. Zur leichteren Unterscheidbarkeit soll zwischen jedem Ton ein Leerzeichen und zwischen jeder Buchstabentonfolge jeweils drei Leerzeichen Abstand sein – ansonsten würden sich S (...) und EEE (...) nicht voneinander unterscheiden lassen.

Beschränken Sie sich der Einfachheit halber auf die Buchstaben E, O, S, T, W mit folgender Codierung:

Buchstabe	Morsecode
E	.
O	- - -
S	. . .
T	-
W	. - -

Beispiele

Eingabe	Resultat
SOS	. . . - - - . . .
TWEET	- . - - . . -
WEST	. - - . . . . -

Algorithmus Man durchläuft den String Zeichen für Zeichen und bildet das jeweils aktuelle auf den korrespondierenden Morsecode ab. Dazu dient die Funktion `convert_to_morse_code(current_char)`:

```
def to_morse_code(input):
    converted_msg = ""

    for current_char in input.upper():
        converted_letter = convert_to_morse_code(current_char)

        converted_msg += converted_letter
        converted_msg += "   "

    return converted_msg.strip()
```

Während man die Abbildung einzelner Buchstaben in anderen Programmiersprachen mit einem `switch` realisiert – bietet sich in Python ein Trick mit einem Dictionary an:

```
def convert_to_morse_code(current_char):
    chars_to_morse = {"E": ".",
                      "O": "- - -",
                      "S": ". . .",
                      "T": "-",
                      "W": ". - -"}

    return chars_to_morse[current_char]
```

Bonus

Experimentieren Sie ein wenig und ermitteln Sie für alle Buchstaben des Alphabets die korrespondierenden Morsezeichen, etwa, um Ihren Namen umzuwandeln. Dazu finden Sie unter `https://de.wikipedia.org/wiki/Morsezeichen` die notwendigen Hinweise.

Experimentierhilfe Für Ihre Experimente lassen sich die Versuche beispielsweise mithilfe folgender Seite im Internet prüfen: `https://gc.de/gc/morse/`. Dort können Sie normalen Klartext in Morsecode wandeln, aber vor allem auch umgekehrt einen Morsecode in Klartext wandeln lassen.

Prüfung

Prüfen wir wie folgt mithilfe eines Unit Tests:

```
@pytest.mark.parametrize("input, expected",
                         [("SOS", ". . .   - - -   . . ."),
                          ("TWEET", "-   . - -   .   .   -"),
                          ("OST", "- - -   . . .   -"),
                          ("WEST", ". - -   .   . . .   -")])
def test_to_morse_code(input, expected):
    assert to_morse_code(input) == expected
```

4.3.12 Lösung 12: Pattern Checker (★★☆☆☆)

Schreiben Sie eine Funktion `matches_pattern(pattern, text)`, die einen mit Leerzeichen separierten String (2. Parameter) auf die Struktur eines Musters hin untersucht, das in Form einzelner Zeichen als erster Parameter übergeben wird.

Beispiele

Eingabe Muster	Eingabe Wörter	Resultat
"xyyx"	"tim mike mike tim"	True
"xyyx"	"tim mike tom tim"	False
"xyxx"	"tim mike mike tim"	False
"xxxx"	"tim tim tim tim"	True

Tipps für das Jobinterview: Problemlösungsstrategien

Bei Aufgabenstellungen wie dieser sollten Sie immer auch ein paar Fragen stellen, um den Kontext abzugrenzen und ein besseres Verständnis zu gewinnen. Für dieses Beispiel ergeben sich unter anderem folgende mögliche Fragen:

1. Ist das Muster auf die Zeichen x und y beschränkt? ANTWORT: nein, aber je nur 1 Buchstabe als Platzhalter
2. Ist das Muster immer nur 4 Zeichen lang? ANTWORT: nein, beliebig
3. Enthält das Muster keine Spaces? ANTWORT: ja, niemals
4. Ist der Input immer mit genau einem Space separiert? ANTWORT: ja

Algorithmus Wie immer ist es wichtig, das Problem zunächst zu verstehen und geeignete Datenstrukturen zu identifizieren. Wir erkennen die Musterangabe als Folge von Zeichen und die Eingabewerte als Leerzeichen-separierte Wörter. Diese lassen sich mithilfe von `split()` in eine korrespondierende Liste einzelner Werte überführen. Initial prüfen wir, ob die Länge des Musters und der Liste der Eingabewerte übereinstimmen. Nur in diesem Fall durchlaufen wir das Muster wie schon so oft Zeichen für Zeichen. Als Hilfsdatenstruktur nutzen wir ein Dictionary, das einzelne Zeichen des Musters auf Wörter abbildet. Nun prüfen wir noch, ob zuvor für ein Musterzeichen bereits ein anderes Wort eingefügt wurde. Mithilfe dieses Tricks decken wir ganz einfach Abbildungsfehler auf:

```
def matches_pattern(pattern, input):
    # Vorbereitung
    values = input.split(" ")
    if len(values) != len(pattern) or (len(values) == 1 and not values[0]):
        return False

    placeholder_to_value_map = {}

    # Durchlaufe alle Zeichen
    for i, pattern_char in enumerate(pattern):
        value = values[i]

        # füge hinzu, sofern noch nicht da
        if not pattern_char in placeholder_to_value_map:
            placeholder_to_value_map[pattern_char] = value

        # stimmt gespeicherter Wert mit aktueller Zeichenfolge überein?
        assigned_value = placeholder_to_value_map[(pattern_char)]
        if not assigned_value == value:
            return False

    return True
```

Im Listing müssen wir vor der eigentlichen Prüfung noch den Spezialfall einer leeren Eingabe explizit prüfen, da `"".split(" ")` eine Liste der Länge 1 ergibt.

Prüfung

Zum Test nutzen wir folgende Eingaben, die die korrekte Funktionsweise zeigen:

```
@pytest.mark.parametrize("pattern, input, expected",
                         [("x", "", False),
                          ("", "x", False)])
def test_matches_pattern_special_cases(pattern, input, expected):
    assert matches_pattern(pattern, input) == expected


@pytest.mark.parametrize("pattern, input, expected",
                         [("xyyx", "tim mike mike tim", True),
                          ("xyyx", "time mike tom tim", False),
                          ("xyxx", "tim mike mike tim", False),
                          ("xxxx", "tim tim tim tim", True)])
def test_matches_pattern(pattern, input, expected):
    assert matches_pattern(pattern, input) == expected
```

4.3.13 Lösung 13: Tennis-Punktestand (★★★☆☆)

Schreiben Sie eine Funktion `tennis_score(score, player1_name, player2_-name)`, die auf Basis eines textuell vorliegenden Punktestands für zwei Spieler PL1 und PL2 im Format <PL1-Punkte>:<PL2-Punkte> eine Ansage im bekannten Stil wie »Fifteen Love«, »Deuce« oder »Advantage Player X« macht.

Dabei gelten für ein Spiel im Tennis folgende Zählregeln:

- Ein Spiel ist gewonnen (»Game <PlayerX>«), wenn ein Spieler 4 oder mehr Punkte erreicht und dazu einen Vorsprung von mindestens 2 Punkten hat.
- Punkte von 0 bis 3 werden mit den Bezeichnungen »Love», »Fifteen«, »Thirty« und »Forty« benannt.
- Bei mindestens 3 Punkten und Gleichstand heißt es »Deuce«.
- Bei mindestens 3 Punkten und einem Punkt Unterschied heißt es »Advantage <PlayerX>«, für denjenigen der einen Punkt mehr hat.

Beispiele

Eingabe	Punktestand
"1:0", "Micha", "Tim"	"Fifteen Love"
"2:2", "Micha", "Tim"	"Thirty Thirty"
"2:3", "Micha", "Tim"	"Thirty Forty"
"3:3", "Micha", "Tim"	"Deuce"
"4:3", "Micha", "Tim"	"Advantage Micha"
"4:4", "Micha", "Tim"	"Deuce"
"5:4", "Micha", "Tim"	"Advantage Micha"
"6:4", "Micha", "Tim"	"Game Micha"

Algorithmus In diesem Fall handelt es sich um einen zweistufigen Algorithmus:

1. Zunächst wird aus der textuell vorliegenden Punkteangabe ein Punktestand in Form zweier `int`-Werte ermittelt.
2. Danach kann man dann anhand dieser Werte die entsprechenden textuellen Punktenamen generieren.

Beim Parsing des Punktestands lassen sich Standardfunktionalitäten nutzen, wie etwa `split()` und `int()`. Zudem ist es für eine wiederverwendbare Funktionalität sinnvoll, gewisse Sicherheitsprüfungen zu integrieren. Zunächst sollten beide Punkte positiv sein. Danach sind die Besonderheiten bei den Punkteständen zu testen: Wer zuerst 4 Punkte erreicht, der hat das Spiel gewonnen, allerdings nur, falls er einen Vorsprung von mindestens 2 Punkten hat. Wenn beide Spieler 3 oder mehr Punkte haben, dann muss die Punktdifferenz kleiner 3 sein, da es sich ansonsten um keinen gültigen

Stand beim Tennis handelt. Das Parsing mit den Prüfungen lagern wir in die Funktion `extract_points(score)` aus:

```
def extract_points(score):
    values = score.strip().split(":")

    if len(values) != 2:
        raise ValueError("illegal format -- score has not" +
                         "format <points>:<points>, e.g. 7:6")

    score1 = int(values[0])
    score2 = int(values[1])

    # Sanity check
    if score1 < 0 or score2 < 0:
        raise ValueError("points must be > 0")

    # Verhindert sowohl z. B. 6:3 als auch 5:1
    if (score1 > 4 or score2 > 4) and abs(score1 - score2) > 2:
        raise ValueError("point difference must be < 3, " +
                         "otherwise invalid score")

    return score1, score2
```

Nachdem die zwei durch ':' getrennten Punktzahlen aus der Eingabe extrahiert sind, machen wir uns an die Umwandlung. Auch hier verwenden wir ein mehrstufiges Entscheidungsverfahren: Gemäß den Regeln kommt bei Punkten unter 3 eine einfache Abbildung zum Tragen, was sich hervorragend in Form eines Dictionaries beschreiben lässt. Ab 3 Punkten kann es zu Gleichstand, Vorteil oder Spielgewinn kommen. Zudem ist es möglich, dass ein Spieler mit 4 Punkten gewinnt, wenn der andere maximal 2 Punkte erzielt. Für die Gewinnnachricht ist nur noch zu ermitteln, welcher der beiden Spieler mehr Punkte hat. Die beschriebene Logik implementiert man wie folgt:

```
def tennis_score(score, player1_name, player2_name):
    points = extract_points(score)

    score1 = points[0]
    score2 = points[1]

    if score1 >= 3 and score2 >= 3:
        return generate_info(score1, score2, player1_name, player2_name)
    elif score1 >= 4 or score2 >= 4:
        return "Game " + (player1_name if (score1 > score2) else player2_name)
    else:
        # Spezielle Namensgebung
        point_names = {0: "Love", 1: "Fifteen", 2: "Thirty", 3: "Forty"}

        return point_names[score1] + " " + point_names[score2]
```

Es verbleibt nur noch ein letztes Detail, nämlich das Erzeugen des Hinweistextes für Vorteil oder Sieg:

```
def generate_info(score1, score2, player1_name, player2_name):
    score_difference = abs(score1 - score2)

    player_name = player1_name if (score1 > score2) else player2_name

    if score1 == score2:
        return "Deuce"
    if score_difference == 1:
        return "Advantage " + player_name
    if score_difference == 2:
        return "Game " + player_name

    raise ValueError("Unexpected difference: " + score_difference)
```

Prüfung

Prüfen wir die Tennis-Punktestand-Funktionalität mit einem imaginären Spielverlauf:

```
@pytest.mark.parametrize("score, expected",
                         [("1:0", "Fifteen Love"),
                          ("2:2", "Thirty Thirty"),
                          ("2:3", "Thirty Forty"),
                          ("3:3", "Deuce"),
                          ("4:3", "Advantage Micha"),
                          ("4:4", "Deuce"),
                          ("5:4", "Advantage Micha"),
                          ("6:4", "Game Micha")])
def test_tennis_score_hard_win(score, expected):
    assert tennis_score(score, "Micha", "Tim") == expected
```

Wir sollten weitere imaginäre Spielverläufe ergänzen, um auch die Randfälle eines knappen und eines ungefährdeten Siegs sauber abzubilden:

```
@pytest.mark.parametrize("score, expected",
                         [("1:0", "Fifteen Love"),
                          ("2:2", "Thirty Thirty"),
                          ("3:2", "Forty Thirty"),
                          ("4:2", "Game Micha")])
def test_tennis_score_normal_win(score, expected):
    assert tennis_score(score, "Micha", "Tim") == expected


@pytest.mark.parametrize("score, expected",
                         [("1:0", "Fifteen Love"),
                          ("2:0", "Thirty Love"),
                          ("3:0", "Forty Love"),
                          ("4:0", "Game Micha")])
def test_tennis_score_straight_win(score, expected):
    assert tennis_score(score, "Micha", "Tim") == expected
```

4.3.14 Lösung 14: Versionsnummern (★★☆☆☆)

Schreiben Sie eine Funktion `compare_versions(version1, version2)`, die es ermöglicht, Versionsnummern im Format $MAJOR.MINOR.PATCH$ miteinander zu vergleichen – dabei ist die Angabe von $PATCH$ optional. Das Ergebnis soll in Form der Zeichen <, = und > dargestellt werden.

Beispiele

Version 1	Version 2	Resultat
1.11.17	2.3.5	<
2.1	2.1.3	<
2.3.5	2.4	<
3.3	3.2.9	>
7.2.71	7.2.71	=

Algorithmus Unterteile die textuell vorliegenden Versionsnummern durch Aufruf von `split()` in eine Liste, die Versionsnummernbestandteile enthält. Durchlaufe diese und wandle sie mit `int()` in eine Versionsnummer um. Vergleiche dann paarweise mithilfe einer eigenen Funktion `compare()` startend bei $MAJOR$, danach $MINOR$ und ggf. $PATCH$. Falls die eine Eingabe mehr Werte als die andere besitzt, dann wird die einzelne letzte Zahl nicht berücksichtigt, außer bei Übereinstimmung der Versionsnummern bis zu diesem Bestandteil, etwa für 3.1 und 3.1.7:

```
def compare_versions(version1, version2):
    v1_numbers = version1.split(".")
    v2_numbers = version2.split(".")

    pos = 0
    compare_result = "="
    while (pos < len(v1_numbers) and
           pos < len(v2_numbers) and compare_result == "="):

        current_v1 = int(v1_numbers[pos])
        current_v2 = int(v2_numbers[pos])
        compare_result = compare(current_v1, current_v2)
        pos += 1

    # Gleicher Beginn etwa 3.1 und 3.1.7
    if compare_result == "=":
        return compare(len(v1_numbers), len(v2_numbers))

    return compare_result


def compare(val1, val2):
    if val1 < val2:
        return "<"
    if val1 > val2:
        return ">"
    return "="
```

Prüfung

Den Vergleich von Versionsnummern testen wir mit folgenden Eingaben für einen parametrisierten Test – hierbei wieder mit dem Trick eines zusätzlichen Hinweisparameters:

```
@pytest.mark.parametrize("version1, version2, expected",
                         [("1.11.17", "2.3.5", "<"),
                          ("2.3.5", "2.4", "<"),
                          ("2.1", "2.1.3", "<"),
                          ("3.1", "2.4", ">"),
                          ("3.3", "3.2.9", ">"),
                          ("7.2.71", "7.2.71", "=")])
def test_compare_versions(version1, version2, expected):
    assert compare_versions(version1, version2) == expected
```

4.3.15 Lösung 15: Konvertierung `str_to_number` (★★☆☆☆)

Wandeln Sie einen String in eine Ganzzahl. Schreiben Sie dazu eine Funktion `str_to_number(input)`.

Hinweis Die Umwandlung lässt sich mit `int(value)` problemlos lösen. Nutzen Sie diese explizit nicht, sondern implementieren Sie das Ganze selbst.

Beispiele

Eingabe	Wert
"+123"	123
"-123"	-123
"7271"	7271
"ABC"	`ValueError`
"0123"	83 (für Bonusaufgabe)
"-0123"	-83 (für Bonusaufgabe)
"0128"	`ValueError` (für Bonusaufgabe)

Algorithmus Prüfe das erste Zeichen auf - und setze dementsprechend ein Flag `is_negative`. Zudem prüfen wir, ob das erste Zeichen ein Vorzeichen ('+' oder '-') ist, um dann ggf. eine Position später mit der Verarbeitung der Ziffern zu starten. Durchlaufe dann alle Zeichen und wandle diese in Ziffern um. Dabei wird der vorherige Wert jeweils mit 10 multipliziert und am Ende ergibt sich der korrespondierende Zahlenwert:

```
def str_to_number_first_try(input):
    is_negative = input[0] == "-"
    value = 0

    startpos = 1 if starts_with_sign(input) else 0

    for pos in range(startpos, len(input)):
        digit_value = ord(input[pos]) - 48
        value = value * 10 + digit_value

    return -value if is_negative else value


def starts_with_sign(input):
    return input[0] in ["-", "+"]
```

Korrigierter Algorithmus Bereits ohne gründlichere Analyse ist klar, dass obige Variante nicht korrekt arbeitet, wenn man Buchstaben mit Ziffern mixt. Eine Reaktion mit einem `ValueError` kann man in Form einer Prüfung mit `isdigit()` wie folgt ergänzen:

```
def str_to_number(input):
    is_negative = input[0] == "-"
    value = 0

    startpos = 1 if starts_with_sign(input) else 0

    for pos in range(startpos, len(input)):
        if not input[pos].isdigit():
            raise ValueError(input + " contains not only digits")

        digit_value = ord(input[pos]) - 48
        value = value * 10 + digit_value

    return -value if is_negative else value
```

Tipp: Variante

Eine Variante wäre es, beim Auffinden des ersten Zeichens, das keine Ziffer ist, die Verarbeitung abzubrechen, wie es beispielsweise in Perl umgesetzt ist. Dann würde aus dem Zahlenstring "123ab4567" der Wert 123.

Prüfung

Um die Funktionalität zu prüfen, verwenden wir drei Zahlen, jeweils mit positivem und negativem Vorzeichen sowie ohne. Das positive Vorzeichen sollte bei der Umwandlung dann einfach nicht beachtet werden. Separat prüfen wir noch die Reaktion auf eine Eingabe mit Buchstaben statt Ziffern und erwarten einen `ValueError`:

```
@pytest.mark.parametrize("input, expected",
                         [("+123", 123), ("-123", -123),
                          ("123", 123), ("7271", 7271)])
def test_str_to_number(input, expected):
    assert str_to_number(input) == expected


def test_str_to_number_invalid_input():
    with pytest.raises(ValueError):
        str_to_number("ABC")
```

Bonus: Ermöglichen Sie das Parsing von Oktalzahlen

Oktalzahlen sind in Python durch ein führendes Präfix `0` bzw. seit Python 3.8 `0o` gekennzeichnet und haben gemäß dem Namen die Basis 8 und nicht die Basis 10. Zur Unterstützung von Oktalzahlen muss man zunächst einmal feststellen, ob das führende Präfix existiert. In diesem Fall muss der Faktor für die Positionen im Zahlensystem auf 8 geändert werden. Schließlich sind bei der Basis 8 natürlich auch die beiden Ziffer 8 und 9 nicht mehr erlaubt. Daher ergänzen wir eine weitere Prüfung in der Schleife zur Verarbeitung der Werte. Insgesamt wird der Sourcecode ein wenig durch die Spezialbehandlungen aufgebläht – die Komplexität ist gerade noch gut handhabbar, insbesondere, weil wir hier problemangepasste Hilfsfunktionen mit sprechendem Namen einsetzen:

```
def str_to_number_bonus(input):
    is_negative = input[0] == "-"
    is_octal = input[0:2] == '0o' or \
               (starts_with_sign(input) and input[1:3] == "0o")

    value = 0
    factor = 8 if is_octal else 10

    startpos = calc_start_pos(input, is_octal)

    for pos in range(startpos, len(input)):
        if not input[pos].isdigit():
            raise ValueError(input + " contains not only digits")

        digit_value = ord(input[pos]) - 48
        if is_octal and digit_value >= 8:
            raise ValueError(input + " found digit >= 8")

        value = value * factor + digit_value

    return -value if is_negative else value
```

```
def calc_start_pos(input, is_octal):
    pos = 0
    if is_octal:
        pos = 3 if starts_with_sign(input) else 2
    elif starts_with_sign(input):
        pos = 1
    return pos
```

Prüfung

Um die Funktionalität zu prüfen, verwenden wir drei Zahlen, jeweils mit positivem und negativem Vorzeichen sowie ohne. Das positive Vorzeichen sollte bei der Umwandlung dann einfach nicht beachtet werden. Ergänzend prüfen wir eine positive und negative Oktalzahl sowie in einem separaten Test, dass Ziffern größer gleich der 8 nicht in Oktalzahlen vorkommen dürfen:

```
@pytest.mark.parametrize("input, expected",
                         [("+123", 123), ("-123", -123),
                          ("123", 123), ("7271", 7271),
                          ("+0o77", 63), ("-0o77", -63),
                          ("0o77", 63), ("+0o123", 83),
                          ("-0o123", -83), ("0o123", 83)])
def test_str_to_number_bonus(input, expected):
    assert str_to_number_bonus(input) == expected


def test_str_to_number_bonus_invalid_input():
    with pytest.raises(ValueError) as excinfo:
        str_to_number_bonus("0o128")

    assert str(excinfo.value).find("found digit >= 8") != -1
```

4.3.16 Lösung 16: Print Tower (★★★☆☆)

Schreiben Sie eine Funktion `print_tower(n)`, die als ASCII-Grafik einen Stab der Höhe $n + 1$ und n aufeinander gestapelte Scheiben, symbolisiert durch das Zeichen `#`, darstellt sowie eine untere Begrenzungslinie zeichnet.

Beispiel Ein Turm der Höhe 3 sollte in etwa wie folgt aussehen:

```
    |
   #|#
  ##|##
 ###|###
---------
```

Algorithmus Wir können das Zeichnen in drei Teilschritte untergliedern, nämlich den oberen Stab zu zeichnen, die Scheiben und danach die Bodenbegrenzung. Damit lässt sich der Algorithmus durch drei Funktionsaufrufe beschreiben:

```
def print_tower(height):
     draw_top(height)
     draw_slices(height)
     draw_bottom(height)
```

Das Zeichnen der einzelnen Bestandteile dieses Towers implementieren wir wie schon angedeutet in ein paar Hilfsfunktionen:

```
def draw_top(height):
     print(" " * (height + 1) + "|")


def draw_bottom(height):
     print("-" * ((height + 1) * 2 + 1))
```

Das Zeichnen der Scheiben des Turms ist durch deren unterschiedliche Größen und das dazu nötige Errechnen des Freiraums auf der linken und rechten Seite etwas komplexer:

```
def draw_slices(height):
    for i in range(height - 1, -1, -1):
        value = height - i
        padding = i + 1

        print(" " * padding + "#" * value + "|" + "#" * value)
```

Man sieht gut, wie man das Problem in immer kleinere Teilprobleme zerlegen kann. Jede Funktion wird dadurch für sich kurz und normalerweise (wenn keine Konsolenausgaben, sondern Berechnungen mit Rückgabe erfolgen) auch gut testbar.

Algorithmus mit Rekursion Interessanterweise kann man das Zeichnen der einzelnen Scheiben des Turms auch rekursiv wie folgt formulieren:

```
def draw_slices_rec(slice, height):
    if slice > 1:
        draw_slices_rec(slice - 1, height)

    print(" " * (height - slice + 1) + "#" * slice + "|" + "#" * slice)
```

Dann muss der Aufruf minimal abgewandelt werden:

```
def print_tower_rec(height):
    draw_top(height)
    draw_slices_rec(height, height)
    draw_bottom(height)
```

Prüfung

Zum Überprüfen der Funktionalität nutzen wir ein weiteres Mal den Python-Kommandozeileninterpreter – hier für einen Turm der Höhe 4:

```
>>> print_tower(4)
     |
    #|#
   ##|##
  ###|###
 ####|####
-----------
```

4.3.17 Lösung 17: Gefüllter Rahmen (★★☆☆☆)

Schreiben Sie eine Funktion `print_box(width, height, fillchar)`, die als ASCII-Grafik ein Rechteck der angegebenen Größe zeichnet und mit dem übergebenen Füllzeichen ausfüllt.

Beispiele Nachfolgend sehen wir zwei unterschiedlich gefüllte Rechtecke:

```
+-----+     +-------+
|*****|     |$$$$$$$|
|*****|     |$$$$$$$|
|*****|     |$$$$$$$|
+-----+     |$$$$$$$|
            |$$$$$$$|
            +-------+
```

Algorithmus Zum Zeichnen des gefüllten Rahmens laufen wir alle Zeilen ab und ebenso alle Positionen in x-Richtung. In dieser Aufgabe geht es vor allem darum, die Sonderbehandlungen an den Ecken und an den Rändern mit den Indexpositionen korrekt zu lösen. Außerdem gilt es bei `print()`, das Endezeichen auf leer zu setzen, um den sonst üblichen Zeilenumbruch zu vermeiden:

```
def print_box(width, height, fillchar):
    for y in range(height):
        for x in range(width):
            if x == 0 and (y == 0 or y == height - 1):
                print("+", end="")
            elif x == width - 1 and (y == 0 or y == height - 1):
                print("+", end="")
            elif y == 0 or y == height - 1:
                print("-", end="")
            elif x == 0 or x == width - 1:
                print("|", end="")
            else:
                print(fillchar, end="")
        print()
```

Prüfung

Zum Überprüfen der Funktionalität nutzen wir ein weiteres Mal den Python-Kommandozeileninterpreter:

```
>>> print_box(9, 7, "$")
+-------+
|$$$$$$$|
|$$$$$$$|
|$$$$$$$|
|$$$$$$$|
|$$$$$$$|
+-------+
```

4.3.18 Lösung 18: Vokale raten (★★☆☆☆)

Schreiben Sie eine Funktion `translate_vowel(text, replacement)`, die in einem gegebenen Text alle Vokale durch ein Zeichen bzw. eine Zeichenfolge ersetzt. Das kann man etwa für ein kleines Ratequiz nutzen oder aber um Wortähnlichkeiten nur basierend auf den Konsonanten zu ermitteln.

Beispiele

Eingabe	Ersatzzeichen	Resultat
"Reiseführer"	"?"	"R??s?f?hr?r"
"Rasenmäher"	"-"	"R-s-nm-h-r"
"Ratespiel"	"_"	"R_t_sp__l"
"Rasenmäher"	""	"Rsnmhr"

Algorithmus Zur Umwandlung des gegebenen Texts durchlaufen wir diesen zeichenweise von vorne nach hinten. Das Ergebnis sammeln wir in einem neuen String. Finden wir einen Vokal, fügen wir die übergebene Ersatzzeichenfolge ein, ansonsten den Konsonanten (bzw. genauer das Originalzeichen, was auch eine Ziffer oder ein Satzzeichen sein könnte):

```
def translate_vowel(text, replacement):
    translated = ""

    for letter in text:
        if is_vowel(letter):
            translated += replacement
        else:
            translated += letter

    return translated


def is_vowel(letter):
    return letter in "AÄEIOÖUÜaäeioöuü"
```

Python-Shortcut Interessanterweise bieten die Strings in Python die Funktion `maketrans()` zum Erstellen eines Abbildungsdictionaries sowie die Funktion `translate()` zur Transformation gemäß der übergebenen Abbildung. Dann implementiert man die Transformation wie folgt:

```
def translate_vowel_shorter(text, replacement):
    vowels = "AÄEIOÖUÜaäeioöuü"

    trans_dict = text.maketrans(vowels, replacement * len(vowels))

    return text.translate(trans_dict)
```

Prüfung

Zum Überprüfen der Funktionalität nutzen wir den Python-Kommandozeileninterpreter:

```
>>> print(translate_vowel("Reiseführer", "?"))
... print(translate_vowel("Rasenmäher", "-"))
... print(translate_vowel("Tischtennis", "_"))
... print(translate_vowel("Ratespiel", "_"))
... print(translate_vowel("Rasenmäher", ""))
R??s?f?hr?r
R-s-nm-h-r
T_scht_nn_s
R_t_sp__l
Rsnmhr
```

Der gewählte Algorithmus ist sogar in der Lage, ganze Sätze zu transformieren:

```
>>> print(translate_vowel("Der Reiseführer empfiehlt Java", "-"))
... print(translate_vowel("Fit durch die Python Challenge", "-"))
D-r R--s-f-hr-r -mpf--hlt J-v-
F-t d-rch d-- Pyth-n Ch-ll-ng-
```

5 Basisdatenstrukturen: Listen, Sets und Dictionaries

In Python werden Listen, Mengen (Sets) und Schlüssel-Wert-Abbildungen (Dictionaries) direkt in der Sprache als ***Containerklassen*** bereitgestellt. Diese verwalten Objekte anderer Klassen (auch potenziell unterschiedlicher Datentypen).

5.1 Einführung

Nachfolgend beschreibe ich zunächst sequentielle Datentypen und vor allem ihre Operationen. Danach widmen wir uns kurz Listen, Sets und Dictionaries.

5.1.1 Sequenzielle Datentypen

In Python existieren als Basis für verschiedene Datencontainer, wie Listen, Tupel und Strings, die sogenannten sequenziellen Datentypen. Der Name leitet sich davon ab, dass diese Datencontainer Folgen von Elementen zusammenfassen, d. h., innerhalb des sequenziellen Datentyps haben die Elemente eine definierte Reihenfolge und können über einen Index adressiert werden. Unter anderem sind folgende Operationen definiert:

- **`in`** – `elem in values` prüft, ob sich das Element im Datencontainer befindet.
- **`not in`** – `elem not in values` prüft, ob das Element *nicht* im Datencontainer vorhanden ist.
- **`+` / `+=`** – `values1 + values2` und `values1 += values2` fügt die Sequenz `values2` an die andere Sequenz an und liefert eine neue Sequenz.
- **`*`** – Wiederholt die Sequenz n-mal.
- **`[index]`** – `values[index]` führt zu einem indizierten Zugriff und liefert das i-te Element aus `values`. Im Speziellen kann man mit `[-1]` auf das letzte Element zugreifen.
- **`[start:end]`** – `values[start:end]` führt zu einem Slicing und liefert die Elemente von Position `start` bis exklusive `end` aus `values` als neue Sequenz. Dabei gibt es zwei interessante Varianten. Zum einen erhält man mit `[:]` ohne Bereichsangabe eine Kopie der gesamten Sequenz. Zum anderen liefern `[start:]` und `[:end]` jeweils die Teile beginnend bei `start` bis zum Ende bzw. vom Anfang bis zum Index `end` exklusive.

- **[start:end:step]** – `values[start:end:step]` führt zu einem Slicing und liefert die Elemente von Position `start` bis exklusive `end` mit einer Schrittweite von `step` aus `values` als neue Sequenz. Dabei gibt es die interessante Variante `[::-1]` ohne Bereichsangabe und mit negativer Schrittweite, wodurch eine neue Sequenz in umgekehrter Reihenfolge der Originalsequenz entsteht.
- **len()** – `len(values)` gibt die Größe, also die Anzahl an Elementen im Datencontainer zurück.
- **min() / max()** – Aufrufe von `min(values)` bzw. `max(values)` ermitteln das Element mit dem kleinsten bzw. größten Wert aus `values`.
- **sum()** – `sum(values)` summiert die Werte aus `values`.

Beispiel

Schauen wir uns für diese Operationen ein Beispiel an, weil deren Verständnis wichtig für das Nachvollziehen der Aufgaben, aber auch für das alltägliche Programmieren in Python ist. Zunächst definieren wir einige Listen und führen dann indizierte Zugriffe und Slicing darauf aus:

```
names1 = [ "Micha", "Tim", "Tom", "Willi"]
names2 = [ "Marcello", "Karthi", "Michael"]
names = names1 + names2

print(names)
print(names[-1])
print(names[::-1])
print(names[::2])
print("len: %d, min: %s, max: %s" % (len(names), min(names), max(names)))
```

Das führt zu folgenden Ausgaben:

```
['Micha', 'Tim', 'Tom', 'Willi', 'Marcello', 'Karthi', 'Michael']
Michael
['Michael', 'Karthi', 'Marcello', 'Willi', 'Tom', 'Tim', 'Micha']
['Micha', 'Tom', 'Marcello', 'Michael']
len: 7, min: Karthi, max: Willi
```

Eigene Implementierung von `rindex()` Eine nützliche Funktionalität, die man leider nur in Strings, nicht aber in sequenziellen Containern findet, ist die Suche vom Ende mit `rindex()`. Das kann man sich aber einfach als Funktion oder Lambda wie folgt selbst implementieren, indem man den sequenziellen Container umdreht und die Position dort ermittelt:

```
def rindex(values, item):
    reversed_values = values[::-1]
    return len(values) - reversed_values.index(item) - 1


last_index_of = lambda values, item: len(values) - values[::-1].index(item) - 1
```

5.1.2 Listen

Unter einer Liste versteht man eine über ihre Position geordnete Folge von Elementen – dabei sind auch Duplikate erlaubt. Die Listen in Python ermöglichen einen performanten indizierten Zugriff. Da die Liste ein sequenzieller Datentyp ist, bietet diese alle zuvor beschriebenen Operatoren für Sequenzen. Zusätzlich kann man für Listen folgende indizierte, 0-basierte Zugriffe und Operationen ausführen:

- **`pop(index)`** – Liefert das i-te Element der Liste und entfernt es aus dieser. Standardmäßig, also ohne Angabe des Index, wird das erste Element zurückgegeben.
- **`list[index] = element`** – Ersetzt das Element an der Position `index` der Liste durch das übergebene Element `element`.
- **`append(element)`** – Hängt das Element `element` an das Ende der Liste an.
- **`insert(i, element)`** – Fügt das Element `element` am Index `i` in die Liste ein.
- **`extend(otherList)`** – Hängt die Elemente von `otherList` an das Ende der Liste an.
- **`count(value)`** – Zählt, wie häufig der Wert `value` in der Liste vorkommt.
- **`index(value)`** – Liefert den Index, an dem der Wert `value` erstmalig in der Liste vorkommt.
- **`remove(value)`** – Entfernt das Element mit dem Wert `value` aus der Liste. Existieren mehrere Elemente mit diesem Wert, so wird nur das erste gelöscht.
- **`reverse()`** – Kehrt die Reihenfolge der Elemente in der Liste um.
- **`sort()`** – Sortiert die Liste aufsteigend. Eine inverse (absteigende) Sortierung erhält man durch `sort(reverse=True)`.

Beispiel

Betrachten wir für diese Operationen ein Beispiel. Zunächst definieren wir zwei Listen und fügen dann Elemente hinzu. Zudem entfernen wir ein Element und ergänzen mehrere Elemente:

```
numbers = [1, 2, 3, 4]
names = ["Peter", "Tim", "Mike", "Tom", "Mike"]

names.append("Tom")
names.insert(1, "Carsten")
names.remove("Tom")
print(names)

names.extend(numbers)
names.reverse()
print(names)

print("pop:", names.pop())
print("Tom idx:", names.index("Tom"))
print("Mike count:", names.count("Mike"))
```

Das führt zu folgenden Ausgaben:

```
['Peter', 'Carsten', 'Tim', 'Mike', 'Mike', 'Tom']
[4, 3, 2, 1, 'Tom', 'Mike', 'Mike', 'Tim', 'Carsten', 'Peter']
pop: Peter
Tom idx: 4
Mike count: 2
```

List Comprehension

Python bietet mit sogenannten Comprehensions eine elegante Möglichkeit, Datenstrukturen neu zu erzeugen. Als List Comprehension bezeichnet man einen Ausdruck, der basierend auf einer Sequenz von Werten und einer Berechnungsvorschrift eine neue Ergebnisliste erzeugt:

```
>>> even = [n for n in range(10) if n % 2 == 0]
>>> even
[0, 2, 4, 6, 8]
```

Es lassen sich auch komplexere Ausdrücke angeben, etwa die Erzeugung von Tupeln:

```
>>> [(x, y) for x in range(3) for y in range(5)]
[(0, 0), (0, 1), (0, 2), (0, 3), (0, 4), (1, 0), (1, 1), (1, 2), (1, 3), (1, 4),
     (2, 0), (2, 1), (2, 2), (2, 3), (2, 4)]

>>> [(x, y, z) for x in range(3) for y in range(3) for z in range(3)]
[(0, 0, 0), (0, 0, 1), (0, 0, 2), (0, 1, 0), (0, 1, 1), (0, 1, 2), (0, 2, 0), (0,
      2, 1), (0, 2, 2), (1, 0, 0), (1, 0, 1), (1, 0, 2), (1, 1, 0), (1, 1, 1),
     (1, 1, 2), (1, 2, 0), (1, 2, 1), (1, 2, 2), (2, 0, 0), (2, 0, 1), (2, 0, 2),
      (2, 1, 0), (2, 1, 1), (2, 1, 2), (2, 2, 0), (2, 2, 1), (2, 2, 2)]
```

Zudem hatten wir im initialen Beispiel die Angabe einer Bedingung gesehen. Generell sollte man die Komplexität nicht allzu groß werden lassen, um die Verständlichkeit und Wartbarkeit zu gewährleisten.

Unabhängig davon sind Comprehensions ein sehr mächtiges und hilfreiches Merkmal von Python, das Sie sicher beherrschen sollten.

Variante als Set und Dictionary Comprehension Ähnliche Möglichkeiten existieren für Sets und Dictionaries, hier exemplarisch für die Ermittlung aller ungeraden Zahlen bis 10 und die Abbildung von geraden Zahlen auf deren Quadrat gezeigt:

```
>>> {i for i in range(10) if i % 2 != 0}
{1, 3, 5, 7, 9}

>>> {n: n ** 2 for n in range(10) if n % 2 == 0}
{0: 0, 2: 4, 4: 16, 6: 36, 8: 64}
```

Beispiel: Eigene Implementierung von `remove_all()`

Eine Funktionalität, die leider nicht eingebaut ist, ist dass Entfernen aller Elemente aus einer Collection, die einem gewissen Wert entsprechen. Verschiedene Varianten, dies zu lösen, sind nachfolgend gezeigt: Als Erstes rufen wir wiederholt `remove()` auf, bis es zu einem `ValueError` kommt, wenn der zu löschende Wert nicht mehr gefunden wird.

```
# Nicht optimale Variante
def remove_all_inplace(list, value):
    try:
        while True:
            list.remove(value)
    except (ValueError):
        pass
```

Bei dieser Variante ist unschön, dass man mit Exceptions arbeitet. Vielleicht kommt man auch auf folgende Alternative:

```
# Nicht optimale Variante
def remove_all_inplace_improved(list, value):
    while value in list:
        list.remove(value)
```

Zunächst sieht diese Lösung ganz gut aus, aber beide Varianten iterieren über die äußere Schleife (`while True` / `in`) und eine innere versteckte (durch die Implementierung von `remove()`) jeweils wiederholt durch die Listen und haben eine Laufzeit von $O(n^2)$.

Als Nächstes nutzen wir eine List Comprehension, die nur die Werte behält, die der in `if` angegebenen Bedingung genügen. Dabei wird die ursprüngliche Liste nicht verändert, sondern eine neue Ergebnisliste erzeugt. Dadurch haben wir nur noch eine Laufzeit von $O(n)$, aber etwas mehr Speicherverbrauch:

```
def remove_all_v2(values, item):
    return [value for value in values if value != item]
```

Das gilt ebenso für die folgende Variante: Hier setzen wir `filter()` ein. Während in Python 2 noch eine Liste zurückgegeben wird, erhält man in Python 3 nur ein `Filter`-Objekt, das eine Funktion `__iter__()` anbietet und somit iterierbar ist. Dieses kann man daher problemlos in eine Liste wrappen – beachten Sie bitte den folgenden Praxistipp zu den Auswirkungen:

```
def remove_all_v3(values, item):
    return list(filter(lambda x: x != item, values))
```

Achtung: Wieso liefert `filter()` keine Liste mehr?

So praktisch es auch für kleinere Datenbestände ist, die Daten gleich als Liste zu erhalten, sprechen bei großen Datenbeständen doch einige Gründe dagegen. Zunächst einmal benötigt das viel Speicher. Zum anderen müssen für verschiedene Berechnungen gar nicht alle Werte vorgehalten werden. Somit hilft die Veränderung der Arbeitsweise auf Lazy Evaluation in Python 3 sowohl Speicher zu sparen als auch die Performance zu erhöhen. Für den Fall, dass man die Daten direkt weiterverarbeiten möchte und eine Liste benötigt, kann wie oben gezeigt ein einfaches Wrapping erfolgen. Dieses sorgt für eine Umwandlung des durch den Filter beschriebenen Datenbestands in eine Liste.

Optimierte Variante Es gibt eine weitere Lösungsmöglichkeit: Wir nutzen einen Durchlauf durch die Liste und schauen für jeden Wert, ob er mit dem zu löschenden übereinstimmt, Ist das nicht der Fall, machen wir mit dem nächsten Eintrag weiter. Finden wir einen zu löschenden Eintrag, dann kopieren wir den Nachfolger in die durch den Schreibzähler gegebene Position. Der Schreibzähler wird immer dann weiterbewegt, wenn kein Treffer gefunden wurde. Zum Schluss entsprechen dann alle Werte bis zum Schreibzähler dem gewünschten Ergebnis. Dieses extrahieren wir mit Slicing:

```
def remove_all_fast(values, item):
    write_idx = 0
    for i, value in enumerate(values):
        if value != item:
            values[write_idx] = value
            write_idx += 1

    return values[:write_idx]
```

Beispiel: Eigene Implementierung von `collect_all()`

Eine weitere nützliche Funktionalität besteht im Aufsammeln von Elementen, die einer gewissen Bedingung entsprechen. Das kann man wie folgt lösen:

```
# Iteration
def collect_all(values, condition):
    result = []
    for elem in values:
        if condition(elem):
            result.append(elem)
    return result


# List Comprehension
def collect_all_v2(values, condition):
    return [elem for elem in values if condition(elem)]


# Filter
def collect_all_v3(values, condition):
    return list(filter(condition, values))
```

Implementierungen überprüfen

Probieren wir einige der Implementierungen der Funktionalität einmal aus. Zunächst werden drei Varianten von `remove_all()` geprüft, um den Eintrag `Mike` zu löschen. Zum Abschluss sollen mit `collect_all()` dagegen alle Einträge mit dem Wert `Mike` behalten werden:

```
>>> names = ["Tim", "Tom", "Mike", "Mike", "Mike"]
... remove_all_inplace(names, "Mike")
... print(names)
['Tim', 'Tom']

>>> print(remove_all_v2(["Tim", "Tom", "Mike", "Mike", "Mike"], "Mike"))
['Tim', 'Tom']
```

```
>>> print(remove_all_fast(["Tim", "Tom", "Mike", "Mike", "Mike"], "Mike"))
['Tim', 'Tom']

>>> names = ["Tim", "Tom", "Mike", "Mike", "Mike"]
... print(collect_all(names, lambda value: value == "Mike"))
['Mike', 'Mike', 'Mike']
```

5.1.3 Mengen (Sets)

Nachfolgend kommen wir zu Sets. Für diese besagt das mathematische Konzept der Mengen, dass sie keine Duplikate enthalten. Somit bilden Sets eine ungeordnete Datenstruktur, die keine Duplikate enthält, aber auch keinen indizierten Zugriff bietet. Stattdessen existieren einige Mengenoperationen wie Test auf Enthaltensein sowie die Berechnung von Vereinigungs-, Schnitt-, Differenz- und symmetrischen Differenzmengen.[1] Darüber hinaus finden wir noch folgende Aktionen:

- **`add(element)`** – Fügt ein Element, sofern nicht schon vorhanden, in das Set ein.
- **`update(elements)`** – Konvertiert bei Bedarf die Elemente `elements` z. B. aus einer Liste oder einem Tupel in ein Set und fügt sie ein, sofern nicht vorhanden.
- **`remove(element)` / `discard(element)`** – Löscht das Element aus dem Set. Ist das Element nicht vorhanden, so wird bei `remove()` ein `KeyError` ausgelöst – bei `discard()` wird Nichtexistenz dagegen ignoriert und es passiert einfach nichts.
- **`clear()`** – Löscht alle Elemente aus dem Set.

Beispiel

Als Beispiel für Sets beginnen wir mit der Definition einer Menge von Farben, genauer deren Namen, in geschweiften Klammern. Dann fügen wir eine andere Menge hinzu und anschließend ein einzelnes Element:

```
color_set = {"RED", "GREEN", "BLUE"}
color_set.update(["YELLOW", "ORANGE"])
color_set.add("GOLD")
print(color_set)
```

Das führt zu folgender Ausgabe:

```
{'RED', 'BLUE', 'YELLOW', 'GOLD', 'GREEN', 'ORANGE'}
```

Schließlich definieren wir noch zwei Mengen mit Zahlen und berechnen die typischen Mengenoperationen wie z. B. Vereinigungs-, Schnitt- und Differenzmenge:

```
number_set1 = {1, 2, 3, 4, 5, 6, 7, 8}
number_set2 = {2, 3, 5, 7, 9, 11, 13}
print("union: %s\nintersection: %s\ndiff 1-2: %s\nsym diff: %s" %
      ((number_set1 | number_set2), (number_set1 & number_set2),
       (number_set1 - number_set2), (number_set1 ^ number_set2)))
```

[1] Alle Elemente, die entweder in A oder B, aber nicht in beiden Mengen enthalten sind.

Das führt zu folgenden Ausgaben:

```
union: {1, 2, 3, 4, 5, 6, 7, 8, 9, 11, 13}
intersection: {2, 3, 5, 7}
diff 1-2: {8, 1, 4, 6}
sym diff: {1, 4, 6, 8, 9, 11, 13}
```

5.1.4 Schlüssel-Wert-Abbildungen (Dictionaries)

Wenden wir uns nun Abbildungen von Schlüsseln auf Werte zu. Diese werden auch als ***Dictionary*** oder als ***Lookup-Tabelle*** bezeichnet – andere Begriffe sind assoziatives Array bzw. Hash. Unabhängig vom Namen ist die zugrunde liegende Idee, jedem gespeicherten Wert einen eindeutigen Schlüssel zuzuordnen. Ein intuitiv verständliches Beispiel sind Telefonbücher, bei denen Namen auf Telefonnummern abgebildet werden. Eine Suche über einen Namen (Schlüssel) liefert meistens recht schnell eine Telefonnummer (Wert). Falls keine Rückabbildung von Telefonnummer auf Name existiert, wird das Ermitteln eines Namens zu einer Telefonnummer ziemlich aufwendig.

Dictionaries speichern Schlüssel-Wert-Paare und bieten unter anderem folgende Funktionen und Operationen:

- **`dictionary[key] = value`** – Fügt diesem Dictionary eine Abbildung (von Schlüssel auf Wert) als Eintrag hinzu. Falls zu dem übergebenen Schlüssel bereits ein Wert gespeichert ist, so wird dieser mit dem neuen Wert überschrieben.
- **`update(other_dictionary)`** – Fügt alle Einträge aus dem übergebenen Dictionary in dieses Dictionary ein. Dabei werden Werte bereits existierender Einträge analog zur Arbeitsweise der einfachen Zuweisung überschrieben.
- **`items()`** – Erzeugt eine Liste, die alle Schlüssel-Wert-Paare des Dictionaries als Tupel enthält.
- **`keys()` / `values()`** – Liefert eine Liste mit allen im Dictionary hinterlegten Schlüsseln bzw. Werten.
- **`get(key, default_value)`** – Ermittelt zu einem Schlüssel `key` den assoziierten Wert. Existiert kein Eintrag zu dem Schlüssel, so wird der Defaultwert `default_value` zurückgegeben. Wurde kein Defaultwert beim Aufruf spezifiziert, so erhält man `None`.
- **`pop(key)`** – Löscht einen Eintrag (Schlüssel und zugehörigen Wert) aus dem Dictionary. Als Rückgabe erhält man den zum Schlüssel `key` gehörenden Wert. Wenn zu diesem Schlüssel kein Eintrag gespeichert war, ist ein `KeyError` die Folge.
- **`clear()`** – Löscht alle Einträge des Dictionaries.

Leider gibt es keine Funktionen wie `contains_key()` oder `contains_value()` zum Prüfen, ob ein spezieller Schlüssel oder Wert im Dictionary gespeichert ist. Diese Funktionalität kann man sich aber einfach durch Abfragen mit `in` funktionell nachbauen, wie wir es im nachfolgenden Beispiel sehen.

Beispiel

Auch hier implementieren wir wieder ein Beispiel, um einige der Möglichkeiten kennenzulernen. Dazu definieren wir ein Dictionary mit einer initialen Befüllung aus Namen und Altersangaben. Dann ergänzen wir dort einen sowie mehrere Werte. Zur Kontrolle lassen wir uns das Dictionary, seine Schlüssel, seine Werte und seine Einträge ausgeben. Schließlich prüfen wir in diesen Ergebnissen auf Existenz gewisser Werte:

```
mapping = { "Micha" : 49, "Peter": 42, "Tom": 27}
mapping["NEW"] = 42
mapping.update({"Jim" : 37, "John": 55})
print(mapping)
print(mapping.items())
print(mapping.keys())
print(mapping.values())

# "contains key"
print("contains key Micha?", "Micha" in mapping)
print("Micha values:", mapping.pop("Micha"))
print("contains key Micha?", "Micha" in mapping.keys())

# "contains value"
print("contains value 55?", 55 in mapping.values())
```

Das führt zu folgenden Ausgaben:

```
{'Micha': 49, 'Peter': 42, 'Tom': 27, 'NEW': 42, 'Jim': 37, 'John': 55}
dict_items([('Micha', 49), ('Peter', 42), ('Tom', 27), ('NEW', 42), ('Jim', 37),
     ('John', 55)])
dict_keys(['Micha', 'Peter', 'Tom', 'NEW', 'Jim', 'John'])
dict_values([49, 42, 27, 42, 37, 55])
contains key Micha? True
Micha values: 49
contains key Micha? False
contains value 55? True
```

Beispiel: Elemente eines Dictionaries allgemeingültig filtern

Mitunter möchte man alle Schlüssel-Wert-Abbildungen ermitteln, deren Werte eine gewisse Bedingung erfüllen. Das lässt sich wie folgt allgemeingültig und elegant für die spätere Wiederverwendung programmieren:

```
def filter_dict(input_dict, key_value_condition):
    filtered_dict = dict()
    for key, value in input_dict.items():
        if key_value_condition((key, value)):
            filtered_dict[key] = value
    return filtered_dict


def filter_by_value(input_dict, value_condition):
    filtered_result = filter_dict(input_dict,
                                  lambda item : value_condition(item[1]))
    return filtered_result
```

Dabei kann man entweder die allgemeinere Funktion nutzen, der man einen Filter für Schlüssel und Wert übergeben muss, oder aber die spezifische direkt auf Wertfilterung ausgelegte Funktion.

Um das Ganze in Aktion zu erleben, definieren wir eine Abbildung von Städten auf (ungefähre) Einwohnerzahlen und eine Filterbedingung auf größere Städte zwischen 200.000 und 700.000 Einwohner. Der letzte Aufruf zeigt, wie leicht man nur die Schlüssel extrahieren kann, falls lediglich diese von Interesse sind.

```
cities_sizes = {"Köln": 1_000_000, "Kiel": 250_000, "Bremen": 550_000,
                "Zürich": 400_000, "Oldenburg": 170_000}

print(filter_dict(cities_sizes, lambda item: 200_000 <= item[1] <= 700_000))
filtered_cities = filter_by_value(cities_sizes,
                                  lambda size: 200_000 <= size <= 700_000)
print(filtered_cities)
print(set(filtered_cities.keys()))
```

Das ergibt folgende Ausgaben:

```
{'Kiel': 250000, 'Bremen': 550000, 'Zürich': 400000}
{'Kiel': 250000, 'Bremen': 550000, 'Zürich': 400000}
{'Zürich', 'Bremen', 'Kiel'}
```

5.1.5 Der Stack als LIFO-Datenstruktur

Nachfolgend beschreibe ich die Datenstruktur Stack. Sie ist nicht direkt Bestandteil von Python, erweist sich aber dennoch für diverse Anwendungsfälle als sehr nützlich und kann zudem einfach selbst realisiert werden.

Ein Stack ist einem Stapel Papier bzw. einer Schreibtischablage nachempfunden, auf die man oben Dinge drauflegt und von der man jeweils Dinge nur von oben nehmen kann. Diese Eigenschaft wird in der Informatik durch den Begriff LIFO für Last In First Out gekennzeichnet. Zudem ist ein Blick auf das oberste Element möglich. Darüber hinaus gibt es noch eine Größenangabe oder zumindest eine Prüfung, ob Elemente vorhanden sind. Damit ergeben sich folgende Methoden, die das API bilden:

1. `push(element)` – Ein Element oben hinzufügen.
2. `pop()` – Das oberste Element nehmen.
3. `peek()` – Einen Blick auf das oberste Element werfen.
4. `is_empty()` – Prüft, ob der Stack leer ist.

Diese vier Methoden reichen, um Stacks für diverse Aufgabenstellungen in der Praxis und für Algorithmen gewinnbringend einsetzen zu können, etwa wenn man Reihenfolgen umkehren muss.

Beispiel

Man kann beispielsweise einige Elemente auf den Stack legen, dann auf das oberste schauen, danach dann wieder Elemente von oben abnehmen und schließlich prüfen, ob der Stack erwartungskonform leer ist:

```
def main():
    stack = Stack()
    stack.push("first")
    stack.push("second")

    print("PEEK: " + stack.peek())
    print("POP: " + stack.pop())
    print("POP: " + stack.pop())
    print("ISEMPTY: " + str(stack.is_empty()))
```

Das liefert folgende Ausgaben:

```
PEEK: second
POP: second
POP: first
ISEMPTY: true
```

5.1.6 Die Queue als FIFO-Datenstruktur

Zum Abschluss dieser Einführung in Basisdatenstrukturen möchte ich auf Queues eingehen. Auch diese sind in der nachfolgend beschriebenen Reinform nicht Bestandteil von Python. Ebenso wie ein Stack ist eine Queue dennoch oftmals sehr nützlich und kann zudem ebenfalls einfach selbst realisiert werden.

Eine Queue ist einer Warteschlange an einer Kasse nachempfunden. Die Leute stellen sich an und wer zuerst kam, wird auch zuerst bedient, was man in der Informatik als FIFO für First In First Out kennt.

Normalerweise benötigt man nur einige wenige Aktionen, um eine Warteschlange sinnvoll zu nutzen, wie Elemente hinzufügen und wieder entnehmen. Zudem ist ein Blick auf das Element am Anfang möglich. Darüber hinaus gibt es noch eine Größenangabe oder zumindest eine Prüfung, ob Elemente vorhanden sind. Damit ergeben sich folgende Methoden, die das API bilden:

1. `enqueue(element)` – Ein Element am Ende der Queue hinzufügen.
2. `dequeue()` – Das Element am Anfang der Queue entnehmen.
3. `peek()` – Einen Blick auf das Element am Anfang der Queue werfen.
4. `is_empty()` – Prüft, ob die Queue leer ist.

Diese vier Methoden reichen, um Queues für diverse Aufgabenstellungen in der Praxis und für Algorithmen gewinnbringend einsetzen zu können, etwa wenn man rekursive Algorithmen in iterative verwandeln möchte.

Implementierung

Die Methodennamen reflektieren das zuvor beschriebene Konzept. Dazu speichert die Implementierung ihre Elemente in einer Liste und fügt Elemente am Ende ein. Durch `pop(0)` oder kürzer `pop()` wird das vorderste Element bereitgestellt:

```
class Queue:
    def __init__(self):
        self.values = []

    def enqueue(self, elem):
        self.values.append(elem)

    def dequeue(self):
        if self.is_empty():
            raise QueueIsEmptyException()

        return self.values.pop(0);

    def peek(self):
        if (self.is_empty()):
            raise QueueIsEmptyException()

        return self.values[0]

    def is_empty(self):
        return len(self.values) == 0


class QueueIsEmptyException(Exception):
    pass
```

Beispiel

Zum Nachvollziehen der Arbeitsweise kann man einige Elemente in die Queue einfügen und diese danach so lange verarbeiten, wie es Elemente gibt. Im Speziellen wird für den Eintrag »Michael« eine erneute Verarbeitung angestrebt.

```
def main():
    waiting_persons = Queue()

    waiting_persons.enqueue("Marcello")
    waiting_persons.enqueue("Michael")
    waiting_persons.enqueue("Karthi")

    while not waiting_persons.is_empty():
        if waiting_persons.peek() == "Michael":
            # reprocess at the end
            waiting_persons.enqueue("Michael again")

        next_person = waiting_persons.dequeue()
        print("Processing " + next_person)
```

Das kleine Beispielprogramm liefert folgende Ausgaben:

```
Processing Marcello
Processing Michael
Processing Karthi
Processing Michael again
```

Hinweis: Braucht es die Eigenkreationen von Stack und Queue?

Rekapitulieren wir noch einmal: Bei einem Stack erhalten wir das dort zuletzt gespeicherte Element als erstes Element, also in umgekehrter Einfügereihenfolge. Deswegen spricht man auch von ***Last-In-First-Out*** (***LIFO***). Zum Einfügen nutzen wir bekanntermaßen konzeptionell eine Funktion namens `push()` und zum Entfernen eine namens `pop()`. Dagegen repräsentiert eine Queue eine Warteschlange, wie wir diese vom Einkaufen oder von Ticketautomaten usw. kennen. Dabei kommt derjenige zuerst dran, der zuerst da war. Demnach spricht man von ***First-In-First-Out*** (***FIFO***). Typischerweise werden die zugehörigen Operationen `enqueue()` und `dequeue()` genannt.

Stack und Queue einfach mit Listen nachbilden Python bietet wie schon erwähnt standardmäßig weder Stack noch Queue als Datenstruktur, dafür aber bezüglich der Funktionalität mächtige Listen. Mit diesen kann man die zuvor angesprochenen Funktionen von Stack und Queue problemlos und einfach umsetzen. In beiden Fällen nutzen wir die Funktion `append()`, um Elemente hinzuzufügen, also `push()` oder `enqueue()` nachzubilden. Zudem bietet uns die Liste die Funktion `pop()`, der optional ein Index übergeben werden kann, der die Position des zu entfernenden Elements bestimmt – ohne Index einfach das letzte Element. Schauen wir uns an, wie man mit einer Liste einen Stack und eine Queue emulieren kann:

```
# Liste als Stack
stack_of_tasks = []

# Füge "tasks" per append() zum Stack hinzu
stack_of_tasks.append("Task 1")
stack_of_tasks.append("Task 2")
stack_of_tasks.append("Task 3")
stack_of_tasks.append("Task 4")

# Nehme die obersten 2 "tasks" per pop() vom Stack
last_tasks = stack_of_tasks.pop()
second_last_tasks = stack_of_tasks.pop()
print("Top most:", last_tasks)
print("2nd from top:", second_last_tasks)

# Liste als Queue
queue_of_numbers = []

# Füge 3 Elemente per append() zur Queue hinzu
queue_of_numbers.append("First")
queue_of_numbers.append("Second")
queue_of_numbers.append("Third")

# Entferne per pop(0) so lange Elemente, bis die Queue leer ist
while len(queue_of_numbers) > 0:
    print("Processing:", queue_of_numbers.pop(0))
```

Das obige Programm produziert folgende Ausgaben:

```
Top most: Task 4
2nd from top: Task 3
Processing: First
Processing: Second
Processing: Third
```

Diskussion: Was ist daran nicht optimal? Zunächst einmal ist recht offensichtlich, dass die Funktionsnamen der Liste nicht optimal mit den für Stacks und Queues gebräuchlichen übereinstimmen. Schlimmer noch, wenn man bei `pop()` versehentlich keinen oder den falschen Index angibt, so führt dies zu Konfusion. Erschwerend kommt hinzu, dass Stacks und Queues konzeptuell keinen indizierten Zugriff auf Elemente erlauben. Und das ist nur der Anfang möglicher Probleme. Weil die obigen Realisierungen ja Listen sind, kann man auch beliebige Funktionen aufrufen, die überhaupt nichts mit Stacks und Queues zu tun haben, etwa `insert()` oder `remove()`. Wenn das noch nicht deutlich genug sein sollte, könnte man durch einen Aufruf von `sort()` auch die Elemente sortieren und damit die gewünschte Reihenfolge vermutlich stark durcheinanderbringen. Wie Sie sehen, sind die Fallstricke vielschichtig.

Fazit

Basierend auf dieser Argumentation und bei Bedarf nach einer intuitiven Handhabung ohne Gefahr der Fehlverwendung bietet sich die Definition eigener Klassen zur Bereitstellung der spezifischen Datenstrukturen Stack und Queue an.

5.2 Aufgaben

5.2.1 Aufgabe 1: Gemeinsame Elemente (★★☆☆☆)

Ermitteln Sie die gemeinsamen Elemente zweier Listen A und B, sowohl mit als auch ohne Einsatz passender Funktionen aus den Sets von Python. Schreiben Sie eine eigene Funktion `find_common(values1, values2)`, die wie die Python-Funktion `intersection()` arbeitet, um gemeinsame Elemente zu bestimmen.

Beispiele

Eingabe A	Eingabe B	Ergebnis
[1, 2, 4, 7, 8]	[2, 3, 7, 9]	[2, 7]
[1, 2, 7, 4, 7, 8]	[7, 7, 3, 2, 9]	[2, 7]
[2, 4, 6, 8]	[1, 3, 5, 7, 9]	$\emptyset$ = []

5.2.2 Aufgabe 2: Eigener Stack (★★☆☆☆)

Definieren Sie die grundlegenden Anforderungen an einen Stack und implementieren Sie basierend darauf eine Klasse `Stack` unter Verwendung einer Liste.

5.2.3 Aufgabe 3: List Reverse (★★☆☆☆)

Aufgabe 3a: List Reverse (★☆☆☆☆)

Schreiben Sie eine Funktion `reverse(values)`, die eine Ergebnisliste erzeugt und die Elemente der Originalliste dort in umgekehrter Reihenfolge liefert – natürlich ohne die Funktion `reverse()` der Liste aufzurufen.

Beispiele

Eingabe	Resultat
[1, 2, 3, 4]	[4, 3, 2, 1]
["A", "BB", "CCC", "DDDD"]	["DDDD", "CCC", "BB", "A"]

Aufgabe 3b: List Reverse Inplace (★★☆☆☆)

Was ändert sich, wenn man das Umdrehen der Reihenfolge inplace implementieren möchte, um bei sehr großen Datenbeständen speicheroptimal zu sein?

Aufgabe 3c: List Reverse ohne performanten Indexzugriff (★★☆☆☆)

Gehen wir nun davon aus, es wäre kein performanter wahlfreier Indexzugriff verfügbar. Was passiert, wenn wir eine Liste in der Reihenfolge umdrehen wollen und jeder positionsbasierte Zugriff zu einem Listendurchlauf aufwendig wäre? Wie vermeiden Sie das?

Tipp Nutzen Sie einen Stack.

5.2.4 Aufgabe 4: Duplikate entfernen (★★☆☆☆)

Aus einer Liste sollen Sie die doppelten Einträge entfernen. Dabei gilt die Randbedingung, dass die ursprüngliche Reihenfolge bestehen bleibt. Schreiben Sie dazu eine Funktion `remove_duplicates(values)`.

Beispiele

Eingabe	Resultat
[1, 1, 2, 3, 4, 1, 2, 3]	[1, 2, 3, 4]
[7, 5, 3, 5, 1]	[7, 5, 3, 1]
[1, 1, 1, 1]	[1]

5.2.5 Aufgabe 5: Maximaler Gewinn (★★★☆☆)

Stellen wir uns vor, wir hätten eine zeitlich geordnete Folge von Preisen und wollten den maximalen Gewinn berechnen. Dabei gilt es zu ermitteln, zu welchem Zeitpunkt (bzw. hier Wert) idealerweise gekauft und zu welchem verkauft werden müsste. Schreiben Sie dazu eine Funktion `max_revenue(prices)`, wobei die zeitliche Ordnung durch den Index in der Liste ausgedrückt wird.

Beispiele

Eingabe	Resultat
[255, 260, 250, 240, 228, 270, 300, 210, 245]	72
[0, 10, 20, 30, 40, 50, 60, 70]	70
[70, 60, 50, 40, 30, 20, 10, 0]	0
[]	0

5.2.6 Aufgabe 6: Längstes Teilstück (★★★☆☆)

Stellen wir uns vor, wir würden Aktienkurse oder Höhenangaben einer Strecke durch eine Liste mit Zahlen modellieren. Finden Sie dort die längste Folge von Zahlen, deren Werte aufsteigen bzw. zumindest gleich bleiben. Schreiben Sie eine Funktion `find_longest_growing_sequence(values)`.

Beispiele

Eingabe	Resultat
[7, 2, 7, 1, 2, 5, 7, 1]	[1, 2, 5, 7]
[7, 2, 7, 1, 2, 3, 8, 1, 2, 3, 4, 5]	[1, 2, 3, 4, 5]
[1, 1, 2, 2, 2, 3, 3, 3, 3]	[1, 1, 2, 2, 2, 3, 3, 3, 3]

5.2.7 Aufgabe 7: Wohlgeformte Klammern (★★☆☆☆)

Schreiben Sie eine Funktion `check_parentheses(input)`, die prüft, ob ein Folge von Klammern jeweils sauber geschachtelt ist. Dabei sollen beliebig runde, eckige und geschweifte Klammern, aber keine anderen Zeichen, akzeptiert werden.

Beispiele

Eingabe	Resultat	Kommentar
"(())"	true	
"({[]})"	true	
"((())"	false	ungerade Anzahl an Klammerzeichen
"((a)"	false	falsches Zeichen, keine Klammer
"(([)"	false	keine passende Klammerung

Bonus Erweitern Sie die Lösung so, dass eine klare Zuordnung von Fehlerursachen möglich wird. Starten Sie mit folgender Aufzählung:

```
class CheckResult(Enum):
    OK = auto()
    ODD_LENGTH = auto()
    CLOSING_BEFORE_OPENING = auto()
    MISMATCHING_PARENTHESIS = auto()
    INVALID_CHAR = auto()
    REMAINING_OPENING = auto()
```

5.2.8 Aufgabe 8: Pascal'sches Dreieck (★★★☆☆)

Schreiben Sie eine Funktion `pascal(n)`, die das Pascal'sche Dreieck in Form verschachtelter Listen berechnet. Bekanntermaßen ergibt sich jede neue Zeile aus der vorhergehenden. Falls dort mehr als zwei Elemente existieren, werden jeweils zwei Werte addiert und die Summen bilden die Werte der neuen Zeile. In jedem Fall wird vorne und hinten eine 1 hinzugefügt.

Beispiel Für den Wert 5 ergibt sich folgende Repräsentation:

```
[1]
[1, 1]
[1, 2, 1]
[1, 3, 3, 1]
[1, 4, 6, 4, 1]
```

5.2.9 Aufgabe 9: Check Magic Triangle (★★★☆☆)

Schreiben Sie eine Funktion `is_magic_triangle(values)`, die prüft, ob eine Folge von Zahlen ein magisches Dreieck bildet. Ein solches ist definiert als ein Dreieck, bei dem die jeweiligen Summen der Werte der drei Seiten alle gleich sein müssen.

Beispiele Nachfolgend ist das für je ein Dreieck der Seitenlänge drei und der Seitenlänge vier gezeigt:

```
  1          2
 6 5        8 5
2 4 3      4   9
          3 7 6 1
```

Damit ergeben sich folgende Seiten und Summen:

Eingabe	Werte 1	Werte 2
Seite 1	1 + 5 + 3 = 9	2 + 5 + 9 + 1 = 17
Seite 2	3 + 4 + 2 = 9	1 + 6 + 7 + 3 = 17
Seite 3	2 + 6 + 1 = 9	3 + 4 + 8 + 2 = 17

Tipp Modellieren Sie die einzelnen Seiten des Dreiecks als Teillisten.

5.2.10 Aufgabe 10: Häufigste Elemente (★★☆☆☆)

Schreiben Sie eine Funktion `value_count(values)`, die ein Histogramm, also die Verteilung der Häufigkeiten der Zahlen in der übergebenen Liste, ermittelt. Schreiben Sie zudem eine Funktion `sort_dict_by_value(dictionary)`, die das Dictionary anstatt nach Schlüsseln nach seinen Werten sortiert. Dabei ist eine absteigende Sortierung zu realisieren, wodurch die höchsten Werte am Anfang aufgeführt werden.

Beispiele

Eingabe	Resultat	Häufigste(s)
[1, 2, 3, 4, 4, 4, 3, 3, 2, 4]	{4: 4, 3: 3, 2: 2, 1: 1}	4=4
[1, 1, 1, 2, 2, 2, 3, 3, 3]	{3: 3, 2: 2, 1: 1}	je nach Abfrage, logisch alle

5.2.11 Aufgabe 11: Addition von Ziffern (★★★☆☆)

Betrachten wir zwei Dezimalzahlen, die addiert werden sollen. Klingt simpel, doch für diese Aufgabenstellung sind die Zahlen interessanterweise als Liste von Ziffern repräsentiert. Schreiben Sie eine Funktion `list_add(values1, values2)`. Denken Sie auch an den Spezialfall, dass es einen Überlauf gibt.

Aufgabe 11a: Addition (★★★☆☆)

Im ersten Teil der Aufgabe sollen die Ziffern in der Reihenfolge ihres Vorkommens in der Liste gespeichert sein.

Beispiele

Eingabe 1	Eingabe 2	Resultat
123 = [1, 2, 3]	456 = [4, 5, 6]	579 = [5, 7, 9]
927 = [9, 2, 7]	135 = [1, 3, 5]	1062 = [1, 0, 6, 2]

Aufgabe 11b: Addition Invers (★★★☆☆)

Was ändert sich, wenn die Ziffern in umgekehrter Reihenfolge in der Liste gespeichert sind?

Beispiele

Eingabe 1	Eingabe 2	Resultat
123 = [3, 2, 1]	456 = [6, 5, 4]	579 = [9, 7, 5]
927 = [7, 2, 9]	135 = [5, 3, 1]	1062 = [2, 6, 0, 1]

5.2.12 Aufgabe 12: List Merge (★★☆☆☆)

Gegeben seien zwei Listen mit jeweils in sich aufsteigend sortierten Zahlen, die gemäß ihrer Reihenfolge geordnet in eine Ergebnisliste überführt werden sollen. Schreiben Sie eine Funktion `merge(values1, values2)`.

Beispiele

Eingabe 1	Eingabe 2	Resultat
[1, 4, 7, 12, 20]	[10, 15, 17, 33]	[1, 4, 7, 10, 12, 15, 17, 20, 33]
[2, 3, 5, 7]	[11, 13, 17]	[2, 3, 5, 7, 11, 13, 17]
[2, 3, 5, 7, 11]	[7, 11, 13, 17]	[2, 3, 5, 7, 7, 11 11, 13, 17]
[1, 2, 3]	∅ = []	[1, 2, 3]

5.2.13 Aufgabe 13: Excel Magic Select (★★☆☆☆)

Wenn Sie ein wenig mit Excel arbeiten, dann haben Sie bestimmt schon einmal die sogenannte Magic Selection verwendet. Diese füllt einen markierten Bereich fortlaufend mit Werten auf Basis der vorhergehenden Werte. Das funktioniert unter anderem für Zahlen, Wochentage oder Datumsangaben. Schreiben Sie dazu eine Funktion `generate_following_values(current_value, sequence_length)`, die das für Zahlen implementiert. Erstellen Sie eine Abwandlung davon, die beispielsweise für Wochentage oder andere Daten in Form vordefinierter Werte aus einer Liste funktioniert und folgende Signatur besitzt: `generate_following_values_for_predefined(predefined_values, current_value, sequence_length)`.

Beispiele

Startwert	Anzahl	Resultat
1	7	[1, 2, 3, 4, 5, 6, 7]
5	4	[5, 6, 7, 8]
FRIDAY	8	[FRIDAY, SATURDAY, SUNDAY, MONDAY, TUESDAY, WEDNESDAY, THURSDAY, FRIDAY]

5.2.14 Aufgabe 14: Stack Based Queue (★★☆☆☆)

In der Einführung haben wir die Datenstrukturen Stack und Queue kennengelernt und eine Queue auf Basis einer Liste implementiert. In Aufgabe 2 wurde dann ein Stack selbst realisiert. Nun sollen Sie eine Queue auf Basis der Datenstruktur Stack implementieren.

Beispiel

Die Funktionalität prüfen Sie bitte mit folgendem Ablauf:

```
def main():
    waiting_persons = Queue()

    waiting_persons.enqueue("Marcello")
    waiting_persons.enqueue("Michael")
    waiting_persons.enqueue("Karthi")

    while not waiting_persons.is_empty():
        if waiting_persons.peek() == "Michael":
            # reprocess at the end
            waiting_persons.enqueue("Michael again")

        next_person = waiting_persons.dequeue()
        print("Processing " + next_person)
```

Das kleine Beispielprogramm sollte folgende Ausgaben produzieren:

```
Processing Marcello
Processing Michael
Processing Karthi
Processing Michael again
```

5.3 Lösungen

5.3.1 Lösung 1: Gemeinsame Elemente (★★☆☆☆)

Ermitteln Sie die gemeinsamen Elemente zweier Listen A und B, sowohl mit als auch ohne Einsatz passender Funktionen aus den Sets von Python. Schreiben Sie eine eigene Funktion `find_common(values1, values2)`, die wie die Python-Funktion `intersection()` arbeitet, um gemeinsame Elemente zu bestimmen.

Beispiele

Eingabe A	Eingabe B	Ergebnis
[1, 2, 4, 7, 8]	[2, 3, 7, 9]	[2, 7]
[1, 2, 7, 4, 7, 8]	[7, 7, 3, 2, 9]	[2, 7]
[2, 4, 6, 8]	[1, 3, 5, 7, 9]	$\emptyset$ = []

Algorithmus Wir nutzen Dictionaries und verwalten dort einen Zähler für das Enthaltensein in Liste 1 bzw. 2. Um diese passend zu befüllen, durchlaufen wir zunächst alle Elemente aus Liste 1 und tragen in das Dictionary den Wert 1 ein. Nun durchlaufen wir alle Elemente der zweiten Liste. Wir erhöhen den Zähler, sofern für den Wert bereits ein Eintrag im Dictionary existiert. Dadurch erhalten alle Elemente, die in beiden Listen sind den Wert 2 und bei mehrfachem Vorkommen einen höheren Wert. Andererseits werden Elemente ausschließlich aus Liste 2 nie gespeichert. Zum Abschluss behalten wir nur die Einträge, deren Anzahl größer gleich 2 ist:

```
def find_common(values1, values2):
    results = {}
    populate_from_collection1(values1, results)
    mark_if_also_in_second(values2, results)

    return remove_all_just_in_first(results)


def populate_from_collection1(values1, results):
    for elem1 in values1:
        results[elem1] = 1


def mark_if_also_in_second(values2, results):
    for elem2 in values2:
        if elem2 in results:
            results[elem2] += 1


def remove_all_just_in_first(results):
    final_result = set()
    for key, value in results.items():
        if value >= 2:
            final_result.add(key)

    return final_result
```

Mithilfe einer Set Comprehension wird die letzte Funktion zu einem Einzeiler:

```
def remove_all_just_in_first(results):
    return {key for key, value in results.items() if value >= 2}
```

Trotz dieser Verbesserung scheint es deutlich zu kompliziert. Wie geht es besser?

Optimierter Algorithmus Tatsächlich kann man die Aufgabenstellung viel kompakter und verständlicher lösen, indem man in einer Schleife für alle Elemente aus der ersten Collection prüft, ob diese in der zweiten enthalten ist, und für den Fall dann diesen Wert in die Ergebnismenge aufnimmt:

```
def find_common_short(values1, values2):
    results = set()
    for elem1 in values1:
        if elem1 in values2:
            results.add(elem1)
    return results
```

Python-Shortcut Mithilfe einer Set Comprehension wird das ein Einzeiler:

```
def find_common_short_comprehension(values1, values2):
    return {elem1 for elem1 in values1 if elem1 in values2}
```

Python-Shortcut: Built-in Für eigene Projekte greifen Sie bitte auf die eingebaute Funktionalität in Form von `intersection()` zurück:

```
def find_common_build_in(values1, values2):
    return set(values1).intersection(values2)
```

Prüfung

Die Implementierung prüfen wir durch folgende Unit Tests:

```
def inputs_and_expected():
    return [([1, 2, 4, 7, 8], [2, 3, 7, 9], {2, 7}),
            ([1, 2, 7, 4, 7, 8], [7, 7, 3, 2, 9], {2, 7}),
            ([2, 4, 6, 8], [1, 3, 5, 7, 9], set())]

@pytest.mark.parametrize("values1, values2, expected",
                         inputs_and_expected())
def test_find_common(values1, values2, expected):
    result = find_common(values1, values2)

    assert expected == result


@pytest.mark.parametrize("values1, values2, expected",
                         inputs_and_expected())
def test_find_common(values1, values2, expected):
    result = find_common_short(values1, values2)

    assert expected == result
```

5.3.2 Lösung 2: Eigener Stack (★★☆☆☆)

Definieren Sie die grundlegenden Anforderungen an einen Stack und implementieren Sie basierend darauf eine Klasse `Stack` unter Verwendung einer Liste.

Algorithmus Man kann einen Stack selbst implementieren, indem man eine Liste als Datenspeicher nutzt, jedoch nach außen keinen direkten Zugriff darauf bietet, sondern nur indirekt in Form der für einen Stack typischen Methoden:

1. `push(element)` – Ein Element oben hinzufügen.
2. `pop()` – Das oberste Element nehmen.
3. `peek()` – Einen Blick auf das oberste Element werfen.
4. `is_empty()` – Prüfen, ob der Stack leer ist.

Jeder Aufruf von `push(element)` fügt am Listenende ein Element hinzu. Auf diese Weise simuliert man den Stapel. Beim Zugriff auf das letzte Element wird jeweils geprüft, ob der Stack leer ist und in diesem Fall eine `StackIsEmptyException` ausgelöst. Ansonsten wird das letzte Element zurückgegeben:

```
class Stack:
    def __init__(self):
        self._values = []

    def push(self, elem):
        self._values.append(elem)

    def pop(self):
        if self.is_empty():
            raise StackIsEmptyException()

        return self.values.pop()

    def peek(self):
        if self.is_empty():
            raise StackIsEmptyException()

        return self._values[-1]

    def is_empty(self):
        return len(self._values) == 0


class StackIsEmptyException(Exception):
    pass
```

Ein wenig verständlicher wäre wohl, Elemente am Anfang der Liste hinzuzufügen und auch von dort zu entnehmen. Das wäre aber bezüglich der Performance ungünstig, da ständige Umkopieraktionen der internen Daten der Liste erfolgen müssten.

Ergänzend könnte man noch einwenden, dass die Python-Onlinedokumentation unter `https://docs.python.org/3/tutorial/datastructures.html` beschreibt, wie man Listen als Stacks nutzen kann. Das ist möglich, allerdings wird dann nicht das Interface auf die obigen Methoden eingeschränkt. Was daran problematisch sein kann, diskutiere ich ausführlich in meinem Buch »Der Weg zum Java-Profi« [4].

Prüfung

Den gerade implementierten Stack können wir mithilfe eines vordefinierten Ablaufs prüfen. Zunächst fügen wir zwei Elemente ein. Dann schauen wir mit `peek()` auf das oberste. Danach entnehmen wir mit `pop()` zweimal Elemente. Diese sollten in umgekehrter Reihenfolge zum Einfügen geliefert werden. Schließlich prüfen wir noch, ob der Stack leer ist. Weil dies der Fall ist, sollte eine nachfolgende Inspektion des obersten Elements eine `StackIsEmptyException` auslösen – hier auskommentiert:

```
def main():
    stack = Stack()
    stack.push("first")
    stack.push("second")

    print("PEEK: " + stack.peek())
    print("POP: " + stack.pop())
    print("POP: " + stack.pop())
    print("ISEMPTY: " + str(stack.is_empty()))
    # print("POP: " + stack.pop())
```

Damit kommt es zu folgenden Ausgaben:

```
PEEK: second
POP: second
POP: first
ISEMPTY: true
```

5.3.3 Lösung 3: List Reverse (★★☆☆☆)

Lösung 3a: List Reverse (★☆☆☆☆)

Schreiben Sie eine Funktion `reverse(values)`, die eine Ergebnisliste erzeugt und die Elemente der Originalliste dort in umgekehrter Reihenfolge liefert – natürlich ohne die Funktion `reverse()` der Liste oder `[::-1]` aufzurufen.

Beispiele

Eingabe	Resultat
[1, 2, 3, 4]	[4, 3, 2, 1]
["A", "BB", "CCC", "DDDD"]	["DDDD", "CCC", "BB", "A"]

Algorithmus Eine Lösung besteht darin, eine Liste von hinten nach vorne zu durchlaufen und pro Position das aktuelle Element einer Ergebnisliste hinzuzufügen. Das kann man indexbasiert folgendermaßen implementieren:

```
def reverse(values):
    result = []

    for i in range(len(values) - 1, -1, -1):
        result.append(values[i])

    return result
```

Python-Shortcut Mit Python-Standardfunktionalität in Form von List Comprehensions kann man das Ganze kürzer und prägnanter wie folgt schreiben, wobei die erste Variante noch an die oben gezeigte Realisierung angelehnt ist, die zweite sich dagegen auf einen umgedrehten Iterator mit `reversed()` abstützt:

```
def reverse_with_comprehension(values):
    return [values[i] for i in range(len(values) - 1, -1, -1)]


def reverse_with_comprehension_nicer(values):
    return [value for value in reversed(values)]
```

Tatsächlich lässt sich das Ganze mit Slicing extrem kurz wie folgt schreiben, wobei man auch hier als Resultat eine neue Liste mit umgekehrtem Inhalt des Originals erhält:

```
reversed = values[::-1]
```

Lösung 3b: List Reverse Inplace (★★☆☆☆)

Was ändert sich, wenn man das Umdrehen der Reihenfolge inplace implementieren möchte, um bei sehr großen Datenbeständen speicheroptimal zu sein?

Algorithmus Basierend auf einem indizierten Zugriff läuft man vom Anfang und vom Ende ausgehend nach innen und vertauscht die Elemente:

```
def reverse_inplace(original):
    left = 0
    right = len(original) - 1

    # laufe von links und rechts, tausche jeweils positionsbasiert die Elemente
    while left < right:
        left_elem = original[left]
        right_elem = original[right]

        # swap
        original[left] = right_elem
        original[right] = left_elem

        left += 1
        right -= 1

    return original
```

Python-Shortcut Bedenken Sie bitte, dass in realen Projekten die Standardfunktionalität `reverse()` genutzt werden sollte, die inplace arbeitet:

```
values.reverse()
```

Lösung 3c: List Reverse ohne performanten Indexzugriff (★★☆☆☆)

Gehen wir nun davon aus, es wäre kein performanter wahlfreier Indexzugriff verfügbar. Was passiert, wenn wir eine Liste in der Reihenfolge umdrehen wollen und jeder positionsbasierte Zugriff zu einem Listendurchlauf aufwendig wäre? Wie vermeiden Sie das?

Tipp Nutzen Sie einen Stack.

Algorithmus Für den Fall, dass kein performanter indizierter Zugriff gegeben ist und man trotzdem die Reihenfolge mit einer Laufzeitkomplexität von $O(n)$ umdrehen muss, bietet sich ein Stack an – genauso wie für diverse andere Algorithmen, so auch hier: Man durchläuft die Liste von vorne nach hinten und legt jeweils das aktuelle Element auf den Stack. Danach nimmt man so lange das oberste Element vom Stack und fügt dieses einer Ergebnisliste hinzu, bis der Stack leer ist:

```
def list_reverse_with_stack(inputs):
    # Durchlaufe die Liste von vorne nach hinten und befülle einen Stack
    all_values = Stack()

    for element in inputs:
        all_values.push(element)

    # Entleere den Stack und befülle eine Ergebnisliste
    result = []
    while not all_values.is_empty():
        result.append(all_values.pop())

    return result
```

Diese Lösung benötigt zwar zwei Durchläufe und zusätzlichen Speicher, wäre aber für nicht performante Indexzugriffe, wie dies bei der Datenstruktur Linked List der Fall ist, deutlich effizienter. Bei einer Linked List benötigt ein indexbasierter Zugriffe je $O(n)$, weil man dafür jeweils durch die Elemente bis zur gewünschten Position iteriert. Innerhalb einer Schleife resultiert dies in $O(n^2)$.

Prüfung

Experimentieren wir mit den Eingabewerten aus dem Beispiel und rufen exemplarisch einige der zuvor erstellten Funktionen auf – im Begleitprojekt werden selbstverständlich alle Varianten getestet:

```
def list_reverse_inputs_and_expected():
    return [([1, 2, 3, 4], [4, 3, 2, 1]),
            (["A", "BB", "CCC", "DDDD"], ["DDDD", "CCC", "BB", "A"])]
```

```
@pytest.mark.parametrize("inputs, expected",
                         list_reverse_inputs_and_expected())
def test_reverse(inputs, expected):
    result = reverse(inputs)

    assert expected == result


@pytest.mark.parametrize("inputs, expected",
                         list_reverse_inputs_and_expected())
def test_reverse_inplace(inputs, expected):
    modifiable_inputs = list(inputs)

    reverse_inplace(modifiable_inputs)

    assert modifiable_inputs == expected
```

5.3.4 Lösung 4: Duplikate entfernen (★★☆☆☆)

Aus einer Liste sollen Sie die doppelten Einträge entfernen. Dabei gilt die Randbedingung, dass die ursprüngliche Reihenfolge bestehen bleibt. Schreiben Sie dazu eine Funktion `remove_duplicates(values)`.

Beispiele

Eingabe	Resultat
[1, 1, 2, 3, 4, 1, 2, 3]	[1, 2, 3, 4]
[7, 5, 3, 5, 1]	[7, 5, 3, 1]
[1, 1, 1, 1]	[1]

Algorithmus Durchlaufe die Liste von vorne nach hinten und befülle sukzessive ein Set mit den in der Liste enthaltenen Einträgen. Prüfe für jedes Element der Liste, ob dieses in der Menge der gefundenen Einträge enthalten ist. Falls nein, wird es aufgenommen und auch dem Ergebnis hinzugefügt. Ansonsten wird das nächste Element geprüft:

```
def remove_duplicates(inputs):
    result = []

    already_found_numbers = set()

    for i, elem in enumerate(inputs):
        if elem not in already_found_numbers:
            already_found_numbers.add(elem)
            result.append(elem)

    return result
```

Optimierter Algorithmus Vielleicht kommen wir beim Implementieren schon auf die Idee, die Duplikate einfach durch das Umfüllen in ein Set zu löschen. Das funktioniert zwar, aber bringt potenziell die Reihenfolge der Elemente durcheinander. Als Abhilfe empfiehlt sich der Umweg über ein Dictionary. Dazu wird mithilfe von `fromkeys()` ein Dictionary basierend auf der übergebenen Liste erstellt und automatisch doppelte Schlüssel entfernt. Zudem bleibt dabei seit Python 3.6 die Einfügereihenfolge bestehen. Mit diesem Wissen ist die Realisierung des Duplikatentfernens ein Kinderspiel:

```
list_with_duplicates = ["a", "b", "a", "c", "d", "c", "d"]

# Reihenfolge wechselt potenziell
no_duplicates1 = list(set(list_with_duplicates))

# Reihenfolge stabil
no_duplicates2 = list(dict.fromkeys(list_with_duplicates))
```

Python-Shortcut Mit diesem Wissen erstellen wir folgende Implementierung der Duplikatentfernung als Funktion:

```
def remove_duplicates_with_dict(inputs):
    return list( dict.fromkeys(inputs))
```

Prüfung

Wir verwenden wieder die Werte aus dem einleitenden Beispiel, um die Implementierung zu verifizieren – die Tests für die beiden optimierten Versionen sind nachfolgend nicht gezeigt, weil sie – abgesehen vom Funktionsaufruf – identisch aufgebaut sind.

```
def inputs_and_expected():
    return [([1, 1, 2, 3, 4, 1, 2, 3], [1, 2, 3, 4]),
            ([7, 5, 3, 5, 1], [7, 5, 3, 1]),
            ([1, 1, 1, 1], [1])]


@pytest.mark.parametrize("inputs, expected",
                         inputs_and_expected())
def test_remove_duplicates(inputs, expected):
    result = remove_duplicates(inputs)

    assert expected == result


@pytest.mark.parametrize("inputs, expected",
                         inputs_and_expected())
def test_remove_duplicates_with_dict(inputs, expected):
    result = remove_duplicates_with_dict(inputs)

    assert expected == result
```

5.3.5 Lösung 5: Maximaler Gewinn (★★★☆☆)

Stellen wir uns vor, wir hätten eine zeitlich geordnete Folge von Preisen und wollten den maximalen Gewinn berechnen. Dabei gilt es zu ermitteln, zu welchem Zeitpunkt (bzw. hier Wert) idealerweise gekauft und zu welchem verkauft werden müsste. Schreiben Sie dazu eine Funktion `max_revenue(prices)`, wobei die zeitliche Ordnung durch den Index in der Liste ausgedrückt wird.

Beispiele

Eingabe	Resultat
[255, 260, 250, 240, 228, 270, 300, 210, 245]	72
[0, 10, 20, 30, 40, 50, 60, 70]	70
[70, 60, 50, 40, 30, 20, 10, 0]	0
[]	0

Algorithmus Initial ist man versucht, das Minimum und das Maximum zu ermitteln und einfach deren Differenz zurückzugeben. Nach kurzem Nachdenken wird klar, dass hier auch noch eine zeitliche Dimension existiert. Um einen Gewinn zu realisieren, muss zunächst ein Kauf und dann ein Verkauf zu einem höheren Kurs stattfinden.

Die nächste Idee besteht darin, zweimal durch die Liste zu laufen. Zunächst werden alle Minimumwerte ermittelt, indem man schaut, ob der aktuelle Wert kleiner als das aktuelle Minimum ist. Dieses wird dann in der Liste der für den Zeitpunkt gültigen Minimalwerte hinzugefügt. Im zweiten Durchlauf ermittelt man die größte Differenz durch elementweisen Vergleich. Ist der aktuelle Wert größer als der momentan gültige Minimalwert, dann ist der so erzielte Gewinn die Differenz zwischen dem aktuellen Wert und dem an der Position ermittelten Minimalwert. Der Maximalgewinn berechnet sich schließlich aus dem Maximum aus derzeitigem Maximum und dem aktuellen Gewinn. Für das obige Beispiel 1 ergibt sich demnach Folgendes:

Wert	255	260	250	240	228	270	300	210	245
Minimum	255	255	250	240	228	228	228	210	210
Differenz	0	5	0	0	0	42	72	0	35
Max. Differenz	0	5	5	5	5	42	72	72	72

Gemäß dieser Idee formulieren wir das Ganze wie folgt in Python, indem wir zunächst alle relevanten Minimalwerte und dann basierend darauf das Maximum ermitteln:

```
def max_revenue(prices):
    relevant_mins = calc_relevant_mins(prices)

    return calc_max_revenue(prices, relevant_mins)
```

Die eigentliche Arbeit geschieht in den folgenden beiden Hilfsfunktionen:

```
def calc_relevant_mins(prices):
    relevant_mins = []
    current_min = sys.maxsize
    for current_price in prices:
        current_min = min(current_min, current_price)
        relevant_mins.append(current_min)

    return relevant_mins


def calc_max_revenue(prices, relevant_mins):
    max_revenue = 0
    for i, price in enumerate(prices):
        if price > relevant_mins[i]:
            current_revenue = price - relevant_mins[i]
            max_revenue = max(max_revenue, current_revenue)

    return max_revenue
```

Optimierter Algorithmus Die gerade gezeigte Variante benötigt zwei Durchläufe. Sofern die Zugriffe im Speicher erfolgen, spielt das kaum eine entscheidende Rolle für die Performance. Anders sieht es aus, wenn die Daten jedes Mal erneut etwa per REST-Call oder aus einer Datenbank ermittelt würden.

Tatsächlich lassen sich die notwendigen Aufrufe und Schleifendurchläufe reduzieren – allerdings kommt man vermutlich nur auf diese Optimierung, wenn zunächst einmal die vorherige Umsetzung implementiert wurde:

```
def max_revenue_optimized(prices):
    current_min = sys.maxsize
    max_revenue = 0
    for current_price in prices:
        current_min = min(current_min, current_price)
        current_revenue = current_price - current_min
        max_revenue = max(max_revenue, current_revenue)

    return max_revenue
```

Prüfung

Zur Prüfung nutzen wir wieder die Werte aus dem einleitenden Beispiel – im Begleitprojekt wird auch die andere Funktion getestet.

```
def prices_and_expected():
    return [([0, 10, 20, 30, 40, 50, 60, 70], 70),
            ([70, 60, 50, 40, 30, 20, 10], 0),
            ([], 0)]


@pytest.mark.parametrize("prices, expected", prices_and_expected())
def test_max_revenue(prices, expected):
    result = max_revenue(prices)

    assert expected == result
```

5.3.6 Lösung 6: Längstes Teilstück (★★★☆☆)

Stellen wir uns vor, wir würden Aktienkurse oder Höhenangaben einer Strecke durch eine Liste mit Zahlen modellieren. Finden Sie dort die längste Folge von Zahlen, deren Werte aufsteigen bzw. zumindest gleich bleiben. Schreiben Sie eine Funktion `find_longest_growing_sequence(values)`.

Beispiele

Eingabe	Resultat
[7, 2, 7, 1, 2, 5, 7, 1]	[1, 2, 5, 7]
[7, 2, 7, 1, 2, 3, 8, 1, 2, 3, 4, 5]	[1, 2, 3, 4, 5]
[1, 1, 2, 2, 2, 3, 3, 3, 3]	[1, 1, 2, 2, 2, 3, 3, 3, 3]

Algorithmus Hierbei kommt ein sogenannter ***Greedy***-Algorithmus (für gefräßig) zum Einsatz: Die Idee besteht darin, ausgehend von einem Element so lange die Nachfolger aufzusammeln, bis das nächste Element kleiner als das aktuelle ist. Man verwendet dazu eine temporäre Liste sowie eine Ergebnisliste. Beide sind initial leer und werden sukzessive gefüllt: die temporäre Liste bei jedem gelesenen Element, das größer oder gleich dem Vorgänger ist – die Ergebnisliste immer dann, wenn ein kleinerer Nachfolgewert gefunden wurde. In dem Fall wird auch die temporäre Liste wieder zurückgesetzt und startet als eine einelementige Liste mit dem aktuellen Wert. Ist die Ergebnisliste bei einem Flankenwechsel kürzer als die temporäre Liste mit den zuvor aufgesammelten Elementen, so wird die temporäre Liste zur neuen Ergebnisliste. Dieses Vorgehen wiederholt sich, bis man am Ende der Ausgangsliste angekommen ist.

Schauen wir uns einen Ablauf für die Eingabe 1272134572 an:

Eingabe	Aktuelles Zeichen	Temporäre Liste	Ergebnisliste
1272134572	1	1	
1**2**72134572	2	12	
12**7**2134572	7	127	
127**2**134572	2	2	127
1272**1**34572	1	1	127
12721**3**4572	3	13	127
127213**4**572	4	134	127
1272134**5**72	5	1345	127
12721345**7**7	7	13457	127
127213457**2**	2	2	13457

```
def find_longest_growing_sequence(values):
    longest_subsequence = []
    current_subsequence = []

    last_value = sys.maxsize

    for current_value in values:
        if current_value >= last_value:
            last_value = current_value
            current_subsequence.append(current_value)
        else:
            # Ende dieser Sequenz, starte neue Sequenz
            if len(current_subsequence) >= len(longest_subsequence):
                longest_subsequence = current_subsequence

            current_subsequence = []
            last_value = current_value
            current_subsequence.append(current_value)

    # wichtig, weil sonst die letzte Sequenz ggf. nicht betrachtet wird
    if len(current_subsequence) >= len(longest_subsequence):
        longest_subsequence = current_subsequence

    return longest_subsequence
```

Beachten Sie unbedingt die Prüfung nach der `for`-Schleife – ansonsten würde eine letzte Sequenz nicht korrekt als Ergebnis geliefert.

Mini-Optimierung Die Prüfung kann man noch etwas optimieren. Wie man sieht, geschieht das Zuweisen des Werts sowie das Hinzufügen zur momentanen, temporären Liste in jedem Fall. Somit lassen sich diese Aktionen aus der Bedingung herauslösen und wie folgt schreiben:

```
for current_value in values:
    if current_value < last_value:
        # Ende dieser Sequenz, starte neue Sequenz
        if len(current_subsequence) >= len(longest_subsequence):
            longest_subsequence = current_subsequence

        current_subsequence = []

    last_value = current_value
    current_subsequence.append(current_value)
```

Verfahren bei gleich langen Teilstücken Bei der Prüfung auf die längste Sequenz kann man entweder mit > oder >= vergleichen. Gibt es zwei oder mehr gleich lange Sequenzen, so wird im ersten Fall mit > die erste Sequenz als Ergebnis genommen, bei >= immer die letzte.

Alternativer und optimierter Algorithmus Mitunter kann das Erzeugen temporärer Datenstrukturen eher unerwünscht sein, etwa wenn die Teilabschnitte riesig werden können. In einem solchen Fall bietet es sich an, nur die jeweiligen Indexgrenzen zu ermitteln und erst zum Ende den entsprechenden Teil zu extrahieren.

```
def find_longest_growing_sequence_optimized(values):
    if len(values) == 0:
        return values

    longest = (0, 0)
    start_current = 0
    end_current = 0

    for end_current in range(1, len(values)):
        # Flankenwechsel
        if values[end_current] < values[end_current - 1]:
            if end_current - start_current > len(longest):
                longest = (start_current, end_current)
            start_current = end_current

    if end_current - start_current > len(longest):
        longest = (start_current, end_current)

    return values[longest[0] : longest[1]]
```

Prüfung

Nutzen wir die Wertefolgen aus der Einleitung, um die berechneten Ergebnisse mit unseren Erwartungen zu vergleichen:

```
@pytest.mark.parametrize("values, expected",
                         [([7, 2, 7, 1, 2, 5, 7, 1], [1, 2, 5, 7]),
                          ([7, 2, 7, 1, 2, 3, 8, 1, 2, 3, 4, 5],
                           [1, 2, 3, 4, 5]),
                          ([1, 1, 2, 2, 2, 3, 3, 3, 3],
                           [1, 1, 2, 2, 2, 3, 3, 3, 3]),
                          ([], [])])
def test_find_longest_growing_sequence(values, expected):
    result = find_longest_growing_sequence(values)

    assert expected == result
```

5.3.7 Lösung 7: Wohlgeformte Klammern (★★☆☆☆)

Schreiben Sie eine Funktion `check_parentheses(input)`, die prüft, ob ein Folge von Klammern jeweils sauber geschachtelt ist. Dabei sollen beliebig runde, eckige und geschweifte Klammern, aber keine anderen Zeichen, akzeptiert werden.

Beispiele

Eingabe	Resultat	Kommentar
"(())"	true	
"({[]})"	true	
"((())"	false	ungerade Anzahl an Klammerzeichen
"((a)"	false	falsches Zeichen, keine Klammer
"((])"	false	keine passende Klammerung

Algorithmus Durchlaufe den String von vorne nach hinten: Ist das aktuelle Zeichen eine öffnende Klammer – also eines der Zeichen (, [oder { –, so speichere dieses in einem Stack. Ist es eine schließende Klammer, so versuche diese mit der letzten öffnenden Klammer in Übereinstimmung zu bringen. Gibt es noch keine öffnende Klammer oder stimmen die Klammertypen nicht überein, so wird `False` zurückgegeben. Bei Übereinstimmung wird das nächste Zeichen gelesen. Verfahre bei öffnender Klammer wie zuvor. Ist es eine schließende Klammer, so hole das oberste Element vom Stack und vergleiche es mit dem gerade gelesenen Zeichen. Prüfe auf Übereinstimmung der Art der Klammer, also (und), [und] sowie { und }. Schauen wir uns einen Ablauf für die Eingabe (()] an:

Eingabe	Aktuelles Zeichen	Stack	Kommentar
(()]			Start
(()]	(	(	Store
(**(**)]	(	((	Store
((**)**]	)	(	Match
(()**]**	]	(	Mismatch

Die Implementierung nutzt einen Stack und führt die oben beschriebenen Prüfungen und Aktionen durch:

```
def check_parentheses(input):
    # Ungerade Länge kann keine wohlgeformte Klammerung sein
    if len(input) % 2 != 0:
        return False

    opening_parentheses = Stack()
    for char in input:
        if is_opening_parenthesis(char):
            opening_parentheses.push(char)
        elif is_closing_parenthesis(char):
            if opening_parentheses.is_empty():
                # Schließende vor öffnender Klammer
                return False

            last_opening_parens = opening_parentheses.pop()
            if not is_matching_parenthesis_pair(last_opening_parens, char):
                # Unterschiedliche Klammerpaare
                return False
        else:
            # Ungültiges Zeichen
            return False

    return opening_parentheses.is_empty()
```

Wieder einmal empfiehlt es sich, Hilfsfunktionen wie `is_opening_parenthesis()` auszulagern, um den eigentlichen Algorithmus auf höherer Abstraktionsebene und damit klarer formulieren und implementieren zu können. Werfen wir abschließend noch einen prüfenden Blick auf die drei Hilfsfunktionen – dabei zeige ich für die schließenden Klammern eine elegante Python-Variante mit `in` für eine Liste von Zeichen statt einer zeichenweisen Prüfung mit `or` bzw. `and` :

```
def is_opening_parenthesis(ch):
    return ch == '(' or ch == '[' or ch == '{'


def is_closing_parenthesis(ch):
    return ch in [")","]","}"]


def is_matching_parenthesis_pair(opening, closing):
    return (opening == '(' and closing == ')') or \
           (opening == '[' and closing == ']') or \
           (opening == '{' and closing == '}')
```

Tatsächlich kann man die Prüfung auf passende Klammerpaare ebenfalls eleganter mithilfe einer Liste von Tupeln aus öffnender und schließender Klammer schreiben:

```
# Alternative Variante mit Tupel-Schreibweise
def is_matching_parenthesis_pair(opening, closing):
    return (opening, closing) in [ ('(', ')'), ('[', ']'), ('{', '}')]
```

Prüfung

Wie üblich nutzen wir die Werte aus der Einleitung, um unsere gerade realisierte Funktionalität in Aktion zu erleben:

```
@pytest.mark.parametrize("values, expected",
                         [("()", True), ("()[]{}", True),
                          ("[((()[]{}))]", True),
                          ("(()", False), ("((})", False),
                          ("(()}", False), (")()(", False),
                          ("()((", False), ("()A(", False)])
def test_check_parentheses(values, expected):
    result = check_parentheses(values)

    assert expected == result
```

Betrachten wir noch einmal die Implementierung der Prüfung und die Rückgabewerte. Dort sieht man verschiedene Kommentare, weshalb `True` oder `False` zurückgeliefert wird. Wäre es nicht viel intuitiver, dies mit einer geeigneten Aufzählung als Rückgabe auszudrücken? Das schauen wir uns nun im Bonus an.

Bonus

Erweitern Sie die Lösung so, dass eine verständliche Zuordnung von Fehlerursachen möglich wird. Starten Sie mit folgender Aufzählung:

```
class CheckResult(Enum):
    OK = auto()
    ODD_LENGTH = auto()
    CLOSING_BEFORE_OPENING = auto()
    MISMATCHING_PARENTHESIS = auto()
    INVALID_CHAR = auto()
    REMAINING_OPENING = auto()
```

Durch Einsatz der Aufzählung lassen sich mögliche Fehlerursachen klarer kommunizieren und zudem kann man auf die Kommentare zu den Rückgabewerten im Sourcecode verzichten, da diese durch die Aufzählungswerte adäquat beschrieben werden:

```
def check_parentheses_v2(input):
    # Ungerade Länge kann keine wohlgeformte Klammerung sein
    if len(input) % 2 != 0:
        return CheckResult.ODD_LENGTH

    opening_parentheses = Stack()

    for current_char in input:
        if is_opening_parenthesis(current_char):
            opening_parentheses.push(current_char)
        elif is_closing_parenthesis(current_char):
            if opening_parentheses.is_empty():
                return CheckResult.CLOSING_BEFORE_OPENING

            last_opening_parens = opening_parentheses.pop()
            if not is_matching_parenthesis_pair(last_opening_parens, current_char
                ):
                return CheckResult.MISMATCHING_PARENTHESIS
        else:
            return CheckResult.INVALID_CHAR

    if opening_parentheses.is_empty():
        return CheckResult.OK

    return CheckResult.REMAINING_OPENING
```

Prüfung

Durch Einsatz der Aufzählung wird nicht nur der Sourcecode der Applikation besser lesbar, sondern auch der Unit Test gewinnt an Klarheit und Prägnanz. Dabei nutzen wir wie üblich die Werte aus dem einführenden Beispiel, um unsere gerade realisierte Funktionalität in Aktion zu erleben:

```
@pytest.mark.parametrize("values",
                         [("()"), ("()[]{}"), ("[((()[]{}))]")])
def test_check_parentheses_v2(values):
    result = check_parentheses_v2(values)

    assert CheckResult.OK == result


@pytest.mark.parametrize("values, expected",
                         [("(()", CheckResult.ODD_LENGTH),
                          ("((})", CheckResult.MISMATCHING_PARENTHESIS),
                          ("(()}", CheckResult.MISMATCHING_PARENTHESIS),
                          (")()(", CheckResult.CLOSING_BEFORE_OPENING),
                          ("()((", CheckResult.REMAINING_OPENING),
                          ("()A(", CheckResult.INVALID_CHAR)])
def test_check_parentheses_v2_errors(values, expected):
    result = check_parentheses_v2(values)

    assert expected == result
```

5.3.8 Lösung 8: Pascal'sches Dreieck (★★★☆☆)

Schreiben Sie eine Funktion `pascal(n)`, die das Pascal'sche Dreieck in Form verschachtelter Listen berechnet. Bekanntermaßen ergibt sich jede neue Zeile aus der vorhergehenden. Falls dort mehr als zwei Elemente existieren, werden jeweils zwei Werte addiert und die Summen bilden die Werte der neuen Zeile. In jedem Fall wird vorne und hinten eine 1 hinzugefügt.

Beispiel Für den Wert 5 ergibt sich folgende Repräsentation:

```
[1]
[1, 1]
[1, 2, 1]
[1, 3, 3, 1]
[1, 4, 6, 4, 1]
```

Algorithmus Die Ermittlung der einzelnen Zeilen erfolgt rekursiv. Für die erste Zeile wird eine einelementige Liste mit dem Wert 1 erzeugt. Für alle anderen berechnen wir die Werte durch Aufruf einer Hilfsfunktion `calc_line(previous_line)` auf Basis der Vorgängerzeile und fügen das Zwischenergebnis dann unserem Gesamtergebnis hinzu. Etwas irritierend könnte sein, dass beim Aufruf 1-basiert gearbeitet wird, der Listenindex aber selbstverständlich 0-basiert ist:

```
def pascal(n):
    result = []
    __pascal_helper(n, result)
    return result


def __pascal_helper(n, results):
    if n == 1:
        # rekursiver Abbruch
        results.append([1])
    else:
        # rekursiver Abstieg
        previous_line = __pascal_helper(n - 1, results)

        # Berechne basierend auf Vorgängerzeile
        current_line = __calc_line(previous_line)
        results.append(current_line)

    return results[n - 1]
```

Das Berechnen der Werte einer Zeile basierend auf der Vorgängerzeile wird für alle Zeilen mit $n \geq 2$ wie folgt ausgeführt: Falls in der Liste der Vorgängerzeile mehr als 1 Wert gespeichert ist, durchläuft man diese und bildet jeweils die Summe. Zur Komplettierung der Berechnung wird vorne und hinten der Wert 1 ergänzt.

Etwas formaler kann man es wie folgt schreiben, wobei der Index der Zeilen und Spalten von 1 startet und nicht wie in Python bei 0:

$$pascal(row, col) = \begin{cases} 1 & row = 1 \text{ und } col = 1 \text{ (Spitze)} \\ 1 & \forall row \in \{1, n\} \text{ und } col = 1 \\ 1 & \forall row \in \{1, n\} \text{ und } row = col \\ pascal(row - 1, col) + & \\ pascal(row - 1, col - 1) & \text{sonst (basierend auf Vorgänger)} \end{cases}$$

Die Implementierung erfolgt direkt und ist deutlich verständlicher als die schon in Abschnitt 3.3.9 vorgestellte rein rekursive Definition für jeden einzelnen Wert:

```
# Jede Zeile errechnet sich aus den Werten der darüber liegenden Zeile,
# flankiert von jeweils einer 1
def __calc_line(previous_line):
    current_line = [previous_line[i] + previous_line[i + 1]
                    for i in range(len(previous_line) - 1)]

    return [1] + current_line + [1]
```

Prüfung

Zum Ausprobieren der Implementierung berechnen wir das Pascal'sche Dreieck für den Wert 5 und geben dieses dann aus:

```
>>> for line in pascal(5):
...     print(line)
...
[1]
[1, 1]
[1, 2, 1]
[1, 3, 3, 1]
[1, 4, 6, 4, 1]
```

Falls Sie es etwas formaler mögen: Ein passender Unit Test sieht wie folgt aus:

```
@pytest.mark.parametrize("n, expected",
                         [(1, [[1]]),
                          (2, [[1], [1, 1]]),
                          (3, [[1], [1, 1], [1, 2, 1]]),
                          (4, [[1], [1, 1], [1, 2, 1], [1, 3, 3, 1]])])
def test_pascal(n, expected):
    result = pascal(n)

    assert expected == result
```

5.3.9 Lösung 9: Check Magic Triangle (★★★☆☆)

Schreiben Sie eine Funktion `is_magic_triangle(values)`, die prüft, ob eine Folge von Zahlen ein magisches Dreieck bildet. Ein solches ist definiert als ein Dreieck, bei dem die jeweiligen Summen der Werte der drei Seiten alle gleich sein müssen.

Beispiele Nachfolgend ist das für je ein Dreieck der Seitenlänge drei und der Seitenlänge vier gezeigt:

```
  1         2
 6 5       8 5
2 4 3     4   9
         3 7 6 1
```

Damit ergeben sich folgende Seiten und Summen:

Eingabe	Werte 1	Werte 2
Seite 1	1 + 5 + 3 = 9	2 + 5 + 9 + 1 = 17
Seite 2	3 + 4 + 2 = 9	1 + 6 + 7 + 3 = 17
Seite 3	2 + 6 + 1 = 9	3 + 4 + 8 + 2 = 17

Tipp Modellieren Sie die einzelnen Seiten des Dreiecks als Teillisten.

Tipp: Problemlösungsstrategien für das Jobinterview

Bei unklarer Aufgabenstellung hilft es, das Problem auf ein oder zwei konkrete Wertebelegungen zu reduzieren und basierend darauf die passenden Abstraktionen zu finden. Hier kann man für ein Dreieck der Seitenlänge drei die oben gezeigten Seiten bilden. Durch den Tipp oder Nachdenken kommt man darauf, die Seiten jeweils in Form von Teillisten zu repräsentieren. Dabei erfordert die letzte Seite jedoch eine Spezialbehandlung, da zum Schließen der Figur der Wert von Position 0 inkludiert werden muss, der aber kein Teil der Subliste ist. Man kann entweder zunächst die übergebene Liste duplizieren und diese dann um das 0-te Element erweitern:

```
values_with_loop = list(values)
# schließe das Dreieck
values_with_loop.append(values[0])

side1 = values_with_loop[0:3]
side2 = values_with_loop[2:5]
side3 = values_with_loop[4:7]
```

Alternativ erstellt man drei Slices und ergänzt das 0-te Element im dritten passend:

```
side1 = values[0:3]
side2 = values[2:5]
side3 = values[4:6]
# schließe das Dreieck
side3.append(values[0])
```

Algorithmus: Für Dreiecke mit der Seitenlänge 3 Mit dem gesammelten Vorwissen kann man eine erste Prüfung für den Spezialfall eines Dreiecks der Seitenlänge drei implementieren, indem man zunächst die Seiten ermittelt und dann die Teilsummen der dort enthaltenen Zahlen bildet und vergleicht:

```
def is_magic6(values):
    values_with_loop = list(values)
    values_with_loop.append(values[0])      # schließe das Dreieck

    side1 = values_with_loop[0:3]
    side2 = values_with_loop[2:5]
    side3 = values_with_loop[4:7]

    return compare_sum_of_sides(side1, side2, side3)
```

Das Summieren der Werte der Seiten sowie deren Vergleich erfolgt in dieser Funktion:

```
def compare_sum_of_sides(side1, side2, side3):
    sum1 = sum(side1)
    sum2 = sum(side2)
    sum3 = sum(side3)

    return sum1 == sum2 and sum2 == sum3
```

Zwischenprüfung Nun sollten wir die Implementierung zumindest mit einigen Werten prüfen, bevor wir uns an die Verallgemeinerung machen:

```
>>> is_magic6([1, 5, 3, 4, 2, 6])
True

>>> is_magic6([1, 2, 3, 4, 5, 6])
False
```

Algorithmus: Allgemeine Variante Mit dem aus dem konkreten Beispiel gewonnenen Wissen lässt sich eine allgemeingültige Variante erstellen: Die Varianz liegt in der Berechnung der Indizes für die Seiten des Dreiecks. Zudem fügen wir am Anfang der Funktion noch einen Sanity Check ein. Dieser verhindert, dass wir auf potenziell invaliden Datenkonstellationen arbeiten:

```
def is_magic_triangle(values):
    if len(values) % 3 != 0:
        raise ValueError("Not a triangle: " + len(values))

    side_length = 1 + len(values) // 3

    values_with_loop = list(values)
    # schließe das Dreieck
    values_with_loop.append(values[0])

    side1 = values_with_loop[0: side_length]
    side2 = values_with_loop[side_length - 1: side_length * 2 - 1]
    side3 = values_with_loop[(side_length - 1) * 2: side_length * 3 - 2]

    return compare_sum_of_sides(side1, side2, side3)
```

Prüfung

Prüfen wir die Implementierung mit folgendem Unit Test:

```
@pytest.mark.parametrize("values, expected",
                         [([1, 5, 3, 4, 2, 6], True),
                          ([1, 2, 3, 4, 5, 6], False),
                          ([2, 5, 9, 1, 6, 7, 3, 4, 8], True),
                          ([1, 2, 3, 4, 5, 6, 7, 8, 9], False)])
def test_is_magic_triangle(values, expected):
    result = is_magic_triangle(values)

    assert expected == result
```

Alternativer Algorithmus Basierend auf der bereits geleisteten Verallgemeinerung kann man noch einen Schritt weitergehen und auf das Extrahieren der Sublisten verzichten.

Dieser Algorithmus nutzt wieder einmal die Idee eines Positionszählers und durchläuft die Originalliste in zwei Schleifen. Die äußere repräsentiert die momentane Seite, in einer inneren Schleife wird die jeweilige Position behandelt. Dabei kommen noch zwei Tricks zum Einsatz:

1. Die Variable `pos` modelliert die aktuelle Position innerhalb der Liste. Die neue Position wird durch Addition von 1 ermittelt. Am Ende der Liste müssen wir jedoch noch einmal auf den Anfangswert der Liste zugreifen, weshalb hier eine Modulo-Operation genutzt wird.
2. Nachdem wir die Werte für eine Seite aufsummiert haben, müssen wir um eine Position zurückgehen, da ja der Endwert einer Seite des Dreiecks gleichzeitig auch der Startwert der nächsten Seite ist.

Wie gehabt fügen wir am Anfang der Funktion noch einen Sanity Check ein. Dieser verhindert, dass wir auf potenziell invaliden Datenkonstellationen arbeiten:

```
def is_magic_triangle_v2(values):
    if len(values) % 3 != 0:
        raise ValueError("Not a triangle: " + len(values))

    side_length = 1 + len(values) // 3
    pos = 0
    sum_of_sides = [0, 0, 0]

    for current_side in range(3):
        for _ in range(side_length):
            sum_of_sides[current_side] += values[pos]

            # Trick 1: Mit Modulo => keine Spezialbehandlung für letzten Wert
            pos = (pos + 1) % len(values)

        # Trick 2: Die Seiten überlappen sich, Endfeld = nächstes Startfeld
        pos -= 1

    return sum_of_sides[0] == sum_of_sides[1] and \
        sum_of_sides[1] == sum_of_sides[2]
```

Prüfung

Prüfen wir die Variante der Implementierung mit folgendem Unit Test:

```
@pytest.mark.parametrize("values, expected",
                         [([1, 5, 3, 4, 2, 6], True),
                          ([1, 2, 3, 4, 5, 6], False),
                          ([2, 5, 9, 1, 6, 7, 3, 4, 8], True),
                          ([1, 2, 3, 4, 5, 6, 7, 8, 9], False)])
def test_is_magic_triangle_v2(values, expected):
    result = is_magic_triangle_v2(values)

    assert expected == result
```

5.3.10 Lösung 10: Häufigste Elemente (★★☆☆☆)

Schreiben Sie eine Funktion `value_count(values)`, die ein Histogramm, also die Verteilung der Häufigkeiten der Zahlen in der übergebenen Liste, ermittelt. Schreiben Sie zudem eine Funktion `sort_dict_by_value(dictionary)`, die das Dictionary anstatt nach Schlüsseln nach seinen Werten sortiert. Dabei ist eine absteigende Sortierung zu realisieren, wodurch die höchsten Werte am Anfang aufgeführt werden.

Beispiele

Eingabe	Resultat	Häufigste(s)
[1, 2, 3, 4, 4, 4, 3, 3, 2, 4]	{4: 4, 3: 3, 2: 2, 1: 1}	4=4
[1, 1, 1, 2, 2, 2, 3, 3, 3]	{3: 3, 2: 2, 1: 1}	je nach Abfrage, logisch alle

Algorithmus Basierend auf den Eingabewerten berechnen wir ein Histogramm in Form eines Dictionaries mit Häufigkeitswerten:

```
def value_count(values):

    value_to_count = {}

    for elem in values:
        if elem not in value_to_count:
            value_to_count[elem] = 0

        value_to_count[elem] += 1

    return value_to_count
```

Als letzten Schritt müssen wir das entstehende Dictionary noch nach Wert sortieren. Praktischerweise ist dies mit `sorted()` und der Angabe des Zugriffs auf die Werte sowie der Invertierung möglich. Allerdings liefert dies eine Liste mit Wertepaaren, die wir mit `dict()` in ein Dictionary überführen:

```
def sort_dict_by_value(dictionary):
    return dict(sorted(dictionary.items(), key=itemgetter(1), reverse=True))
```

Prüfung

Wie üblich prüfen wir die realisierte Funktionalität mithilfe von Unit Tests:

```
@pytest.mark.parametrize("values, expected",
                         [([1, 2, 3, 4, 4, 4, 3, 3, 2, 4],
                           {1: 1, 2: 2, 3: 3, 4: 4}),
                          ([1, 1, 1, 2, 2, 2, 3, 3, 3],
                           {1: 3, 2: 3, 3: 3})])
def test_value_count(values, expected):
    result = value_count(values)

    assert expected == result


@pytest.mark.parametrize("dictionary, expected",
                         [({1: 1, 2: 2, 3: 3, 4: 4},
                           {4: 4, 3: 3, 2: 2, 1: 1})])
def test_sort_dict_by_value(dictionary, expected):
    result = sort_dict_by_value(dictionary)

    assert expected == result
```

5.3.11 Lösung 11: Addition von Ziffern (★★★☆☆)

Betrachten wir zwei Dezimalzahlen, die addiert werden sollen. Klingt simpel, doch für diese Aufgabenstellung sind die Zahlen interessanterweise als Liste von Ziffern repräsentiert. Schreiben Sie eine Funktion `list_add(values1, values2)`. Denken Sie auch an den Spezialfall, dass es einen Überlauf gibt.

Lösung 11a: Addition (★★★☆☆)

Im ersten Teil der Aufgabe sollen die Ziffern in der Reihenfolge ihres Vorkommens in der Liste gespeichert sein.

Beispiele

Eingabe 1	Eingabe 2	Resultat
123 = [1, 2, 3]	456 = [4, 5, 6]	579 = [5, 7, 9]
927 = [9, 2, 7]	135 = [1, 3, 5]	1062 = [1, 0, 6, 2]

Algorithmus Wir beginnen mit einer Vereinfachung, nämlich, dass die Zahlen die gleiche Anzahl an Ziffern besitzen. Analog zum Addieren an der Tafel gehen wir von hinten nach vorne von Position zu Position und addieren jeweils die Ziffern. Dabei kann es einen Übertrag geben, den wir bei der folgenden Addition berücksichtigen müssen. Sofern auch am Ende noch ein Übertrag existiert, müssen wir im Ergebnis an vorderster Position den Wert 1 ergänzen.

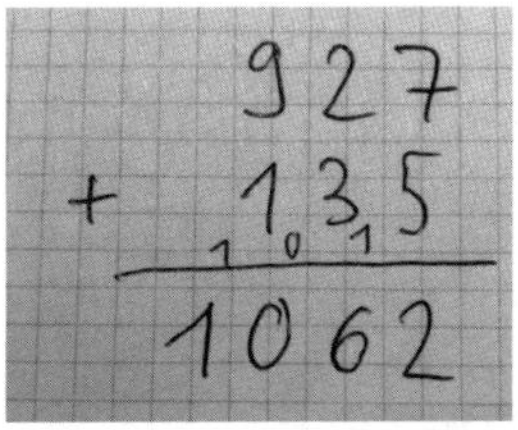

Abbildung 5-1 *Beispiel einer Addition mit Überträgen*

Dieses Vorgehen übertragen wir auf zwei Listen mit Ziffern und durchlaufen diese von hinten nach vorne – zu Beginn noch mit der Vereinfachung gleich langer Listen, was Spezialbehandlungen vermeidet:

```
def list_add(values1, values2):
    result = []
    carry = 0

    for i in range(len(values1) - 1, -1, -1):
        sum = values1[i] + values2[i] + carry
        result.insert(0, sum % 10)

        carry = 1 if sum >= 10 else 0

    # Bei einem Übertrag vorne eine 1 hinzufügen
    if carry == 1:
        result.insert(0, 1)

    return result
```

Eine abweichende Implementierung wäre, Iteratoren zu benutzen, hier nicht die Vorwärtsvariante mit `iter()`, sondern die Rückwärtsvariante mit `reversed()`. Diese Umsetzung kämpft jedoch mit dem gleichen Problem wie zuvor mit unterschiedlich langen Eingabedaten und ist nur auszugsweise gezeigt:

```
def list_add_with_iter(values1, values2):
    result = []
    carry = 0

    backiterator1 = reversed(values1)
    backiterator2 = reversed(values2)
    while True:
        try:
            value1 = next(backiterator1)
            value2 = next(backiterator2)

            sum = value1 + value2 + carry
            result.insert(0, sum % 10)

            carry = 1 if sum >= 10 else 0
        except StopIteration:
            break

    # Übertrag berücksichtigen
    if carry == 1:
        result.insert(0, 1)
```

Tipp: Mögliche Alternative `zip()`?

Man könnte ebenfalls auf die Idee kommen, die beiden Wertefolgen mit `zip()` zusammenzufassen und rückwärts zu durchlaufen. Dann benötigt man jedoch noch eine Ummantelung mit `list()`, da `zip()` nicht umkehrbar ist. Allerdings scheitert auch diese Variante, da `zip()` die Kombination auf die kleinste Länge der übergebenen Sequenzen beschränkt. Somit können wir wieder keine unterschiedlich langen Zahlenfolgen addieren.

Verbesserter Algorithmus Wenn man eine allgemeingültige Addition ermöglichen möchte, muss man wieder ausgehend von hinten die Ziffern miteinander addieren. Bei ungleicher Länge kann man dann allerdings irgendwann auf keine Ziffern mehr zugreifen, weil eine Zahl eben weniger Ziffern als die andere besitzt. Der potenziell fehlschlagende Zugriff mit dem Fallback 0 ist in der Hilfsfunktion `safe_get_at()` implementiert:

```
def list_add_improved(values1, values2):
    result = []
    carry = 0

    idx1 = len(values1) - 1
    idx2 = len(values2) - 1

    while idx1 >= 0 or idx2 >= 0:
        value1 = safe_get_at(values1, idx1)
        value2 = safe_get_at(values2, idx2)

        sum = value1 + value2 + carry
        result.insert(0, sum % 10)

        carry = 1 if sum >= 10 else 0

        idx1 -= 1
        idx2 -= 1

    # Bei einem Übertrag vorne eine 1 hinzufügen
    if carry == 1:
        result.insert(0, 1)

    return result
```

Schauen wir uns noch kurz die Implementierung der sicheren indizierten Zugriffe an, die Zugriffe außerhalb des erlaubten Indexbereichs auf den Wert 0 abbildet. Dabei nutze ich die Python-Besonderheit der Abfrage mit zwei Vergleichsoperatoren:

```
def safe_get_at(inputs, pos):
    if 0 <= pos < len(inputs):
        return inputs[pos]

    return 0
```

Bei der Realisierung erkennt man meine Java-Herkunft.

In Python ist es stilistisch schöner, erwartete Index-Ausnahmen wie folgt zu behandeln:

```
def safe_get_at(inputs, pos):
    try:
        return inputs[pos]
    except IndexError:
        return 0
```

Prüfung

Wir verifizieren mithilfe von Unit Tests, dass die Implementierung bei gegebener Zahlenfolge das gewünschte Ergebnis liefert:

```
@pytest.mark.parametrize("values1, values2, expected",
                          [([1, 2, 3], [4, 5, 6], [5, 7, 9]),
                           ([9, 2, 7], [1, 3, 5], [1, 0, 6, 2])])
def test_list_add_improved(values1, values2, expected):
    result = list_add_improved(values1, values2)

    assert expected == result
```

Betrachten wir auch den Spezialfall von Zahlen ungleicher Länge für beide Implementierungen – nur die zweite, verbesserte Variante handhabt dies korrekt:

```
>>> list_add([7,2,1], [1,2,7,0,0,0])
[8, 4, 8]

>>> list_add_improved([7, 2, 1], [1, 2, 7, 0, 0, 0])
[1, 2, 7, 7, 2, 1]
```

Lösung 11b: Addition Invers (★★★☆☆)

Was ändert sich, wenn die Ziffern in umgekehrter Reihenfolge in der Liste gespeichert sind?

Beispiele

Eingabe 1	Eingabe 2	Resultat
123 = [3, 2, 1]	456 = [6, 5, 4]	579 = [9, 7, 5]
927 = [7, 2, 9]	135 = [5, 3, 1]	1062 = [2, 6, 0, 1]

Algorithmus Wenn die Reihenfolge der Ziffern umkehrt zu derjenigen innerhalb der Zahl ist, dann vereinfacht sich einiges: Man kann dann nämlich direkt addieren und die Behandlung von Zahlen ungleicher Ziffernanzahl wird leichter. Auch hier greifen wir wieder auf die Funktion `safe_get_at()` zurück. Zudem muss bei einem Überlauf nur in natürlicher Richtung eine 1 hinzugefügt werden:

```
def list_add_inverse(inputs1, inputs2):
    result = []
    carry = 0

    idx = 0
    while idx < len(inputs1) or idx < len(inputs2):
        value1 = safe_get_at(inputs1, idx)
        value2 = safe_get_at(inputs2, idx)

        sum = value1 + value2 + carry
        carry = 1 if sum >= 10 else 0

        result.append(sum % 10)
        idx += 1

    # Bei einem Übertrag "vorne" eine 1 hinzufügen
    if carry == 1:
        result.append(1)

    return result
```

Prüfung

Gegeben seien zwei Zahlen in Form von Listen mit einzelnen Ziffern andersherum als im Auftreten in der Zahl. Im Speziellen erlaubt diese Variante das Addieren unterschiedlich langer Zahlen, ohne dafür mit zwei Indexwerten hantieren zu müssen:

```
@pytest.mark.parametrize("values1, values2, expected",
                         [([3, 2, 1], [6, 5, 4], [9, 7, 5]),
                          ([7, 2, 9], [5, 3, 1], [2, 6, 0, 1])])
def test_list_add_inverse(values1, values2, expected):
    result = list_add_inverse(values1, values2)

    assert expected == result
```

5.3.12 Lösung 12: List Merge (★★☆☆☆)

Gegeben seien zwei Listen mit jeweils in sich aufsteigend sortierten Zahlen, die gemäß ihrer Reihenfolge geordnet in eine Ergebnisliste überführt werden sollen. Schreiben Sie eine Funktion `merge(values1, values2)`.

Beispiele

Eingabe 1	Eingabe 2	Resultat
[1, 4, 7, 12, 20]	[10, 15, 17, 33]	[1, 4, 7, 10, 12, 15, 17, 20, 33]
[2, 3, 5, 7]	[11, 13, 17]	[2, 3, 5, 7, 11, 13, 17]
[2, 3, 5, 7, 11]	[7, 11, 13, 17]	[2, 3, 5, 7, 7, 11 11, 13, 17]
[1, 2, 3]	∅ = []	[1, 2, 3]

Algorithmus Zunächst scheint das Problem leicht lösbar – man startet bei beiden Listen am Anfang. Nun vergleicht man die Werte der jeweiligen Position, fügt den kleineren in das Ergebnis ein und erhöht jeweils die Position in der Liste, aus der das Element stammt. Das sieht dann etwa wie folgt aus:

```
def merge_first_try(values1, values2):
    pos1 = 0
    pos2 = 0
    result = []

    while pos1 < len(values1) or pos2 < len(values2):
        value1 = values1[pos1]
        value2 = values2[pos2]

        if value1 < value2:
            result.append(value1)
            pos1 += 1
        else:
            result.append(value2)
            pos2 += 1

    return result
```

So intuitiv und gut diese Lösung scheint, sie enthält doch noch Probleme. Um diese zu erkennen, probieren wir die Funktion einmal für die zweite Wertekombination aus:

```
>>> merge_first_try([2, 3, 5, 7], [11, 13, 17])
...
IndexError: list index out of range
```

Als Quick Fix könnte man das `or` gegen ein `and` austauschen, wodurch es keine Probleme mehr mit `IndexErrors` gibt, jedoch werden dann nicht mehr alle Elemente beider Liste verarbeitet, meistens je nach Werteverteilung sogar unterschiedlich viele. Das ist somit keine allgemeingültige Lösung, aber trotzdem ein guter Start. Wir müssen nur noch die Besonderheiten der in einer Liste verbleibenden Elemente geeignet abdecken. Diese werden dazu dem Ergebnis hinzugefügt:

```
def merge(values1, values2):
    pos1 = 0
    pos2 = 0
    result = []

    while pos1 < len(values1) and pos2 < len(values2):
        value1 = values1[pos1]
        value2 = values2[pos2]

        if value1 < value2:
            result.append(value1)
            pos1 += 1
        else:
            result.append(value2)
            pos2 += 1

    add_remaining(result, values1, pos1)
    add_remaining(result, values2, pos2)

    return result
```

Das Anfügen der restlichen Elemente lagern wir in eine Funktion `add_remaining()` aus. Interessanterweise bedarf es vor deren Aufruf keiner speziellen Prüfungen – dies ist indirekt durch die Übergabe des jeweiligen Index sowie die Abbruchbedingung in der `for`-Schleife gegeben:

```
def add_remaining(result, values, idx):
    for i in range(idx, len(values)):
        result.append(values[i])
```

Python-Shortcut für `add_remaining()` Tatsächlich erfolgt das Anfügen der restlichen Elemente mithilfe von Slicing kürzer und verständlicher wie folgt:

```
def add_remaining(result, values, idx):
    result += values[idx:]
```

Python-Shortcut Das sortierte Zusammenführen zweier Listen kann man ganz einfach durch den +-Operator und mithilfe von `sorted()` umsetzen:

```
def merge(values1, values2):
    return sorted(values1 + values2)
```

Alternativer Algorithmus Eine Variante besteht darin, die Ergebnisdatenstruktur schon vorab zu erzeugen. Dann muss man jedoch mit noch mehr Indexvariablen arbeiten und das Ganze wird unübersichtlich. Wie könnte man die Indexzugriffe vermeiden?

Statt der potenziell fehlerträchtigen Indexzugriffe versuchen wir uns an einer Variante mit Iteratoren. Wir durchlaufen die beiden Listen von vorne nach hinten und fügen wie gehabt passend die Elemente ein. Auch das Anfügen des verbleibenden Teilstücks lässt sich recht einfach auf Iteratoren übertragen:

```
def list_merge_with_iter(values1, values2):
    result = []

    iterator1 = iter(values1)
    iterator2 = iter(values2)
    while True:
        try:
            value1, iterator1 = peek(iterator1)
            value2, iterator2 = peek(iterator2)

            if value1 < value2:
                result.append(value1)
                next(iterator1)
            else:
                result.append(value2)
                next(iterator2)
        except StopIteration:
            break

    add_remaining_with_iter(result, iterator1)
    add_remaining_with_iter(result, iterator2)

    return result
```

Als Letztes implementieren wir noch das Hinzufügen der verbleibenden Elemente – das ist jedoch mit Iteratoren schon ein wenig aufwendiger als die beiden zuvor gezeigten Varianten:

```
def add_remaining_with_iter(result, it):
    while True:
        try:
            value = next(it)
            result.append(value)
        except StopIteration:
            break
```

Eine weitere Schwierigkeit besteht darin, dass wir die Elemente nicht einfach beide per `next()` auslesen können, da ja immer nur ein Element in das Resultat übertragen wird. Deswegen bedienen wir uns eines Tricks und erstellen folgende Funktion `peek()`, die zunächst das nächste Element ermittelt und dann den Iterator wieder rekonstruiert. Auf diese Weise können wir im obigen Algorithmus zunächst einen Blick auf die jeweiligen Elemente werfen und nach dem Größenvergleich dann aus den jeweils korrekten Eingabedaten das Element konsumieren.

```
def peek(it):
    first = next(it)
    return first, itertools.chain([first], it)
```

Dabei kommt die Funktion `chain()` zum Einsatz, mit deren Hilfe sich zwei Iterables miteinander verknüpfen lassen, also aus zwei mach eins. Hier dient sie dazu, den ursprünglichen Datenbestand des Iterators wiederherzustellen.

Prüfung

Wir prüfen die Funktionalität mit den Wertekombinationen aus der Einführung:

```
def inputs_and_expected():
    return [([1, 4, 7, 12, 20], [10, 15, 17, 33],
             [1, 4, 7, 10, 12, 15, 17, 20, 33]),
            ([2, 3, 5, 7], [11, 13, 17],
             [2, 3, 5, 7, 11, 13, 17]),
            ([2, 3, 5, 7, 11], [7, 11, 13, 17],
             [2, 3, 5, 7, 7, 11, 11, 13, 17]),
            ([1, 2, 3], [], [1, 2, 3])]


@pytest.mark.parametrize("values1, values2, expected",
                         inputs_and_expected())
def test_merge(values1, values2, expected):
    result = merge(values1, values2)

    assert expected == result


@pytest.mark.parametrize("values1, values2, expected",
                         inputs_and_expected())
def test_merge_with_iter(values1, values2, expected):
    result = merge_with_iter(values1, values2)

    assert expected == result
```

5.3.13 Lösung 13: Excel Magic Select (★★☆☆☆)

Wenn Sie ein wenig mit Excel arbeiten, dann haben Sie bestimmt schon einmal die sogenannte Magic Selection verwendet. Diese füllt einen markierten Bereich fortlaufend mit Werten auf Basis der vorhergehenden Werte. Das funktioniert unter anderem für Zahlen, Wochentage oder Datumsangaben. Schreiben Sie dazu eine Methode `generate_following_values(current_value, sequence_length)`, die das für Zahlen implementiert. Erstellen Sie eine Abwandlung davon, die beispielsweise für Wochentage oder andere Daten in Form vordefinierter Werte aus einer Liste funktioniert und folgende Signatur besitzt: `generate_following_values_for_predefined(predefined_values, current_value, sequence_length)`.

Beispiele

Startwert	Anzahl	Resultat
1	7	[1, 2, 3, 4, 5, 6, 7]
5	4	[5, 6, 7, 8]
FRIDAY	8	[FRIDAY, SATURDAY, SUNDAY, MONDAY, TUESDAY, WEDNESDAY, THURSDAY, FRIDAY]

Algorithmus Obwohl man zunächst vermuten könnte, dass dem Ganzen etwas sehr Ausgeklügeltes zugrunde liegt, stellt man beim Nachdenken über den Algorithmus doch recht schnell fest, dass man dazu lediglich eine Liste als Ergebnisdatenstruktur und eine Schleife zu deren Befüllung benötigt:

```
def generate_following_values(current_value, sequence_length):
    result = []
    while sequence_length > 0:
        result.append(current_value)
        current_value += 1
        sequence_length -= 1

    return result
```

Python-Shortcut Mit einer List Comprehension schreibt man das kurz wie folgt:

```
def generate_following_values_v2(start_value, sequence_length):
    return [value for value in range(start_value,
                                     start_value + sequence_length)]
```

Alternativ lässt sich dies durch die Kombination verschiedener Funktionalitäten aus dem Modul `itertools` realisieren – mir gefallen die beiden vorherigen Varianten von der Lesbarkeit und Verständlichkeit jedoch deutlich besser:

```
def generate_following_values_built_in(start_value, sequence_length):
    return list(itertools.islice(itertools.count(start_value), sequence_length))
```

Abgewandelter Algorithmus Ähnlich einfach ist auch das Auffüllen mit Wochentagen bzw. über eine Liste vordefinierter Werte, die sich im Gegensatz zu Zahlenwerten immer nach der Länge der Sequenz wiederholen.

Mit diesem Wissen wandeln wir den zuvor genutzten Algorithmus minimal ab:

```
def generate_following_values_for_predefined(predefined_values,
                                             current_value, sequence_length):
    result = []
    current_pos = predefined_values.index(current_value)
    while sequence_length > 0:
        result.append(current_value)
        current_value, current_pos = next_cyclic(predefined_values, current_pos)
        sequence_length -= 1

    return result
```

Diese Methode soll das zyklische Durchlaufen einer Liste in Vorwärtsrichtung ermöglichen, indem nach dem letzten Element wieder am Anfang gestartet wird:

```
def next_cyclic(values, current_pos):
    next_pos = (current_pos + 1) % len(values)

    return values[next_pos], next_pos
```

Prüfung

Zum Nachvollziehen der Vervollständigung nutzen wir einen parametrisierten Test, unter anderem einen startend an einem Freitag, um danach acht Werte zu generieren:

```
@pytest.mark.parametrize("start_value, sequence_length, expected",
                         [(1, 7, [1, 2, 3, 4, 5, 6, 7]),
                          (5, 4, [5, 6, 7, 8])])
def test_generate_following_values(start_value, sequence_length, expected):
    result = generate_following_values(start_value, sequence_length)

    assert expected == result


def predefined_values():
    return ["Monday", "Tuesday", "Wednesday", "Thursday",
            "Friday", "Saturday", "Sunday"]


@pytest.mark.parametrize("predefined_values, current_value, "
                         "sequence_length, expected",
                         [(predefined_values(), "Monday", 3,
                           ["Monday", "Tuesday", "Wednesday"]),
                          (predefined_values(), "Friday", 8,
                           ["Friday", "Saturday", "Sunday", "Monday",
                            "Tuesday", "Wednesday", "Thursday", "Friday"])])
def test_generate_following_values_for_predefined(predefined_values,
                                                  current_value,
                                                  sequence_length, expected):
    result = generate_following_values_for_predefined(predefined_values,
                                                      current_value,
                                                      sequence_length)

    assert expected == result
```

5.3.14 Lösung 14: Stack Based Queue (★★☆☆☆)

In der Einführung haben wir die Datenstrukturen Stack und Queue kennengelernt und eine Queue auf Basis einer Liste implementiert. In Aufgabe 2 wurde dann ein Stack selbst realisiert. Nun sollen Sie eine Queue auf Basis der Datenstruktur Stack implementieren.

Beispiel

Die Funktionalität prüfen Sie bitte mit folgendem Ablauf:

```
def main():
    waiting_persons = Queue()

    waiting_persons.enqueue("Marcello")
    waiting_persons.enqueue("Michael")
    waiting_persons.enqueue("Karthi")

    while not waiting_persons.is_empty():
        if waiting_persons.peek() == "Michael":
            # reprocess at the end
            waiting_persons.enqueue("Michael again")

        next_person = waiting_persons.dequeue()
        print("Processing " + next_person)
```

Das kleine Beispielprogramm sollte folgende Ausgaben produzieren:

```
Processing Marcello
Processing Michael
Processing Karthi
Processing Michael again
```

Algorithmus Wir haben bereits gelernt, dass ein Stack gut dafür einzusetzen ist, die Reihenfolge beispielsweise einer Liste umzukehren. Wenn man zwei Stacks geeignet kombiniert, einen als Eingangspuffer und einen als Ausgangspuffer, dann kann man eine Queue recht einfach folgendermaßen realisieren – etwas tricky ist nur, dass man die Daten aus dem Eingangspuffer in den Ausgangspuffer erst dann überträgt, wenn dieser leer ist:

```
class Queue:
    def __init__(self):
        self._inbox = Stack()
        self._outbox = Stack()

    def enqueue(self, elem):
        self._inbox.push(elem)

    def dequeue(self):
        if self.is_empty():
            raise QueueIsEmptyException()

        self._transfer_inbox_to_outbox()

        return self._outbox.pop()

    def peek(self):
        if self.is_empty():
            raise QueueIsEmptyException()

        self.__transfer_inbox_to_outbox()

        return self._outbox.peek()

    def is_empty(self):
        return self._inbox.is_empty() and self._outbox.is_empty()

    def _transfer_inbox_to_outbox(self):
        if self._outbox.is_empty():
            # transfer inbox to outbox
            while not self._inbox.is_empty():
                self._outbox.push(self._inbox.pop())
```

Prüfung

Zur Prüfung unserer Implementierung der Stack-basierten Queue führen wir die `main()`-Funktion aus und sehen, dass die Ausgabe wie erwartet erfolgt.

6 Arrays

Arrays sind Datenstrukturen, die in einem zusammenhängenden Speicherbereich Werte gleichen Datentyps speichern. Damit sind Arrays speicheroptimaler und performanter als Listen, werden in Python jedoch nicht nativ unterstützt. Nachfolgend wollen wir uns die Verarbeitung von Daten mithilfe von Zusatzmodulen anschauen und anhand von Übungsaufgaben vertiefen.

6.1 Einführung

Während Arrays in vielen anderen Programmiersprachen als Grundbausteine existieren, gibt es diese in Python nur als Erweiterung, etwa in den Modulen `array` und `numpy`. Weil ersteres nur eindimensionale Arrays und eine kryptische Syntax wie

```
ints = array.array('i', [2, 4, 6, 8])
```

bietet, fällt für die nachfolgenden Beschreibungen die Wahl auf `numpy`, dessen Array-Implementierung eleganter und angenehmer in der Handhabung ist. Insbesondere lassen sich Arrays ganz einfach aus Listen, auch mehrdimensional, erzeugen:

```
import numpy as np

numbers = np.array([1, 2, 3, 4, 5, 6, 7])
primes = np.array([2, 3, 5, 7, 11, 13, 17])

twodim = np.array([["A1", "A2"],
                   ["B1", "B2"],
                   ["C1", "C2"]])
```

NumPy fühlt sich fast wie ein Built-in-Datentyp an, da viele Operationen wie Slicing und Indexzugriffe oder die Standardfunktion `len()` möglich sind. Was dabei für mehrdimensionale Arrays zu beachten ist, schauen wir uns später an.

Durch die Bereitstellung als eigenständiges Modul muss zwar ein Import erfolgen, aber Arrays sind im Gegensatz zu vielen Built-in-Datentypen anderer Sprachen nicht nur ein einfacher Datenbehälter, sondern können deutlich mehr an Funktionalität als beispielsweise in Java oder C++. NumPy bietet z. B. diverse mathematische Funktionalitäten. Auf Spezialitäten rund um NumPy gehe ich später noch etwas genauer ein, nachdem wir in dieser Einführung sowohl eindimensionale als auch mehrdimensionale Arrays kennengelernt und ein Grundverständnis für Arrays aufgebaut haben.

6.1.1 Eindimensionale Arrays

Zur Einführung in die Verarbeitung von Daten mit Arrays und zum Aufbau von Wissen zu möglichen Interviewfragen betrachten wir einige Beispiele.

Textuelle Ausgaben

Arrays bieten eine ansprechende textuelle Ausgabe, was für das Nachvollziehen der kommenden, insbesondere der zweidimensionalen Beispiele von großem Nutzen ist.

```
>>> grades = np.array(["A1", "A2", "B1", "B2", "C1", "C2"])

>>> grades
array(['A1', 'A2', 'B1', 'B2', 'C1', 'C2'], dtype='<U2')
```

Beispiel 1: Tauschen von Elementen

Eine gebräuchliche Funktionalität ist das Vertauschen von Elementen an zwei Positionen. Das lässt sich einfach und lesbar in einer Funktion `swap(values, first, second)` wie folgt schreiben:

```
def swap(values, first, second):
    value1 = values[first]
    value2 = values[second]

    values[first] = value2
    values[second] = value1
```

Selbstverständlich kann man das Ganze auch mit nur drei Zuweisungen und einer temporären Variablen lösen, jedoch finde ich die obige Variante ein klein wenig verständlicher:

```
def swap(values, first, second):
    tmp = values[first]

    values[first] = values[second]
    values[second] = tmp
```

In Python gibt es noch folgende Variante basierend auf einer Tupel-Zuweisung:

```
def swap_with_tuple(values, first, second):
    values[second], values[first] = values[first], values[second]
```

Hinweis: Bevorzuge Lesbarkeit und Verständlichkeit

Bedenken Sie bitte, dass Lesbarkeit und Verständlichkeit der Schlüssel zu Korrektheit und Wartbarkeit sind. Zudem erleichtert dies oftmals auch die Testbarkeit.

Während die Hilfsvariable zum Einsparen der einen Zuweisung ziemlich eingängig ist, gibt es durchaus aufwendiger nachvollziehbare Low-Level-Optimierungen. Diese sind dann meistens schwieriger lesbar und schlechter verständlich.

Beispiel 2: Grundlegende Funktionalitäten für Arrays

Nun wollen wir die Funktion `find(values, search_for)` schreiben, die in einem eindimensionalen Array oder einer Liste nach einem Wert suchen und dessen Position oder -1 für »nicht gefunden« liefern soll:

```
def find(values, search_for):
    for i in range(len(values)):
        if values[i] == search_for:
            return i

    return -1
```

Das Ganze kann man als typisches Suchproblem mit einer `while`-Schleife lösen – dabei ist die Bedingung am Ende der Schleife als Kommentar angegeben:

```
def find(values, search_for):
    pos = 0
    while pos < len(values) and not values[pos] == search_for:
        pos += 1

    # i >= len(values) or values[i] == searchFor
    return -1 if pos >= len(values) else pos
```

Bitte beachten Sie noch Folgendes: In Standard-Python liefert `len()` die Länge einer Liste, so auch für Arrays, sofern diese eindimensional sind. Alternativ bietet NumPy auch ein Attribut `size` auf dem Array. Bei zweidimensionalen Arrays weichen die Werte voneinander ab – später mehr dazu.

Pythonic-Variante mit `enumerate()` Obwohl sich beim Arbeiten auf Array-Elementen indizierte Zugriffe kaum vermeiden lassen und oftmals auch recht intuitiv sind, entsprechen Zugriffe über den Index in Kombination mit `range(len(values))` jedoch nicht unbedingt gutem Stil in Python. Teilweise gibt es elegantere Möglichkeiten, wie die nachfolgend gezeigte mit `enumerate()`:

```
def find_with_enumerate(values, search_for):
    for i, value in enumerate(values):
        if value == search_for:
            return i

    return -1
```

Beispiel 3: Duplikate entfernen

Gegeben sei ein sortiertes Array von positiven Zahlen, jedoch mit doppelten Werten. Das Entfernen der Duplikate sollte folgendes Resultat liefern:

```
[1, 2, 2, 3, 3, 3, 4, 4, 4, 4] => [1, 2, 3, 4]
```

Tipps für das Jobinterview: Problemlösungsstrategien

Im Jobinterview sollten Sie immer auch ein paar Fragen stellen, um den Kontext abzugrenzen und ein besseres Verständnis zu gewinnen. Für dieses Beispiel ergeben sich unter anderem folgende mögliche Fragen:

1. Muss die Reihenfolge / Sortierung der Nummern erhalten bleiben?
2. Darf ein neues Array erzeugt werden oder müssen die Aktionen inplace – also innerhalb des Originalarrays – erfolgen?
3. Für inplace stellen sich weitere Fragen:
   a. Was soll genau beim Entfernen / Löschen passieren?
   b. Welcher Wert repräsentiert »kein Eintrag«?

Lösung 1 für Beispiel 3: Neues Array und sortierte Eingabe Nehmen wir an, wir dürfen bei der Eliminierung von Duplikaten ein neues Array als Ergebnis zurückliefern. Vielleicht kommen wir beim Implementieren auf die Idee, die Duplikate einfach durch das Umfüllen in ein Set zu entfernen. Allerdings ist dadurch nicht garantiert, dass die ursprüngliche Reihenfolge erhalten bleibt. Um sicherzugehen, empfiehlt sich der Umweg über ein Dictionary, das garantiert, dass die Einfügereihenfolge der Schlüssel bestehen bleibt. Mithilfe von `fromkeys()` wird ein Dictionary anhand der übergebenen Liste erstellt und automatisch doppelte Schlüssel entfernt. Als zweiten Schritt bereiten wir ein neues Array basierend auf den Schlüsseln auf. Dieses Vorgehen lässt sich wie folgt implementieren:

```
def remove_duplicates_new_array(sorted_numbers):
    # Reihenfolge wechselt potenziell
    # unique_values = list(set(sorted_numbers))

    # Reihenfolge stabil
    unique_values = list(dict.fromkeys(sorted_numbers))
    return np.array(unique_values)
```

Lösung 2 für Beispiel 3: Variante für unsortierte / beliebige Zahlen Die vorherige Aufgabenstellung der Duplikatentfernung in sortierten Zahlen war noch einfach zu lösen. Wie gehen wir aber bei nicht sortierten Ausgangsdaten vor, wenn die ursprüngliche Reihenfolge beibehalten werden muss? Aus der linken Wertefolge sollte dann das rechts gezeigte Ergebnis entstehen:

```
[1, 4, 4, 2, 2, 3, 4, 3, 4] => [1, 4, 2, 3]
```

Interessanterweise wäre in dem Fall ein Set als Ergebnisdatenstruktur nicht wirklich sinnvoll, weil es die ursprüngliche Reihenfolge potenziell durcheinanderbringen würden. Allerdings können wir ein Set als Hilfsdatenstruktur für bereits vorhandene Zahlen nutzen und zur Speicherung des Ergebnisses eine Liste verwenden - diese Variante funktioniert ebenso gut mit bereits sortierten Daten:

```
def remove_duplicates_stable(numbers):
    return np.array(collect_unique_values_stable(numbers))


def collect_values_stable(numbers):
    result = []
    unique_values = set()
    for value in numbers:
        if not value in unique_values:
            unique_values.add(value)
            result.append(value)

    return result
```

Dieses Beispiel verdeutlicht die Vorteile, kleine Funktionalitäten zu extrahieren, die jeweils in sich abgeschlossen sind, also dem SRP (Single Responsibility Principle)[1] folgen. Mehr noch: Funktionen verständlich zu halten und Details in Hilfsfunktionen zu verlagern, erlaubt es oftmals, nachträgliche Änderungen möglichst lokal zu halten.

Da als Besonderheit seit Python 3.6 die Reihenfolge der Keys beim Erstellen eines Dictionaries mit `fromkeys()` der späteren Iterationsreihenfolge entspricht, kann man das Aufsammeln noch kürzer wie folgt schreiben:

```
def collect_unique_values_stable_shorter(numbers):
    return list(dict.fromkeys(numbers))
```

Lösung 3 für Beispiel 3: Inplace-Variante Gegeben sei wieder ein sortiertes Array von positiven Zahlen:

```
sortedNumbers = [1, 2, 2, 3, 3, 3, 4, 4, 4, 4]
```

Dort sollen alle Duplikate entfernt werden, allerdings darf diesmal kein neues Array erzeugt werden, wodurch sich die Umsetzung etwas schwieriger gestaltet: Laufe durch das Array, prüfe bei jedem Element, ob dieses schon im Ergebnis existiert und es sich also um ein Duplikat handelt. Diese Prüfung lässt sich durch einen Vergleich des aktuellen Elements mit dem Vorgänger realisieren. Diese Vereinfachung ist möglich, weil eine Sortierung existiert – ohne diese wäre das Ganze deutlich komplizierter zu lösen. Die Verarbeitung starten wir an der vordersten Position und gehen nun schrittweise weiter. Dabei sammeln wir auf der linken Seite des Arrays alle Zahlen ohne Duplikate. Damit wir wissen, wo wir im Array lesen bzw. schreiben müssen, nutzen wir jeweils Positionszeiger namens `read_pos` und `write_pos`. Findet man ein doppeltes Zeichen, so läuft der Lesezeiger weiter, der Schreibzeiger bleibt stehen:

```
def remove_duplicates_inplace_first_try(sorted_numbers):
    prev_value = sorted_numbers[0]
    write_pos = 1
    read_pos = 1

    while read_pos < len(sorted_numbers):
        current_value = sorted_numbers[read_pos]
```

[1] Auf das SRP gehe ich ausführlich in meinem Buch »Der Weg zum Java-Profi« [4] ein.

```
        if prev_value != current_value:
            sorted_numbers[write_pos] = current_value
            write_pos += 1
            prev_value = current_value

        read_pos += 1
```

Rufen wir diese Funktion einmal auf:

```
>>> sorted_numbers = np.array([1, 2, 2, 3, 3, 3, 4, 4, 4, 4])
>>> remove_duplicates_inplace_first_try(sorted_numbers)
>>> print(sorted_numbers)
```

Diese Variante ist zwar funktional korrekt, jedoch ist das Ergebnis verwirrend:

```
[1 2 3 4 3 3 4 4 4 4]
```

Das liegt daran, dass hier inplace gearbeitet wird und es keinen Hinweis gibt, wie sich das Ergebnis abgrenzen lässt, also bis wohin die Werte gültig sind und wo die ungültigen, »entfernten« Werte anfangen. Demnach wären zwei Dinge empfehlenswert:

1. Man gibt die Länge des gültigen Bereichs zurück.
2. Man löscht die Folgepositionen mit einem speziellen Wert, etwa -1 für Zahlentypen oder für Referenztypen `None`. Wichtig ist, dass dieser Wert nicht in der Wertemenge vorkommen darf, weil sonst Irritationen und Inkonsistenzen vorprogrammiert sind.

Folgende Modifikation setzt beide Punkte um und verwendet zudem eine `for`-Schleife, die das Ganze minimal eleganter und kürzer macht:

```
def remove_duplicates_inplace_improved(sorted_numbers):
    write_index = 1

    for i in range(1, len(sorted_numbers)):
        current_value = sorted_numbers[i]
        prev_value = sorted_numbers[write_index - 1]

        if prev_value != current_value:
            sorted_numbers[write_index] = current_value
            write_index += 1

    # Löschen der nicht mehr benötigten Positionen
    for i in range(write_index, len(sorted_numbers)):
        sorted_numbers[i] = -1

    return write_index
```

Ein Aufruf dieser Funktion liefert die Länge des gültigen Bereichs (zusätzlich sind nach dem letzten gültigen Index im modifizierten Array alle Werte auf -1 gesetzt). Prüfen wir dies, indem wir folgende Zeilen ausführen:

```
>>> sorted_numbers = np.array([1, 2, 2, 3, 3, 3, 4, 4, 4, 4])
>>> pos = remove_duplicates_inplace_improved(sorted_numbers)
>>> print("pos:", pos, " / values: ", sorted_numbers)
pos: 4 / values:  [ 1  2  3  4 -1 -1 -1 -1 -1 -1]
```

Zwischenfazit Das Beispiel verdeutlicht einige Problematiken. Zum einen ist es oftmals komplexer, inplace – also ohne das Erzeugen neuer Arrays, sondern direkt innerhalb des Originalarrays – zu arbeiten. Zum anderen muss man überlegen, wie man mit Veränderungen umgeht, wenn Werte zwar noch im Array verbleiben, aber nicht mehr Bestandteil des Ergebnisses sind: Man kann entweder einen Zähler zurückgeben oder die Werte mit einem neutralen, speziellen Wert auslöschen. Generell ist es aber oft verständlicher und daher empfehlenswert, die gezeigten Varianten zu nutzen, die ein neues Array erzeugen.

Tipps für das Jobinterview: Alternative Betrachtungsweisen

So einfach wie die Aufgabenstellung zunächst geklungen haben mag, sie birgt doch einiges an Potenzial für verschiedene Ansätze und Lösungsstrategien. Beim Entfernen von Duplikaten könnte man auch auf die Idee kommen, Elemente durch »keinen Eintrag« – bei Objektreferenzen etwa den Wert `None` – zu ersetzen:

```
["Tim", "Tim", "Jim", "Tom", "Jim", "Tom"]
=>
["Tim", None, "Jim", "Tom", None, None]
```

Bei einem nicht sortierten Array könnte man die Werte auch in der Reihenfolge ihres ursprünglichen Auftretens beibehalten:

```
[1, 2, 2, 4, 4, 3, 3, 3, 2, 2, 3, 1] => [1, 2, 4, 3]
```

Alternativ wäre es möglich, jeweils nur aufeinanderfolgende Duplikate zu entfernen:

```
[1, 2, 2, 4, 4, 3, 3, 3, 2, 2, 3, 1] => [1, 2, 4, 3, 2, 3, 1]
```

Wie man sieht, ist selbst bei scheinbar einfachen Aufgaben mehr zu bedenken. Deswegen ist Requirements Engineering und das korrekte Abdecken von Anforderungen eine echte Herausforderung.

Beispiel 4: Rotation um eine oder mehrere Positionen

Wir wollen uns eine weitere Problemstellung anschauen, nämlich das Rotieren eines Arrays um n Positionen nach links bzw. rechts, wobei die Elemente dann zyklisch am Anfang bzw. Ende nachgeschoben werden sollen, wie es nachfolgend visualisiert ist, wobei das mittlere Array die Ausgangsbasis bildet:

2	3	4	1	$\Leftarrow$	1	2	3	4	$\Rightarrow$	4	1	2	3

Der Algorithmus für eine Rotation um ein Element nach rechts ist simpel: Merke dir das letzte Element und dann kopiere wiederholt jeweils das in Rotationsrichtung eins weiter vorne liegende Element in das dahinter. Abschließend wird das zwischengespeicherte letzte Element an vorderster Position eingefügt.

```
def rotate_right(values):
    if len(values) < 2:
        return values

    end_pos = len(values) - 1
    temp = values[end_pos]

    for i in range(end_pos, 0, -1):
        values[i] = values[i - 1]

    values[0] = temp
```

Die Rotation nach links arbeitet analog:

```
def rotate_left(values):
    if len(values) < 2:
        return values

    end_pos = len(values) - 1
    temp = values[0]

    for i in range(end_pos):
        values[i] = values[i + 1]

    values[end_pos] = temp
```

Probieren wir das Ganze einmal in der Python-Kommandozeile aus:

```
>>> import numpy as np

>>> numbers = np.array([1, 2, 3, 4])
... rotate_right(numbers)
>>> numbers
array([4, 1, 2, 3])

>>> numbers = np.array([1, 2, 3, 4])
... rotate_left(numbers)
... print(numbers)
[2 3 4 1]
```

Falls Sie sich über die unterschiedlichen Konsolenausgaben wundern, sei noch darauf hingewiesen, dass wir den Unterschied zwischen der Aufbereitung mit `__repr__()` und `__str__()` sehen: Im ersten Fall wird noch der Typ angegeben und die Werte kommasepariert ausgegeben.

Rotation um n Positionen (simpel) Eine naheliegende Erweiterung ist das Rotieren um eine bestimme Anzahl an Positionen. Das kann man mit Brute Force dadurch lösen, dass man die gerade entwickelte Funktionalität n-mal aufruft:

```
def rotate_right_by_n_simple(values, n):
    for i in range(n):
        rotate_right(values)
```

Diese Lösung ist grundsätzlich akzeptabel, wenn auch durch die häufigen Kopieraktionen nicht performant. Wie geht es effizienter?

Tipp: Optimierung bei großen Werten für n

Zunächst gibt es noch eine kleine Besonderheit: Falls n größer als die Länge des Arrays ist, so muss man nicht ständig rotieren, sondern kann dies durch die Modulo-Operation `i < n % len(values)` auf das tatsächlich benötige Maß begrenzen.

Rotation um n Positionen (tricky) Eine Alternative besteht darin, sich vorzustellen, das ursprüngliche Array würde um n Positionen ergänzt. Dazu wird ein unabhängiger Puffer verwendet, der die letzten n Elemente zwischenspeichert. Dies ist in der Funktion `fill_temp_with_last_n()` implementiert. Dazu wird zunächst ein passend großes Array erstellt und die letzten n Werte dort abgelegt. Danach kopieren wir in einer Schleife die Werte wie zuvor, jedoch mit einem Versatz von n. Zum Abschluss müssen wir nur noch die Werte aus dem Puffer mithilfe von `copy_temp_buffer_to_start()` zurück kopieren:

```
def rotate_right_by_n(values, n):
    adjusted_n = n % len(values)
    temp_buffer = fill_temp_with_last_n(values, adjusted_n)

    # Kopiere n Positionen nach rechts
    for i in range(len(values) - 1, adjusted_n - 1, -1):
        values[i] = values[i - adjusted_n]

    copy_temp_buffer_to_start(temp_buffer, values)

    return values


def fill_temp_with_last_n(values, n):
    temp_buffer = np.arange(n)

    for i in range (n):
        temp_buffer[i] = values[len(values) - n + i]

    return temp_buffer


def copy_temp_buffer_to_start(temp_buffer, values):
    for  i in range(len(temp_buffer)):
        values[i] = temp_buffer[i]
```

Einen Hinweis möchte ich noch geben: Das gerade vorgestellte Verfahren zur Rotation kann speichertechnisch suboptimal werden, insbesondere, wenn der Wert n sehr groß und das Array an sich auch riesig ist – für unsere Beispiele spielt dies aber keine Rolle. Interessanterweise wäre dann die simple Variante speichertechnisch besser, wenn auch aufgrund der häufigen Kopieraktionen vermutlich ziemlich langsam.

6.1.2 Mehrdimensionale Arrays

In diesem Abschnitt wollen wir uns kurz mit mehrdimensionalen Arrays beschäftigen. Weil es in der Praxis häufiger vorkommt und man es sich auch visuell gut vorstellen kann, beschränken wir uns dabei auf zweidimensionale Arrays. Im Folgenden wird eine rechteckige Form angenommen.[2]

Ein zweidimensionales rechteckiges Array kann man etwa zur Modellierung eines Spielfelds, eines Sudoku-Rätsels oder einer Landschaft, repräsentiert durch Zeichen, nutzen. Zum besseren Verständnis und Einstieg betrachten wir ein Beispiel: Nehmen wir an, # stünde für eine Begrenzungsmauer, $ für einen einzusammelnden Gegenstand und P für den Spieler sowie X für den Ausgang aus einem Level. Mit diesen Zeichen kann man ein Spielfeld wie folgt beschreiben:

```
################
##  P         ##
####    $ X ####
###### $  ######
################
```

In Python lässt sich zur Verarbeitung ein zweidimensionales Array nutzen, das wir basierend auf in Listen umgewandelten Strings wie folgt konstruieren:

```
def main():
    world = np.array([list("################"),
                      list("##  P         ##"),
                      list("####    $ X ####"),
                      list("###### $  ######"),
                      list("################")])
    print_array(world)


def print_array(values):
    max_y, max_x = get_dimension(values)
    for y in range(max_y):
        for x in range(max_x):
            value = values[y][x]
            print(value, end=" ")
        print()
```

Listing 6.1 Ausführbar als 'TWO_DIM_ARRAY_WORLD_EXAMPLE.PY'

Es gibt zwei Varianten, wie man beim Speichern die Koordinaten angeben kann: Zum einen [x][y] und zum anderen, wenn man eher zeilenorientiert denkt, [y][x]. Das kann zwischen unterschiedlichen Entwicklern zu Missverständnissen und Diskussionen führen. Eine kleine Abhilfe erreicht man, wenn man sich Zugriffsfunktionen, etwa `get_at(values, x, y)`, schreibt und die jeweilige Präferenz dort berücksichtigt – ich werde nachfolgend direkte indizierte Array-Zugriffe bevorzugen:

```
def get_at(values, x, y) :
    return values[y][x];
```

[2]In anderen Sprachen sind mehrdimensionale Arrays oftmals als Arrays von Arrays realisiert und müssen somit nicht zwingend rechteckig sein. In Python gilt das gleichermaßen für verschachtelte Listen, nicht jedoch für NumPy-Arrays, die immer rechteckig sind.

Führen wir das Modul TWO_DIM_ARRAY_WORLD_EXAMPLE.PY aus, um die Ausgabefunktionalität in Aktion zu erleben. Im Folgenden werden wir immer mal wieder auf Ähnliches zurückgreifen – neben dem Debugging ist eine Konsolenausgabe gerade bei mehrdimensionalen Arrays ziemlich hilfreich.

```
# # # # # # # # # # # # # # # #
# #     P                   # #
# # # #       $   X     # # # #
# # # # # #   $     # # # # # #
# # # # # # # # # # # # # # # #
```

Einführendes Beispiel

Unsere Aufgabe besteht nun darin, ein Array um 90 Grad nach links bzw. rechts zu drehen. Schauen wir uns das Ganze beispielhaft für zwei Rechtsdrehungen an:

```
1111        4321        4444
2222   =>   4321   =>   3333
3333        4321        2222
4444        4321        1111
```

Versuchen wir, das Vorgehen ein wenig zu formalisieren. Am einfachsten lässt sich die Rotation realisieren, wenn man ein neues Array erzeugt und dann geeignet befüllt. Zur Ermittlung der Formeln nutzen wir konkrete Beispieldaten, die das Verständnis erleichtern (xn und yn stehen für die neuen Koordinaten – nachfolgend ist links die Drehung nach links und rechts die Drehung nach rechts zu sehen):

```
          x  0123
         y   ----
         0   ABCD
         1   EFGH

  xn  01                 xn  01
yn    --               yn    --
 0    DH                0    EA
 1    CG                1    FB
 2    BF                2    GC
 3    AE                3    HD
```

Wir sehen, dass aus einem 4 x 2-Array ein 2 x 4-Array wird.

Die Rotation beruht auf folgenden Berechnungsvorschriften, wobei max_x und max_y die jeweiligen maximalen Koordinaten sind:

```
                    Orig    ->   new_x     new_y
------------------------------------------------
rotate_left:        (x,y)   ->   y         max_x-x
rotate_right:       (x,y)   ->   max_y-y   x
```

Mit diesem Wissen machen wir uns an die Implementierung: Wir erzeugen zunächst ein passend großes Array und durchlaufen das Originalarray zeilenweise und dort dann positionsweise. Basierend auf den obigen Formeln lässt sich die Rotation wie folgt implementieren:

```
class RotationDirection(Enum):
    LEFT_90 = auto()
    RIGHT_90 = auto()


def rotate(values, dir):
    orig_length_y, orig_length_x = values.shape

    rotated_array = np.empty(orig_length_x, orig_length_y), values.dtype)

    for y in range(orig_length_y):
        for x in range(orig_length_x):
            max_x = orig_length_x - 1
            max_y = orig_length_y - 1

            orig_value = values[y][x]

            if dir == RotationDirection.LEFT_90:
                new_x = y
                new_y = max_x - x
                rotated_array[new_y][new_x] = orig_value

            if dir == RotationDirection.RIGHT_90:
                new_x = max_y - y
                new_y = x
                rotated_array[new_y][new_x] = orig_value

    return rotated_array
```

Schauen wir uns die Abläufe mal genauer an:

```
def main():
    letters = np.array([["A", "B", "C", "D"],
                        ["E", "F", "G", "H"]])

    left_rotated = rotate(letters, RotationDirection.LEFT_90)
    print(left_rotated)
    right_rotated = rotate(letters, RotationDirection.RIGHT_90)
    print(right_rotated)
```

Schließlich zeigt der Aufruf von `print()` die um 90 Grad nach links bzw. rechts gedrehten Arrays:

```
[['D' 'H']
 ['C' 'G']
 ['B' 'F']
 ['A' 'E']]
[['E' 'A']
 ['F' 'B']
 ['G' 'C']
 ['H' 'D']]
```

Modellierung von Richtungen

In einer Vielzahl von Anwendungsfällen begegnen uns Richtungen. Diese kann man selbstverständlich einfach über eine Aufzählung modellieren. Im Kontext von zweidimensionalen Arrays ist es äußerst praktisch und trägt deutlich zur Lesbarkeit und Verständlichkeit bei, wenn man in der Aufzählung alle wesentlichen Himmelsrichtungen und zudem Offsets in x- und y-Richtung definiert – zur besseren Handhabbarkeit der Deltawerte biete ich eine `to_dx_dy()`-Funktion an:

```
class Direction(Enum):
    N = (0, -1)
    NE = (1, -1)
    E = (1, 0)
    SE = (1, 1)
    S = (0, 1)
    SW = (-1, 1)
    W = (-1, 0)
    NW = (-1, -1)

    def to_dx_dy(self):
        return self.value

    @classmethod
    def provide_random_direction(cls):
        random_index = randrange(len(list(Direction)))
        return list(Direction)[random_index]
```

Tipp: Zufallszahlen

Im Beispiel nutzen wir die Funktion `randrange()`, die Zufallszahlen im Bereich 0 bis zur angegebenen Grenze exklusive erzeugt. Eine Alternative ist `random.randint()`. Um eine Zufallszahl größer gleich 0.0 und kleiner als 1.0 zu erhalten, verwenden wir den Aufruf `random.random()`. Wollten wir beispielsweise die Zahlen eines Würfels simulieren, so könnte man dies wie folgt implementieren:

```
würfel_augen = random.randint(1, 6)
```

Beispiel: Zufälliges Durchlaufen Um die Verarbeitung mit Richtungen etwas zu vertiefen, wollen wir für ein Spielfeld ein Durchlaufen entwickeln. Immer wenn wir an Array-Grenzen stoßen, wählen wir zufällig eine neue Richtung ungleich der alten:

```
def main():
    world = np.array([list("ABCDEF"),
                      list("GHIJKL"),
                      list("MNOPQR"),
                      list("abcdef"),
                      list("ghijkl")])

    dir = Direction.provide_random_direction()
    print("Direction:", dir.name)

    pos_x = 0
    pos_y = 0
    steps = 0
```

```
    while steps < 25:
        print(world[pos_y][pos_x], " ", end="")

        dx, dy = dir.to_dx_dy()
        if not is_on_board(world, pos_x + dx, pos_y + dy):
            dir = select_new_dir(world, dir, pos_x, pos_y)
            dx, dy = dir.to_dx_dy()
            print("\nNew Direction:", dir.name)

        pos_x += dx
        pos_y += dy
        steps += 1


def select_new_dir(world, dir, pos_x, pos_y):
    old_dir = dir
    while True:
        dir = Direction.provide_random_direction()
        dx, dy = dir.to_dx_dy()
        if old_dir != dir and is_on_board(world, pos_x + dx, pos_y + dy):
            break

    return dir
```

Listing 6.2 *Ausführbar als* 'RANDOM_TRAVERSAL_DIRECTION_EXAMPLE.PY'

Bei dieser Aufgabenstellung lernen wir gleich noch eine nützliche Funktion kennen, nämlich die Prüfung, ob ein übergebener x-y-Wert für das Array gültig ist – hier unter der Annahme, dass das Array rechteckig ist.

```
def is_on_board(values, next_pos_x, next_pos_y):
    max_y, max_x = values.shape

    return 0 <= next_pos_x < max_x and 0 <= next_pos_y < max_y
```

Startet man das Modul RANDOM_TRAVERSAL_DIRECTION_EXAMPLE.PY, so kommt es etwa zu folgender Ausgabe, an der man die Richtungswechsel sehr schön nachvollziehen kann – die Ausgabe wird durch die Maximalzahl von 25 Schritten begrenzt. Deshalb finden sich zuletzt nur noch 3 Buchstaben.

```
Direction: SE
A H O d k
New Direction: N
e Q K E
New Direction: SW
J O b g
New Direction: N
a M G A
New Direction: E
B C D E F
New Direction: SW
K P c
```

Tipp: Variante mit Pufferfeldern am Rand

Gerade bei zweidimensionalen Arrays und Zugriffen auf Nachbarfelder kann es zum Vermeiden von Spezialfällen sinnvoll sein, an den Rändern jeweils ein unbenutztes Element hinzuzufügen, nachfolgend mit einem X angedeutet:

```
XXXXXXX
X     X
X     X
X     X
X     X
XXXXXXX
```

Durch diesen Trick besitzen wir immer acht Nachbarfelder und müssen in unsere Programme weniger Spezialbehandlungen einbauen. Das gilt etwa auch, wenn man durch das Array läuft. Statt einer Prüfung auf die Array-Grenzen kann man sich auf eine Prüfung auf den Inhalt des Grenzfelds beschränken. Manchmal ist es auch sinnvoll, ein neutrales Element wie z. B. den Wert 0 zu nutzen, da dies dann Berechnungen nicht beeinflusst.

6.1.3 Typische Fehler

Nicht nur bei der Programmierung von Array-Zugriffen, aber vor allem dort, findet man eine Vielzahl an potenziellen Fehlerquellen, insbesondere folgende:

- **Off-by-one** – Manchmal liegt man beim Zugriff um ein Element daneben, weil z. B. die Indexberechnung einen Fehler enthält, etwa durch eine Subtraktion von 1 zur Korrektur des Index oder durch Vergleiche auf Positionen mit <, <=, >, >=.
- **Array-Grenzen** – Ebenso werden die Grenzen des Arrays mitunter versehentlich missachtet, beispielsweise durch falschen Einsatz von <, <= oder >, >= bei Vergleichen auf Länge oder untere bzw. obere Grenze.
- **Dimensionen** – Wie schon erwähnt, hängt es von der gewählten Variante ab, wie x und y repräsentiert werden. Dadurch kommt es schnell mal zu einem Vertauschen von x und y bei zweidimensionalen Arrays.
- **Rechteckeigenschaft** – Obwohl man bei einem n x m-Array annimmt, dass dieses rechteckig ist, muss dies in Python beim Einsatz von verschachtelten Listen nicht gegeben sein. Man kann für jede neue Zeile eine abweichende Länge vorgeben – viele der nachfolgenden Beispiele nutzen jedoch rechteckige Arrays. Insbesondere, weil nur diese von NumPy unterstützt werden. Der Grund liegt in der Anordnung im Speicher für maximale Performance.
- **Neutrales Element** – Was repräsentiert »kein Wert«. Ist es -1 oder `None`? Wie geht man damit um, wenn das mögliche Werte sind?

6.1.4 Besonderheiten

Auf etwas ganz Besonderes möchte ich noch explizit hinweisen. Praktischerweise können wir nahezu alle unsere entwickelten Programmbausteine sowohl für NumPy-Arrays als auch Listen einsetzen, ohne viel an den realisierten Funktionen ändern zu müssen. Oftmals bedarf es lediglich der nachfolgend gezeigten Größenermittlung. Das ist ein großer Vorteil im Gegensatz zu den Algorithmen bei etwa Java und C++, die man spezifisch für Listen und andere Typen entwickeln muss.

Für viele Algorithmen für zweidimensionale Arrays können wir durch den Trick der folgenden Funktion `get_dimension(values)` zur Bestimmung der Abmessungen die Funktionalität sowohl für Listen als auch für NumPy-Arrays anbieten – nur für einige wenige Beispiele ist das nicht so einfach und erfordert etwas Handarbeit, selten aber eine komplett neue Implementierung.

```
def get_dimension(values):
    if isinstance(values, list):
        return len(values), len(values[0])

    if isinstance(values, np.ndarray):
        return values.shape

    raise ValueError("unsupported type", type(values))
```

Für verschachtelte Listen gibt sie die Anzahl der Zeilen und die Länge der ersten Zeile zurück. Das entspricht exakt den Dimensionen, die man bei NumPy über das Attribut `shape` als Tupel erhält:

```
nested_lists = [[0, 1, 2, 3],
                [4, 5, 6, 7],
                [8, 9, 10, 10]]
nested_lists_array = np.array(nested_lists)

print(get_dimension(nested_lists))
print(get_dimension(nested_lists_array))
```

Das ergibt folgende Ausgaben:

```
(3, 4)
(3, 4)
```

Sonderbehandlung bei Verallgemeinerungen

Manchmal wollen wir die Funktionalitäten nicht nur für spezielle Typen, sondern allgemein anwenden. Dabei muss man mitunter auch Felder mit einem leeren Wert initialisieren oder abfragen, ob ein Feld leer ist. Das schauen wir uns in Aufgabe 6 genauer im Lösungsteil an, wo wir neben Arrays mit Zahlen auch Arrays mit Buchstaben zur Modellierung eines Spielfelds nutzen können wollen. Ein Leerfeld wäre dann etwa durch den Zahlenwert 0 oder ein einzelnes Leerzeichen oder einen leeren String gekennzeichnet. Man könnte diese allgemeingültige Prüfung als Funktion `is_empty_cell(values2dim, x, y)` folgendermaßen formulieren:

```
def is_empty_cell(values2dim, x, y):
    return is_empty(values2dim[y][x])


def is_empty(value):
    if type(value) is str:
        return value == " " or len(value) == 0

    return value == 0
```

6.1.5 Rekapitulation: NumPy

Bislang haben wir in diversen Beispielen schon NumPy genutzt, ohne dass dies besonders anders in der Handhabung wäre als Listen. Das ist ein großer Pluspunkt. Trotzdem möchte ich noch einmal ein paar Dinge explizit vorstellen und auf andere hinweisen.

Was ist eigentlich NumPy? NumPy steht für Numerical Python und ist ein Modul für die Verarbeitung von Arrays. Neben Grundfunktionalitäten existieren mathematische Erweiterungen etwa für lineare Algebra und Matrizen.

Erzeugen von NumPy-Arrays basierend auf Listen

Schauen wir uns kurz an, wie einfach man aus einer Liste ein korrespondierendes NumPy-Array erzeugt:

```
numbers = [1, 2, 3, 4, 5, 6, 7]
numbers_array = np.array(numbers)

firstprimes = [2, 3, 5, 7, 11, 13, 17]
firstprimes_array = np.array(firstprimes)

print(numbers_array)
print(firstprimes_array)
```

Wir erhalten folgende Ausgaben:

```
[1 2 3 4 5 6 7]
[ 2  3  5  7 11 13 17]
```

Das Ganze geht problemlos auch mit zweidimensionalen, also ineinander verschachtelten Listen:

```
twodim = np.array([["A1", "A2"],
                   ["B1", "B2"],
                   ["C1", "C2"]])
print(twodim)
print(len(twodim)) # 3
print(twodim.size) # 6
print(twodim.shape) # (3, 2)
```

Wir erhalten folgende Ausgabe des Arrays (Längen sind hier nicht gezeigt):

```
[['A1' 'A2']
 ['B1' 'B2']
 ['C1' 'C2']]
```

Erzeugen von NumPy-Arrays mit speziellen Werten

Mitunter möchte man Arrays mit einem speziellen Wert vorinitialisieren, dass sind bei Zahlen oftmals die 0 oder die 1. Dafür bietet NumPy spezifische Funktionen:

- `zeros()`
- `ones()`
- `empty()`

Zu beachten ist, dass der erste Wert der Anzahl an Zeilen und der zweite denen der Spalten entspricht. Zudem kann man optional noch einen Datentyp angeben:

```
array_with_zeros = np.zeros((2, 4), dtype='int')
print(array_with_zeros)

array_with_ones = np.ones((5, 10))
print(array_with_ones)

empty_strings_array = np.empty((3, 3), dtype="str")
print(empty_strings_array)
```

Das führt zu folgenden Ausgaben, die verdeutlichen, dass standardmäßig (hier für die Einsen) `float` als Datentyp gewählt wird.

```
[[0 0 0 0]
 [0 0 0 0]]
[[1. 1. 1. 1. 1. 1. 1. 1. 1. 1.]
 [1. 1. 1. 1. 1. 1. 1. 1. 1. 1.]
 [1. 1. 1. 1. 1. 1. 1. 1. 1. 1.]
 [1. 1. 1. 1. 1. 1. 1. 1. 1. 1.]
 [1. 1. 1. 1. 1. 1. 1. 1. 1. 1.]]
[['' '' '']
 ['' '' '']
 ['' '' '']]
```

Derartige Initialisierungen lassen sich zwar mit Python-Bordmitteln auch wie folgt erreichen, jedoch empfinde ich die NumPy-Variante verständlicher:

```
zeros_with_lists = [[0 for x in range(4)] for y in range(2)]
print(zeros_with_lists)

ones_with_lists = [[1 for x in range(10)] for y in range(5)]
print(ones_with_lists)

empty_string_with_list = [["" for x in range(3)] for y in range(3)]
print(empty_string_with_list)
```

Achtung: Fehlerhafte Variante mit List Comprehension

Bitte beachten Sie folgenden Fallstrick: Schnell möchte man Ähnliches wie oben mithilfe von List Comprehensions erzeugen:

```
width = 10
height = 5

# erzeugt nicht unabhängige Referenzen
board = [[0] * width] * height
print(board)

# Achtung: Modifikation geschieht in allen Zeilen!
board[1][1] = 1
print(board)
```

Die so erzeugten Listen sind nicht unabhängig voneinander und Änderungen wirken sich auch in den anderen Zeilen aus.

Weitere Funktionalitäten von NumPy-Arrays

Zuvor hatte ich schon angedeutet, dass NumPy einige mathematische Funktionalitäten out of the box bietet. Doch nicht nur das. Es gibt diverse weitere, die Sie im Detail unter `https://numpy.org/doc/stable/reference/routines.array-manipulation.html` finden. Exemplarisch möchte ich das vertikale und horizontale Flippen des Inhalts eines Arrays demonstrieren, das Sie per Hand in Aufgabe 2 nachbauen sollen.

Betrachten wir die Arbeitsweise anhand von zwei Arrays, wobei die 1 für horizontal und 0 für vertikal steht:

```
import numpy as np

numbers = np.array([[1, 2, 3, 4],
                    [1, 2, 3, 4],
                    [1, 2, 3, 4]])
print(np.flip(numbers, 1))

numbers2 = np.array([[1, 1, 1, 1],
                     [2, 2, 2, 2],
                     [3, 3, 3, 3]])
print(np.flip(numbers2, 0))
```

Dadurch kommt es zu folgenden Ausgaben:

```
[[4 3 2 1]
 [4 3 2 1]
 [4 3 2 1]]
[[3 3 3 3]
 [2 2 2 2]
 [1 1 1 1]]
```

Vorteile von NumPy

Bekanntermaßen sind Listen in Python sehr praktisch und bieten eine geordnete und änderbare Folge von Werten. Die dort gespeicherten Werte können von unterschiedlichem Typ sein (heterogen) oder aber nur gleiche Typen enthalten (homogen). Durch das Ineinanderschachteln von Listen sind mehrdimensionale Strukturen möglich.

NumPy erlaubt nur homogene Wertebelegungen, was oftmals eher ein Vorteil als ein Nachteil ist.

Welche unbestreitbaren Vorteile besitzt es, wenn wir NumPy statt der eingebauten Listen verwenden?

- NumPy-Arrays fügen sich nahtlos ein und sind einfach in der Handhabung.
- NumPy-Arrays belegen (etwas) weniger Speicher.
- NumPy-Arrays sind für diverse Anwendungsfälle (viel) schneller als Listen.

Der letzte Punkte gilt jedoch nur, wenn wir sehr große Datenmengen verarbeiten und vor allem, wenn wir mathematische Operationen wie etwa eine Matrixmultiplikation ausführen. Normale Array-Zugriffe sind teilweise sogar langsamer als indizierte Listenzugriffe. An einem Beispiel werde ich dies später exemplarisch zeigen.

Speicherverbrauch

Um den Speicherverbrauch von Listen und NumPy-Arrays zu vergleichen, erzeugen wir jeweils eine Liste und ein Array mit 100.000 Elementen. Zum Ermitteln des belegten Speichers nutzen wir die `getsizeof()`-Funktionalität aus dem `sys`-Modul.

```
numbers = [i for i in range(100_000)]
print("Size of each element: ", sys.getsizeof(numbers[0]))
print("Size of the list: ", sys.getsizeof(numbers))

numbers_array = np.arange(100_000)
print("Size of each element: ", numbers_array.itemsize)
print("Size of the Numpy array: ", sys.getsizeof(numbers_array))
```

Es kommt zu folgenden Ausgaben:

```
Size of each element:  24
Size of the list:  824456
Size of each element:  8
Size of the Numpy array:  800096
```

Man erkennt schön, dass jedes Element in einer Liste 24 Bytes belegt, in NumPy jedoch nur 8 Bytes. Bei NumPy ergibt sich dann die Gesamtgröße aus der Anzahl der Elemente, deren Größe in Bytes und der Menge an Bytes für das NumPy-Array als Verwaltung:

$$100.000 * 8 + 96 = 800.096$$

Bei Listen hat mich die Ausgabe verwirrt, hier müssten eigentlich

$$100.000 * 24 + x = 2.400.000$$

belegt sein.

Performance-Vergleich

Abschließend wollen wir Listen und Arrays bezüglich ihrer Performance vergleichen. Dabei starten wir mit der Basisfunktionalität des indizierten Zugriffs, um zu erkennen, dass hier die Listen ein klein wenig im Vorteil sind. Wenn es dagegen um Aktionen auf allen Elementen eines Arrays geht, insbesondere auch komplexere mathematische Operationen wie eine Matrixmultiplikation, so kehrt sich das Bild teils massiv um. NumPy kann hier klar seine Stärken ausspielen. Schauen wir uns dies nun anhand von Beispielen etwas genauer an.

Zugriffe per Index Bei indizierten Zugriffen ist NumPy etwas langsamer als die eingebauten Listen. Das sieht man an unserem ersten Beispiel, dem Umdrehen des Inhalts durch einzelne Zuweisungen:

```
for size in (100, 1000, 10000, 100000, 1_000_000):

    print("performing idx assign for ", size, "elements")

    list = range(size)
    array = np.asarray(list)
    result_list = list[:]
    result_array = array[:]

    start = time.process_time()
    for i in range(size):
        result_list = list[size - 1 - i]
    end = time.process_time()
    print("list idx assign took %.2f ms" % ((end - start) * 1000))

    start = time.process_time()
    for i in range(size):
        result_array[i] = array[size - 1 - i]
    end = time.process_time()
    print("array idx assign took %.2f ms" % ((end - start) * 1000))
```

Hier sind vor allem indizierte Lese- und Schreibzugriffe gefragt. Wir schauen uns die Ausgaben an und erkennen, dass in diesem Fall mit einem iMac die Listen etwa 20 % schneller sind:

```
performing idx assign for all 100 elements
list idx assign took 0.02 ms
array idx assign took 0.03 ms
performing idx assign for all 1000 elements
list idx assign took 0.26 ms
array idx assign took 0.33 ms
performing idx assign for all 10000 elements
list idx assign took 2.75 ms
array idx assign took 3.44 ms
performing idx assign for all 100000 elements
list idx assign took 27.81 ms
array idx assign took 35.23 ms
performing idx assign for all 1000000 elements
list idx assign took 273.67 ms
array idx assign took 354.75 ms
```

Wenn man das Ganze leicht abwandelt und als Aktion das Hinzufügen eines konstanten Werts zu jedem Element im Datencontainer ausführen möchte, dann bietet NumPy eine nette Kurzschreibweise und ist ab ca. 1.000 Elementen ein wenig schneller. Je mehr Elemente wir verwalten, desto klarer sieht man die Unterschiede für diese Aktionen:

```
result_list = [i + 5 for i in range(size)]

result_array = array1 + 5
```

Matrixmultiplikation Wir betrachten daher einen Anwendungsfall, wo man bei Einsatz von NumPy Performance-Steigerungen erkennen kann. Das ist die gebräuchliche Matrixmultiplikation, die direkt in NumPy integriert ist. Diese besteht aus einer zeilenweisen und dann elementweisen Multiplikation – die mathematischen Details sind hier nicht von Relevanz, da wir hier lediglich die Performance vergleichen wollen:

```
def python_implementation(arr1, arr2):
    result = [[0 for _ in range(len(arr1))] for _ in range(len(arr2[0]))]

    for row in range(len(arr1)):
        for x1_y2 in range(len(arr2[0])):
            for y2 in range(len(arr2)):
                result[row][x1_y2] += arr1[row][y2] * arr2[y2][x1_y2]
    return result


def numpy_implementation(arr1, arr2):
    return np.array(arr1).dot(arr2)
```

Führen wir die beiden Varianten mit folgendem Sourcecode-Schnipsel einmal aus:

```
max_x = 100
max_y = 50
arr1 = [[random.randrange(1, 100) for _ in range(max_x)] for _ in range(max_y)]
arr2 = [[random.randrange(1, 100) for _ in range(max_y)] for _ in range(max_x)]

start = time.process_time()
python_implementation(arr1, arr2)
end = time.process_time()
print("list perform dot product took %.2f ms" % ((end - start) * 1000))

start = time.process_time()
numpy_implementation(arr1, arr2)
end = time.process_time()
print("array perform dot product took %.2f ms" % ((end - start) * 1000))
```

So erhalten wir folgende Ausgaben, die die deutlichen Geschwindigkeitsvorteile von NumPy mit etwa Faktor 50 – 60 zeigen:

```
list perform dot product took 86.52 ms
array perform dot product took 1.85 ms
```

6.2 Aufgaben

6.2.1 Aufgabe 1: Gerade vor ungeraden Zahlen (★★☆☆☆)

Schreiben Sie eine Funktion `order_even_before_odd(numbers)`. Diese soll ein gegebenes Array bzw. eine Liste von `int`-Werten inplace so umordnen, dass die geraden Zahlen zuerst auftreten und dahinter dann die ungeraden Zahlen. Die Reihenfolge innerhalb der geraden und ungeraden Zahlen ist nicht von Relevanz.

Beispiele

Eingabe	Resultat
[1, 2, 3, 4, 5, 6, 7, 8, 9, 10]	[2, 4, 6, 8, 10, 3, 7, 1, 9, 5]
[2, 4, 6, 1, 8]	[2, 4, 6, 8, 1]
[2, 4, 6, 8, 1]	[2, 4, 6, 8, 1]

6.2.2 Aufgabe 2: Flip (★★☆☆☆)

Schreiben Sie jeweils eine Funktion, die ein zweidimensionales Array horizontal mit `flip_horizontally(values2dim)` bzw. vertikal mit `flip_vertically(values2dim)` spiegelt. Dabei soll das Array rechteckig sein, also keine Zeile länger als eine andere.

Beispiele Nachfolgend ist verdeutlicht, wie diese Funktionalität arbeiten soll:

```
flip_horizontally()          flip_vertically()
-------------------          -----------------
123       321                1144      3366
456  =>   654                2255  =>  2255
789       987                3366      1144
```

6.2.3 Aufgabe 3: Palindrom (★★☆☆☆)

Schreiben Sie eine Funktion `is_palindrome(values)`, die für ein Array von Strings prüft, ob dessen Werte ein Palindrom bilden.

Beispiele

Eingabe	Resultat
["Ein", "Test", " – ", "Test", "Ein"]	True
["Max", "Mike", "Mike", "Max"]	True
["Tim", "Tom", "Mike", "Max"]	False

6.2.4 Aufgabe 4: Inplace Rotate (★★★☆☆)

Aufgabe 4a: Iterativ (★★★☆☆)

In der Einführung habe ich gezeigt, wie man Arrays rotieren kann. Nun soll dies inplace, also ohne das Erzeugen eines neuen Arrays, für ein zweidimensionales quadratisches Array um 90 Grad im Uhrzeigersinn erfolgen. Schreiben Sie dazu eine Funktion `rotate_inplace(values2dim)`, die dies iterativ umsetzt.

Beispiel Für ein 6 x 6-Array ist dies nachfolgend visualisiert:

```
1  2  3  4  5  6        F  G  H  I  J  1
J  K  L  M  N  7        E  T  U  V  K  2
I  V  W  X  O  8   =>   D  S  Z  W  L  3
H  U  Z  Y  P  9        C  R  Y  X  M  4
G  T  S  R  Q  0        B  Q  P  O  N  5
F  E  D  C  B  A        A  0  9  8  7  6
```

Aufgabe 4b: Rekursiv (★★★☆☆)

Schreiben Sie eine rekursive Funktion `rotate_inplace_recursive(values2dim)`, die die gewünschte Rotation um 90 Grad im Uhrzeigersinn implementiert.

6.2.5 Aufgabe 5: Jewels Board Init (★★★☆☆)

Aufgabe 5a: Initialisieren (★★★☆☆)

Initialisieren Sie ein zweidimensionales rechteckiges Array mit zufallsbasierten Zahlen, die verschiedene Arten von Diamanten oder Juwelen als Zahlenwert repräsentieren. Dabei gilt die Randbedingung, dass initial keine drei gleichartigen Diamanten horizontal oder vertikal direkt aufeinanderfolgend platziert sein dürfen. Schreiben Sie eine Funktion `init_jewels_board(width, height, num_of_colors)`, die ein gültiges Array der angegebenen Größe und Anzahl an unterschiedlichen Arten von Diamanten erzeugt.

Beispiel Eine zufällige Verteilung von durch Ziffern repräsentierten Diamanten kann für vier verschiedene Farben und Formen wie folgt aussehen:

```
2 3 3 4 4 3 2
1 3 3 1 3 4 4
4 1 4 3 3 1 3
2 2 1 1 2 3 2
3 2 4 4 3 3 4
```

Zur Veranschaulichung zeigt Abbildung 6-1 ein weiteres Beispiel.

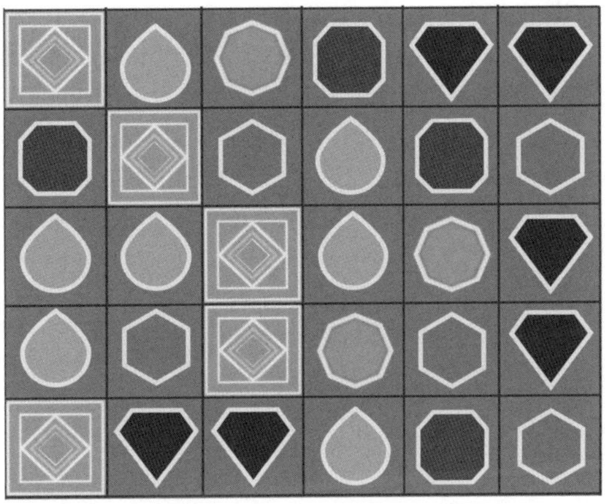

Abbildung 6-1 *Grafische Darstellung eines Jewels Boards*

Bonus: Diagonalenprüfung (★★★☆☆) Ergänzen Sie eine Prüfung auf Diagonalen. Dann sollte die Konstellation aus dem Beispiel unter anderem aufgrund der fett markierten Diagonalen mit der Ziffer 3 rechts unten nicht gültig sein.

Aufgabe 5b: Gültigkeitsprüfung (★★★☆☆)

In dieser Teilaufgabe soll ein bestehendes Spielfeld auf Gültigkeit geprüft werden. Als Herausforderung soll eine Liste mit gefundenen Verstößen zurückgegeben werden. Implementieren Sie eine Funktion `check_board_validity(board2dim)` für ein rechteckiges Array.

Beispiel Um die Gültigkeitsprüfung auszuprobieren, nutzen wir das Spielfeld aus der Einleitung – hier speziell markiert:

```
values_with_errors = [[2, 3, 3, 4, 4, 3, 2],
                      [1, 3, 3, 1, 3, 4, 4],
                      [4, 1, 4, 3, 3, 1, 3],
                      [2, 2, 1, 1, 2, 3, 2],
                      [3, 2, 4, 4, 3, 3, 4]]
```

Dieses sollte folgende Fehler aufgrund seiner Diagonalen produzieren:

```
['Invalid at x=3 y=2 hor=False, ver=False, dia=True',
 'Invalid at x=2 y=3 hor=False, ver=False, dia=True',
 'Invalid at x=4 y=4 hor=False, ver=False, dia=True']
```

6.2.6 Aufgabe 6: Jewels Board Erase Diamonds (★★★★☆)

Die Aufgabe besteht darin, alle Ketten von drei oder mehr horizontal, vertikal oder diagonal zusammenhängenden Diamanten aus dem rechteckigen Spielfeld zu löschen und dann die entstehenden Leerstellen mit den darüber liegenden Diamanten aufzufüllen, also etwa so wie Gravitation in der Natur wirkt. Nachfolgend ist exemplarisch gezeigt, wie sich das Löschen und das anschließende Herunterfallen mehrmals wiederholen, bis keine Änderung mehr erfolgt – Leerstellen sind der besseren Sichtbarkeit als '_' dargestellt:

```
Iteration 1:
1 1 1 2 4 4 3    erase    _ _ _ _ 4 4 _    fall down    _ _ _ _ _ _ _
1 2 3 4 2 4 3     =>      1 2 3 4 _ 4 _       =>        1 2 3 4 4 4 _
2 3 3 1 2 2 3             2 3 3 1 2 _ _                 2 3 3 1 2 4 _

Iteration 2:
_ _ _ _ _ _ _    erase    _ _ _ _ _ _ _    fall down    _ _ _ _ _ _ _
1 2 3 4 4 4 _     =>      1 2 3 _ _ _ _       =>        1 2 3 _ _ _ _
2 3 3 1 2 4 _             2 3 3 1 2 4 _                 2 3 3 1 2 4 _
```

Aufgabe 6a: Löschen (★★★★☆)

Schreiben Sie eine Funktion `erase_chains(values2dim)`, die aus einem rechteckigen Spielfeld-Array alle Reihen von drei oder mehr zusammenhängenden Diamanten in horizontaler, vertikaler und diagonaler Ausrichtung löscht.

Beispiele Ein Aufruf der Funktion transformiert das auf der linken Seite gegebene Ausgangsarray in das rechts gezeigte Resultat:

```
Alle Ketten ohne Überlappung               Spezialfall: Überlappungen
1 2 3 3 3 4          0 0 0 0 0 0           1 1 1 2         0 0 0 2
1 3 2 4 2 4          0 3 0 4 2 0           1 1 3 4   =>    0 0 3 4
1 2 4 2 4 4    =>    0 0 4 0 4 0           1 2 1 3         0 2 0 3
1 2 3 5 5 5          0 0 3 0 0 0
1 2 1 3 4 4          0 0 1 3 4 4
```

Aufgabe 6b: Falling Down (★★★☆☆)

Schreiben Sie eine inplace arbeitende Funktion `fall_down(values2dim)`, die die Diamanten von oben nach unten fallen lässt, sofern unter ihrer Position ein Leerraum ist.

Beispiel Ein Aufruf der Funktion transformiert das auf der linken Seite gegebene Ausgangsarray in das rechts gezeigte Resultat:

```
0 1 3 3 0 0        0 0 0 0 0 0
0 1 0 0 0 0        0 0 0 0 0 0
0 0 3 3 0 0   =>   0 0 3 3 0 0
0 0 0 3 3 4        0 1 3 3 0 0
0 0 3 0 0 0        0 1 3 3 3 4
```

6.2.7 Aufgabe 7: Spiral-Traversal (★★★★☆)

Schreiben Sie eine Funktion `spiral_traversal(values2dim)`, die ein zweidimensionales rechteckiges Array spiralförmig durchläuft und die besuchten Werte als Liste aufbereitet. Der Start ist dabei links oben. Zunächst wird die äußere Schicht durchlaufen und dann die jeweils nächstinnere.

Beispiel Ein Beispiel zeigt Abbildung 6-2.

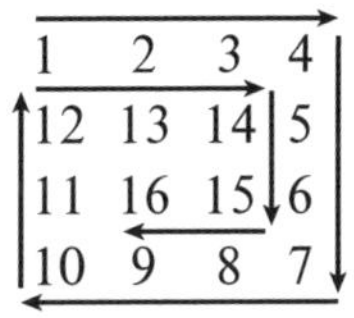

Abbildung 6-2 *Grundsätzlicher Ablauf beim Spiral-Traversal*

Für die nachfolgenden beiden Arrays sollten die weiter unten aufgeführten Zahlen- bzw. Buchstabenfolgen aus dem spiralförmigen Durchlauf resultieren:

```
numbers = [[1, 2, 3, 4],
           [12, 13, 14, 5],
           [11, 16, 15, 6],
           [10, 9, 8, 7]]

letterPairs = [["AB", "BC", "CD", "DE"],
               ["JK", "KL", "LM", "EF"],
               ["IJ", "HI", "GH", "FG"]]

=>

[1, 2, 3, 4, 5, 6, 7, 8, 9, 10, 11, 12, 13, 14, 15, 16]

[AB, BC, CD, DE, EF, FG, GH, HI, IJ, JK, KL, LM]
```

6.2.8 Aufgabe 8: Add One to Array As Number (★★☆☆☆)

Gegeben sei ein Array oder eine Liste von Zahlen, das bzw. die die Ziffern einer Dezimalzahl darstellt. Schreiben Sie eine Funktion `add_one(digits)`, die eine Addition um den Wert 1 ausführt.

Beispiele

Eingabe	Resultat
[1, 3, 2, 4]	[1, 3, 2, 5]
[1, 4, 8, 9]	[1, 4, 9, 0]
[9, 9, 9, 9]	[1, 0, 0, 0, 0]

6.2.9 Aufgabe 9: Sudoku-Checker (★★★☆☆)

In dieser Aufgabe prüfen wir ein Sudoku-Spielfeld, ob dieses eine gültige Lösung darstellt. Gegeben sei dazu ein Spielfeld als 9 x 9-Array mit `int`-Werten. Laut Sudoku-Regeln müssen in jeder Zeile und jeder Spalte jeweils alle Zahlen von 1 bis 9 vorkommen. Zudem müssen in jedem 3 x 3-Subspielfeld wiederum alle Zahlen von 1 bis 9 auftreten. Schreiben Sie zur Prüfung eine Funktion `is_sudoku_valid(board)`.

Beispiel Nachfolgend ist eine gültige Lösung gezeigt.

1	2	3	4	5	6	7	8	9
4	5	6	7	8	9	1	2	3
7	8	9	1	2	3	4	5	6
2	1	4	3	6	5	8	9	7
3	6	5	8	9	7	2	1	4
8	9	7	2	1	4	3	6	5
5	3	1	6	4	2	9	7	8
6	4	2	9	7	8	5	3	1
9	7	8	5	3	1	6	4	2

Bonus Zwar ist es schon gut, ein vollständig mit Ziffern gefülltes Sudoku-Spielfeld auf dessen Gültigkeit prüfen zu können, besser ist es jedoch, für ein Spielfeld mit »Lücken«, also noch fehlenden Zahlen, vorhersagen zu können, ob daraus eine gültige Lösung entstehen kann. Das ist insbesondere dann von Interesse, wenn man einen Algorithmus zum Lösen eines Sudokus einwickeln möchte.

Beispiel Basierend auf dem Beispiel des gültigen Sudoku-Spielfelds habe ich an zufälligen Stellen die Ziffern gelöscht. Dadurch gibt es sicher eine valide Lösung.

1	2		4	5		7	8	9
	5	6	7		9		2	3
7	8		1	2	3	4	5	6
2	1	4		6		8		7
3	6		8		7	2	1	4
	9	7		1	4	3	6	
5	3	1	6		2	9		8
6		2	9	7	8	5	3	1
9	7			3	1	6	4	2

6.2.10 Aufgabe 10: Flood-Fill (★★☆☆☆)

Aufgabe 10a (★★☆☆☆)

Schreiben Sie eine Funktion `flood_fill(values2dim, start_x, start_y)`, die in einem Array alle freien Felder mit einem bestimmten Wert befüllt.

Beispiel Nachfolgend ist der Füllvorgang für das Zeichen '*' gezeigt. Das Füllen beginnt an einer vorgegebenen Position, etwa in der linken oberen Ecke, und wird dann so lange in alle vier Himmelsrichtungen fortgesetzt, bis die Grenzen des Arrays oder eine Begrenzung in Form eines anderen Zeichens gefunden wird:

```
"   # "       "***# "         "   #      # "       "   #******# "
"    #"       "****#"         "    #      #"       "    #******#"
"#   #"   =>  "#***#"         "#   #     # "   =>  "#   #*****# "
" # # "       " #*# "         " # #     #  "       " # #*****#  "
"  #  "       "  #  "         "  #     #   "       "  #*****#   "
```

Aufgabe 10b (★★☆☆☆)

Ergänzen Sie die Funktion so, dass sie beliebige, als rechteckiges Array übergebene Muster füllen kann – Leerzeichen sind in der Musterangabe allerdings nicht erlaubt.

Beispiel

Nachfolgend sehen wir, wie eine Füllung mit einem Muster aussehen könnte. Dabei besteht das Muster aus verschiedenen Zeilen mit Zeichen:

```
.|.
-*-
.|.
```

Starten wir das Füllen mittig unten, so ergibt sich folgende Füllung:

```
      x           .|..|.x
    #  #          -*--#--#
   ###  #         .|.###.|#
#  ###  #    =>   #|.###.|#
#   #   #         #*--#--*#
 # #   #           #.#|..#
  #   #             #.|.#
```

6.2.11 Aufgabe 11: Array Min und Max (★★☆☆☆)

Aufgabe 11a: Min und Max (★☆☆☆☆)

Schreiben Sie zwei Funktionen `find_min(values)` und `find_max(values)`, die das Minimum bzw. Maximum aus einem gegebenen, nicht leeren Array mithilfe einer selbst implementierten Suche ermitteln – damit fallen `min()`, `sort()` usw. aus :-)

Beispiel

Eingabe	Minimum	Maximum
[2, 3, 4, 5, 6, 7, 8, 9, 1, 10]	1	10

Aufgabe 11b: Min und Max Pos (★★☆☆☆)

Implementieren Sie zwei Hilfsfunktionen `find_min_pos(values, start, end)` und `find_max_pos(values, start, end)`, die für ein gegebenes, nicht leeres Array sowie einen Indexbereich in Form der linken und rechten Grenze die Position des Minimums bzw. Maximums suchen und zurückliefern. Bei mehreren gleichen Werten für Minimum oder Maximum soll jeweils das erste Auftreten zurückgegeben werden.

Schreiben Sie unter Zuhilfenahme der gerade erstellten Hilfsfunktionen zur Ermittlung von Minimum bzw. Maximum die zwei Funktionen `find_min_by_pos(values, start, end)` und `find_max_by_pos(values, start, end)`.

Beispiele

Funktion	Eingabe	Bereich	Resultat	Position
find_min_xyz()	[5, 3, 4, 2, 6, 7, 8, 9, 1, 10]	0, 10	1	8
find_min_xyz()	[5, 3, 4, 2, 6, 7, 8, 9, 1, 10]	0, 7	2	3
find_min_xyz()	[5, 3, 4, 2, 6, 7, 8, 9, 1, 10]	2, 7	2	3
find_max_xyz()	[1, 22, 3, 4, 5, 10, 7, 8, 9, 49]	0, 10	49	9
find_max_xyz()	[1, 22, 3, 4, 5, 10, 7, 8, 9, 49]	0, 7	22	1
find_max_xyz(()	[1, 22, 3, 4, 5, 10, 7, 8, 9, 49]	2, 7	10	5

6.2.12 Aufgabe 12: Array Split (★★★☆☆)

Gegeben sei ein Array mit beliebigen Ganzzahlen. Als Ergebnis soll das Array neu geordnet werden, sodass alle Werte kleiner als ein spezieller Referenzwert links und alle Werte größer oder gleich dem Referenzwert rechts davon angeordnet werden. Die Reihenfolge innerhalb der Teilbereiche ist irrelevant und darf variieren.

Beispiele

Eingabe	Referenzelement	Resultatbeispiel
[4, 7, 1, 20]	9	[1, 4, 7, **9**, 20]
[3, 5, 2]	7	[2, 3, 5, **7**]
[2, 14, 10, 1, 11, 12, 3, 4]	7	[2, 1, 3, 4, **7**, 14, 10, 11, 12]
[3, 5, 7, 1, 11, 13, 17, 19]	11	[1, 3, 5, 7, **11**, 11, 13, 17, 19]

Aufgabe 12a: Array Split (★★☆☆☆)

Schreiben Sie eine Funktion `array_split(values, reference_element)`, um die Funktionalität zu realisieren. Dabei dürfen neue Datenstrukturen, etwa Listen, erzeugt werden.

Aufgabe 12b: Array Split Inplace (★★★☆☆)

Schreiben Sie eine Funktion `array_split_inplace(values, reference_element)`, die die beschriebene Funktionalität innerhalb des Ausgangsarrays, also inplace, umsetzt. Dabei ist es explizit nicht gewünscht, neue Datenstrukturen zu erzeugen. Um dann das Referenzelement in das Ergebnis aufnehmen zu können, ist einmalig das Erzeugen eines Arrays bzw. einer Liste erlaubt. Weil eine Rückgabe erfolgen muss, ist ausnahmsweise auch die Rückgabe eines Werts für eine »inplace«-Funktion gestattet – sie operiert hier eben nur teilweise inplace.

Aufgabe 12c: Array Split Quick Sort Partition (★★★☆☆)

Für das Sortieren gemäß Quick Sort benötigt man eine Partitionierungsfunktionalität ähnlich zu der gerade entwickelten. Allerdings wird hier oftmals als Referenzelement das vorderste Element des Arrays verwendet.

Erstellen Sie auf Basis der beiden zuvor entwickelten Implementierungen mit expliziter Angabe eines Referenzelements entsprechende Varianten in Form der Funktionen `array_split_qs(values)` und `array_split_qs_inplace(values)`.

Beispiele

Eingabe	Referenzelement	Resultatbeispiel
[**9**, 4, 7, 1, 20]	9	[1, 4, 7, **9**, 20]
[**7**, 3, 5, 2]	7	[2, 3, 5, **7**]
[**7**, 2, 14, 10, 1, 11, 12, 3, 4]	7	[2, 1, 3, 4, **7**, 14, 10, 11, 12]
[**11**, 3, 5, 7, 1, 11, 13, 17, 19]	11	[1, 3, 5, 7, **11**, 11, 13, 17, 19]

6.2.13 Aufgabe 13: Minesweeper Board (★★★☆☆)

Vermutlich haben Sie auch schon einmal Minesweeper gespielt. Kurz zur Erinnerung: Das ist ein nettes kleines Ratespiel mit etwas Knobelanteil. Um was geht es? Auf einem Spielfeld werden Bomben verdeckt platziert. Der Spieler kann nun beliebige Felder des Spielfelds wählen. Wird ein Feld aufgedeckt, dann zeigt es eine Ziffer. Diese gibt an, wie viele Bomben in den Nachbarfeldern versteckt sind. Hat man jedoch Pech, so trifft man auf ein Bombenfeld und das Spiel ist verloren. In dieser Aufgabe geht es darum, ein solches Spielfeld zu initialisieren und für ein anschließendes Spiel vorzubereiten.

Aufgabe 13a (★★☆☆☆)

Schreiben Sie eine Funktion `place_bombs_randomly(width, height, probability)`, die ein über die ersten zwei Parameter in der Größe festgelegtes Spielfeld als zweidimensionales Spielfeld erzeugt, zufällig mit »Bomben« füllt und dabei die als `float` übergebene Wahrscheinlichkeit von 0,0 bis 1,0 beachtet.

Beispiel Nachfolgend ist ein Spielfeld der Größe 16 x 7 gezeigt, wobei die Bomben zufällig platziert sind. Bomben werden durch '*' und Leerräume mit '.' dargestellt:

```
* * * . * * . * . * * . * . . .
. * * . * . . * . * * . . . . .
. . * . . . . . . . . . * * * *
. . . * . * * . * * . * * . . .
* * . . . . * . * . . * . . . *
. . * . . * . * * . . * . * * *
. * . * * . * . * * * . . * * .
```

Aufgabe 13b (★★★☆☆)

Schreiben Sie eine Funktion `calc_bomb_count(bombs)`, die basierend auf den als Array übergebenen Bombenfeldern die Anzahl benachbarter Felder mit Bomben ermittelt und ein korrespondierendes Array zurückgibt.

Beispiele Eine Berechnung für Spielfelder der Größe 3 x 3 sowie der Größe 5 x 5 inklusive zufällig verteilter Bomben ergibt z. B. folgende Spielfelder:

```
* . .           B 2 1           . * * . .       2 B B 3 1
. . *     =>    1 3 B           * . * * .       B 6 B B 1
. . *           0 2 B           * * . . .   =>  B B 4 3 2
                                * . . * .       B 6 4 B 1
                                * * * . .       B B B 2 1
```

Aufgabe 13c (★★☆☆☆)

Schreiben Sie eine Funktion `print_board(bombs, bomb_symbol, bomb_counts)`, die ein Spielfeld als Punkte und Sterne sowie als Nummern und 'B' darstellen kann.

Beispiel Nachfolgend ist obiges Spielfeld der Größe 16 x 7 mit allen berechneten Werten für Bombennachbarn gezeigt:

```
B B B 4 B B 3 B 4 B B 3 B 1 0 0
3 B B 5 B 3 3 B 4 B B 4 3 4 3 2
1 3 B 4 3 3 3 3 4 4 4 4 B B B B
2 3 3 B 2 B B 4 B B 3 B B 4 4 3
B B 3 2 3 4 B 6 B 4 4 B 5 3 4 B
3 4 B 3 3 B 4 B B 5 4 B 4 B B B
1 B 3 B B 3 B 4 B B B 2 3 B B 3
```

6.3 Lösungen

6.3.1 Lösung 1: Gerade vor ungeraden Zahlen (★★☆☆☆)

Schreiben Sie eine Funktion `order_even_before_odd(numbers)`. Diese soll ein gegebenes Array bzw. eine Liste von `int`-Werten inplace so umordnen, dass die geraden Zahlen zuerst auftreten und dahinter dann die ungeraden Zahlen. Die Reihenfolge innerhalb der geraden und ungeraden Zahlen ist nicht von Relevanz.

Beispiele

Eingabe	Resultat
[1, 2, 3, 4, 5, 6, 7, 8, 9, 10]	[2, 4, 6, 8, 10, 3, 7, 1, 9, 5]
[2, 4, 6, 1, 8]	[2, 4, 6, 8, 1]
[2, 4, 6, 8, 1]	[2, 4, 6, 8, 1]

Algorithmus Durchlaufe das Array vom Anfang. Überspringe gerade Zahlen. Sobald eine ungerade Zahl gefunden wurde, suche im Array-Teil dahinter nach einer geraden Zahl. Wird eine solche gefunden, tausche diese mit der aktuellen ungeraden. Das Vorgehen wiederholt sich, bis man am Ende des Arrays angekommen ist:

```
def order_even_before_odd(numbers):
    i = 0
    while i < len(numbers):
        value = numbers[i]

        if is_even(value):
            # gerade Zahl, also weiter mit nächster Zahl
            i += 1
        else:
            # ungerade Zahl, springe über alle ungeraden, bis zur ersten geraden
            j = i + 1
            while j < len(numbers) and not is_even(numbers[j]):
                j += 1

            if j < len(numbers):
                swap(numbers, i, j)
            else:
                # keine weiteren Zahlen
                break

            i += 1
```

Die Hilfsfunktionen zur Prüfung und zum Tauschen von Elementen wurden bereits in früheren Kapiteln bzw. Abschnitten realisiert. Sie sind hier nochmals abgebildet, um das Ausprobieren der Beispiele in der Python-Kommandozeile zu erleichtern:

```
def is_even(n):
    return n % 2 == 0


def is_odd(n):
    return n % 2 != 0


def swap(values, first, second):
    tmp = values[first]
    values[first] = values[second]
    values[second] = tmp
```

Hinweis: Variante ungerade vor gerade

Eine Variante wäre es, alle ungeraden Zahlen vor den geraden anzuordnen. Dazu kann man sich eine Funktion `order_odd_before_even(values)` schreiben, wobei wiederum die Reihenfolge innerhalb der ungeraden und geraden Zahlen nicht von Bedeutung ist.

Der Algorithmus ist abgesehen von minimalen Abweichungen einer invertierten Prüfung mit der gezeigten identisch – diese Modifikation ist so einfach, dass die Funktion hier nicht nochmals abgebildet ist.

Optimierter Algorithmus: Verbesserte Laufzeit

Wir erkennen, dass unsere Prüfungen quadratische Laufzeit, hier $O(n \cdot m)$, besitzen, weil wir zwei ineinander geschachtelte Schleifen nutzen. Obwohl das für reine Berechnungen nicht ganz so dramatisch ist, sollte man doch im Hinterkopf haben, die Laufzeit eines Algorithmus im besten Fall auf $O(1)$, möglichst $O(n)$ oder zumindest $O(n \cdot log(n))$ zu reduzieren – idealerweise ohne die Lesbarkeit und Verständlichkeit zu vermindern. Für einen Einstieg zur O-Notation konsultieren Sie bitte Anhang C.

In diesem Fall ist eine Reduktion der Laufzeit auf $O(n)$ tatsächlich ziemlich einfach möglich: Wie auch in vielen Lösungen zu anderen Problemstellungen verwendet man zwei Positionszähler, hier `next_even` und `next_odd`. Zu Beginn wird angenommen, dass das erste Element gerade und das letzte ungerade ist. Nun wird geprüft, ob die vordere Zahl wirklich gerade ist und die Position nach rechts verschoben. Trifft man auf die erste ungerade Zahl, so wird dieses mit dem letzten Element vertauscht. Selbst wenn die hintere Zahl ungerade war, wird diese im nächsten Schritt wieder getauscht.

Im Gegensatz zur vorherigen Lösung bleibt dadurch die Reihenfolge der geraden Zahlen nicht erhalten, auch die ungeraden Zahlen werden potenziell stärker durcheinander gewürfelt:

```
def order_even_before_odd_optimized(numbers):
    next_even = 0
    next_odd = len(numbers) - 1

    while next_even < next_odd:
        current_value = numbers[next_even]
        if is_even(current_value):
            next_even += 1
        else:
            swap(numbers, next_even, next_odd)

            next_odd -= 1
```

Schauen wir uns einmal die Funktionen für die unsortierten Zahlen (2, 4, 3, 6, 1) an – unten stehen `e` und `o` jeweils für die Positionszeiger für `next_even` und `next_odd`:

```
2 4 3 6 1
^       ^
e       o
  ^     ^
  e     o
    ^   ^
    e   o
--------- swap
    1 6 3
    ^ ^
    e o
--------- swap
    6 1 3
    ^
    eo
```

Zum Abschluss betrachten wir, was für bereits sortierte Zahlen (1, 2, 3, 4) passiert:

```
1 2 3 4
^     ^
e     o
-------- swap
4 2 3 1
^   ^
e   o
  ^ ^
  e o
    ^
    eo
```

Optimierter Algorithmus: Weniger Umkopieren

Die vorherige Optimierung kann man noch ein wenig weiterführen. Statt nur von links so lange die geraden zu überspringen, bis man auf eine ungerade Zahl trifft, kann man ausgehend von beiden Seiten so lange Werte überspringen, wie diese vorne gerade und hinten ungerade sind. Das erfordert zwar zwei zusätzliche `while`-Schleifen, jedoch bleiben wir weiter bei einer Laufzeit von $O(n)$, da wir über dieselben Elemente laufen und keine Schritte mehrmals ausführen (diese Erkenntnis benötigt etwas Erfahrung).

Folgende Implementierung setzt das Gesagte um und tauscht Elemente nur dann, wenn es wirklich nötig ist:

```
def order_even_before_odd_optimized_v2(numbers):
    left = 0
    right = len(numbers) - 1

    while left < right:
        # laufe bis zur ersten ungeraden Zahl oder zum Array-Ende
        while left < len(numbers) and is_even(numbers[left]):
            left += 1

        # laufe bis zur ersten geraden Zahl oder zum Array-Anfang
        while right >= 0 and is_odd(numbers[right]):
            right -= 1

        if left < right:
            swap(numbers, left, right)
            left += 1
            right -= 1
```

Prüfung

Zum Ausprobieren nutzen wir folgende Eingaben, die die Funktionsweise zeigen:

```
>>> import numpy as np

>>> values = np.array([1, 2, 3, 4, 5, 6, 7])
... order_even_before_odd(values)
... print(values)
[2 4 6 1 5 3 7]

>>> values = np.array([1, 2, 3, 4, 5, 6, 7])
... order_even_before_odd_optimized(values)
... print(values)
[6 2 4 5 3 7 1]

>>> values = np.array([1, 2, 3, 4, 5, 6, 7])
... order_even_before_odd_optimized_v2(values)
... print(values)
[6 2 4 3 5 1 7]
```

6.3.2 Lösung 2: Flip (★★☆☆☆)

Schreiben Sie jeweils eine Funktion, die ein zweidimensionales Array horizontal mit `flip_horizontally(values2dim)` bzw. vertikal mit `flip_vertically(values2dim)` spiegelt. Dabei soll das Array rechteckig sein, also keine Zeile länger als eine andere.

Beispiele Nachfolgend ist verdeutlicht, wie diese Funktionalität arbeiten soll:

```
flip_horizontally()          flip_vertically()
-------------------          -----------------
123        321               1144       3366
456   =>   654               2255  =>   2255
789        987               3366       1144
```

Algorithmus für horizontales Flippen Laufe von links und rechts im Array nach innen. Dazu nutzt man zwei Positionsmarker $leftIdx$ und $rightIdx$. Tausche bei jedem Schritt jeweils die durch diese Positionen referenzierten Werte und gehe nach innen, bis sich die Positionen überschneiden: Der Abbruch erfolgt bei $leftIdx >= rightIdx$. Wiederhole das Vorgehen für alle Zeilen.

Folgender Ablauf zeigt die beschriebenen Aktionen für eine Zeile, wobei dort `l` für $leftIdx$ und `r` für $rightIdx$ stehen:

```
Schritt   Array-Werte
---------------------
1         1 2 3 4
          ^     ^
          l     r

2         4 2 3 1
            ^ ^
            l r

3         4 3 2 1
            ^ ^
            r l
```

Algorithmus für vertikales Flippen Laufe von oben und unten auf die Mitte zu, bis sich beide Positionen überschneiden. Tausche die Werte und wiederhole dies für alle Spalten. Die Implementierung durchläuft das Array in x-Richtung und arbeitet auf der Vertikalen mit zwei Positionsmarkern. Nach jedem Tausch werden diese aufeinander zu bewegt, bis sie sich überkreuzen. Dann wird mit der nächsten x-Position weitergemacht:

Die Implementierung verwendet zwei Positionszeiger und tauscht so lange die jeweiligen Werte, bis sich die Positionszeiger überkreuzen.

```
def flip_horizontally(values2dim):
    max_y, max_x = get_dimension(values2dim)

    for y in range(max_y):
        left_idx = 0
        right_idx = max_x - 1

        while left_idx < right_idx:
            left_value = values2dim[y][left_idx]
            right_value = values2dim[y][right_idx]

            # swap
            values2dim[y][left_idx] = right_value
            values2dim[y][right_idx] = left_value

            left_idx += 1
            right_idx -= 1
```

Betrachten wir nun die korrespondierende Implementierung des vertikalen Flippens:

```
def flip_vertically(values2dim):
    max_y, max_x = get_dimension(values2dim)
    for x in range(max_x):
        top_idx = 0
        bottom_idx = max_y - 1

        while top_idx < bottom_idx:
            top_value = values2dim[top_idx][x]
            bottom_value = values2dim[bottom_idx][x]

            # swap
            values2dim[top_idx][x] = bottom_value
            values2dim[bottom_idx][x] = top_value

            top_idx += 1
            bottom_idx -= 1
```

Zur Erinnerung nochmals die Funktion zum Ermitteln der Dimensionen des zweidimensionalen Arrays, die sowohl für verschachtelte Listen als auch NumPy-Arrays die korrekten Daten liefert:

```
def get_dimension(values2dim):
    if isinstance(values2dim, list):
        return (len(values2dim), len(values2dim[0]))

    if isinstance(values2dim, np.ndarray):
        return values2dim.shape

    raise ValueError("unsupported type", type(values2dim))
```

Abgewandelter Algorithmus Tatsächlich lässt sich die Implementierung für das Flippen noch ein klein wenig vereinfachen. In beiden Fällen kann man die Anzahl Schritte direkt berechnen: Sie beträgt Breite / 2 bzw. Höhe / 2. Bei ungeraden Längen wird das mittlere Element nicht berücksichtigt, was aber eine korrekte Spiegelung ergibt. Nachfolgend ist die Umsetzung für das horizontale Flippen mit einer `for`-Schleife gezeigt – dabei greifen wir auf die in der Einführung entwickelte Hilfsmethode `swap()` zum Tauschen zweier Elemente zurück:

```
def flip_horizontally_v2(values2dim):
    max_y, max_x = get_dimension(values2dim)
    for y in range(max_y):
        row = values2dim[y]
        for x in range(max_x // 2):
            swap(row, x, max_x - x - 1)
```

Optimierter Algorithmus (nur für Listen) Während die bisherigen Lösungen jeweils einzelne Elemente vertauscht haben, können wir beim vertikalen Flippen für Listen ganze Zeilen umhängen. Das ist von der Komplexität und vom Umfang des Sourcecodes deutlich geringer, wodurch die Verständlichkeit erkennbar steigt:

```
def flip_vertically_just_for_lists(values2dim):
    max_y, _ = get_dimension(values2dim)
    for y in range(max_y // 2):
        swap(values2dim, y, max_y - y - 1)
```

Tipp: Einschränkung

Für NumPy-Arrays ist das so nicht möglich, da diese rein auf einem zusammenhängenden Stück Speicher operieren. Zwar kann man dort zeilenweise auslesen, jedoch nicht die Verweise (Referenzen) auf diese Zeilen miteinander tauschen. Dagegen kann man aus einem 4 x 4-Array auch problemlos mit `reshape()` ein 2 x 8-Array oder 8 x 2-Array machen.

Prüfung

Zum Test der Funktionalität nutzen wir die Eingaben aus dem einführenden Beispiel, die die korrekte Funktionsweise zeigen:

```
def test_flip_horizontally():
    hori_values = [[1, 2, 3],
                   [4, 5, 6],
                   [7, 8, 9]]

    flip_horizontally(hori_values)

    expected = [[3, 2, 1],
                [6, 5, 4],
                [9, 8, 7]]

    assert hori_values == expected
```

```
def test_flip_vertically():
    vert_values = [[1, 1, 4, 4],
                   [2, 2, 5, 5],
                   [3, 3, 6, 6]]

    flip_vertically(vert_values)

    expected = [[3, 3, 6, 6],
                [2, 2, 5, 5],
                [1, 1, 4, 4]]

    assert vert_values == expected
```

Die beiden anderen Funktionen werden exakt wie die vorherigen getestet, weshalb die dazugehörenden Testfunktionen hier nicht nochmals gezeigt werden.

6.3.3 Lösung 3: Palindrom (★★☆☆☆)

Schreiben Sie eine Funktion `is_palindrome(values)`, die für ein Array von Strings prüft, ob dessen Werte ein Palindrom bilden.

Beispiele

Eingabe	Resultat
["Ein", "Test", " – ", "Test", "Ein"]	True
["Max", "Mike", "Mike", "Max"]	True
["Tim", "Tom", "Mike", "Max"]	False

Algorithmus Die Palindrom-Prüfung lässt sich leicht rekursiv formulieren. Man nutzt wieder zwei Positionszeiger, die initial am Anfang und Ende des Arrays stehen, und prüft, ob die beiden dadurch referenzierten Werte gleich sind. Ist das der Fall, so prüft man rekursiv weiter und geht bei jedem Rekursionsschritt auf beiden Seiten eine Position weiter in die Mitte, bis sich die Positionen überlappen:

```
def is_palindrome_rec(values):
    return is_palindrome_rec_in_range(values, 0, len(values) - 1)


def is_palindrome_rec_in_range(values, left, right):
    # rekursiver Abbruch
    if left >= right:
        return True

    # Prüfe links == rechts
    if values[left] == values[right]:
        # rekursiver Abstieg
        return is_palindrome_rec_in_range(values, left + 1, right - 1)

    return False
```

Optimierter Algorithmus Die Palindrom-Prüfung kann man ohne viel Mühe auf Basis der rekursiven Lösung in eine iterative Variante umwandeln:

```
def is_palindrome_iterative(values):
    left = 0
    right = len(values) - 1

    same_value = True
    while left <= right and same_value:
        # Prüfe links == rechts und wiederhole, bis Unterschied auftritt
        same_value = values[left] == values[right]
        left += 1
        right -= 1

    return same_value
```

Neben dieser Variante kann man auch ausnutzen, dass die maximale Anzahl an Schritten bekannt ist und man direkt bei einer Verletzung der Palindrom-Eigenschaft die Schleife abbricht:

```
def is_palindrome_short(values):
    for i in range(len(values) // 2):
        if values[i] != values[len(values) - 1 - i]:
            return False

    return True
```

Python-Shortcut Natürlich kann man das Ganze viel einfacher durch einen Aufruf der Built-in-Funktionalität `[::-1]` erreichen:

```
def is_palindrome_shorter(values):
    return values == values[::-1]
```

Bedenken Sie bei dieser Variante auch, dass in dem vermutlich seltenen Fall sehr großer Datenmengen hier eine inverse Variante der Originaldaten erzeugt wird und dadurch zweimal der Speicher benötigt wird.

Prüfung

Zum Unit-Testen (hier wieder nur auszugsweise für die rekursive Variante gezeigt) nutzen wir die Eingaben aus dem obigen Beispiel – die Eingabe- und Erwartungswerte sind als Funktion ausgelagert, weil sie auch für die beiden anderen Varianten als Parametrisierung dienen:

```
def values_and_expected():
    return [(["Ein", "Test", " -- ", "Test", "Ein"], True),
            (["Max", "Mike", "Mike", "Max"], True),
            (["Tim", "Tom", "Mike", "Max"], False)]


@pytest.mark.parametrize("values, expected", values_and_expected())
def test_is_palindrome_rec(values, expected):
    result = is_palindrome_rec(values)

    assert result == expected
```

6.3.4 Lösung 4: Inplace Rotate (★★★☆☆)

Aufgabe 4a: Iterativ (★★★☆☆)

In der Einführung habe ich gezeigt, wie man Arrays rotieren kann. Nun soll dies inplace, also ohne das Erzeugen eines neuen Arrays, für ein zweidimensionales quadratisches Array um 90 Grad im Uhrzeigersinn erfolgen. Schreiben Sie dazu eine Funktion `rotate_inplace(values2dim)`, die dies iterativ umsetzt.

Beispiel Für ein 6 x 6-Array ist dies nachfolgend visualisiert:

```
1  2  3  4  5  6          F  G  H  I  J  1
J  K  L  M  N  7          E  T  U  V  K  2
I  V  W  X  O  8    =>    D  S  Z  W  L  3
H  U  Z  Y  P  9          C  R  Y  X  M  4
G  T  S  R  Q  0          B  Q  P  O  N  5
F  E  D  C  B  A          A  0  9  8  7  6
```

Algorithmus Definiere vier Eckpositionen LO, RO, RU und LU, die den jeweiligen Ecken entsprechen. Laufe von links nach rechts und von oben nach unten und kopiere jeweils logisch wie folgt:

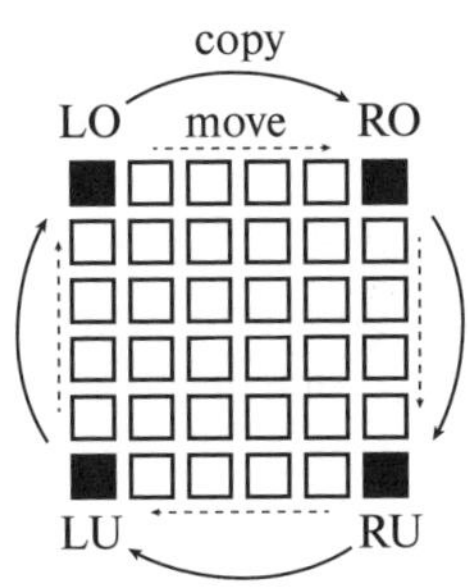

Abbildung 6-3 Ablauf beim Inplace Rotate

Wiederhole das Vorgehen schichtweise für alle Nachbarn von LO, bis RO erreicht wird (analog für die Nachbarn der anderen Ecken). Gehe danach jeweils 1 Position nach innen, bis LO und RO sich überkreuzen. Verdeutlichen wir uns den Ablauf nochmals schrittweise.

Ausgangsbasis Gegeben sei folgendes Array:

```
1  2  3  4  5  6
J  K  L  M  N  7
I  V  W  X  O  8
H  U  Z  Y  P  9
G  T  S  R  Q  0
F  E  D  C  B  A
```

Schritt 1: Zunächst wird die äußere Lage rotiert, indem alle Werte wie in der Abbildung auf die jeweilige Zielposition kopiert werden:

```
F G H I J 1
E K L M N 2
D V W X O 3
C U Z Y P 4
B T S R Q 5
A 0 9 8 7 6
```

Schritt 2: Weiter geht es mit einer Ebene weiter innen:

```
F G H I J 1
E T U V K 2
D S W X L 3
C R Z Y M 4
B Q P O N 5
A 0 9 8 7 6
```

Schritt 3: Das wird fortgesetzt, bis die innerste Ebene erreicht ist:

```
F G H I J 1
E T U V K 2
D S Z W L 3
C R Y X M 4
B Q P O N 5
A 0 9 8 7 6
```

Für die gezeigten Verarbeitungsschritte legt eine Variable `offset` fest, in welcher »Schicht« man sich befindet – es sind Breite / 2 Schritte nötig. Basierend auf der Schicht ergibt sich die Anzahl zu kopierender Positionen, wozu man eine innere Schleife einsetzt. Die korrespondierenden Positionen im Array errechnen sich aufgrund ihrer Lage, wie es in der Grafik angedeutet ist. Auch das Kopieren gestaltet sich durch den Einsatz von Hilfsvariablen problemlos:

```
def rotate_inplace(values2dim):
    max_y, max_x = get_dimension(values2dim)
    height = max_y - 1
    width = max_x - 1

    offset = 0
    while offset <= width // 2:
        current_width = width - offset * 2

        for idx in range(current_width):
            # top, right, bottom, left
            lo_x = offset + idx
            lo_y = offset

            ro_x = width - offset
            ro_y = offset + idx

            ru_x = width - offset - idx
            ru_y = height - offset

            lu_x = offset
            lu_y = height - offset - idx
```

```
            lo = values2dim[lo_y][lo_x]
            ro = values2dim[ro_y][ro_x]
            ru = values2dim[ru_y][ru_x]
            lu = values2dim[lu_y][lu_x]

            # umkopieren
            values2dim[ro_y][ro_x] = lo
            values2dim[ru_y][ru_x] = ro
            values2dim[lu_y][lu_x] = ru
            values2dim[lo_y][lo_x] = lu

        offset += 1
```

Alternativ kann man auf die Hilfsvariablen verzichten und nur den Wert der linken oberen Position zwischenspeichern. Das Kopieren wird dann aber etwas tricky, weil die Reihenfolge in der Implementierung genau andersherum sein muss. Diese Variante des ringförmigen Tauschs realisiert die Funktion `rotate_elements()` – nach meinem Geschmack ist die vorherige Variante verständlicher:

```
def rotate_inplace_v2(values2dim):
    side_length, _ = get_dimension(values2dim)

    start = 0
    while side_length > 0:
        for i in range(side_length):
            rotate_elements(values2dim, start, side_length, i)

        side_length = side_length - 2
        start += 1


def rotate_elements(values2dim, start, len, i):
    end = start + len - 1
    tmp = values2dim[start][start + i]

    values2dim[start][start + i] = values2dim[end - i][start]
    values2dim[end - i][start] = values2dim[end][end - i]
    values2dim[end][end - i] = values2dim[start + i][end]
    values2dim[start + i][end] = tmp
```

Aufgabe 4b: Rekursiv (★★★☆☆)

Schreiben Sie eine rekursive Funktion `rotate_inplace_recursive(values2dim)`, die die gewünschte Rotation um 90 Grad im Uhrzeigersinn implementiert.

Algorithmus Wir haben zuvor schon gesehen, dass man Schicht für Schicht rotiert und dabei von außen immer weiter nach innen geht. Das schreit förmlich nach einer rekursiven Lösung, die wie folgt gestartet wird:

```
def rotate_inplace_recursive(values2dim):
    _, max_x = get_dimension(values2dim)

    __rotate_inplace_recursive_helper(values2dim, 0, max_x - 1)
```

Der Bestandteil »Schicht kopieren« ist identisch wie zuvor. Nur die `while`-Schleife wird durch rekursive Aufrufe ersetzt:

```
def __rotate_inplace_recursive_helper(values2dim, left, right):
    if left >= right:
        return

    current_width = right - left
    for i in range(current_width):
        lo = values2dim[left + i][left]
        ro = values2dim[right][left + i]
        ru = values2dim[right - i][right]
        lu = values2dim[left][right - i]

        values2dim[left + i][left] = ro
        values2dim[right][left + i] = ru
        values2dim[right - i][right] = lu
        values2dim[left][right - i] = lo

    __rotate_inplace_recursive_helper(values2dim, left + 1, right - 1)
```

Prüfung

Wir definieren das eingangs gezeigte zweidimensionale Array, führen dann die Rotation aus und vergleichen das Ergebnis mit der Erwartung:

```
def test_rotation():
    values = [['1', '2', '3', '4', '5', '6'],
              ['J', 'K', 'L', 'M', 'N', '7'],
              ['I', 'V', 'W', 'X', 'O', '8'],
              ['H', 'U', 'Z', 'Y', 'P', '9'],
              ['G', 'T', 'S', 'R', 'Q', '0'],
              ['F', 'E', 'D', 'C', 'B', 'A']]

    rotate_inplace(values)

    expected = [to_list("F G H I J 1"),
                to_list("E T U V K 2"),
                to_list("D S Z W L 3"),
                to_list("C R Y X M 4"),
                to_list("B Q P O N 5"),
                # so sähe es von Hand aus
                list("A 0 9 8 7 6".replace(" ", ""))]

    assert values == expected


def to_list(text):
    return list(text.replace(" ", ""))
```

Ich zeige hier bewusst einmal mehrere Varianten, wie man eine textuelle Darstellung in ein zweidimensionales Array überführen kann. Persönlich finde ich die zweite Variante besser lesbar, insbesondere, wenn man die Funktion `to_list(text)` verwendet, die Leerzeichen entfernt und den String dann als Liste aufbereitet.

6.3.5 Lösung 5: Jewels Board Init (★★★☆☆)

Lösung 5a: Initialisieren (★★★☆☆)

Initialisieren Sie ein zweidimensionales rechteckiges Array mit zufallsbasierten Zahlen, die verschiedene Arten von Diamanten oder Juwelen als Zahlenwert repräsentieren. Dabei gilt die Randbedingung, dass initial keine drei gleichartigen Diamanten horizontal oder vertikal direkt aufeinanderfolgend platziert sein dürfen. Schreiben Sie eine Funktion `init_jewels_board(width, height, num_of_colors)`, die ein gültiges Array der angegebenen Größe und Anzahl an unterschiedlichen Arten von Diamanten erzeugt.

Beispiel Eine zufällige Verteilung von durch Ziffern repräsentierten Diamanten kann für vier verschiedene Farben und Formen wie folgt aussehen:

```
2 3 3 4 4 3 2
1 3 3 1 3 4 4
4 1 4 3 3 1 3
2 2 1 1 2 3 2
3 2 4 4 3 3 4
```

Zur Veranschaulichung zeigt Abbildung 6-4 ein weiteres Beispiel.

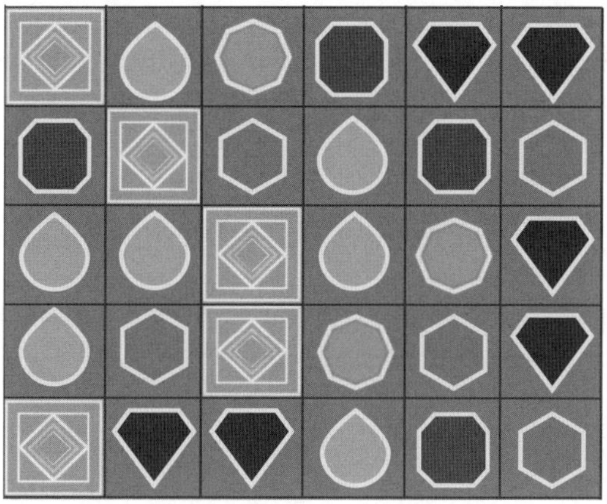

Abbildung 6-4 Grafische Darstellung eines Jewels Boards

Algorithmus Zunächst erzeugt man ein passend dimensioniertes Array. Danach füllt man es Reihe für Reihe und Position für Position mit zufallsbasierten Werten, hier durch eine Funktion `select_valid_jewel()`, die als Rückgabe den Zahlenwert für die Art des Diamanten liefert. In dieser Funktion muss man sicherstellen, dass mit der gerade gewählten Zufallszahl nicht schon horizontal oder vertikal eine Dreierreihe entsteht:

```
def init_jewels_board(width, height, num_of_colors):
    board = [[0 for x in range(width)] for y in range(height)]

    for y in range(height):
        for x in range(width):
            board[y][x] = select_valid_jewel(board, x, y, num_of_colors)

    return board


def select_valid_jewel(board, x, y, num_of_colors):
    next_jewel_nr = -1
    is_valid = False

    while not is_valid:
        next_jewel_nr = random.randint(1, num_of_colors)

        is_valid = not check_horizontally(board, x, y, next_jewel_nr) and \
                   not check_vertically(board, x, y, next_jewel_nr)

    return next_jewel_nr
```

Achtung: Wissenswertes zur Initialisierung

Die Funktion `select_valid_jewel()` sollte noch optimiert werden. Momentan könnten wir nicht feststellen, dass sich für eine Position keine gültige Zahl finden lässt, etwa für folgende Konstellation mit nur zwei Typen und die Position *, für die weder 1 noch 2 als Wert gültig sind, da beide zu einer Dreierreihe führen würden:

```
1221
2122
11*
```

Dass aber eine gültige Verteilung selbst für nur zwei Werte problemlos möglich ist, sieht man an der alternierenden Verteilung der weißen und schwarzen Felder eines Schachbretts. Eine Möglichkeit, die gerade benannte Schwachstelle zu beheben, besteht in der Wahl eines mächtigeren Algorithmus, in diesem Fall etwa eines solchen, der Backtracking benutzt.

Es gibt noch eine weitere Schwachstelle: Die Erzeugung von Zufallszahlen aus einem kleinen Wertebereich produziert häufiger auch mehrmals die gleiche Zahl, die aber vermutlich schon geprüft wurde. Das gilt es zu vermeiden. Dazu können alle bisher gewählten Zufallszahlen in einem Set gespeichert werden. Ergänzend müsste man noch prüfen, ob bereits alle erwarteten und möglichen Zahlen ausprobiert wurden. An dieser kurzen Aufstellung wird klar, dass das Ganze doch deutlich mehr Komplexität mit sich bringt, als man dies initial erwarten würde.

Kommen wir nun zum Prüfen der Horizontalen und Vertikalen: Zunächst könnte man annehmen, dass man von der aktuellen Position ausgehend jeweils nach links und rechts sowie oben und unten prüfen müsste. Liest man die Aufgabenstellung nochmals genauer, so wird dort gefordert, keine Ketten der Länge drei oder länger zuzulassen. Weil wir das Spielfeld neu befüllen und dabei von oben nach unten und von links nach rechts vorgehen, können rechts und unterhalb der aktuellen Position noch keine zu prüfenden Diamanten existieren. Dadurch können wir uns auf eine Prüfung nach links und nach oben beschränken. Weiterhin müssen wir nicht auf längere Ketten prüfen, da diese gar nicht auftreten können, wenn wir eine Dreierkette identifiziert haben.

Mit diesen Vorüberlegungen können wir die beiden Hilfsfunktionen zum horizontalen und vertikalen Prüfen der jeweiligen Nachbarfelder einfach implementieren, indem wir prüfen, ob alle den gleichen Wert wie das Ausgangsfeld haben:

```
def check_horizontally(board, x, y, jewel_nr):
    top1 = get_at(board, x, y - 1)
    top2 = get_at(board, x, y - 2)

    return top1 == jewel_nr and top2 == jewel_nr


def check_vertically(board, x, y, jewel_nr):
    left1 = get_at(board, x - 1, y)
    left2 = get_at(board, x - 2, y)

    return left1 == jewel_nr and left2 == jewel_nr
```

Beim Zugriff auf das Array können die negativen Offsets zu ungültigen Array-Indizes führen. Daher realisieren wir eine Funktion `get_at()`, die auch für die Prüfung der Grenzen zuständig ist und den Wert -1 für »nicht mehr auf dem Spielfeld liegend« zurückgibt. Dieser Wert kann nie auf dem Feld auftreten und somit wird er beim Vergleich als keine Kette gewertet – zudem zeige ich nochmals die Funktion `get_dimension()`:

```
def get_at(values, x, y):
    max_y, max_x = get_dimension(values)
    if x < 0 or y < 0 or y >= max_y or x >= max_x:
        return -1

    return values[y][x]


def get_dimension(values2dim):
    if isinstance(values2dim, list):
        return (len(values2dim), len(values2dim[0]))
    if isinstance(values2dim, np.ndarray):
        return values2dim.shape

    raise ValueError("unsupported type", type(values2dim))
```

Achtung: Wenig Sourcecode vs. kleine, aber viele Funktionen

Auch in diesem Beispiel verfolge ich die Strategie, kleine Hilfsfunktionen zu definieren, wodurch sich zwar die Menge an Sourcecode erhöht. Meistens lassen sich, aber Funktionalitäten dadurch gut isoliert beschreiben und testen. Zudem erlaubt dieses Vorgehen, den Sourcecode oft auf einer verständlichen und konzeptionellen Ebene formulieren zu können. Auch Erweiterungen kann man vielfach leicht integrieren.

Lösung zur Bonus-Aufgabe: Diagonalenprüfung (★★★☆☆)

Ergänzen Sie eine Diagonalenprüfung. Dann sollte die Konstellation aus dem Beispiel (siehe Seite 259) unter anderem aufgrund der fett markierten Diagonalen mit der Ziffer 3 rechts unten nicht gültig sein.

Algorithmus Das Prüfen der vier Diagonalen von einer Position aus scheint deutlich aufwendiger als jenes der Horizontalen und der Vertikalen. Theoretisch wären für jede Position vier Richtungen zu prüfen. Wie fast immer ist es ein gute Idee, über ein Problem etwas länger nachzudenken. Wenn man diesem Rat folgt, so kommt man vielleicht zu der Lösung, dass in unserem Fall ausgehend von einer Position eine Prüfung nur diagonal nach links und rechts oben ausreichend ist, da dies aus der Sicht darüber liegender Positionen einer Prüfung nach diagonal links und rechts unten entspricht, wie dies nachfolgend angedeutet ist:

```
X       X
 X     X
  X   X
```

Damit lässt sich die Diagonalenprüfung mit je zwei Hilfsvariablen für die Positionen der Himmelsrichtungen Nordwest und Nordost folgendermaßen implementieren und in der Funktion `select_valid_jewel()` aufrufen:

```
def check_diagonally(board, x, y, jewel_nr):
    up_left1 = get_at(board, x - 1, y - 1)
    up_left2 = get_at(board, x - 2, y - 2)

    up_right1 = get_at(board, x + 1, y - 1)
    up_right2 = get_at(board, x + 2, y - 2)

    return up_left1 == jewel_nr and up_left2 == jewel_nr or \
           up_right1 == jewel_nr and up_right2 == jewel_nr


def select_valid_jewel(board, x, y, num_of_colors):
    next_jewel_nr = -1
    is_valid = False

    while not is_valid:
        next_jewel_nr = random.randint(1, num_of_colors)

        is_valid = not check_horizontally(board, x, y, next_jewel_nr) and \
                   not check_vertically(board, x, y, next_jewel_nr) and \
                   not check_diagonally(board, x, y, next_jewel_nr)

    return next_jewel_nr
```

Prüfung

Zum Nachvollziehen, dass nun korrekte Spielfelder erzeugt werden, lassen wir uns eines der Größe 5 x 3 mit vier Arten von Diamanten wie folgt generieren und ausgeben:

```
>>> import random

>>> import numpy as np

>>> board = init_jewels_board(5, 3, 4)

>>> np.array(board)
array([[3, 4, 3, 3, 2],
       [4, 4, 1, 2, 3],
       [1, 1, 3, 3, 2]])
```

Lösung 5b: Gültigkeitsprüfung (★★★☆☆)

In dieser Teilaufgabe soll ein bestehendes Spielfeld auf Gültigkeit geprüft werden. Als Herausforderung soll eine Liste mit gefundenen Verstößen zurückgegeben werden. Implementieren Sie eine Funktion `check_board_validity(board2dim)` für ein rechteckiges Array.

Beispiel Um die Gültigkeitsprüfung auszuprobieren, nutzen wir das Spielfeld aus der Einleitung – hier speziell markiert:

```
values_with_errors = [[2, 3, 3, 4, 4, 3, 2],
                      [1, 3, 3, 1, 3, 4, 4],
                      [4, 1, 4, 3, 3, 1, 3],
                      [2, 2, 1, 1, 2, 3, 2],
                      [3, 2, 4, 4, 3, 3, 4]]
```

Dieses sollte folgende Fehler aufgrund seiner Diagonalen produzieren:

```
['Invalid at x=3 y=2 hor=False, ver=False, dia=True',
 'Invalid at x=2 y=3 hor=False, ver=False, dia=True',
 'Invalid at x=4 y=4 hor=False, ver=False, dia=True']
```

Algorithmus Die Gültigkeitsprüfung lässt sich basierend auf unseren bisher implementierten Funktionen problemlos entwickeln. Für jede Position auf dem Spielfeld prüfen wir auf horizontale, vertikale und diagonale Dreierreihe. Wird ein solcher Verstoß gefunden, so erzeugen wir eine entsprechende Fehlermeldung:

```
def check_board_validity(board2dim):
    errors = []

    max_y, max_x = get_dimension(board2dim)
    for y in range(max_y):
        for x in range(max_x):

            current_jewel = board2dim[y][x]
```

```
            has_chain_hor = check_horizontally(board2dim, x, y, current_jewel)
            has_chain_ver = check_vertically(board2dim, x, y, current_jewel)
            has_chain_dia = check_diagonally(board2dim, x, y, current_jewel)

            if has_chain_hor or has_chain_ver or has_chain_dia:
                error_msg = "Invalid at x={} y={} hor={}, ver={}, dia={}". \
                    format(x, y, has_chain_hor, has_chain_ver, has_chain_dia)
                errors.append(error_msg)

    return errors
```

Prüfung

Um die Gültigkeitsprüfung auszuprobieren, nutzen wir zunächst das Spielfeld aus der Einleitung und erzeugen gleich auch ein NumPy-Array daraus:

```
>>> values_with_errors = [[2, 3, 3, 4, 4, 3, 2],
                          [1, 3, 3, 1, 3, 4, 4],
                          [4, 1, 4, 3, 3, 1, 3],
                          [2, 2, 1, 1, 2, 3, 2],
                          [3, 2, 4, 4, 3, 3, 4]]

>>> array_with_errors = np.array(values_with_errors)
```

Unsere Funktionalität sollte folgende Fehlermeldungen aufgrund der drei fehlerhaften Diagonalen produzieren – das ist für beide Aufrufe der Fall:

```
>>> check_board_validity(values_with_errors)
['Invalid at x=3 y=2 hor=False, ver=False, dia=True',
'Invalid at x=2 y=3 hor=False, ver=False, dia=True',
'Invalid at x=4 y=4 hor=False, ver=False, dia=True']

>>> check_board_validity(array_with_errors)
['Invalid at x=3 y=2 hor=False, ver=False, dia=True',
'Invalid at x=2 y=3 hor=False, ver=False, dia=True',
'Invalid at x=4 y=4 hor=False, ver=False, dia=True']
```

Nachfolgend ersetzen wir die problematischen Stellen mit einer noch unbenutzten Ziffer, etwa der 5, und prüfen mithilfe der Funktion erneut und erwarten diesmal keine Konflikte:

```
def test_check_board_validity_no_conflicts():
    values = [[2, 3, 3, 4, 4, 3, 2],
              [1, 3, 3, 1, 3, 4, 4],
              [4, 1, 4, 5, 3, 1, 3],
              [2, 2, 5, 1, 2, 3, 2],
              [3, 2, 4, 4, 5, 3, 4]]

    errors = check_board_validity(values)

    assert errors == []
```

6.3.6 Lösung 6: Jewels Board Erase Diamonds (★★★★☆)

Die Aufgabe besteht darin, alle Ketten von drei oder mehr horizontal, vertikal oder diagonal zusammenhängenden Diamanten aus dem rechteckigen Spielfeld zu löschen und dann die entstehenden Leerstellen mit den darüber liegenden Diamanten aufzufüllen, also etwa so wie Gravitation in der Natur wirkt. Nachfolgend ist exemplarisch gezeigt, wie sich das Löschen und das anschließende Herunterfallen mehrmals wiederholen, bis keine Änderung mehr erfolgt – Leerstellen sind der besseren Sichtbarkeit als '_' dargestellt:

```
Iteration 1:
1 1 1 2 4 4 3   erase    _ _ _ _ 4 4 _    fall down    _ _ _ _ _ _ _
1 2 3 4 2 4 3    =>      1 2 3 4 _ 4 _       =>        1 2 3 4 4 4 _
2 3 3 1 2 2 3            2 3 3 1 2 _ _                 2 3 3 1 2 4 _

Iteration 2:
_ _ _ _ _ _ _   erase    _ _ _ _ _ _ _    fall down    _ _ _ _ _ _ _
1 2 3 4 4 4 _    =>      1 2 3 _ _ _ _       =>        1 2 3 _ _ _ _
2 3 3 1 2 4 _            2 3 3 1 2 4 _                 2 3 3 1 2 4 _
```

Lösung 6a: Löschen (★★★★☆)

Schreiben Sie eine Funktion `erase_chains(values2dim)`, die aus einem rechteckigen Spielfeld-Array alle Reihen von drei oder mehr zusammenhängenden Diamanten in horizontaler, vertikaler und diagonaler Ausrichtung löscht.

Beispiele Ein Aufruf der Funktion transformiert das auf der linken Seite gegebene Ausgangsarray in das rechts gezeigte Resultat:

```
Alle Ketten ohne Überlappung                 Spezialfall: Überlappungen
1 2 3 3 3 4         0 0 0 0 0 0              1 1 1 2         0 0 0 2
1 3 2 4 2 4         0 3 0 4 2 0              1 1 3 4   =>    0 0 3 4
1 2 4 2 4 4   =>    0 0 4 0 4 0              1 2 1 3         0 2 0 3
1 2 3 5 5 5         0 0 3 0 0 0
1 2 1 3 4 4         0 0 1 3 4 4
```

Algorithmus: Vorüberlegungen Als erste Brute-Force-Variante könnte man die Werte direkt beim Auffinden »ausradieren«. Dabei sucht man eine Kette der Länge 3 oder mehr und löscht dann direkt diese Felder. Allerdings hat das eine entscheidende Schwachstelle: Wie im oberen Beispiel anhand des Werts 1 gezeigt, können einzelne Diamanten nämlich durchaus auch Bestandteil mehrerer Ketten sein, die sich überlappen – sogar massiv horizontal, vertikal und diagonal. Wenn man in dem Fall aber sofort löscht, so lassen sich nicht alle Vorkommen auffinden – je nachdem, welche der Prüfungen als Erstes erfolgt, schlagen die anderen beiden in nachfolgender Konstellation fehl:

```
XXX
XX
X X
```

Eine zweite Idee wäre, den Algorithmus minimal abzuwandeln, indem man statt des Löschens eine Zwischenrepräsentation findet, die den Löschwunsch symbolisiert, etwa negative Zahlen. Nachdem alle Einträge im Array bearbeitet wurden, findet in einem separaten Durchgang das Löschen statt: Konkret entfernt man alle negativen Werte aus dem Array, indem diese durch den Zahlenwert 0 ersetzt werden.

Algorithmus Die zweite Idee wird durch die Funktion `erase_chains(values2dim)` implementiert. Dabei beginnt man mit der Markierung aller zu löschender Felder durch Aufruf der Funktion `mark_elements_for_removal(values2dim)`. Danach werden genau diese mithilfe der Funktion `erase_all_marked(values2dim)` gelöscht. Für beide Funktionen arbeitet man Position für Position: Zunächst muss man Ketten der Länge 3 oder mehr erkennen. Dafür ist die Funktion `find_chains(values2dim, x, y)` zuständig. Hat man eine Kette gefunden, so wird diese durch den Aufruf der Funktion `mark_chains_for_removal(values2dim, x, y, dirs_with_chains)` speziell gekennzeichnet. Als nächste Aktion wird für jedes Feld geschaut, ob dieses zum Löschen markiert ist. In dem Fall ersetzt man den gespeicherten Wert mit dem Wert 0 (hier durch Aufruf der Funktion `blank_value(values2dim)` – Details zu dieser scheinbar überflüssigen Indirektion betrachten wir später.

```
def erase_chains(values2dim):
    mark_elements_for_removal(values2dim)

    return erase_all_marked(values2dim)


def mark_elements_for_removal(values2dim):
    max_y, max_x = get_dimension(values2dim)

    for y in range(max_y):
        for x in range(max_x):
            dirs_with_chains = find_chains(values2dim, x, y)

            mark_chains_for_removal(values2dim, x, y, dirs_with_chains)


def erase_all_marked(values2dim):
    erased_something = False

    max_y, max_x = get_dimension(values2dim)

    for y in range(max_y):
        for x in range(max_x):
            if is_element_marked_for_removal(values2dim[y][x]):
                values2dim[y][x] = blank_value(values2dim)
                erased_something = True

    return erased_something


def is_element_marked_for_removal(value):
    return value < 0


def blank_value(values2dim):
    return 0
```

Kommen wir nun zu den beiden kniffligeren Implementierungen und beginnen mit dem Aufsammeln und Erkennen von Ketten von drei oder mehr gleichartigen Diamanten. Dazu prüfen wir für alle relevanten Richtungen, ob es eine Kette gibt (wieder mit einer Optimierung, diesmal, dass wir diagonal lediglich nach rechts und links unten prüfen müssen). Dazu laufen wir die Felder ab, zählen die gleichartigen Elemente und stoppen bei einer Abweichung. Haben wir drei oder mehr gleiche Werte, dann wird diese Richtung in die Liste `dirs_with_chains` aufgenommen. Als Besonderheit prüfen wir zu Beginn der Funktion, ob das aktuelle Feld leer ist – wir wollen ja keine Ketten von Leerstellen sammeln:

```
def find_chains(values2dim, start_x, start_y):
    orig_value = values2dim[start_y][start_x]
    if orig_value == 0:  # ACHTUNG an solche Spezialfälle denken
        return []

    dirs_with_chains = []

    relevant_dirs = (Direction.S, Direction.SW, Direction.E, Direction.SE)
    for current_dir in relevant_dirs:
        length = 1

        dx, dy = current_dir.value
        next_pos_x = start_x + dx
        next_pos_y = start_y + dy

        while is_on_board(values2dim, next_pos_x, next_pos_y) and \
                is_same(orig_value, values2dim[next_pos_y][next_pos_x]):
            length += 1
            next_pos_x += dx
            next_pos_y += dy

            if length >= 3:
                dirs_with_chains.append(current_dir)

    return dirs_with_chains


def is_on_board(values2dim, next_pos_x, next_pos_y):
    max_y, max_x = get_dimension(values2dim)
    return 0 <= next_pos_x < max_x and 0 <= next_pos_y < max_y


def is_same(val1, val2):
    return abs(val1) == abs(val2)
```

Wir haben es tatsächlich fast geschafft, es fehlt nur noch die Funktion zum Markieren fürs Löschen – hätten Sie anfangs gedacht, dass die Aufgabenstellung so komplex ist, vermutlich eher nicht :-) Machen wir uns ans Werk. Wir laufen nun alle Ketten ab und konvertieren den Originalwert in einen zur Löschung markierten. Dabei stützen wir uns auf eine Hilfsfunktion `mark_element_for_removal(orig_value)`, die lediglich den Wert in einen negativen Wert konvertiert (beim Typ `str` kann man beispielsweise eine Umwandlung in Kleinbuchstaben nutzen):

```
def mark_chains_for_removal(values, start_x, start_y, dirs_with_chains):
    orig_value = values[start_y][start_x]

    for current_dir in dirs_with_chains:
        dx, dy = current_dir.value
        next_x = start_x
        next_y = start_y

        while is_on_board(values, next_x, next_y) and \
              is_same(orig_value, values[next_y][next_x]):
            values[next_y][next_x] = mark_element_for_removal(orig_value)

            next_x += dx
            next_y += dy

def mark_element_for_removal(value):
    return -value if value > 0 else value
```

Ich möchte noch darauf hinweisen, dass die Funktionalitäten in Form von Seiteneffekten gelöst sind, weil direkt auf den übergebenen Daten operiert wird. Hier ist das nicht schlimm, weil die Daten nicht weiter nach außen gehen, sondern intern bleiben.

Prüfung

Nach dieser anstrengenden Implementierung wollen wir das Löschen auch testen:

```
def test_erase_chains():
    values2dim = [[1, 1, 1, 2, 4, 4, 3],
                  [1, 1, 3, 4, 2, 4, 3],
                  [1, 3, 1, 1, 2, 2, 3]]

    deleted = erase_chains(values2dim)

    expected_board = [[0, 0, 0, 0, 4, 4, 0],
                      [0, 0, 3, 4, 0, 4, 0],
                      [0, 3, 0, 1, 2, 0, 0]]

    assert deleted is True
    assert values2dim == expected_board


def test_erase_chains_example_1():
    values2dim = [[1, 2, 3, 3, 3, 4],
                  [1, 3, 2, 4, 2, 4],
                  [1, 2, 4, 2, 4, 4],
                  [1, 2, 3, 5, 5, 5],
                  [1, 2, 1, 3, 4, 4]]

    deleted = erase_chains(values2dim)

    expected_board = [[0, 0, 0, 0, 0, 0],
                      [0, 3, 0, 4, 2, 0],
                      [0, 0, 4, 0, 4, 0],
                      [0, 0, 3, 0, 0, 0],
                      [0, 0, 1, 3, 4, 4]]

    assert deleted is True
    assert values2dim == expected_board
```

Lösung 6b: Falling Down (★★★☆☆)

Schreiben Sie eine inplace arbeitende Funktion `fall_down(values2dim)`, die die Diamanten von oben nach unten fallen lässt, sofern unter ihrer Position ein Leerraum ist.

Beispiel Ein Aufruf der Funktion transformiert das auf der linken Seite gegebene Ausgangsarray in das rechts gezeigte Resultat:

```
0 1 3 3 0 0        0 0 0 0 0 0
0 1 0 0 0 0        0 0 0 0 0 0
0 0 3 3 0 0   =>   0 0 3 3 0 0
0 0 0 3 3 4        0 1 3 3 0 0
0 0 3 0 0 0        0 1 3 3 3 4
```

Algorithmus Zunächst scheint die Aufgabe relativ einfach lösbar zu sein – allerdings nimmt die Komplexität durch ein paar Besonderheiten zu.

Schauen wir uns eine mögliche Umsetzung an: Beginnen wir mit einer Brute-Force-Lösung. Von links nach rechts wird für alle x-Positionen in der Vertikalen Folgendes geprüft: Ausgehend von der untersten Zeile bis zur zweitobersten testet man, ob diese jeweils einen Leerraum darstellen. In diesem Fall wird der Wert aus der darüber liegenden Zeile mit dem Leerraum (hier als '_' symbolisiert, im Modell aber mit dem Wert 0 repräsentiert) getauscht:

```
1        1        _
2   =>   _   =>   1
_        2        2
```

Das Vorgehen kann man wie folgt implementieren:

```
def fall_down_first_try(values2dim):
    max_y, max_x = get_dimension(values2dim)

    for x in range(max_x):
        for y in range(max_y - 1, 0, -1):
            value = values2dim[y][x]
            if is_blank(value):
                # fall down
                values2dim[y][x] = values2dim[y - 1][x]
                values2dim[y - 1][x] = blank_value(values2dim)


def is_blank(value):
    return value == 0
```

Das funktioniert ziemlich passabel, für folgenden Spezialfall jedoch leider nicht ganz:

```
1        _
_   =>   1
_        _
```

Wir sehen, dass die Propagation fehlt, und somit die Zahlen nicht bis ganz nach unten »weiterfallen«, selbst wenn darunter noch Leerraum ist.

Als nächste Idee könnte man das Fallen von oben starten, aber auch das funktioniert nicht in jedem Fall! Damit ist zwar der gerade problematische Fall gelöst:

```
1        _
_   =>   _
_        1
```

Allerdings kommt es nun für die erste Konstellation zu Problemen, die bei der Variante davor nicht auftraten:

```
1        1
2   =>   _
_        2
```

Wir haben erkennen müssen, dass beide besprochenen Varianten noch nicht ganz korrekt arbeiten – zudem war sehr wichtig, das richtige Set an Testdaten zu nutzen, um genau diese spezifischen Probleme aufdecken zu können.

Zur Korrektur müssen wir das kontinuierliche Weiterfallen von Steinen realisieren, damit wir pro Spalte immer alle Werte bewegen. Dazu dient die `while`-Schleife:

```
def fall_down(values2dim):
    max_y, max_x = get_dimension(values2dim)

    for x in range(max_x):
        for y in range(max_y - 1, 0, -1):
            current_y = y
            # so lange runterfallen, bis darunter kein Leerraum mehr existiert
            while current_y < len(values2dim) and \
                  is_blank(values2dim[current_y][x]):
                # runterfallen
                values2dim[current_y][x] = values2dim[current_y - 1][x]
                values2dim[current_y - 1][x] = blank_value(values2dim)

                current_y += 1
```

Prüfung

Das zuvor erhaltene Ergebnis der Löschung dient als Ausgangsbasis für das Fallen:

```
def test_fall_down():
    values2dim = [[0, 1, 3, 3, 0, 0],
                  [0, 1, 0, 0, 0, 0],
                  [0, 0, 3, 3, 0, 0],
                  [0, 0, 0, 3, 3, 4],
                  [0, 0, 3, 0, 0, 0]]

    fall_down(values2dim)

    expected_board = [[0, 0, 0, 0, 0, 0],
                      [0, 0, 0, 0, 0, 0],
                      [0, 0, 3, 3, 0, 0],
                      [0, 1, 3, 3, 0, 0],
                      [0, 1, 3, 3, 3, 4]]

    assert values2dim == expected_board
```

Gesamtprüfung

Um unsere Funktionen alle gemeinsam in Aktion zu erleben, nutzen wir das Beispiel, das wir bereits zum Löschen verwendet haben:

```
def main():
    example_board = [[1, 1, 1, 2, 4, 4, 3],
                     [1, 1, 3, 4, 2, 4, 3],
                     [1, 3, 1, 1, 2, 2, 3]]

    print_array(example_board)
    while (erase_chains(example_board)):
        print("---------------------------------")
        fall_down(example_board)
        print_array(example_board)
```

Damit erhalten wir die erwarteten Ausgaben:

```
1 1 1 2 4 4 3
1 1 3 4 2 4 3
1 3 1 1 2 2 3
---------------------------------
0 0 0 0 0 0 0
0 0 0 4 4 4 0
0 3 3 1 2 4 0
---------------------------------
0 0 0 0 0 0 0
0 0 0 0 0 0 0
0 3 3 1 2 4 0
---------------------------------
```

Abwandlung auf Zeichen Nun wollen wir noch einen Schritt weitergehen und neben Ziffern alternativ Buchstaben zur Modellierung einsetzen, etwa wie im folgenden Beispiel. Wir nutzen ein präpariertes Array mit Buchstaben, woran man verschiedene Löschungen und Iterationen sehr schön nachvollziehen kann – Sie müssen allerdings einige der Funktionen für den Typ `str` geeignet anpassen (vgl. folgenden Praxistipp):

```
    jewels_test_deletion = [list("AACCDE"),
                            list("AA  DE"),
                            list("ABCCDE"),
                            list("AB CCD"),
                            list("ABCDDD")]

    print_array(jewels_test_deletion)

    while (erase_chains(jewels_test_deletion)):
        print("---------------------------------")
        fall_down(jewels_test_deletion)
        print_array(jewels_test_deletion)
```

Das gewünschte und erwartete Ergebnis sollte dann wie folgt ausschauen:

```
A A C C D E
A A     D E
A B C C D E
A B   C C D
A B C D D D
--------------------------------


    C C
  A C C
  A C C C D
--------------------------------




  A
  A       D
```

Wie man die ergänzende Verarbeitung basierend auf Zeichen realisiert, thematisiert der folgende Praxistipp – Ihnen wir dann vermutlich auch schlagartig klar werden, wieso in der bisherigen Implementierung ein paar scheinbar nicht wichtige Hilfsfunktionen erstellt wurden.

Tipp: Varianten mit Typ `str`

Einige Leser werden sich vielleicht schon gefragt haben, wieso ich verschiedene Hilfsfunktionen implementiere, wo die Funktionalität doch sehr einfach scheint. Der Grund ist, dass es auf diese Weise möglich wird, die Algorithmen nahezu unverändert für andere Typen statt `int` zu nutzen, indem man die entsprechenden Hilfsfunktionen neu definiert, beispielsweise diese:

```
def blank_value(values2dim):
    if type(values2dim[0][0]) is str:
        return " "

    return 0


def is_blank(value):
    if type(value) is str:
        return value == " " or value == "_" or len(value) == 0

    return value == 0


def is_same(val1, val2):
    if type(val1) is str:
        return val1.lower() == val2.lower()
    return abs(val1) == abs(val2)


def mark_element_for_removal(value):
    if type(value) is str:
        return value.lower()
    return -value if value > 0 else value
```

```
def is_element_marked_for_removal(value):
    if type(value) is str:
        return value.islower()
    return value < 0
```

Die eher konzeptionellen Funktionen für die Aktionen, etwa das Ermitteln der zu löschenden Ketten, das eigentliche Löschen sowie das Fallen der Diamanten, müssen dann nicht einmal angepasst werden.

6.3.7 Lösung 7: Spiral-Traversal (★★★★☆)

Schreiben Sie eine Funktion `spiral_traversal(values2dim)`, die ein zweidimensionales rechteckiges Array spiralförmig durchläuft und die besuchten Werte als Liste aufbereitet. Der Start ist dabei links oben. Zunächst wird die äußere Schicht durchlaufen und dann die jeweils nächstinnere.

Beispiel Ein Beispiel zeigt Abbildung 6-5.

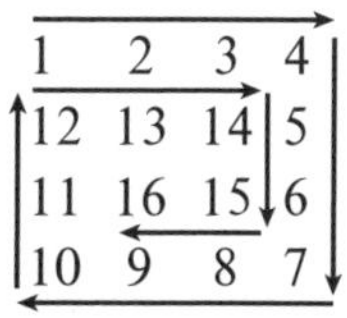

Abbildung 6-5 *Grundsätzlicher Ablauf beim Spiral-Traversal*

Für die nachfolgenden beiden Arrays sollten die weiter unten aufgeführten Zahlen- bzw. Buchstabenfolgen aus dem spiralförmigen Durchlauf resultieren:

```
numbers = [[1, 2, 3, 4],
           [12, 13, 14, 5],
           [11, 16, 15, 6],
           [10, 9, 8, 7]]

letterPairs = [["AB", "BC", "CD", "DE"],
               ["JK", "KL", "LM", "EF"],
               ["IJ", "HI", "GH", "FG"]]

=>

[1, 2, 3, 4, 5, 6, 7, 8, 9, 10, 11, 12, 13, 14, 15, 16]

[AB, BC, CD, DE, EF, FG, GH, HI, IJ, JK, KL, LM]
```

Tipps für das Jobinterview: Annahmen klären

Bevor Sie mit einer Lösung beginnen, sollten Sie unbedingt Randbedingungen oder Besonderheiten durch Fragen klären – in diesem Fall, dass es sich bei den Ausgangsdaten um ein rechteckiges Array handelt. Das soll hier der Fall sein.

Algorithmus Beginnen wir mit folgender Idee: Für eine spiralförmige Bewegung muss man zunächst nach rechts bis zur Grenze gehen, dann die Richtung nach unten wechseln und wieder bis zur Begrenzung voranschreiten. Dann nach links und schließlich nach oben bis zur Grenze. Damit sich die Spirale verengt, müssen die jeweiligen Grenzen bei jedem Richtungswechsel passend verringert werden. Die Endbedingung korrekt zu formulieren, ist nicht ganz einfach, wenn man nur auf Richtungswechseln und Grenzen operiert. Um das Abbruchkriterium festzustellen, hilft folgende Beobachtung: Die Gesamtzahl der Schritte ergibt sich aus Breite * Höhe - 1, für ein 4 x 3-Array also $4 * 3 - 1 = 12 - 1 = 11$. Mit diesen Vorüberlegungen implementieren wir den Spiraldurchlauf wie folgt:

```
class Direction(Enum):
    RIGHT = (1, 0)
    DOWN = (0, 1)
    LEFT = (-1, 0)
    UP = (0, -1)


def spiral_traversal(values2dim):
    pos_x = 0
    pos_y = 0

    min_x = 0
    min_y = 1
    max_y, max_x = get_dimension(values2dim)

    results = []

    dir = Direction.RIGHT
    steps = 0

    all_steps = max_y * max_x
    while steps < all_steps:
        # Aktion
        results.append(values2dim[pos_y][pos_x])

        if dir == Direction.RIGHT:
            if pos_x < max_x - 1:
                pos_x += 1
            else:
                dir = Direction.DOWN
                max_x -= 1

        if dir == Direction.DOWN:
            if pos_y < max_y - 1:
                pos_y += 1
            else:
                dir = Direction.LEFT
                max_y -= 1
        if dir == Direction.LEFT:
            if pos_x > min_x:
                pos_x -= 1
            else:
                dir = Direction.UP
                min_x += 1

        if dir == Direction.UP:
            if pos_y > min_y:
                pos_y -= 1
```

```
            else:
                dir = Direction.RIGHT
                min_y += 1

                # Möglicher Fehler: Man muss jetzt eine!
                # Position weiter rechts starten!
                pos_x += 1

        steps += 1
```

Nach einem vollständigen Durchlauf einer »Schicht« muss man den Positionszeiger um eine Position in Richtung Mitte bewegen. Das wird leicht vergessen.

Der vorgestellte Algorithmus funktioniert zwar, aber es sind doch ziemlich viele Sonderbehandlungen vorhanden.

Optimierter Algorithmus Schauen wir uns noch einmal die Grafik an und überlegen dann ein wenig. Wir erkennen, dass initial das gesamte Array als Bewegungsraum möglich ist, bei jeder Iteration ist die äußere Schicht abgearbeitet und man fährt weiter innen fort. Nun kann man den gültigen Bereich wie schon zuvor durch vier Positionsmarker beschreiben. Allerdings gehen wir beim Aktualisieren geschickter vor.

Man sieht, dass nach dem Bewegen nach rechts, die oberste Linie abgearbeitet ist, deswegen kann man den Zähler `min_y` um eins erhöhen. Wenn man nach unten gelaufen ist, dann ist die rechteste Seite durchlaufen und der Zähler `max_x` wird um eins vermindert. Bewegt man sich nach links, ist damit die unterste Zeile verarbeitet und der Zähler `max_y` wird um eins vermindert. Schließlich wird beim Bewegen nach oben dann der Zähler `min_x` um eins erhöht. Damit wir jeweils den Zeitpunkt zum Erhöhen erkennen, implementieren wir eine Hilfsfunktion `is_outside()` zur Bereichsprüfung.

Zudem können wir noch ausnutzen, dass wir die Richtungskonstanten gemäß der Reihenfolge im Spiraldurchlauf definieren und im `enum` dann eine Funktion `next()` implementieren, die die jeweils nachfolgende Richtung angibt. Ebenso definieren wir dort wie gehabt die Offsetwerte `dx` und `dy` als Tupel:

```
class Direction(Enum):
    RIGHT = (1, 0)
    DOWN = (0, 1)
    LEFT = (-1, 0)
    UP = (0, -1)

    def next(self):
        keys = list(Direction.__members__.keys())
        pos = keys.index(self.name)
        return list(Direction)[(pos + 1) % len(keys)]
```

Mit diesen Gedanken und Vorarbeiten können wir dann die Implementierung des spiralförmigen Durchlaufens lesbar und verständlich wie folgt schreiben:

```
def spiral_traversal_optimized(values2dim):
    pos_x = 0
    pos_y = 0

    min_x = 0
    min_y = 0
    max_y, max_x = get_dimension(values2dim)

    results = []

    dir = Direction.RIGHT
    steps = 0
    all_steps = max_y * max_x
    while steps < all_steps:
        # Aktion
        results.append(values2dim[pos_y][pos_x])

        dx, dy = dir.value
        if is_outside(pos_x + dx, pos_y + dy, min_x, max_x, min_y, max_y):
            if dir == Direction.RIGHT:
                min_y += 1
            if dir == Direction.DOWN:
                max_x -= 1
            if dir == Direction.LEFT:
                max_y -= 1
            if dir == Direction.UP:
                min_x += 1

            dir = dir.next()
            dx, dy = dir.value

        pos_x += dx
        pos_y += dy
        steps += 1

    return results


def is_outside(x, y, min_x, max_x, min_y, max_y):
    return x < min_x or x >= max_x or y < min_y or y >= max_y
```

Prüfung

Prüfen wir einmal, ob unser Algorithmus sowie dessen optimierte Variante für die Eingaben aus dem obigen Beispiel die erwartete Traversierung durch das Array realisiert:

```
def values_and_expected():
    return [([["A", "B", "C", "D"],
              ["J", "K", "L", "E"],
              ["I", "H", "G", "F"]],
             list("ABCDEFGHIJKL")),
            ([[1, 2, 3, 4],
              [12, 13, 14, 5],
              [11, 16, 15, 6],
              [10, 9, 8, 7]],
             [1, 2, 3, 4, 5, 6, 7, 8, 9, 10, 11, 12, 13, 14, 15, 16])]
```

```
@pytest.mark.parametrize("values, expected", values_and_expected())
def test_spiral_traversal(values, expected):
    result = spiral_traversal(values)

    assert result == expected


@pytest.mark.parametrize("values, expected", values_and_expected())
def test_spiral_traversal_optimized(values, expected):
    result = spiral_traversal_optimized(values)

    assert result == expected
```

6.3.8 Lösung 8: Add One to Array As Number (★★☆☆☆)

Gegeben sei ein Array oder eine Liste von Zahlen, das bzw. die die Ziffern einer Dezimalzahl darstellt. Schreiben Sie eine Funktion `add_one(digits)`, die eine Addition um den Wert 1 ausführt.

Beispiele

Eingabe	Resultat
[1, 3, 2, 4]	[1, 3, 2, 5]
[1, 4, 8, 9]	[1, 4, 9, 0]
[9, 9, 9, 9]	[1, 0, 0, 0, 0]

Algorithmus Wir erinnern uns vielleicht an die Schulzeit und nutzen eine ziffernorientierte Verarbeitung: Durchlaufe das Array von hinten nach vorne. Addiere zu dem jeweiligen Ziffernwert den Wert des Übertrags der letzten Addition dazu – initial startet man mit der Annahme, es gäbe einen Übertrag, Auf diese Weise addiert man automatisch den Wert 1. Falls durch aktuelle Ziffer und Übertrag der Wert 10 erreicht ist, dann muss der Übertrag weiter propagiert werden.

```
def add_one(digits):
    if len(digits) == 0:
        raise ValueError("must be a valid non empty array / list")

    result = []

    # laufe von hinten nach vorne und addiere, prüfe auf Überlauf
    overflow = 1
    for current_digit in reversed(digits):
        current_digit += overflow
        overflow = 1 if current_digit >= 10 else 0

        result.insert(0, current_digit % 10)

    if overflow == 1:
        result.insert(0, 1)

    return result
```

Im Spezialfall, dass sich der Übertrag bis ganz nach vorne ausbreitet, muss das Array um eine Position vergrößert werden, um die neue führende 1 aufnehmen zu können:

Prüfung

Zum Überprüfen unserer Implementierung nutzen wir die drei Wertekombinationen aus den einführenden Beispielen – die die drei wesentlichen Fälle »keine Propagation«, »Propagation um eine Stelle« und »Propagation über alle Stellen« abdecken. Zusätzlich ergänzen wir noch die Propagation für zwei Stellen:

```
def values_and_expected():
    return [([1, 3, 2, 4], [1, 3, 2, 5]),
            ([1, 4, 8, 9], [1, 4, 9, 0]),
            ([1, 3, 9, 9], [1, 4, 0, 0]),
            ([9, 9, 9, 9], [1, 0, 0, 0, 0])]

@pytest.mark.parametrize("values, expected", values_and_expected())
def test_add_one(values, expected):
    result = add_one(values)

    assert result == expected
```

6.3.9 Lösung 9: Sudoku-Checker (★★★☆☆)

In dieser Aufgabe prüfen wir ein Sudoku-Spielfeld, ob dieses eine gültige Lösung darstellt. Gegeben sei dazu ein Spielfeld als 9 x 9-Array mit `int`-Werten. Laut Sudoku-Regeln müssen in jeder Zeile und jeder Spalte jeweils alle Zahlen von 1 bis 9 vorkommen. Zudem müssen in jedem 3 x 3-Subspielfeld wiederum alle Zahlen von 1 bis 9 auftreten. Schreiben Sie zur Prüfung eine Funktion `is_sudoku_valid(board)`.

Beispiel Nachfolgend ist eine gültige Lösung gezeigt.

1	2	3	4	5	6	7	8	9
4	5	6	7	8	9	1	2	3
7	8	9	1	2	3	4	5	6
2	1	4	3	6	5	8	9	7
3	6	5	8	9	7	2	1	4
8	9	7	2	1	4	3	6	5
5	3	1	6	4	2	9	7	8
6	4	2	9	7	8	5	3	1
9	7	8	5	3	1	6	4	2

Algorithmus Beim Sudoku müssen drei verschiedene Arten von Prüfungen erfolgen. Dies lässt sich sehr gut in drei korrespondierende Funktionen unterteilen. Zum einen sind dies `check_horizontally()` und `check_vertically()`, die horizontal und vertikal sicherstellen, dass in einer Zeile bzw. Spalte immer alle Ziffern von 1 bis 9 exakt einmal auftreten. Dazu sammeln wir alle in der jeweiligen Ausrichtung gespeicherten Ziffern in einer Liste auf und vergleichen diese in der Funktion `all_desired_numbers()`, ob sie die gewünschten Zahlen enthalten:

```
def check_horizontally(board):
    for row in range(9):
        # Alle Werte einer Zeile in einer Liste sammeln
        row_values = [board[row][x] for x in range(9)]

        if not all_desired_numbers(row_values):
            return False

    return True


def check_vertically(board):
    for x in range(9):
        # Alle Werte einer Spalte in einer Liste sammeln
        column_values = [board[row][x] for row in range(9)]

        if not all_desired_numbers(column_values):
            return False

    return True
```

Man könnte sich fragen, ob man die Werte nicht alternativ in einem Set aufsammeln sollte. Obwohl dies naheliegend ist und für vollständig gefüllte Sudoku-Spielfelder gut funktioniert, erschwert die Datensammlung in einem Set jedoch die spätere Prüfung, wenn wir auch Leerfelder erlauben.

Unabhängig davon, stützen sich beide Prüfungen auf folgende Hilfsfunktion ab:

```
def all_desired_numbers(all_collected_values):
    if len(all_collected_values) != 9:
        raise ValueError("not 9 values to process")

    one_to_nine = {1, 2, 3, 4, 5, 6, 7, 8, 9}
    values_set = set(all_collected_values)

    return one_to_nine == values_set
```

Ich möchte noch einmal auf die Eleganz der Hilfsfunktion `all_desired_numbers()` hinweisen. Sie vereinigt in ihrer Kürze diverse Dinge: Eigentlich müssen wir prüfen, ob die aufgesammelten Werte keine Duplikate enthalten und es exakt neun sind. Aufgrund unserer Implementierung müssen wir diese Länge nicht prüfen, machen es aber trotzdem, um uns mit einer Exception gegen Flüchtigkeitsfehler zu wappnen. Durch die Umwandlung in ein Set und den Vergleich mit dem Set aus den erwarteten Werten ist das Ganze schön und kurz.

Als Nächstes müssen wir für jedes der 9 Subfelder der Größe 3 x 3 eine Prüfung vornehmen. Das klingt zunächst schwierig. Doch überlegen wir ein wenig: Man kann zwei ineinander geschachtelte Schleifen nutzen, um die 3 x 3-Kästen abzulaufen. Zwei weitere ineinander geschachtelte Schleifen laufen die jeweiligen x- und y-Werte ab. Die entsprechenden Indexwerte im Originalarray ergeben sich durch simple Multiplikationen und Additionen. Folgt man nun wieder der zuvor präsentierten Idee des Aufsammelns der Werte in eine Liste, die schließlich gegen die erwartete Zielmenge der Ziffern 1 bis 9 geprüft wird, verliert die Implementierung ihren möglicherweise initial vorhandenen Schrecken:

```
def check_boxes(board):
    # 3 x 3-Boxen
    for y_box in range(3):
        for x_box in range(3):
            # Werte pro Box
            box_values = collect_box_values(board, y_box, x_box)

            if not all_desired_numbers(box_values):
                return False

    return True
```

Das Aufsammeln innerhalb einer 3 x 3-Box wird folgendermaßen implementiert:

```
def collect_box_values(board, y_box, x_box):
    box_values = []

    # innerhalb der Boxen jeweils 3 x 3
    for y in range(3):
        for x in range(3):
            # Tatsächliche Indexwerte
            real_y = y_box * 3 + y
            real_x = x_box * 3 + x

            box_values.append(board[real_y][real_x])

    return box_values
```

Für eine vollständige Sudoku-Prüfung müssen wir diese Werte dann alle miteinander per AND kombinieren:

```
def is_valid_position(board):
    return check_horizontally(board) and \
           check_vertically(board) and \
           check_boxes(board)
```

Prüfung

Wir definieren zunächst das Sudoku-Spielfeld, wie ich es einleitend gezeigt habe, danach prüfen wir alle drei Varianten.

```
def main():
    board = [[1, 2, 3, 4, 5, 6, 7, 8, 9],
             [4, 5, 6, 7, 8, 9, 1, 2, 3],
             [7, 8, 9, 1, 2, 3, 4, 5, 6],
             [2, 1, 4, 3, 6, 5, 8, 9, 7],
             [3, 6, 5, 8, 9, 7, 2, 1, 4],
             [8, 9, 7, 2, 1, 4, 3, 6, 5],
             [5, 3, 1, 6, 4, 2, 9, 7, 8],
             [6, 4, 2, 9, 7, 8, 5, 3, 1],
             [9, 7, 8, 5, 3, 1, 6, 4, 2], ]

    print("H: ", check_horizontally(board))
    print("V: ", check_vertically(board))
    print("B: ", check_boxes(board))
    print("S: ", is_sudoku_valid(board))
```

Wir erhalten erwartungskonform viermal den Wert `True`.

Bonus

Zwar ist es schon gut, ein vollständig mit Ziffern gefülltes Sudoku-Spielfeld auf dessen Gültigkeit prüfen zu können, besser ist es jedoch, für ein Spielfeld mit »Lücken«, also noch fehlenden Zahlen, vorhersagen zu können, ob daraus eine gültige Lösung entstehen kann. Das ist insbesondere dann von Interesse, wenn man einen Algorithmus zum Lösen eines Sudokus einwickeln möchte.

Beispiel Basierend auf dem Beispiel des gültigen Sudoku-Spielfelds habe ich an zufälligen Stellen die Ziffern gelöscht. Dadurch gibt es sicher eine valide Lösung.

1	2		4	5		7	8	9
	5	6	7		9		2	3
7	8		1	2	3	4	5	6
2	1	4		6		8		7
3	6		8		7	2	1	4
	9	7		1	4	3	6	
5	3	1	6		2	9		8
6		2	9	7	8	5	3	1
9	7			3	1	6	4	2

Algorithmus Ein teilbefülltes Spielfeld lässt sich ziemlich einfach auf Gültigkeit prüfen, wenn man die vorherige Implementierung als Basis nimmt. Zunächst benötigen wir eine Modellierung für die leeren Felder. In diesem Fall bietet sich der Wert 0 an. Damit können wir die Implementierung zum Aufsammeln der Werte horizontal, vertikal und in den Boxen so belassen. Nur die finale Prüfung, ob alle Werte von 1 bis 9 enthalten sind, müssen wir leicht abwandeln: Zunächst entfernen wir aus den aufgesammelten Werten den Wert 0, sofern vorhanden. Danach stellen wir sicher, dass keine Duplikate enthalten sind, und schließlich prüfen wir, ob die aufgesammelten Werte eine Teilmenge von 1 bis 9 sind:

```
def all_desired_numbers(all_collected_values):
    # irrelevante Leerfelder entfernen
    relevant_values = remove_all_occurences(all_collected_values, 0)

    # keine Duplikate?
    values_set = set(relevant_values)
    if len(relevant_values) != len(values_set):
        return False

    # nur 1 bis 9?
    one_to_nine = {1, 2, 3, 4, 5, 6, 7, 8, 9}

    return one_to_nine.issuperset(values_set)


def remove_all_occurences(values, item):
    return list(filter(lambda x: x != item, values))
```

Das Allerbeste kommt zum Schluss: Diese Funktion funktioniert sowohl für vollständig ausgefüllte Sudoku-Spielfelder als auch für solche, die Leerstellen enthalten!

Prüfung

Wir definieren wieder das Sudoku-Spielfeld mit Leerstellen, wie ich es zuvor gezeigt habe. Danach prüfen wir noch ein leicht modifiziertes Spielfeld, wo in der Zeile 0 an Position 2 direkt noch eine 2 eingefügt wurde, was das Spielfeld ungültig macht:

```
def create_initialized_board():
    return [[1, 2, 0, 4, 5, 0, 7, 8, 9],
            [0, 5, 6, 7, 0, 9, 0, 2, 3],
            [7, 8, 0, 1, 2, 3, 4, 5, 6],
            [2, 1, 4, 0, 6, 0, 8, 0, 7],
            [3, 6, 0, 8, 9, 7, 2, 1, 4],
            [0, 9, 7, 0, 1, 4, 3, 6, 0],
            [5, 3, 1, 6, 0, 2, 9, 0, 8],
            [6, 0, 2, 9, 7, 8, 5, 3, 1],
            [9, 7, 0, 0, 3, 1, 6, 4, 2]]


def test_is_sudoku_valid():
    board = create_initialized_board()

    is_valid_sudoku = is_sudoku_valid(board)

    assert is_valid_sudoku == True
```

```
def test_is_sudoku_valid_for_invalid_board():
    board = create_initialized_board()
    # verändere es und mache es damit ungültig
    board[0][2] = 2

    is_valid_sudoku = is_sudoku_valid(board)

    assert is_valid_sudoku == False
```

Das fehlerhafte Spielfeld des zweiten Testfalls sieht wie folgt aus – der problematische Werte ist fett markiert:

```
1 2 2 4 5 0 7 8 9
0 5 6 7 0 9 0 2 3
7 8 0 1 2 3 4 5 6
2 1 4 0 6 0 8 0 7
3 6 0 8 9 7 2 1 4
0 9 7 0 1 4 3 6 0
5 3 1 6 0 2 9 0 8
6 0 2 9 7 8 5 3 1
9 7 0 0 3 1 6 4 2
```

6.3.10 Lösung 10: Flood-Fill (★★☆☆☆)

Lösung 10a (★★☆☆☆)

Schreiben Sie eine Funktion `flood_fill(values2dim, start_x, start_y)`, die in einem Array alle freien Felder mit einem bestimmten Wert befüllt.

Beispiel Nachfolgend ist der Füllvorgang für das Zeichen '*' gezeigt. Das Füllen beginnt an einer vorgegebenen Position, etwa in der linken oberen Ecke, und wird dann so lange in alle vier Himmelsrichtungen fortgesetzt, bis die Grenzen des Arrays oder eine Begrenzung in Form eines anderen Zeichens gefunden wird:

```
"   # "       "***# "         "   #      # "       "   #******# "
"    #"       "****#"         "    #      #"       "    #******#"
"#   #"   =>  "#***#"         "#   #     # "   =>  "#   #*****# "
" # # "       " #*# "         " # #     #  "       " # #*****#  "
"  #  "       "  #  "         "  #     #   "       "  #*****#   "
```

Algorithmus Prüfe rekursiv die Nachbarfelder in den vier Himmelsrichtungen. Ist ein Feld leer, fülle es und prüfe wiederum dessen vier Nachbarn. Erreichen wir die Array-Grenzen oder ein gefülltes Feld, so stoppen wir:

```
def flood_fill(values2dim, x, y):
    max_y, max_x = get_dimension(values2dim)

    # rekursiver Abbruch
    if x < 0 or y < 0 or x >= max_x or y >= max_y:
        return

    if values2dim[y][x] == ' ':
        values2dim[y][x] = '*'

        # rekursiver Abstieg: fülle in alle 4 Richtungen
        flood_fill(values2dim, x, y - 1)
        flood_fill(values2dim, x + 1, y)
        flood_fill(values2dim, x, y + 1)
        flood_fill(values2dim, x - 1, y)
```

Prüfung

Nun wollen wir das einleitend gezeigte Array als Ausgangsbasis definieren, dann eine Füllung ausgehend von unterschiedlichen Positionen vornehmen:

```
def create_world_and_expected_fills():
    first_world = [list("   #  "),
                   list("    # "),
                   list("#   # "),
                   list(" # #  "),
                   list("  #   ")]

    first_filled = [list("***#  "),
                    list("****# "),
                    list("#***# "),
                    list(" #*#  "),
                    list("  #   ")]

    second_world = [list("   #      # "),
                    list("    #      #"),
                    list("#   #     # "),
                    list(" # #     #  "),
                    list("  #     #   ")]

    second_filled = [list("   #******# "),
                     list("    #******#"),
                     list("#   #*****# "),
                     list(" # #*****#  "),
                     list("  #*****#   ")]

    return [(first_world, first_filled, 0, 0,),
            (second_world, second_filled, 4, 4)]


@pytest.mark.parametrize("world, expected, start_x, start_y",
                         create_world_and_expected_fills())
def test_flood_fill(world, expected, start_x, start_y):
    flood_fill(world, start_x, start_y)

    assert world == expected
```

Lösung 10b (★★☆☆☆)

Ergänzen Sie die Funktion so, dass sie beliebige, als rechteckiges Array übergebene Muster füllen kann – Leerzeichen sind in der Musterangabe allerdings nicht erlaubt.

Beispiel

Nachfolgend sehen wir, wie eine Füllung mit einem Muster aussehen könnte. Dabei besteht das Muster aus verschiedenen Zeilen mit Zeichen:

```
.|.
-*-
.|.
```

Starten wir das Füllen mittig unten, so ergibt sich folgende Füllung:

```
      x           .|..|.x
    #  #          -*--#--#
   ###  #         .|.###.|#
#  ###  #    =>   #|.###.|#
#   #   #         #*--#--*#
 # #   #           #.#|..#
  #   #             #.|.#
```

Algorithmus Zunächst einmal muss man das gewünschte Muster an die Funktion übergeben. Interessanterweise bleibt der Füllalgorithmus nahezu gleich und wird nur bezüglich der Ermittlung des Füllzeichens abgewandelt. Statt eines fixen Werts wird hier eine Hilfsfunktion `find_fill_char()` aufgerufen, die das für die Position relevante Füllzeichen ermittelt. Der rekursive Abstieg wird alternativ zu den vier einzelnen Aufrufen durch den Einsatz der Aufzählung für die Richtungen elegant formuliert:

```python
def flood_fill_with_pattern(values2dim, x, y, pattern):
    max_y, max_x = get_dimension(values2dim)

    # rekursiver Abbruch
    if x < 0 or y < 0 or x >= max_x or y >= max_y:
        return

    if values2dim[y][x] == ' ':
        # Ermittle passendes Füllzeichen
        values2dim[y][x] = find_fill_char(y, x, pattern)

        # rekursiver Abstieg in 4 Richtungen
        for dir in Direction:
            dy, dx = dir.value

            flood_fill_with_pattern(values2dim, x + dx, y + dy, pattern)


class Direction(Enum):
    UP = (-1, 0)
    DOWN = (1, 0)
    LEFT = (0, -1)
    RIGHT = (0, 1)
```

Kommen wir nun zum Ermitteln des Füllzeichens auf Basis einer einfachen Modulo-Berechnung aus der momentanen Position in Bezug auf die Breite bzw. die Höhe des Arrays mit den Musterzeichen – damit das Ganze funktioniert, darf im Füllmuster jedoch kein Leerzeichen angegeben werden.

```
def find_fill_char(y, x, pattern):
    max_y, max_x = get_dimension(pattern)
    return pattern[y % max_y][x % max_x]
```

Prüfung

Analog zu vorher wollen wir das einleitend gezeigte Array mit Begrenzungszeichen mit dem zuvor gezeigten Muster füllen. Dazu erzeugen wir zunächst das Muster mithilfe der folgenden Funktion:

```
def generate_pattern():
    return [list(".|."),
            list("-*-"),
            list(".|.")]


def generate_pattern_2():
    return [list("---"),
            list("~~~"),
            list("===")]


def generate_big_world():
    return [list("           #   |     "),
            list("       ##   #   |    "),
            list("    #####    #   __  "),
            list("       ###   #     | "),
            list(" ###    #    #      |"),
            list("    #   #    #     | "),
            list("     # #    #    --  "),
            list("      #    #    |    ")]
```

Zur Prüfung erzeugen wir das Ausgangsmuster und füllen von oben links mit dem ersten Muster und im rechten Teil mit dem zweiten Muster:

```
>>> bigworld = generate_big_world()
>>> flood_fill_with_pattern(bigworld, 1, 1, generate_pattern())
>>> flood_fill_with_pattern(bigworld, 14, 4, generate_pattern_2())
```

Zur Kontrolle lassen wir uns nun das Array ausgeben. Dadurch können wir die Füllung mit dem jeweiligen Muster begutachten:

```
>>> print_array(bigworld)
.|..|..|..|#---|
-*--*--##-*-#~~~|
.|..#####.|..#===__
.|..|..###|..#-----|
-###*--*#-*--#~~~~~~|
.|..#..|#.|..#=====|
.|..|#.#..|.#------
-*--*-#*--*#~~~~|
```

Zur Erinnerung ist hier nochmals die Funktion zur Ausgabe eines zweidimensionalen Arrays gezeigt – allerdings werden die Zeichen direkt aneinander ausgegeben:

```
def print_array(values2dim):
    max_y, max_x = get_dimension(values2dim)
    for y in range(max_y):
        for x in range(max_x):
            value = values2dim[y][x]
            print(str(value) + " ", end='')

        print()
```

6.3.11 Lösung 11: Array Min und Max (★★☆☆☆)

Lösung 11a: Min und Max (★☆☆☆☆)

Schreiben Sie zwei Funktionen `find_min(values)` und `find_max(values)`, die das Minimum bzw. Maximum aus einem gegebenen, nicht leeren Array mithilfe einer selbst implementierten Suche ermitteln – damit fallen `min()`, `sort()` usw. aus :-)

Beispiele

Eingabe	Minimum	Maximum
[2, 3, 4, 5, 6, 7, 8, 9, 1, 10]	1	10

Algorithmus Durchlaufe das Array vom Start. In beiden Fällen nimmt man an, dass das erste Element das Minimum bzw. Maximum ist. Danach durchläuft man das Array und beim Auffinden eines kleineren bzw. größeren Elements wird das Minimum bzw. Maximum neu zugewiesen – durch die Randbedingung eines nicht leeren Ausgangsarrays können wir immer mit dem ersten Element als Minimum bzw. Maximum starten.

```
def find_min(values):
    if len(values) == 0:
        raise ValueError("find_min not supported for empty input")

    min = values[0]
    for i in range(1, len(values)):
        if values[i] < min:
            min = values[i]

    return min


def find_max(values):
    if len(values) == 0:
        raise ValueError("find_max not supported for empty input")

    max = values[0]
    for i in range(1, len(values)):
        if values[i] > max:
            max = values[i]

    return max
```

Lösung 11b: Min und Max Pos (★★☆☆☆)

Implementieren Sie zwei Hilfsfunktionen `find_min_pos(values, start, end)` und `find_max_pos(values, start, end)`, die für ein gegebenes, nicht leeres Array sowie einen Indexbereich in Form der linken und rechten Grenze die Position des Minimums bzw. Maximums suchen und zurückliefern. Bei mehreren gleichen Werten für Minimum oder Maximum soll jeweils das erste Auftreten zurückgegeben werden.

Schreiben Sie unter Zuhilfenahme der gerade erstellten Hilfsfunktionen zur Ermittlung von Minimum bzw. Maximum die zwei Funktionen `find_min_by_pos(values, start, end)` und `find_max_by_pos(values, start, end)`.

Beispiele

Funktion	Eingabe	Bereich	Resultat	Position
find_min_xyz()	[5, 3, 4, 2, 6, 7, 8, 9, 1, 10]	0, 10	1	8
find_min_xyz()	[5, 3, 4, 2, 6, 7, 8, 9, 1, 10]	0, 7	2	3
find_min_xyz()	[5, 3, 4, 2, 6, 7, 8, 9, 1, 10]	2, 7	2	3
find_max_xyz()	[1, 22, 3, 4, 5, 10, 7, 8, 9, 49]	0, 10	49	9
find_max_xyz()	[1, 22, 3, 4, 5, 10, 7, 8, 9, 49]	0, 7	22	1
find_max_xyz(()	[1, 22, 3, 4, 5, 10, 7, 8, 9, 49]	2, 7	10	5

Algorithmus Auf Basis der ermittelten Position des Minimums bzw. des Maximums ist die korrespondierende Rückgabe des entsprechenden Elements trivial zu implementieren:

```
def find_min_by_pos(values, start, end):
    min_pos = find_min_pos(values, start, end)
    return values[min_pos]


def find_max_by_pos(values, start, end):
    max_pos = find_max_pos(values, start, end)
    return values[max_pos]
```

Zur Komplettierung fehlt noch das Ermitteln der Position von Minimum bzw. Maximum. Dazu gehen wir folgendermaßen vor: Um die jeweilige Position von Minimum und Maximum zu finden, durchlaufen wir alle Elemente, vergleichen mit dem gerade aktuellen Wert für Minimum bzw. Maximum und aktualisieren die Position, sofern der Wert kleiner oder größer ist:

```
def find_min_pos(values, start, end):
    if len(values) == 0:
        raise ValueError("find_min_pos not supported for empty input")
    if start < 0 or start > end or end > len(values):
        raise ValueError("invalid range")

    min_pos = start
    for i in range(start + 1, end):
        if values[i] < values[min_pos]:
            min_pos = i

    return min_pos

def find_max_pos(values, start, end):
    if len(values) == 0:
        raise ValueError("find_max_pos not supported for empty input")
    if start < 0 or start > end or end > len(values):
        raise ValueError("invalid range")

    max_pos = start
    for i in range(start + 1, end):
        if values[i] > values[max_pos]:
            max_pos = i

    return max_pos
```

Prüfung

Die Funktionalität prüfen wir wie gewöhnlich mit den Eingaben aus der Einführung:

```
def test_find_min_and_max():
    values = [ 2, 3, 4, 5, 6, 7, 8, 9, 1, 10 ]

    assert find_min(values) == 1
    assert find_max(values) == 10


@pytest.mark.parametrize("lower, upper, expected_pos, expected_value",
                         [(0, 10, 8, 1), (2, 7, 3, 2), (0, 7, 3, 2)])
def test_find_min_pos(lower, upper, expected_pos, expected_value):
    values = [ 5, 3, 4, 2, 6, 7, 8, 9, 1, 10 ]

    result_pos = find_min_pos(values, lower, upper)

    assert expected_pos == result_pos
    assert expected_value == values[result_pos]


@pytest.mark.parametrize("lower, upper, expected_pos, expected_value",
                         [(0, 10, 9, 49), (2, 7, 5, 10), (0, 7, 1, 22)])
def test_find_max_pos(lower, upper, expected_pos, expected_value):
    values = [ 1, 22, 3, 4, 5, 10, 7, 8, 9, 49 ]

    result_pos = find_max_pos(values, lower, upper)

    assert expected_pos == result_pos
    assert expected_value == values[result_pos]
```

6.3.12 Lösung 12: Array Split (★★★☆☆)

Gegeben sei ein Array mit beliebigen Ganzzahlen. Als Ergebnis soll das Array neu geordnet werden, sodass alle Werte kleiner als ein spezieller Referenzwert links und alle Werte größer oder gleich dem Referenzwert rechts davon angeordnet werden. Die Reihenfolge innerhalb der Teilbereiche ist irrelevant und darf variieren.

Beispiele

Eingabe	Referenzelement	Resultatbeispiel
[4, 7, 1, 20]	9	[1, 4, 7, **9**, 20]
[3, 5, 2]	7	[2, 3, 5, **7**]
[2, 14, 10, 1, 11, 12, 3, 4]	7	[2, 1, 3, 4, **7**, 14, 10, 11, 12]
[3, 5, 7, 1, 11, 13, 17, 19]	11	[1, 3, 5, 7, **11**, 11, 13, 17, 19]

Lösung 12a: Array Split (★★☆☆☆)

Schreiben Sie eine Funktion `array_split(values, reference_element)`, um die Funktionalität zu realisieren. Dabei dürfen neue Datenstrukturen, etwa Listen, erzeugt werden.

Algorithmus Um ein Array bezogen auf ein Referenzelement in zwei Hälften mit Werten kleiner als bzw. größer oder gleich dem Referenzwert zu unterteilen, definiert man zwei Ergebnislisten `lesser` und `bigger_or_equal`. Im Anschluss durchläuft man das Array und befüllt pro Element jeweils eine der zwei Listen, je nach Ausgang des Vergleichs des aktuellen Elements mit dem Referenzelement. Zum Abschluss muss man nur noch die Listen und das Referenzelement geeignet zu einer Ergebnisliste kombinieren:

```
def array_split(values, reference_element):
    lesser = []
    bigger_or_equal = []

    for current in values:
        if current < reference_element:
            lesser.append(current)
        else:
            bigger_or_equal.append(current)

    return lesser + [reference_element] + bigger_or_equal
```

Pythonic-Algorithmus Bei der gezeigten Lösung stört stilistisch ein wenig die `for`-Schleife mit dem `if` und `else`. Das könnte man etwas schöner wie folgt mit List Comprehensions realisieren – bei dieser Realisierungsvariante wird jedoch zweimal durch die Listen gelaufen:

```python
def array_split_nicer(values, reference_element):
    lesser = [value for value in values
              if value < reference_element]

    bigger_or_equal = [value for value in values
                       if value >= reference_element]

    return lesser + [reference_element] + bigger_or_equal
```

Lösung 12b: Array Split Inplace (★★★☆☆)

Schreiben Sie eine Funktion `array_split_inplace(values, reference_element)`, die die beschriebene Funktionalität innerhalb des Ausgangsarrays, also inplace, umsetzt. Dabei ist es explizit nicht gewünscht, neue Datenstrukturen zu erzeugen. Um dann das Referenzelement in das Ergebnis aufnehmen zu können, ist einmalig das Erzeugen eines Arrays bzw. einer Liste erlaubt. Weil eine Rückgabe erfolgen muss, ist ausnahmsweise auch die Rückgabe eines Werts für eine »inplace«-Funktion gestattet – sie operiert hier eben nur teilweise inplace.

Algorithmus Nachdem wir mit der einfacheren Variante begonnen haben und dies unser Verständnis für die Abläufe verbessert hat, wagen wir uns an die Inplace-Version. Hierbei können wir keine Hilfsdatenstrukturen nutzen, sondern realisieren die Logik durch ggf. mehrfaches Vertauschen von Elementen. Zwei Positionsmarker zeigen uns jeweils an, welche Elemente getauscht werden sollen. Dabei wird der erste Positionsmarker so lange erhöht, wie wir ausgehend vom Anfang kleinere Werte als das Referenzelement finden. Ebenso verfahren wir mit dem Positionsmarker für den oberen Teil: Solange die Werte größer als das Referenzelement sind, verringern wir die Position. Schließlich tauschen wir die beiden Werte an den gefundenen Indexpositionen, allerdings nur, falls sich die Positionsmarker noch nicht überkreuzt haben. In dem Fall haben wir keine weiteren unpassenden Elemente mehr gefunden. Als Letztes muss dann basierend auf dem neu angeordneten Array eine Integration des Referenzelements an korrekter Stelle erfolgen:

```python
def array_split_inplace(values, reference_element):
    low = 0
    high = len(values) - 1

    while low < high:
        while low < high and values[low] < reference_element:
            low += 1

        while high > low and values[high] >= reference_element:
            high -= 1

        if low < high:
            swap(values, low, high)

    return values[:high] + [reference_element] + values[high + 1:]
```

Lösung 12c: Array Split Quick Sort Partition (★★★☆☆)

Für das Sortieren gemäß Quick Sort benötigt man eine Partitionierungsfunktionalität ähnlich zu der gerade entwickelten. Allerdings wird hier oftmals als Referenzelement das vorderste Element des Arrays verwendet.

Erstellen Sie auf Basis der beiden zuvor entwickelten Implementierungen mit expliziter Angabe eines Referenzelements entsprechende Varianten in Form der Funktionen `array_split_qs(values)` und `array_split_qs_inplace(values)`.

Beispiele

Eingabe	Referenzelement	Resultatbeispiel
[**9**, 4, 7, 1, 20]	9	[1, 4, 7, **9**, 20]
[**7**, 3, 5, 2]	7	[2, 3, 5, **7**]
[**7**, 2, 14, 10, 1, 11, 12, 3, 4]	7	[2, 1, 3, 4, **7**, 14, 10, 11, 12]
[**11**, 3, 5, 7, 1, 11, 13, 17, 19]	11	[1, 3, 5, 7, **11**, 11, 13, 17, 19]

Algorithmus 1 Als Abwandlung muss bei der Implementierung mit zwei Ergebnislisten lediglich darauf geachtet werden, dass an Position 0 das Referenzelement gespeichert ist und dadurch die Verarbeitung an Index 1 beginnt:

```
def array_split_qs(values):
    reference_value = values[0]

    lesser = [values[i] for i in range(1, len(values))
              if values[i] < reference_value]

    bigger_or_equal = [values[i] for i in range(1, len(values))
                       if values[i] >= reference_value]

    return lesser + [reference_value] + bigger_or_equal
```

Algorithmus 2 Auch die Inplace-Variante arbeitet wie zuvor mit zwei Positionsmarkern sowie dem ggf. auch mehrfachem Vertauschen von Elementen. Das wiederholt sich, solange sich die Positionsmarker noch nicht überkreuzt haben. In dem Fall haben wir keine weiteren unpassenden Elemente mehr gefunden. Als Letztes muss dann nur noch das Referenzelement von seiner Position 0 zum Überkreuzungspunkt, also der passenden Position, bewegt werden:

```
def array_split_qs_inplace(values):
    reference_value = values[0]

    low = 1
    high = len(values) - 1

    while low < high:
        while values[low] < reference_value and low < high:
            low += 1
        while values[high] >= reference_value and high >= low:
            high -= 1

        if low < high:
            swap(values, low, high)

    # wichtig für 1, 2 = > dann wäre 1 Pivot, nicht tauschen!
    if reference_value > values[high]:
        swap(values, 0, high)
```

Prüfung

Die Funktionalität prüfen wir wie gewöhnlich mit den Eingaben aus der Einführung:

```
>>> values = [2, 14, 10, 1, 11, 12, 3, 4]

>>> array_split(values, 7)
[2, 1, 3, 4, 7, 14, 10, 11, 12]

>>> array_split_inplace(values, 7)
[2, 4, 3, 1, 7, 12, 10, 14]
```

Betrachten wir noch die Varianten von Quick Sort in Aktion:

```
>>> values2 = [7, 2, 14, 10, 1, 11, 3, 12, 4]

>>> array_split_qs(values2)
[2, 1, 3, 4, 7, 14, 10, 11, 12]

>>> array_split_qs_inplace(values2)
values2
[1, 2, 4, 3, 7, 11, 10, 12, 14]
```

Aufgrund der leicht anderen Algorithmik verbleiben die Elemente in der ersten Variante in der Reihenfolge, wie sie in dem Originalarray auftreten. Die Inplace-Varianten vertauschen Elemente und somit kommt es zu einer Durchwürfelung, aber immer noch finden sich alle kleineren Werte links vom Referenzelement und alle größeren zu dessen rechter Seite.

6.3.13 Lösung 13: Minesweeper Board (★★★☆☆)

Vermutlich haben Sie auch schon einmal Minesweeper gespielt. Kurz zur Erinnerung: Das ist ein nettes kleines Ratespiel mit etwas Knobelanteil. Um was geht es? Auf einem Spielfeld werden Bomben verdeckt platziert. Der Spieler kann nun beliebige Felder des Spielfelds wählen. Wird ein Feld aufgedeckt, dann zeigt es eine Ziffer. Diese gibt an, wie viele Bomben in den Nachbarfeldern versteckt sind. Hat man jedoch Pech, so trifft man auf ein Bombenfeld und das Spiel ist verloren. In dieser Aufgabe geht es darum, ein solches Spielfeld zu initialisieren und für ein anschließendes Spiel vorzubereiten.

Lösung 13a (★★☆☆☆)

Schreiben Sie eine Funktion `place_bombs_randomly(width, height, probability)`, die ein über die ersten zwei Parameter in der Größe festgelegtes Spielfeld als zweidimensionales Spielfeld erzeugt, zufällig mit »Bomben« füllt und dabei die als `float` übergebene Wahrscheinlichkeit von 0,0 bis 1,0 beachtet.

Beispiel Nachfolgend ist ein Spielfeld der Größe 16 x 7 gezeigt, wobei die Bomben zufällig platziert sind. Bomben werden durch '*' und Leerräume mit '.' dargestellt:

```
* * * . * * . * . * * . * . . .
. * * . * . . * . * * . . . . .
. . * . . . . . . . . . * * * *
. . . * . * * . * * . * * . . .
* * . . . . * . * . . * . . . *
. . * . . * . * * . . * . * * *
. * . * * . * . * * * . . * * .
```

Algorithmus Der Algorithmus zum Platzieren von zufällig verteilten Bomben in einem Spielfeld arbeitet wie folgt: Für jede Position wird über `random.random()` eine Zufallszahl erzeugt und eine gegebene Wahrscheinlichkeit bestimmt, ob eine Bombe im Feld platziert werden soll. Als Ergebnis wird ein passende verschachtelte Liste erzeugt – hier findet sich die Besonderheit, nämlich das in alle Richtungen um jeweils eine Position erweiterte Spielfeld, wie es im nachfolgenden Praxistipp thematisiert wird.

```
def place_bombs_randomly(width, height, probability):
    bombs = [[False for x in range(width + 2)] for y in range(height + 2)]

    for y in range(1, len(bombs) - 1):
        for x in range(1, len(bombs[0]) - 1):
            bombs[y][x] = random.random() < probability

    return bombs
```

Hinweis: Spielfeld mit Rand

Für viele zweidimensionale Algorithmen muss man an den Rändern spezielle Prüfungen ausführen. In einigen Fällen ist es hilfreich, einen Rand von einer Position um das eigentliche Spielfeld zu legen. Dadurch lassen sich insbesondere Berechnungen mit Nachbarfeldern in allen Himmelsrichtungen vereinfachen, wie hier mit den Bomben. Dann muss den Randfeldern aber ein neutraler Wert zugewiesen werden. Hier ist dies einfach der Wert 0. Manchmal kann man bei `char`-basierten Spielfeldern aber auch spezielle Zeichen wie # nutzen.

Einige Berechnungen werden durch dieses künstliche Randfeld leichter. Allerdings muss man dann beachten, dass die Grenzen von 1 bis `len() - 1` gehen – ein zusätzlicher Stolperstein zu den tückischen Off-by-one-Fehlern, die man »gerne« bei Arrays macht.

Prüfung

Auf ein explizites Testen und Ausprobieren verzichten wir hier, da zum einen mit Zufallszahlen gearbeitet wird und sich dafür ein Unit Test nicht direkt anbietet. Zum anderen ist der Algorithmus ziemlich einfach und die Funktionalität wird später indirekt geprüft.

Lösung 13b (★★★☆☆)

Schreiben Sie eine Funktion `calc_bomb_count(bombs)`, die basierend auf den als Array übergebenen Bombenfeldern die Anzahl benachbarter Felder mit Bomben ermittelt und ein korrespondierendes Array zurückgibt.

Beispiele Eine Berechnung für Spielfelder der Größe 3 x 3 sowie der Größe 5 x 5 inklusive zufällig verteilter Bomben ergibt z. B. folgende Spielfelder:

```
* . .          B 2 1          . * * . .          2 B B 3 1
. . *    =>    1 3 B          * . * * .          B 6 B B 1
. . *          0 2 B          * * . . .    =>    B B 4 3 2
                              * . . * .          B 6 4 B 1
                              * * * . .          B B B 2 1
```

Algorithmus Zum Berechnen der Anzahl an Nachbarfeldern mit Bomben betrachtet man wieder jedes Feld nacheinander. Dabei profitieren wir von dem speziellen Rand, sodass wir keine Bereichsprüfungen und Spezialbehandlungen vornehmen müssen. Zunächst initialisieren wir ein zweidimensionales Array passender Größe mit dem Wert 0 als Annahme, es gäbe keine Bomben in der Nachbarschaft. Stellt ein Feld eine Bombe dar, so nutzen wir den Wert 9 als Indikator. Enthält es keine, so müssen wir alle acht Nachbarfelder prüfen, ob diese eine Bombe beheimaten. In dem Fall wird der Zähler jeweils um eins erhöht. Dabei erleichtert die Verwendung der bereits bekannten Aufzählung für die Himmelsrichtungen sowie deren Delta-Werte in x- und y-Richtung die Positionsberechnung:

```
def calc_bomb_count(bombs):
    max_y, max_x = get_dimension(bombs)
    bomb_count = [[0 for x in range(max_x)] for y in range(max_y)]

    for y in range(1, max_y - 1):
        for x in range(1, max_x - 1):
            if not bombs[y][x]:
                for current_dir in Direction:
                    dx, dy = current_dir.to_dx_dy()
                    if bombs[y + dy][x + dx]:
                        bomb_count[y][x] += 1
            else:
                bomb_count[y][x] = 9

    return bomb_count
```

Zum besseren Nachvollziehen ist hier zur Erinnerung die Aufzählung `Direction`:

```
class Direction(Enum):
    N = (0, -1)
    NE = (1, -1)
    E = (1, 0)
    SE = (1, 1)
    S = (0, 1)
    SW = (-1, 1)
    W = (-1, 0)
    NW = (-1, -1)

    def to_dx_dy(self):
        return self.value
```

Prüfung

Zum Prüfen der Implementierung nutzen wir die 3 x 3-Verteilung – müssen aber die Randfelder entsprechend bedenken. Allerdings basiert alles auf einer zweidimensionalen verschachtelten Liste von `bool`. Praktischer wäre es, auf grafischen Repräsentationen zu arbeiten und diese passend konvertieren zu lassen? Betrachten wir dies als Unit Test:

```
def create_bomb_array_and_expected():
    bombs1 = ["*..",
              "..*",
              "..*"]

    result1 = ["B21",
               "13B",
               "02B"]

    bombs2 = [".**..",
              "*.**.",
              "**...",
              "*..*.",
              "***.."]
```

```
    result2 = ["2BB31",
               "B6BB1",
               "BB432",
               "B64B1",
               "BBB21"]

    return [(to_bool_array(bombs1), to_int_array(result1)),
            (to_bool_array(bombs2), to_int_array(result2))]


@pytest.mark.parametrize("bombs, expected",
                         create_bomb_array_and_expected())
def calc_bomb_count_test(bombs, expected):
    result = calc_bomb_count(bombs)

    assert result == expected
```

Betrachten wir die Hilfsfunktionen: Zunächst haben wir eine textuelle Darstellung der Verteilung der Bomben, die mit `to_bool_array()` in die von der Funktionalität benötigte Array-Datenstruktur umgewandelt wird. Dabei muss man sich nicht um die Generierung der Randfelder kümmern. Die Hilfsfunktion `to_int_array()` geht noch einen Schritt weiter und konvertiert die textuell vorliegenden Ziffern in die entsprechenden `int`-Werte und berücksichtigt die Repräsentation von Bomben als 'B' speziell.

Die Hilfsfunktionen sehen folgendermaßen aus:

```
# Verstecken der Randfeld-Logik und der Konvertierung
def to_bool_array(bombs):
    width = len(bombs[0])
    height = len(bombs)

    result = [[False for _ in range(width + 2)] for _ in range(height + 2)]

    for y in range(height):
        for x in range(width):
            if bombs[y][x] == '*':
                result[y + 1][x + 1] = True

    return result


def to_int_array(values):
    width = len(values[0])
    height = len(values)

    result = [[0 for _ in range(width + 2)] for _ in range(height + 2)]

    for y in range(height):
        for x in range(width):
            current_char = values[y][x]
            if current_char == 'B':
                result[y + 1][x + 1] = 9
            else:
                result[y + 1][x + 1] = int(current_char)

    return result
```

Tipp: Lesbarkeit und Verständlichkeit beim Testen

Durch diese beiden Hilfsfunktionen lässt sich das Erstellen der Testfälle einfach und verständlich halten. Dadurch ist die Wahrscheinlichkeit höher, dass die Tests auch noch erweitert werden. Ist dagegen das Formulieren von Unit Tests eher mühsam oder gar schwierig, so wird sich kaum jemand die Mühe machen, diese zu erweitern.

Lösung 13c (★★☆☆☆)

Schreiben Sie eine Funktion `print_board(bombs, bomb_symbol, bomb_counts)`, die ein Spielfeld als Punkte und Sterne sowie als Nummern und 'B' darstellen kann.

Beispiel Nachfolgend ist obiges Spielfeld der Größe 16 x 7 mit allen berechneten Werten für Bombennachbarn gezeigt:

```
B B B 4 B B 3 B 4 B B 3 B 1 0 0
3 B B 5 B 3 3 B 4 B B 4 3 4 3 2
1 3 B 4 3 3 3 3 4 4 4 4 B B B B
2 3 3 B 2 B B 4 B B 3 B B 4 4 3
B B 3 2 3 4 B 6 B 4 4 B 5 3 4 B
3 4 B 3 3 B 4 B B 5 4 B 4 B B B
1 B 3 B B 3 B 4 B B B 2 3 B B 3
```

Algorithmus Zur Darstellung nutzen wir wieder eine positionsbasierte Verarbeitung. Da wir in dieser Funktion sowohl eine Ausgabe auf Basis der booleschen Verteilung der Bomben als auch – sofern übergeben – die Werte der Anzahl an Bombennachbarn realisieren wollen, sind neben den für die x- und die y-Richtung verschachtelten Schleifen ein paar Fallunterscheidungen vorzusehen:

```
def print_board(bombs, bomb_symbol, solution):
    for y in range(1, len(bombs) - 1):
        for x in range(1, len(bombs[0]) - 1):
            if bombs[y][x]:
                print(bomb_symbol, end=" ")
            elif solution is not None and len(solution) != 0:
                print(solution[y][x], end=" ")
            else:
                print(".", end=" ")

        print()
    print()
```

Prüfung

Kombinieren wir einmal unsere drei Funktionen, um die Funktionalität in ihrer Gesamtheit zu erleben:

```
>>> import random
>>> from enum import Enum

>>> bombs = placeBombsRandomly(16, 7, 0.4)

>> print_board(bombs, '*', None)
. * * * * . * . * . * . * * . .
. . * . * * . . . * * * . . * *
. . * . . . * . * * * * . . . .
* . . * . . . * * * . * * . * .
. . * . * . . . . . . * * * . *
* . . . . * * * . . * . . * * .
* * * . * . * * * * . . . . . *

>>> solution = calc_bomb_count(bombs)

>>> print_board(bombs, 'B', solution)
1 B B B B 4 B 2 B 4 B 4 B B 3 2
1 4 B 6 B B 3 4 4 B B B 4 3 B B
1 3 B 4 3 3 B 4 B B B B 4 3 3 3
B 3 3 B 2 2 2 B B B 6 B B 4 B 2
2 3 B 3 B 3 4 4 4 3 4 B B B 5 B
B 5 3 4 3 B B B 4 3 B 3 4 B B 3
B B B 2 B 4 B B B B 2 1 1 2 3 B
```

II Fortgeschrittenere und kniffligere Themen

7 Rekursion Advanced

In diesem Kapitel beschäftigen wir uns mit einigen fortgeschritteneren Aspekten rund um das Thema Rekursion. Wir starten mit der Optimierungstechnik namens Memoization. Im Anschluss schauen wir uns Backtracking als eine Problemlösungsstrategie an, die auf Versuch und Irrtum beruht und mögliche Lösungswege durchprobiert. Obwohl dies bezüglich der Performance nicht optimal ist, lassen sich damit diverse Implementierungen gut nachvollziehbar halten.

7.1 Memoization

In Kapitel 3 hatten wir bereits erkannt, dass sich mit Rekursion viele Algorithmen und Berechnungen verständlich und zugleich elegant beschreiben lassen. Allerdings war uns auch aufgefallen, dass Rekursion teilweise zu vielen Selbstaufrufen führt, die sich negativ auf die Performance auswirken können. Das gilt etwa für die Berechnung der Fibonacci-Zahlen oder die des Pascal'schen Dreiecks. Wie kann man dieses Problems Herr werden?

Dazu existiert eine nützliche Technik, die sich ***Memoization*** nennt. Diese verfolgt die gleichen Ideen wie das Caching oder Zwischenspeichern zuvor berechneter Werte. Man vermeidet dadurch mehrfache Ausführungen, indem bereits ermittelte Ergebnisse für Folgeaktionen wiederverwendet werden.

7.1.1 Memoization für Fibonacci-Zahlen

Praktischerweise kann man Memoization einem bestehenden Algorithmus oft leicht hinzufügen und muss diesen nur minimal anpassen. Das wollen wir für die Berechnung der Fibonacci-Zahlen nachvollziehen.

Wiederholen wir kurz die rekursive Definition der ***Fibonacci-Zahlen***:

$$fib(n) = \begin{cases} 1, & n = 1 \\ 1, & n = 2 \\ fib(n-1) + fib(n-2), & \forall n > 2 \end{cases}$$

Die rekursive Umsetzung in Python folgt exakt der mathematischen Definition:

```
def fib_rec(n):
    if n <= 0:
        raise ValueError("n must be >= 1")

    # rekursiver Abbruch
    if n == 1 or n == 2:
        return 1

    # rekursiver Abstieg
    return fib_rec(n - 1) + fib_rec(n - 2)
```

Wie fügt man nun Memoization hinzu? Tatsächlich ist dies nicht allzu schwierig. Wir benötigen eine Hilfsfunktion, die die eigentliche Berechnungsfunktion aufruft, sowie vor allem eine Datenstruktur zur Speicherung von Zwischenergebnissen. In diesem Fall nutzen wir ein leeres Dictionary, das an die Berechnungsfunktion übergeben wird:

```
def fibonacci_optimized(n):
    return fibonacci_memo(n, {})
```

In der ursprünglichen Funktion umrahmen wir die eigentliche Berechnung mit den Aktionen zur Memoization: Bei jedem Berechnungsschritt schauen wir zuerst in dem Dictionary nach, ob bereits ein Ergebnis vorliegt, und geben dieses in dem Fall zurück. Ansonsten führen wir den Algorithmus wie zuvor aus, mit der minimalen Abwandlung, dass wir das Berechnungsergebnis in einer Variablen zwischenspeichern, um es zum Abschluss passend in der Lookup-Map hinterlegen zu können:

```
def fibonacci_memo(n, lookup_map):
    if n <= 0:
        raise ValueError("n must be > 0")

    # MEMOIZATION: prüfe, ob vorberechnetes Ergebnis existiert
    if n in lookup_map:
        return lookup_map.get(n)

    # normaler Algorithmus mit Hilfsvariable für Resultat
    result = 0

    # normaler Algorithmus mit Hilfsvariable für Resultat
    if n == 1 or n == 2:
        result = 1
    # rekursiver Abstieg
    else:
        result = fibonacci_memo(n - 1, lookup_map) + fibonacci_memo(n - 2,
              lookup_map)

    # MEMOIZATION: speichere berechnetes Ergebnis
    lookup_map[n] = result

    return result
```

Performance-Vergleich Führt man die beiden Varianten für die 40. Fibonacci-Zahl aus, so liefert die rein rekursive Variante auf meinem iMac 4 GHz nach etwa 25 Sekunden ein Ergebnis, die Berechnung der 47. Fibonacci-Zahl dauert dann schon über 800 Sekunden, was rund 13 Minuten entspricht! Für beide erhält man mit Memoization dagegen nach wenigen Millisekunden ein Resultat.

Anmerkungen Es sei darauf hingewiesen, dass es eine Variante der Fibonacci-Berechnung gibt, die beim Wert 0 startet. Dann gilt $fib(0) = 0$ sowie $fib(1) = 1$ und danach rekursiv $fib(n) = fib(n-1) + fib(n-2)$. Das produziert die gleiche Zahlenfolge wie die initiale Definition, nur um den Wert für die 0 ergänzt.

Weiterhin gibt es folgende Punkte zu bedenken:

- **Datentyp** – Die berechneten Fibonacci-Zahlen können ziemlich schnell sehr groß werden. Praktischerweise skalieren die Python-Zahlentypen, sodass es im Gegensatz zu anderen Sprachen nicht so schnell nötig sein sollte, sich ggf. einen speziellen Typ selbst definieren zu müssen.
- **Rekursiver Abbruch** – Für die Implementierung ist es eine Überlegung wert, den rekursiven Abbruch vor der Verarbeitung mit Memoization zu notieren. Das wäre vermutlich minimal performanter, aber dann lässt sich der Algorithmus nicht so klar aus dem bestehenden umformen. Gerade wenn man mit Memoization noch nicht so vertraut ist, scheint die gezeigte Variante ein wenig eingängiger.

7.1.2 Memoization für Pascal'sches Dreieck

Das Pascal'sche Dreieck ist ebenso wie die Fibonacci-Zahlen rekursiv definiert:

$$pascal(row, col) = \begin{cases} 1, & row = 1 \text{ und } col = 1 \text{ (Spitze)} \\ 1, & \forall row \in \{1, n\} \text{ und } col = 1 \\ 1, & \forall row \in \{1, n\} \text{ und } col = row \\ pascal(row-1, col) + & \\ pascal(row-1, col-1), & \text{sonst (alle anderen Positionen)} \end{cases}$$

Schauen wir uns zunächst wieder die rein rekursive Implementierung an:

```
def pascal_rec(row, col):
    # rekursiver Abbruch: Spitze
    if col == 1 and row == 1:
        return 1

    # rekursiver Abbruch: Ränder
    if col == 1 or col == row:
        return 1

    # rekursiver Abstieg
    return pascal_rec(row - 1, col) + pascal_rec(row - 1, col - 1)
```

Auch für die Berechnung des Pascal'schen Dreiecks durch den Einsatz von Memoization ändert sich am ursprünglichen Algorithmus kaum etwas. Wir rahmen diesen lediglich mit den Zugriffen auf die Lookup-Map und die Speicherung dort ein:

```
def pascal_optimized(row, col):
    return calc_pascal_memo(row, col, {})


def calc_pascal_memo(row, col, lookup_map):
    # MEMOIZATION
    key = (row, col)
    if key in lookup_map:
        return lookup_map[key]

    result = 0
    # rekursiver Abbruch: Spitze
    if col == 1 and row == 1:
        return 1

    # rekursiver Abbruch: Ränder
    if col == 1 or col == row:
        return 1
    else:
        # rekursiver Abstieg
        result = calc_pascal_memo(row - 1, col, lookup_map) + \
                 calc_pascal_memo(row - 1, col - 1, lookup_map)

    # MEMOIZATION
    lookup_map[key] = result

    return result
```

Bei genauerem Hinsehen fällt uns auf, dass wir für den Key keinen Standardtyp, sondern durch die zweidimensionale Auslegung eine speziellere Variante als Tupel, bestehend aus Zeile und Spalte, benötigen.

Performance-Vergleich Um die Performance zu vergleichen, wählen wir einen Aufruf mit den Parametern für Zeile 42 und Spalte 15. Führt man diesen mit beiden Varianten aus, so benötigt die rein rekursive Variante für die gewählten Werte auf einem iMac mit i7 und 4 Ghz eine ziemlich lange Laufzeit von rund 80 Sekunden, die optimierte Variante ist dagegen nach wenigen Millisekunden fertig.

Fazit

Für die beiden hier vorgestellten Beispiele führt die rein rekursive Definition jeweils zu einer Vielzahl an Selbstaufrufen und diese resultieren ohne Memoization darin, dass immer wieder die gleichen Zwischenergebnisse berechnet und verworfen werden. Das ist unnötig und kostet Performance.

Memoization ist als Abhilfe so einfach wie genial und effizient. Zudem kann man dadurch viele Probleme weiterhin elegant mithilfe eines rekursiven Algorithmus lösen, ohne jedoch die Nachteile bezüglich der Performance in Kauf nehmen zu müssen. Durch Memoization lässt sich die Laufzeit oftmals (sehr) deutlich verringern.

Hinweis: Hintergrundwissen Memoization

Der etwas merkwürdig anmutende Begriff Memoization geht auf Donald Michie zurück (`https://de.wikipedia.org/wiki/Memoisation`). Wie bereits beschrieben, ist es eine Technik, die Verarbeitung von Berechnungen durch Zwischenspeichern von Teilergebnissen zu optimieren. Bei verschachtelter Rekursion lassen sich so Aufrufe mit gleicher Wertbelegung signifikant beschleunigen. Damit Memoization allerdings eingesetzt werden kann, müssen die ummantelten rekursiven Funktionen sogenannte reine oder pure Funktionen sein. Das bedeutet, dass eine solche stabil den gleichen Wert zurückgibt, wenn sie mit einer bestimmten Eingabe aufgerufen wird. Zudem dürfen diese Funktionen keine Seiteneffekte aufweisen.

7.1.3 Memoization mit Python-Bordmitteln

Wir hatten bereits erkannt, dass Memoization zu einer enormen Beschleunigung rekursiver Berechnungen führt. Erinnern wir uns: Bei der direkten Umsetzung gemäß der rein rekursiven Definition kam es für die Fibonacci-Zahlen zu einem exponentiellen Wachstum bezüglich der Laufzeit. In Kombination mit der Eigenimplementierung der Memoization konnten wir enorme Geschwindigkeitsgewinne erzielen. Dazu wurden Daten vorheriger Berechnungen zwischengespeichert und bei jedem Aufruf zunächst geprüft, ob bereits ein Ergebnis vorliegt. Dabei haben wir zur Datenhaltung ein Dictionary verwendet. Das explizite Ummanteln und nachfolgende Aufrufen der eigentlichen Funktionalität kann man zwar jeweils von Hand programmieren. Das Ganze besitzt aber folgende (kosmetische) Nachteile:

1. **Separation of Concerns** – Applikationscode und Hilfscode sind leicht miteinander verwoben. Obwohl beides optisch recht gut voneinander zu trennen ist, geht ein wenig die Klarheit und Eleganz verloren.
2. **Sourcecode-Duplikation** – Memoization ist eigentlich eine Querschnittsfunktionalität, die allgemeingültig gelöst werden sollte. Erfolgt dagegen jeweils eine eigene Implementierung, können sich Flüchtigkeitsfehler einschleichen – auch wenn das aufgrund der geringen Komplexität unwahrscheinlich ist.

Python ermöglicht es, Memoization mit weniger Aufwand und standardisiert zu implementieren. Folgende Techniken werden wir uns kurz anschauen:

- Memoization mit Dekorator
- Built-in Memoization mit `lru_cache` aus dem Modul `functools`

Das Schöne an diesen Varianten ist, dass wir zur Implementierung von Memoization den Applikationscode nicht mit dem Sourcecode vermischen und Memoization als Querschnittsfunktionalität bereitstellen können. Voraussetzung ist ein Import wie folgt:

```
import functools
```

Memoization mit Dekorator

Wie bereits für die Implementierung von Hand nutzen wir wieder eine zusätzliche Funktion, hier `decorate_with_memo(func)`, die einen Datenspeicher definiert. Im Gegensatz zur händischen Realisierung implementiert dort eine Hilfsfunktion `helper` die Memoization. Dazu wird eine Funktion zurückgeliefert, die identisch zur hereingereichten Funktion `func` ist, eben nur mit Memoization bereichert, genauer gesagt, die ihre Ergebnisse im Dictionary abruft bzw. speichert. Dabei zeige ich sowohl eine Variante, die näher an der komplett händischen Umsetzung ist, als auch eine leicht abgewandelte, bei der Memoization aber etwas weniger deutlich sichtbar ist:

```
# handgestrickt
def decorate_with_memo(func):
    lookup_map = dict()

    @functools.wraps(func)
    def helper(n):
        # MEMOIZATION: prüfe, ob vorberechnetes Ergebnis existiert
        if n in lookup_map:
            return lookup_map[n]

        result = func(n)

        # MEMOIZATION: speichere berechnetes Ergebnis
        lookup_map[n] = result
        return result

    return helper


# Memoization nicht so klar ersichtlich
def decorate_with_memo_shorter_one_param(func):
    lookup_map = dict()

    @functools.wraps(func)
    def helper(n):
        if n not in lookup_map:
            lookup_map[n] = func(n)

        return lookup_map[n]

    return helper
```

Im Beispiel nutzen wir das Konzept der Dekoratoren, das in Anhang B kurz vorgestellt wird. Generell arbeiten Dekoratoren wie aspektorientierte Programmierung bzw. Proxys und ummanteln die ursprüngliche Funktionalität mit etwas eigener Funktionalität. Dazu wird dem Dekorator die ursprüngliche Funktion übergeben und der Dekorator liefert eine modifizierte Funktion zurück.

Hinweis: Verwendbare Typen

Da wir zur Datenhaltung ein Dictionary verwenden, müssen die dort gespeicherten Schlüssel unveränderlich sein. Somit dürfen die Argumente nur unveränderliche (immutable) Typen nutzen, also z. B. Zahlen, Strings oder Tupel.

Dekorator für Fibonacci-Zahlen In Anhang B zeige ich, wie man Dekoratoren für Argumentprüfungen nutzen kann, wodurch der eigentliche Funktionscode davon unberührt bleibt und daher möglichst gut das zu lösende Problem ohne Sonderbehandlungen widerspiegelt.

Mit dem gewonnenen Wissen können wir die durch Memoization optimierte Version folgendermaßen implementieren – der Sourcecode spiegelt die mathematische (rekursive) Definition klar wider. Die Querschnittsfunktionalitäten der Parameterprüfung und der Memoization sind separat davon als eigenständige Dekoratoren realisiert:

```
@check_argument_is_positive_integer
@decorate_with_memo_shorter_one_param
def fib_rec(n):
    # rekursiver Abbruch
    if n == 1 or n == 2:
        return 1

    # rekursiver Abstieg
    return fib_rec(n - 1) + fib_rec(n - 2)
```

Dekorator für Pascal'sches Dreieck Unser Memoization-Dekorator ist bislang auf das Entgegennehmen von einem Parameter ausgelegt. Wie gehen wir aber vor, wenn wir für die Berechnung des Pascal'schen Dreiecks zwei und für andere Funktionalitäten eventuell sogar mehr Parameter unterstützen müssen?

Unhandlich und aufwendig wäre es, jedes Mal aufs Neue einen Dekorator mit passender Anzahl an Parametern zu definieren. Praktischerweise lassen sich in Python Parameter als Tupel auswerten und weitergeben. Dadurch kann man den Dekorator allgemeingültig mit dem Parametern (`*args`) folgendermaßen implementieren:

```
def decorate_with_memo_shorter(func):
    lookup_map = dict()

    @functools.wraps(func)
    def helper(*args):
        if args not in lookup_map:
            lookup_map[args] = func(*args)

        return lookup_map[args]

    return helper
```

Schauen wir uns kurz den Einsatz für das Pascal'sche Dreieck an:

```
@decorate_with_memo_shorter
def pascal_rec(row, col):
    # rekursiver Abbruch: Spitze
    if col == 1 and row == 1:
        return 1

    # rekursiver Abbruch: Ränder
    if col == 1 or col == row:
        return 1

    # rekursiver Abstieg
    return pascal_rec(row - 1, col) + pascal_rec(row - 1, col - 1)
```

Built-in Memoization mit `lru_cache` aus dem Modul `functools`

Das Ummanteln mit einem Dekorator haben wir zuvor schon gesehen. Durch Einsatz eines LRU-Caches (Least Recently Used) aus dem Modul `functools` lässt sich das Ganze nochmals eleganter und kürzer schreiben – zudem besteht nicht mehr die Gefahr von Fehlaufrufen, weil die Memoization-Funktionalität nicht selbst realisiert wird.

LRU-Cache für Fibonacci-Zahlen Wie gehabt nutzen wir als Beispiel die Berechnung der Fibonacci-Zahlen. Diese werden auch in der Beschreibung des Moduls `functools` online (`https://docs.python.org/3/library/functools.html`) verwendet, hier minimal angepasst. Durch die Kennzeichnung mit `@lru_cache` lässt sich das Zwischenspeichern von vorherigen Berechnungsergebnissen aktivieren, dabei kann die Anzahl über das Argument `maxsize` begrenzt werden. Standardmäßig ist der Wert auf 128 eingestellt. Durch Angabe von `None` ist die Größe unbeschränkt, aber auch die LRU-Funktionalität deaktiviert.

```
>>> @functools.lru_cache(maxsize=None)
... @check_argument_is_positive_integer
... def fib_rec(n):
...     if n == 1 or n == 2:
...         return 1
...
...     return fib_rec(n-1) + fib_rec(n-2)
```

Probieren wir einmal ein paar Dinge aus: Mit `cache_info()` lassen sich Informationen über den Cache ausgeben. Das machen wir vor dem Aufruf der Funktion und nach der Berechnung:

```
>>> fib.cache_info()
CacheInfo(hits=0, misses=0, maxsize=None, currsize=0)

>>> [fib(n) for n in range(1, 19)]
[1, 1, 2, 3, 5, 8, 13, 21, 34, 55, 89, 144, 233, 377, 610, 987, 1597, 2584]

>>> fib.cache_info()
CacheInfo(hits=32, misses=18, maxsize=None, currsize=18)
```

LRU-Cache für Pascal'sches Dreieck Auch der Berechnung des Pascal'schen Dreiecks lässt sich Memoization sehr einfach wie folgt hinzufügen:

```
@functools.lru_cache(maxsize=None)
def pascal_rec(row, col):
    # rekursiver Abbruch: Spitze
    if col == 1 and row == 1:
        return 1

    # rekursiver Abbruch: Ränder
    if col == 1 or col == row:
        return 1

    # rekursiver Abstieg
    return pascal_rec(row - 1, col) + pascal_rec(row - 1, col - 1)
```

7.2 Backtracking

Backtracking ist eine Problemlösungsstrategie, die auf Versuch und Irrtum (trial and error) beruht und alle möglichen Lösungswege untersucht. Beim Erkennen eines Irrtums werden vorherige Schritte zurückgesetzt, daher der Name ***Backtracking***. Ziel ist es, schrittweise zu einer Lösung zu kommen. Bei einem Irrtum probiert man einen anderen Weg zur Lösung. Dadurch werden potenziell alle möglichen (und somit vielleicht auch sehr viele) Wege beschritten. Hierin liegt allerdings auch ein Nachteil, nämlich eine doch eher längere Laufzeit bis zur Problemlösung.

Um die Implementierung überschaubar zu halten, wird Backtracking oftmals in Kombination mit Rekursion genutzt, etwa für folgende Problemstellungen:

- Das n-Damen-Problem lösen
- Eine Lösung für ein Sudoku ermitteln
- Einen Ausweg aus einem als 2D-Array gegebenen Labyrinth finden

7.2.1 n-Damen-Problem

Das n-Damen-Problem ist ein Rätsel, das auf einem n x n-Spielfeld zu lösen ist. Dabei sind Damen (aus dem Schachspiel) so zu platzieren, dass sich keine zwei Damen gemäß Schachregeln schlagen können – somit dürfen andere Damen weder auf der gleichen Zeile, Spalte noch in den Diagonalen platziert sein. Exemplarisch zeige ich die Lösung für ein 4 x 4-Spielfeld, wobei die Damen durch ein 'Q' (für Queen, also in Deutsch Dame) symbolisiert sind:

```
---------
| |Q| | |
---------
| | | |Q|
---------
|Q| | | |
---------
| | |Q| |
---------
```

Algorithmus

Zur Platzierung der Damen starten wir mit einer Dame in Reihe 0 und Position 0 (obere linke Ecke). Nach jeder Platzierung wird geprüft, ob es keine Kollisionen in den Richtungen vertikal sowie diagonal links und rechts nach oben mit bereits platzierten Damen gibt. Eine Prüfung nach unten ist in keinem Fall erforderlich, da dort noch keine Damen vorhanden sein können, weil die Befüllung von oben nach unten erfolgt. Das ist auch der Grund, weshalb keine Prüfung in der Horizontalen notwendig ist.

Sofern die Position gültig ist, gehe in die nächste Reihe, probiere alle Positionen von 0 bis $n - 1$. Dieses Vorgehen wird wiederholt, bis man schließlich auch die Dame in der letzten Reihe platziert hat. Falls es beim Positionieren einer Dame ein Problem gibt, nutze Backtracking: Entferne die zuletzt platzierte Dame und versuche es an der nächstmöglichen Position erneut. Falls das Ende der Reihe ohne Lösung erreicht wurde, so ist dies eine ungültige Konstellation und es muss auch die Vorgängerdame neu platziert werden. Man sieht, dass Backtracking mitunter eine Reihe zurück nach oben geht, im Extremfall bis zur allerersten Reihe.

Backtracking am Beispiel Betrachten wir die Schritte zur Lösung, wobei auf horizontaler Ebene zum Teil einige Zwischenschritte ausgelassen und ungültige Positionen mit x markiert werden:

```
---------------        ---------------        ---------------
 Q |   |   |            Q |   |   |            Q |   |   |
---------------        ---------------        ---------------
   |   |   |            x | x | Q |              |   | Q |
---------------   =>   ---------------   =>   ---------------
   |   |   |              |   |   |            x | x | x | x
---------------        ---------------        ---------------
   |   |   |              |   |   |              |   |   |
---------------        ---------------        ---------------
=> Backtracking
```

Weil mit einer Dame in der ersten Reihe und zweiten Position keine gültige Platzierung einer Dame in der zweiten Reihe gefunden werden kann, wird an der nächsten Position in der ersten Reihe wie folgt weiterversucht, eine Lösung zu finden:

```
---------------        ---------------        ---------------
 Q |   |   |            Q |   |   |            Q |   |   |
---------------        ---------------        ---------------
 x | x | x | Q            |   |   | Q            |   |   | Q
---------------   =>   ---------------   =>   ---------------
   |   |   |            x | Q |   |              | Q |   |
---------------        ---------------        ---------------
   |   |   |              |   |   |            x | x | x | x
---------------        ---------------        ---------------
=> Backtracking
```

Auch mit der Dame an der dritten Position in der ersten Reihe lässt sich in der Konstellation keine gültige Position für eine Dame in der zweiten Reihe finden. Somit muss nicht nur eine Reihe, sondern zwei Reihen zurückgegangen werden und man startet die Suche mit der Dame in Reihe null auf Position eins erneut:

```
---------------        ---------------        ---------------        ---------------
   | Q |   |              | Q |   |              | Q |   |              | Q |   |
---------------        ---------------        ---------------        ---------------
 x | x | x | Q            |   |   | Q            |   |   | Q            |   |   | Q
---------------   =>   ---------------   =>   ---------------   =>   ---------------
   |   |   |              |   |   |            Q |   |   |            Q |   |   |
---------------        ---------------        ---------------        ---------------
   |   |   |              |   |   |              |   |   |            x | x | Q |
---------------        ---------------        ---------------        ---------------

=> Lösung gefunden
```

Wir sehen, dass wir durch ein paar Trial-and-Error-Schritte zu einer Lösung kommen.

Nachfolgend wollen wir uns nun noch die Implementierung des Algorithmus grob anschauen.

Implementierung von Backtracking Den zuvor beschriebenen Algorithmus zur Lösung des n-Damen-Problems untergliedern wir wieder in einige Funktionen, sodass jeweils ein Teilproblem gelöst werden kann.

Zunächst machen wir uns Gedanken, wie wir das Spielfeld modellieren wollen. Eine Liste von Listen als zweidimensionales Datenmodell bietet sich förmlich an. Dabei repräsentiert ein 'Q' eine Dame (englisch Queen) und ein Leerzeichen ein freies Feld. Um initial ein leeres Spielfeld zu erzeugen, schreiben wir eine Funktion `initialize_board()`. Dann rufen wir die eigentliche rekursive, mit Backtracking arbeitende Funktion `solve_n_queens()` auf, die die Lösung inplace auf dem Datenmodell ermittelt. Wird eine solche gefunden, liefert die Hilfsfunktion den Wert `True`, ansonsten `False`. Um Aufrufern eine einfache Auswertung zu ermöglichen, liefern wir ein Tupel mit Lösungsflag und dem Spielfeld zurück.

```
def solve_n_queens(size):
    board = initialize_board(size)

    # Starte die rekursive Lösungsfindung
    solved = solve_n_queens_helper(board, 0)

    return solved, board # (solved, board)


def initialize_board(size):
    return [[' ' for col in range(size)] for row in range(size)]
```

Kommen wir nun zur Hauptaufgabe, dem Suchen nach einer Lösung mithilfe von Rekursion und Backtracking. Wie beschrieben geht der Algorithmus zeilenweise vor und probiert dann die jeweiligen Spalten durch.

```
def solve_n_queens_helper(board, row):
    max_row, max_col = get_dimension(board)

    # rekursiver Abbruch
    if row >= max_row:
        return True

    solved = False
    col = 0
    while col < max_col and not solved:
        if is_valid_position((board, col, row):
           place_queen(board, col, row

            # rekursiver Abstieg
            solved = solve_n_queens_helper(board, row + 1)

            # Backtracking, sofern keine Lösung
            if not solved:
                remove_queen(board, col, row)

    return solved
```

Um den Algorithmus möglichst frei von Details und Listenzugriffen sowie dadurch auch verständlich zu halten, realisieren wir zwei Hilfsfunktionen `place_queen()` und `remove_queen()`.

```
def place_queen(board, col, row):
    board[row][col] = 'Q'


def remove_queen(board, col, row):
    board[row][col] = ' '
```

Ergänzend möchte ich noch erwähnen, wie man bei Algorithmen mit Backtracking die Änderungen verarbeitet. Als eine Variante – wie hier genutzt – werden vor dem Rekursionsschritt gemachte Modifikationen wieder zurückgenommen. Als zweite Variante kann man beim Rekursionsschritt jeweils Kopien übergeben und die Änderung in der Kopie vornehmen. Dann ist kein Rückgängigmachen bzw. »Löschen« mehr nötig.

Der Vollständigkeit halber ist nachfolgend noch die Implementierung der Größenermittlung des Spielfelds gezeigt:

```
def get_dimension(values2dim):
    if (isinstance(values2dim, list)):
        return (len(values2dim), len(values2dim[0]))

    if (isinstance(values2dim, np.ndarray)):
        return values2dim.shape

    raise Exception("unsupported type", type(values2dim)) '
```

Was fehlt in der Implementierung noch? Wie geht es weiter?

Als Übung in Abschnitt 7.3.9 verbleibt für Sie die Aufgabe, die Funktion `is_valid_position(board, col, row)` zu implementieren. Diese soll prüfen, ob ein Spielfeld gültig ist. Dort müssen aufgrund des gewählten Algorithmus des zeilenweisen Vorgehens und weil pro Zeile nur eine Dame platziert sein kann, lediglich mögliche Kollisionen in vertikaler und diagonaler Richtung ausgeschlossen werden.

7.3 Aufgaben

7.3.1 Aufgabe 1: Türme von Hanoi (★★★☆☆)

Beim Türme-von-Hanoi-Problem gibt es drei Türme oder Stäbe A, B und C. Zu Beginn sind mehrere gelochte Scheiben der Größe nach auf Stab A platziert, die größte zuunterst. Ziel ist es nun, den gesamten Stapel, also alle Scheiben, von A nach C zu bewegen. Dabei darf immer nur eine Scheibe nach der anderen bewegt werden und niemals eine kleinere Scheibe unter einer größeren liegen. Deswegen benötigt man den Hilfsstab B. Schreiben Sie eine Funktion `solve_tower_of_hanoi(n)`, die die Lösung auf der Konsole in Form der auszuführenden Bewegungen ausgibt.

Beispiel Das Ganze sieht in etwa wie folgt aus:

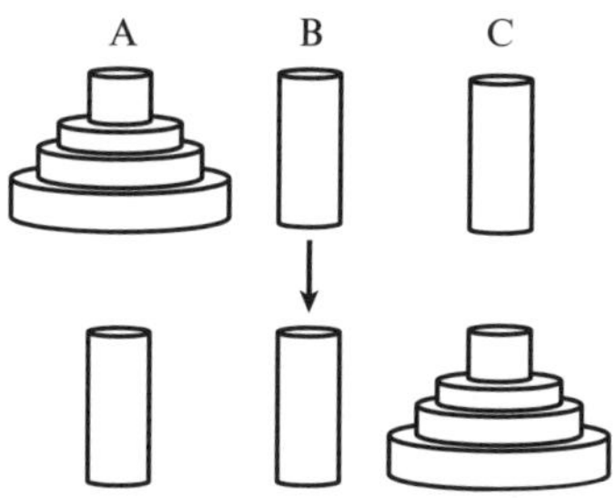

Abbildung 7-1 *Aufgabenstellung beim Türme-von-Hanoi-Problem*

Für drei Scheiben soll der folgende Lösungsweg ausgegeben werden:

```
Tower Of Hanoi 3
A -> C
A -> B
C -> B
A -> C
B -> A
B -> C
A -> C
```

Bonus Erstellen Sie eine konsolenbasierte grafische Aufbereitung der Lösung. Für zwei Scheiben würde dies etwa wie folgt aussehen:

```
Tower Of Hanoi 2
    A         B         C
    |         |         |
   #|#        |         |
  ##|##       |         |
-------   -------   -------
Moving slice:  1 : Tower [A] -> Tower [B]
    A         B         C
    |         |         |
    |         |         |
  ##|##      #|#        |
-------   -------   -------
```

```
Moving slice:  2 : Tower [A] -> Tower [C]
  A         B         C
  |         |         |
  |         |         |
  |        #|#      ##|##
-------   -------   -------
Moving slice:  1 : Tower [B] -> Tower [C]
  A         B         C
  |         |         |
  |         |        #|#
  |         |       ##|##
-------   -------   -------
```

7.3.2 Aufgabe 2: Edit Distance (★★★★☆)

Berechnen Sie für zwei Strings, wie viele Änderungen diese – ohne Beachtung der Groß- und Kleinschreibung – auseinander liegen, also wie man den einen in den anderen durch ein- oder mehrmaliges Anwenden einer beliebigen der folgenden Aktionen überführen kann:

- Ein Zeichen hinzufügen (+),
- ein Zeichen löschen (−) oder
- ein Zeichen verändern ($\rightsquigarrow$).

Schreiben Sie dazu eine Funktion `edit_distance(str1, str2)`, die Rekursion nutzt und zeichenweise die drei Aktionen testet und den restlichen Teil rekursiv prüft.

Beispiele Für die gezeigten Eingaben sind folgende Modifikationen nötig:

Eingabe 1	Eingabe 2	Resultat	Aktionen
"Micha"	"Michael"	2	Micha $\underbrace{\rightarrow}_{+e}$ Michae $\underbrace{\rightarrow}_{+l}$ Michael
"Ananas"	"Banane"	3	Ananas $\underbrace{\rightarrow}_{+B}$ BAnanas $\underbrace{\rightarrow}_{-s}$ BAnana $\underbrace{\rightarrow}_{a \rightsquigarrow e}$ BAnane

Bonus (★★★☆☆) Optimieren Sie Edit Distance mit Memoization.

7.3.3 Aufgabe 3: Longest Common Subsequence (★★★☆☆)

In der vorherigen Aufgabe ging es darum, wie viele Änderungen benötigt werden, um zwei gegebene Strings ineinander zu überführen. Ein weiteres interessantes Problem besteht darin, die längste gemeinsame, aber nicht unbedingt zusammenhängende Sequenz von Buchstaben zu ermitteln, die in zwei Strings in der gleichen Abfolge auftritt. Schreiben Sie dazu eine Funktion `lcs(str1, str2)`, die rekursiv von hinten die Strings verarbeitet und bei zwei gleich langen Teilstücken das zweite nutzt.

Beispiele

Eingabe 1	Eingabe 2	Resultat
"ABCE"	"ZACEF"	"ACE"
"ABCXY"	"XYACB"	"AB"
"ABCMIXCHXAEL"	"MICHAEL"	"MICHAEL"
"sunday-Morning"	"saturday-Night-Party"	"suday-ig"

Bonus Nutzen Sie Memoization für Longest Common Subsequence.

7.3.4 Aufgabe 4: Weg aus Labyrinth (★★★☆☆)

In dieser Aufgabe soll der Ausweg aus einem Labyrinth gefunden werden. Dabei sei ein Irrgarten in Form eines zweidimensionalen Arrays bzw. verschachtelter Listen mit Mauern, symbolisiert durch '#', und Zielpositionen (Ausgängen) in Form von 'X' gegeben. Von einer beliebigen Position aus sollen die Wege zu allen erreichbaren Ausgängen ermittelt und mit '.' markiert werden – liegen zwei hintereinander, so wird nur der erste von beiden geliefert. Dabei kann man sich nur in die vier Himmelsrichtungen bewegen, nicht aber diagonal. Schreiben Sie eine Funktion `find_way_out(values, x, y)`, die jeden gefundenen Ausgang mit `FOUND EXIT at ...` protokolliert.

Beispiel Nachfolgend ist ein größeres Spielfeld mit vier Zielfeldern dargestellt. Die untere Abbildung zeigt jeweils die durch '. ' angedeuteten Wege. Dazwischen erfolgt die Protokollierung der gefundenen Positionen der Ausgänge ausgehend von der linken oberen Ecke mit den Koordinaten x=1, y=1.

```
##################################
# #         #    #     #  #   X#X#
#  ##### #### ##   ##  #  # ###  #
#  ##  #    #  ## ##  #  #     # #
#    #  ###  # ## ##   #   ### # #
# #   ####     ## ##      ###  # #
####   #     ####  ####  # ####  #
######   #########   ##   # ###  #
##     #  X X####X #  #  # ###  ##
##################################
FOUND EXIT: x: 30, y: 1
FOUND EXIT: x: 17, y: 8
FOUND EXIT: x: 10, y: 8
##################################
#.#         #....#.....#  #...X#X#
#..##### ####.##...##..#  #.###  #
# .##  #    #..##.## .#  #..    # #
# ...#  ###..#.##.## ..#...### # #
# # ..####.....##.##  ... ###  # #
#### ..#...  ####..####  # ####  #
######...#########.  ##   # ###  #
##     #..X X####X.#  #  # ###  ##
##################################
```

Durch die Ausgaben wird auch deutlich, dass zwei der mit 'X' markierten Zielfelder von der Startposition nicht ermittelt werden. Zum einen ist dies das 'X' ganz oben rechts in der Ecke, das aufgrund einer fehlenden Verbindung nicht erreichbar ist. Zum anderen ist es das untere mittlere 'X', das hinter einem anderen Ausgang liegt.

7.3.5 Aufgabe 5: Sudoku-Solver (★★★★☆)

Schreiben Sie eine Funktion `solve_sudoku(board)`, die für ein als Parameter übergebenes teilinitialisiertes Spielfeld eine gültige Lösung ermittelt, sofern es eine solche gibt.

Beispiel Nachfolgend ist ein gültiges Spielfeld mit einigen Lücken gezeigt.

1	2		4	5		7	8	9
	5	6	7		9		2	3
7	8		1	2	3	4	5	6
2	1	4		6		8		7
3	6		8		7	2	1	4
	9	7		1	4	3	6	
5	3	1	6		2	9		8
6		2	9	7	8	5	3	1
9	7			3	1	6	4	2

Dieses sollte zu folgender Lösung vervollständigt werden:

1	2	3	4	5	6	7	8	9
4	5	6	7	8	9	1	2	3
7	8	9	1	2	3	4	5	6
2	1	4	3	6	5	8	9	7
3	6	5	8	9	7	2	1	4
8	9	7	2	1	4	3	6	5
5	3	1	6	4	2	9	7	8
6	4	2	9	7	8	5	3	1
9	7	8	5	3	1	6	4	2

7.3.6 Aufgabe 6: Math Operator Checker (★★★★☆)

Bei dieser Aufgabe geht es um ein mathematisch angehauchtes Rätsel: Für eine Menge von Ziffern und eine andere Menge von möglichen Operatoren sollen alle Kombinationen ermittelt werden, die einen gewünschten Wert ergeben. Dabei darf die Reihenfolge der Ziffern nicht verändert werden, aber es kann zwischen die Ziffern ein Operator aus der Menge der möglichen Operatoren eingefügt werden, jedoch nicht vor der ersten Ziffer. Schreiben Sie eine Funktion `all_combinations_with_value(n)`, die für die Ziffern 1 bis 9 und die Operationen $+$, $-$ und auch »Zusammenfassen der Ziffern« alle Kombinationen ermittelt, die zu dem als Parameter übergebenen Wert führen. Starten Sie mit einer Funktion `find_all_combinations(values)`, die alle möglichen Kombinationen errechnet und dazu die entsprechenden Ziffern übergeben bekommt.

Beispiele Betrachten wir zwei Kombination nur für die Ziffern 1, 2 und 3:

$$\begin{aligned} 1+2+3 &= 6 \\ 1+23 &= 24 \end{aligned}$$

Insgesamt lassen sich mit diesen Ziffern die folgenden unterschiedlichen Kombinationen bilden:

Eingabe	Resultat (`all_combinations()`)
[1, 2, 3]	{ ("12-3" : 9, "123" : 123, "1+2+3" : 6, "1+2-3" : 0, "1-2+3" : 2, "1-23" : -22, "1-2-3" : -4, "1+23" : 24, "12+3" : 15)) }

Nehmen wir an, wir wollten aus den gegebenen Ziffern 1 bis 9 und der Menge an verfügbaren Operatoren ($+$, $-$ und »Zusammenfassen«) den Wert 100 erzeugen, dann ist das z. B. wie folgt möglich:

$$1+2+3-4+5+6+78+9=100$$

Insgesamt sollten folgende Varianten ermittelt werden:

Eingabe	Resultat (`all_combinations_with_value()`)
100	["1+23-4+5+6+78-9", "12+3+4+5-6-7+89", "123-45-67+89", "123+4-5+67-89", "123-4-5-6-7+8-9", "123+45-67+8-9", "1+2+3-4+5+6+78+9", "12+3-4+5+67+8+9", "1+23-4+56+7+8+9", "1+2+34-5+67-8+9", "12-3-4+5-6+7+89"]

7.3.7 Aufgabe 7: Wassereimer-Problem (★★★☆☆)

Gegeben seien zwei Eimer mit dem Fassungsvermögen von m und n Litern. Leider sind diese Eimer ohne Markierungen oder Hinweise auf ihren Füllstand. Die Aufgabe besteht darin, x Liter abzumessen, wobei x kleiner als m oder n ist. Dabei soll am Ende ein Eimer x Liter enthalten und der andere leer sein. Schreiben Sie dazu eine Funktion `solve_water_jugs(size1, size2, desired_liters)`, die den eingeschlagenen Lösungsweg auf der Konsole ausgibt und im Erfolgsfall `True` zurückgibt, ansonsten `False`.

Beispiel Für zwei Eimer mit einmal 4 und einmal 3 Litern Fassungsvermögen können wir auf folgende Weise 2 Liter abmessen:

Zustand	Aktion
Jug 1:0 / 2: 0	Beide Eimer initial leer
Jug 1:4 / 2: 0	Fülle Eimer 1 (unnötig, aber aufgrund des Algorithmus)
Jug 1:4 / 2: 3	Fülle Eimer 2
Jug 1:0 / 2: 3	Leere Eimer 1
Jug 1:3 / 2: 0	Schütte Eimer 2 in Eimer 1
Jug 1:3 / 2: 3	Fülle Eimer 2
Jug 1:4 / 2: 2	Schütte Eimer 2 in Eimer 1
Jug 1:0 / 2: 2	Schütte Eimer 1 aus
Solved	

Beachten Sie bitte, dass dagegen das Abmessen von 2 Litern mit je zwei Eimern von 4 Litern Fassungsvermögen nicht möglich ist.

7.3.8 Aufgabe 8: Alle Palindrom-Teilstrings (★★★★☆)

In dieser Aufgabe wollen wir zu einem gegebenen Wort ermitteln, ob darin Palindrome enthalten sind und wenn ja, welche. Schreiben Sie eine rekursive Funktion `all_palindrome_parts_rec(input)`, die in dem übergebenen String alle Palindrome mit mindestens zwei Buchstaben ermittelt und diese alphabetisch sortiert zurückgibt.[1]

Beispiele

Eingabe	Resultat
"BCDEDCB"	["BCDEDCB", "CDEDC", "DED"]
"ABALOTTOLL"	["ABA", "LL", "LOTTOL", "OTTO", "TT"]
"racecar"	["aceca", "cec", "racecar"]

Bonus Finden Sie unter allen Palindrom-Teilstrings den längsten. Dabei gibt es diesmal keine Forderung bezüglich maximaler Performance.

7.3.9 Aufgabe 9: n-Damen-Problem (★★★☆☆)

Beim n-Damen-Problem sollen n Damen auf einem n x n-Spielfeld so platziert werden, dass sich keine zwei Damen gemäß Schachregeln schlagen können – somit dürfen andere Damen weder auf der gleichen Zeile, Spalte noch in den Diagonalen platziert sein. Erweitern Sie dazu die in Abschnitt 7.2.1 gezeigte Lösung und implementieren Sie die Funktion `is_valid_position(board, col, row)`. Schreiben Sie zudem eine Funktion `print_board(board)` zur Darstellung des Spielfelds sowie zur Ausgabe der Lösung auf der Konsole.

Beispiel Für ein 4 x 4-Spielfeld gibt es folgende Lösung, wobei die Damen durch ein 'Q' symbolisiert sind – englisch Queen für Dame.

```
---------
| |Q| | |
---------
| | | |Q|
---------
|Q| | | |
---------
| | |Q| |
---------
```

[1] Selbstverständlich sind wir in dieser Aufgabe nicht an leeren Strings und einzelnen Zeichen interessiert, obwohl diese per Definition natürlich streng genommen auch Palindrome sind.

7.4 Lösungen

7.4.1 Lösung 1: Türme von Hanoi (★★★☆☆)

Beim Türme-von-Hanoi-Problem gibt es drei Türme oder Stäbe A, B und C. Zu Beginn sind mehrere gelochte Scheiben der Größe nach auf Stab A platziert, die größte zuunterst. Ziel ist es nun, den gesamten Stapel, also alle Scheiben, von A nach C zu bewegen. Dabei darf immer nur eine Scheibe nach der anderen bewegt werden und niemals eine kleinere Scheibe unter einer größeren liegen. Deswegen benötigt man den Hilfsstab B. Schreiben Sie eine Funktion `solve_tower_of_hanoi(n)`, die die Lösung auf der Konsole in Form der auszuführenden Bewegungen ausgibt.

Beispiel Das Ganze sieht in etwa wie folgt aus:

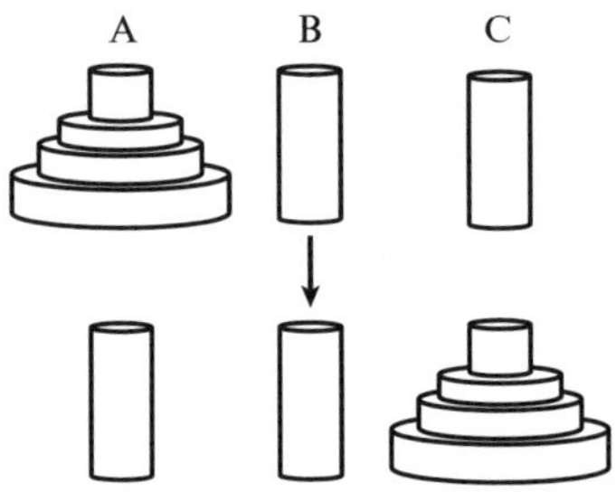

Abbildung 7-2 *Aufgabenstellung beim Türme-von-Hanoi-Problem*

Für drei Scheiben soll der folgende Lösungsweg ausgegeben werden:

```
Tower Of Hanoi 3
A -> C
A -> B
C -> B
A -> C
B -> A
B -> C
A -> C
```

Algorithmus Das Bewegen der Scheiben implementieren wir in einer Funktion `move_tower(n, source, helper, destination)`, der man die Anzahl der zu bewegenden Scheiben, den Ausgangsstab, den Hilfsstab und den Zielstab übergibt. Initial nutzt man n und 'A', 'B' sowie 'C' als Startparameter. Die Funktion `move_tower()` zerteilt das Problem in drei kleinere Probleme:

1. Zunächst wird der um eine Scheibe kleinere Turm von der Ausgangsbasis auf den Hilfsstab transportiert.
2. Dann wird die letzte und größte Scheibe von der Quelle zum Ziel bewegt.
3. Zum Abschluss muss noch der restliche Turm vom Hilfsstab auf die Zielscheibe bewegt werden.

Als rekursiver Abbruch dient die Aktion »bewege Quelle nach Ziel, wenn die Höhe 1 ist«. Ein bisschen knifflig wird das Ganze durch das Vertauschen von Quelle, Ziel und Hilfsstab während der Aktionen.

```
def move_tower(n, source, helper, destination):
    if n == 1:
        print(source + " -> " + destination)
    else:
        # bewege alle bis auf letzte Scheibe von Quelle auf Hilfsstab
        # Ziel wird so zum neuen Hilfsstab
        move_tower(n - 1, source, destination, helper)

        # bewege die größte Scheibe von Quelle zum Ziel
        print(source + " -> " + destination)
        # move_tower(1, source, helper, destination); // unverständlicher

        # bewege um eins reduzierten Turm von Hilfsstab auf Ziel
        move_tower(n - 1, helper, source, destination)
```

Damit man als Nutzer weniger Details sieht, bietet sich die Definition der folgenden Funktion an:

```
def solve_tower_of_hanoi(n):
    print("Tower Of Hanoi", n)
    move_tower(n, 'A', 'B', 'C')
```

Zur Lösung des Problems muss die Funktion mit der gewünschten Anzahl an Scheiben aufgerufen werden, etwa wie folgt:

```
>>> solve_tower_of_hanoi(3)
Tower Of Hanoi 3
A -> C
A -> B
C -> B
A -> C
B -> A
B -> C
A -> C
```

Tipp: Rekursion als Hilfsmittel

Obwohl das Problem zunächst ziemlich verzwickt klingt, lässt es sich mithilfe von Rekursion doch recht einfach lösen. An dieser Aufgabe wird noch einmal deutlich, dass man Rekursion zur Reduktion der Schwierigkeit nutzt, indem man ein Problem in mehrere kleinere, nicht so schwierig zu lösende Teilprobleme zerlegt.

Bonus: Erstellen Sie eine konsolenbasierte grafische Aufbereitung der Lösung

Für zwei Scheiben könnte dies folgendermaßen aussehen:

```
Tower Of Hanoi 2
   A         B         C
   |         |         |
  #|#        |         |
 ##|##       |         |
-------   -------   -------
Moving slice: 1 : Tower [A] -> Tower [B]
   A         B         C
   |         |         |
   |         |         |
 ##|##      #|#        |
-------   -------   -------
Moving slice: 2 : Tower [A] -> Tower [C]
   A         B         C
   |         |         |
   |         |         |
   |        #|#      ##|##
-------   -------   -------
Moving slice: 1 : Tower [B] -> Tower [C]
   A         B         C
   |         |         |
   |         |        #|#
   |         |       ##|##
-------   -------   -------
```

Betrachten wir zunächst, wie sich der Algorithmus für grafische Ausgaben ändert: Tatsächlich bleibt dieser zur Lösungsfindung absolut gleich. Wir ergänzen aber eine Klasse `Tower` sowie eine Aktion, die wir beim Lösen in Form eines Lambdas mitgeben: Dazu wandeln wir die ursprüngliche Funktion `solve_tower_of_hanoi(n)` derart ab, dass dort drei `Tower`-Objekte erzeugt werden und entsprechend auf dem Ausgangsturm die gewünschte Anzahl an Scheiben platziert wird:

```
def solve_tower_of_hanoi_v2(n):
    print("Tower Of Hanoi", n)

    source = Tower("A")
    helper = Tower("B")
    destination = Tower("C")

    # Achtung umgekehrte Reihenfolge: größte Scheibe zuerst
    for i in range(n, 0, -1):
        source.push(i)

    action = lambda: print_towers(n + 1, source, helper, destination)
    action()

    move_tower_v2(n, source, helper, destination, action)
```

Die Realisierung von `move_tower_v2()` erhält lediglich eine `action` als weiteren Parameter. Damit kann eine Aktion beim rekursiven Ende ausgeführt werden:

```
def move_tower_v2(n, source, helper, destination, action):
    if n == 1:
        elem_to_move = source.pop()
        destination.push(elem_to_move)

        print("Moving slice:", elem_to_move, ":", source, "->", destination)
        action()

    else:
        move_tower_v2(n - 1, source, destination, helper, action)
        move_tower_v2(1, source, helper, destination, action)
        move_tower_v2(n - 1, helper, source, destination, action)
```

Die Klasse `Tower` Machen wir uns daran, die Klasse `Tower` zu erstellen, die zur Identifikation einen String und zur Speicherung der Scheiben einen `Stack` nutzt:

```
class Tower:
    def __init__(self, name):
        self.name = name
        self.__values = Stack()

    def __str__(self):
        return "Tower [" + self.name + "]"

    def push(self, item):
        self.__values.push(item)

    def pop(self):
        return self.__values.pop()
```

Ergänzungen in der Klasse `Stack` In der Klasse `Stack` (vgl. Abschnitt 5.3.2) müssen wir noch zwei Funktionen ergänzen:

```
def size(self):
    return len(self.__values)

def get_at(self, pos):
    return self.__values[pos]
```

Konsolenausgabe der Türme In Kapitel 4 zu Strings haben wir in Aufgabe 16 eine erste Variante zum Zeichnen von Türmen kennengelernt. Das dort gewonnene Wissen nutzen wir und wandeln die Implementierung geeignet ab. Zunächst zeichnen wir den oberen Teil des Stabs mit `draw_top()`. Danach zeichnen wir die Scheiben mit `draw_slices()` und schließlich eine untere Begrenzungslinie mit `draw_bottom()`:

```
    def print_tower(self, max_height):
        height = self.values.size() - 1

        visual = self.draw_top(max_height, height)
        visual += self.draw_slices(max_height, height)
        visual += self.draw_bottom(max_height)
```

```
        return visual

    def draw_top(self, max_height, height):
        visual = [" " * max_height + self.name + " " * max_height]

        for i in range(max_height - height - 1, 0, -1):
            visual.append(" " * max_height + "|" + " " * max_height)

        return visual

    def draw_slices(self, max_height, height):
        visual = []
        for i in range(height, -1, -1):
            value = self.values.get_at(i)
            padding = max_height - value

            visual.append(" " * padding + "#" * value + "|" +
                          "#" * value + " " * padding)

        return visual

    def draw_bottom(self, height):
        return ["-" * (height * 2 + 1)]
```

Alle Türme ausgeben Wir kombinieren die drei als Listen repräsentierten Türme in der folgenden Funktion, um die drei nebeneinander auszugeben:

```
def print_towers(max_height, source, helper, destination):
    tower1 = source.print_tower(max_height)
    tower2 = helper.print_tower(max_height)
    tower3 = destination.print_tower(max_height)

    for (a,b,c) in zip(tower1, tower2, tower3):
        print(a + "   " + b + "   " + c)
```

Prüfung

Zum Test nutzen wir folgende Eingaben, die die korrekte Funktionsweise zeigen:

```
>>> solve_tower_of_hanoi_v2(2)
Tower Of Hanoi 2
  A        B        C
  |        |        |
 #|#       |        |
##|##      |        |
-----    -----    -----
Moving slice: 1: Tower [A] -> Tower [B]
  A        B        C
  |        |        |
  |        |        |
##|##     #|#       |
-----    -----    -----
Moving slice: 2: Tower [A] -> Tower [C]
  A        B        C
  |        |        |
  |        |        |
  |       #|#     ##|##
-----    -----    -----
```

```
Moving slice: 1: Tower [B] -> Tower [C]
   A         B         C
   |         |         |
   |         |        #|#
   |         |       ##|##
-------   -------   -------
```

7.4.2 Lösung 2: Edit Distance (★★★★☆)

Berechnen Sie für zwei Strings, wie viele Änderungen diese – ohne Beachtung der Groß- und Kleinschreibung – auseinander liegen, also wie man den einen in den anderen durch ein- oder mehrmaliges Anwenden einer beliebigen der folgenden Aktionen überführen kann:

- Ein Zeichen hinzufügen (+),
- ein Zeichen löschen (−) oder
- ein Zeichen verändern (⤳).

Schreiben Sie dazu eine Funktion `edit_distance(str1, str2)`, die Rekursion nutzt und zeichenweise die drei Aktionen testet und den restlichen Teil rekursiv prüft.

Beispiele Für die gezeigten Eingaben sind folgende Modifikationen nötig:

Eingabe 1	Eingabe 2	Resultat	Aktionen
"Micha"	"Michael"	2	Micha $\underbrace{\rightarrow}_{+e}$ Michae $\underbrace{\rightarrow}_{+l}$ Michael
"Ananas"	"Banane"	3	Ananas $\underbrace{\rightarrow}_{+B}$ BAnanas $\underbrace{\rightarrow}_{-s}$ BAnana $\underbrace{\rightarrow}_{a \rightsquigarrow e}$ BAnane

Algorithmus Beginnen wir zu überlegen, wie wir hier vorgehen können: Wenn einer der beiden Strings keine Zeichen enthält, dann ist die Distanz zum anderen die Anzahl der Zeichen des anderen Strings – das würde mehrmaliges Einfügen der korrespondierenden Zeichen erfordern. Dies definiert den rekursiven Abbruch. Ansonsten prüfen wir beide Strings von deren Ende und vergleichen Zeichen für Zeichen. Sind diese gleich, so gehen wir eine Position zum Anfang. Ansonsten prüfen wir drei verschiedene Varianten:

1. Insert: rekursiver Aufruf für die nächsten Zeichen, also $pos1$ und $pos2 - 1$
2. Remove: rekursiver Aufruf für die nächsten Zeichen, also $pos1 - 1$ und $pos2$
3. Replace: rekursiver Aufruf für die nächsten Zeichen, also $pos1 - 1$ und $pos2 - 1$

Wir untersuchen drei mögliche Wege und müssen dann das Minimum aus diesen drei Werten bilden.

Das implementieren wir wie folgt:

```
def edit_distance(str1, str2):
    return __edit_distance_helper(str1.lower(), str2.lower(),
                                  len(str1) - 1, len(str2) - 1)


def __edit_distance_helper(str1, str2, pos1, pos2):
    # rekursiver Abbruch
    # wenn einer der Strings am Anfang ist und der andere
    # noch nicht, dann nimm die Länge des verbliebenen Strings
    if pos1 <= 0:
        return pos2
    if pos2 <= 0:
        return pos1

    # Prüfe, ob die Zeichen übereinstimmen und dann auf zum nächsten
    if str1[pos1] == str2[pos2]:
        # rekursiver Abstieg
        return __edit_distance_helper(str1, str2, pos1 - 1, pos2 - 1)
    else:
        # prüfe auf insert, delete, change
        insert_in_first = __edit_distance_helper(str1, str2, pos1, pos2 - 1)
        delete_in_first = __edit_distance_helper(str1, str2, pos1 - 1, pos2)
        change = __edit_distance_helper(str1, str2, pos1 - 1, pos2 - 1)

        # Minimum aus allen drei Varianten + 1
        return 1 + min(insert_in_first, delete_in_first, change)
```

Prüfung

Zum Test nutzen wir folgende Eingaben, die die korrekte Funktionsweise zeigen:

```
@pytest.mark.parametrize("value1, value2, expected",
                         [("Micha", "Michael", 2),
                          ("Ananas", "Banane", 3)])
def test_edit_distance(value1, value2, expected):
    result = edit_distance(value1, value2)

    assert result == expected
```

Performance-Test Außerdem wollen wir schauen, wie die Performance ist – weil es nur auf eine grobe Einordnung ankommt, ist hier kein ausgefeiltes Profiling von Nöten, sondern die Genauigkeit von `time.process_time()` ist absolut ausreichend:

```
def main():
    inputs_tuples = [["Micha", "Michael"],
                     ["Ananas", "Banane"],
                     ["sunday-Morning", "saturday-Night"],
                     ["sunday-Morning-Breakfast", "saturday-Night-Party"]]

    for inputs in inputs_tuples:
        start = time.process_time()
        result = edit_distance(inputs[0], inputs[1])
        end = time.process_time()

        print(inputs[0] + " -> " + inputs[1] + " edits: ", result)
        print("editDistance took %.2f ms" % ((end - start) * 1000))
```

Führen wir die obigen Zeilen aus, so kommt es mit (viel) Geduld in etwa zu folgenden Ausgaben – tatsächlich habe ich die letzte Berechnung nach einigen Minuten abgebrochen, weshalb sie hier nicht gezeigt ist:

```
Micha -> Michael edits:  2
editDistance took 0.26 ms
Ananas -> Banane edits:  3
editDistance took 0.05 ms
sunday-Morning -> saturday-Night edits:  10
editDistance took 137443.89 ms
```

Die Laufzeiten nehmen deutlich zu, je stärker sich die beiden Eingaben unterscheiden. Wie geht es also besser? Das zeigt uns die Lösung der Bonusaufgabe.

Bonus: Optimieren Sie Edit Distance mit Memoization (★★★☆☆)

Zu Beginn des Kapitels hatte ich Memoization als Technik beschrieben und erwähnt, dass man oftmals ein Dictionary als Zwischenspeicher nutzt – so auch hier:

```
def edit_distance_optimized(str1, str2):
    return __edit_distance_memo(str1.lower(), str2.lower(),
                                len(str1) - 1, len(str2) - 1, {})


def __edit_distance_memo(str1, str2, pos1, pos2, values):
    # rekursiver Abbruch
    # wenn einer der Strings am Anfang ist und der andere
    # noch nicht, dann nimm die Länge des verbliebenen Strings
    if pos1 <= 0:
        return pos2
    if pos2 <= 0:
        return pos1

    # MEMOIZATION
    if (pos1, pos2) in values:
        return values.get((pos1, pos2))

    result = 0
    # Prüfe, ob die Zeichen übereinstimmen und dann auf zum nächsten
    if str1[pos1] == str2[pos2]:
        # rekursiver Abstieg
        result = __edit_distance_memo(str1, str2, pos1 - 1, pos2 - 1, values)
    else:
        # prüfe auf insert, delete, change
        insert  = __edit_distance_memo(str1, str2, pos1, pos2 - 1, values)
        delete = __edit_distance_memo(str1, str2, pos1 - 1, pos2, values)
        change = __edit_distance_memo(str1, str2, pos1 - 1, pos2 - 1, values)

        # Minimum aus allen drei Varianten + 1
        result = 1 + min(insert_in_first, delete_in_first, change)

    # MEMOIZATION
    values[(pos1, pos2)] = result
```

Führen wir die gleichen Prüfungen wie zuvor aus, so ist selbst bei der letzten Berechnung der Edit Distance von 16 nur eine minimale Laufzeit von weniger als einer Millisekunde ermittelbar.

Einsatz des Memoization-Dekorators In Abschnitt 7.1.3 haben wir gelernt, wie wir rekursiven Funktionen zur Optimierung der Laufzeit Memoization durch Einsatz von Dekoratoren hinzufügen.

Während es sowohl für die Berechnung der Fibonacci-Zahlen als auch des Pascal'schen Dreiecks absolut natürlich war, den Dekorator direkt an der sich selbst aufrufenden Funktion zu notieren, muss man bei Edit Distance etwas überlegen. Hier haben wir ein zweistufiges Verfahren und es muss nicht die initiale Funktion, sondern diejenige, die die eigentliche Berechnung ausführt, annotiert werden:

```
# @decorate_with_memo_shorter
def edit_distance(str1, str2):
    return __edit_distance_helper(str1.lower(), str2.lower(),
                                  len(str1) - 1, len(str2) - 1)


@decorate_with_memo_shorter
def __edit_distance_helper(str1, str2, pos1, pos2):
    ....
```

Rekapitulieren wir: Durch das Konstrukt mit der Hilfsmethode wird eine initiale Parametrisierung vorgenommen. Bei allen Aufrufen von `__edit_distance_helper()` bleiben `str1` und `str2` unverändert. Die Varianz besteht in den Positionen. Bei der händischen Implementierung bestand der Schlüssel im Dictionary daher nur aus den Positionen. Die allgemeingültige Variante kann das aber nicht unterscheiden und nutzt daher einen Schlüssel aus allen vier Parameterwerten.

7.4.3 Lösung 3: Longest Common Subsequence (★★★☆☆)

In der vorherigen Aufgabe ging es darum, wie viele Änderungen benötigt werden, um zwei gegebene Strings ineinander zu überführen. Ein weiteres interessantes Problem besteht darin, die längste gemeinsame, aber nicht unbedingt zusammenhängende Sequenz von Buchstaben zu ermitteln, die in zwei Strings in der gleichen Abfolge auftritt. Schreiben Sie dazu eine Funktion `lcs(str1, str2)`, die rekursiv von hinten die Strings verarbeitet und bei zwei gleich langen Teilstücken das zweite nutzt.

Beispiele

Eingabe 1	Eingabe 2	Resultat
"ABCE"	"ZACEF"	"ACE"
"ABCXY"	"XYACB"	"AB"
"ABCMIXCHXAEL"	"MICHAEL"	"MICHAEL"
"sunday-Morning"	"saturday-Night-Party"	"suday-ig"

Algorithmus Man läuft von hinten nach vorne. Stimmen die Zeichen überein, so nimmt man das Zeichen ins Ergebnis auf. Weichen die Buchstaben ab, so muss man für die jeweiligen um ein Zeichen verkürzten Strings die Prüfung rekursiv wiederholen:

```
def lcs(str1, str2):
    return __lcs_helper(str1, str2, len(str1) - 1, len(str2) - 1)


def __lcs_helper(str1, str2, pos1, pos2):
    # rekursiver Abbruch
    if pos1 < 0 or pos2 < 0:
        return ""

    # Sind die Zeichen gleich?
    if str1[pos1] == str2[pos2]:
        # rekursiver Abstieg
        return __lcs_helper(str1, str2, pos1 - 1, pos2 - 1) + str1[pos1]
    else:
        # ansonsten nimm einen von beiden Buchstaben weg und probiere es
        # erneut, allerdings gehört keiner von beiden Buchstaben ins Ergebnis
        lcs1 = __lcs_helper(str1, str2, pos1, pos2 - 1)
        lcs2 = __lcs_helper(str1, str2, pos1 - 1, pos2)

        return lcs1 if  len(lcs1) > len(lcs2) else lcs2
```

Abgewandelter Algorithmus Alternativ kann man von vorne nach hinten laufen, bis das Ende der Strings erreicht wurde. Interessanterweise werden fast immer die gleichen Ergebnisse wie bei der Variante vom Ende her produziert, nur für die zweite Eingabekombination erhält man `XY` als Ergebnis.

Bei dieser Variante muss man bei Gleichheit der Buchstaben diese vorne anfügen. Zudem muss das Überspringen von nicht passenden Zeichen nun durch Erhöhen der jeweilige Position simuliert werden. Insgesamt ändert sich damit die Implementierung wie folgt:

```
def lcs_from_start(str1, str2):
    return __lcs__from_start_helper(str1, str2, 0, 0)


def __lcs__from_start_helper(str1, str2, pos1, pos2):
    #  rekursiver Abbruch: Ein Text am Ende
    if pos1 >= len(str1) or pos2 >= len(str2):
        return ""

    # Sind die Zeichen gleich?
    if str1[pos1] == str2[pos2]:
        # rekursiver Abstieg
        return str1[pos1] + \
               __lcs__from_start_helper(str1, str2, pos1 + 1, pos2 + 1)
    else:
        # ansonsten nimm einen von beiden Buchstaben weg und probiere es
        # erneut, allerdings gehört keiner von beiden Buchstaben ins Ergebnis
        lcs1 = __lcs__from_start_helper(str1, str2, pos1, pos2 - 1)
        lcs2 = __lcs__from_start_helper(str1, str2, pos1 - 1, pos2)

        return lcs1 if  len(lcs1) > len(lcs2) else lcs2
```

Prüfung

Zum Test nutzen wir folgende Eingaben, die die korrekte Funktionsweise zeigen:

```
@pytest.mark.parametrize("value1, value2, expected",
                         [("ABCE", "ZACEF", "ACE"),
                          ("ABCXY", "XYACB", "AB"),
                          ("ABCMIXCHXAEL", "MICHAEL", "MICHAEL")])
def test_lcs(value1, value2, expected):
    result = lcs(value1, value2)

    assert result == expected
```

In dem Begleitprojekt prüfen wir der Vollständigkeit halber auch noch die Variante mit der LCS-Ermittlung vom Start – hier nicht gezeigt.

Performance-Test Wiederum wollen wir uns anschauen, wie die Performance ist. Hierbei gilt ebenfalls, dass `time.process_time()` zur Einordnung ausreichend ist:

```
def main():
    inputs_tuples = [["ABCMIXCHXAEL", "MICHAEL"],
                     ["sunday-Morning", "saturday-Night-Party"],
                     ["sunday-Morning-Wakeup", "saturday-Night"]]

    for inputs in inputs_tuples:
        start = time.process_time()
        result = lcs(inputs[0], inputs[1])
        end = time.process_time()

        print(inputs[0] + " -> " + inputs[1] + " lcs:", result)
        print("lcs took %.2f ms" % ((end - start) * 1000))
```

Wir messen folgende Ausführungszeiten (diese werden bei Ihnen leicht abweichen):

```
ABCMIXCHXAEL -> MICHAEL lcs: MICHAEL
lcs took 0.03 ms
sunday-Morning -> saturday-Night-Party lcs: suday-ig
lcs took 141523.38 ms
sunday-Morning-Wakeup -> saturday-Night lcs: suday-ig
lcs took 280070.26 ms
```

Bonus: Nutzen Sie Memoization für Longest Common Subsequence

Es ergeben sich lange Laufzeiten für größere Unterschiede in den beiden Eingaben, was daran liegt, dass es sehr viele mögliche Subsequenzen gibt. Deshalb ist die pure Rekursion nicht wirklich performant. Wie geht es also besser? Erneut verwenden wir Memoization zur Performance-Optimierung. Diesmal nutzen wir zur Datenspeicherung zweidimensional verschachtelte Listen von Strings.

```
def lcs_optimized(str1, str2):
    values = [[None for _ in range(len(str2))] for _ in range(len(str1))]

    return __lcs_with_memo(str1, str2, len(str1) - 1, len(str2) - 1, values)
```

Die eigentliche Implementierung verwendet Memoization wie folgt:

```
def __lcs_with_memo(str1, str2, pos1, pos2, values):
    # rekursiver Abbruch
    if pos1 < 0 or pos2 < 0:
        return ""

    # MEMOIZATION
    if values[pos1][pos2] != None:
        return values[pos1][pos2]

    lcs = ""

    # Sind die Zeichen gleich?
    if str1[pos1] == str2[pos2]:
        # rekursiver Abstieg
        lcs = __lcs_with_memo(str1, str2, pos1 - 1, pos2 - 1, values) + \
              str1[pos1]
    else:
        # ansonsten nimm einen von beiden Buchstaben weg und probiere es
        # erneut, allerdings gehört keiner von beiden Buchstaben ins Ergebnis
        lcs1 = __lcs_with_memo(str1, str2, pos1, pos2 - 1, values)
        lcs2 = __lcs_with_memo(str1, str2, pos1 - 1, pos2, values)

        lcs = lcs1 if len(lcs1) > len(lcs2) else lcs2

    # MEMOIZATION
    values[pos1][pos2] = lcs

    return lcs
```

Mit dieser Optimierung lassen sich die Laufzeiten auf wenige Millisekunden reduzieren. Starten Sie zum Test das Modul EX03_LCS_TIMING_MEMO.PY und vergleichen Sie Ihre Ausführungsdauern mit diesen Werten:

```
ABCMIXCHXAEL -> MICHAEL lcs:  MICHAEL
lcs_optimized took 0.03 ms
sunday-Morning -> saturday-Night-Party lcs:  suday-ig
lcs_optimized took 0.21 ms
sunday-Morning-Wakeup -> saturday-Night lcs:  suday-ig
lcs_optimized took 0.31 ms
```

Einsatz des Memoization-Dekorators Wie schon für Edit Distance beschrieben, muss man bei LCS durch das zweistufige Verfahren nicht die initiale Funktion, sondern diejenige, die die eigentliche Berechnung ausführt, annotieren:

```
# @decorate_with_memo_shorter
def lcs(str1, str2):
    return __lcs_helper(str1, str2, len(str1) - 1, len(str2) - 1)


@decorate_with_memo_shorter
def __lcs_helper(str1, str2, pos1, pos2):
    ....
```

7.4.4 Lösung 4: Weg aus Labyrinth (★★★☆☆)

In dieser Aufgabe soll der Ausweg aus einem Labyrinth gefunden werden. Dabei sei ein Irrgarten in Form eines zweidimensionalen Arrays bzw. verschachtelter Listen mit Mauern, symbolisiert durch '#', und Zielpositionen (Ausgängen) in Form von 'X' gegeben. Von einer beliebigen Position aus sollen die Wege zu allen erreichbaren Ausgängen ermittelt und mit '.' markiert werden – liegen zwei hintereinander, so wird nur der erste von beiden geliefert. Dabei kann man sich nur in die vier Himmelsrichtungen bewegen, nicht aber diagonal. Schreiben Sie eine Funktion `find_way_out(values, x, y)`, die jeden gefundenen Ausgang mit `FOUND EXIT at ...` protokolliert.

Beispiel Nachfolgend ist ein größeres Spielfeld mit vier Zielfeldern dargestellt. Die untere Abbildung zeigt jeweils die durch '.' angedeuteten Wege. Dazwischen erfolgt die Protokollierung der gefundenen Positionen der Ausgänge ausgehend von der linken oberen Ecke mit den Koordinaten x=1, y=1.

```
##################################
# #         #    #     #  #   X#X#
#  ##### #### ##   ##  #  # ###  #
#  ##  #    #  ## ##  #  #     # #
#    #  ###  # ## ##   #   ### # #
# #   ####     ## ##      ###  # #
####   #     ####  ####  # ####  #
######   #########   ##   # ###  #
##     #  X X####X #  #  # ###  ##
##################################
FOUND EXIT: x: 30, y: 1
FOUND EXIT: x: 17, y: 8
FOUND EXIT: x: 10, y: 8
##################################
#.#         #....#.....#  #...X#X#
#..##### ####.##...##..#  #.###  #
# .##  #    #..##.## .#  #..   # #
# ...#  ###..#.##.## ..#...### # #
# # ..####.....##.##  ... ###  # #
#### ..#...  ####..####  # ####  #
######...#########.  ##   # ###  #
##     #..X X####X.#  #  # ###  ##
##################################
```

Durch die Ausgaben wird auch deutlich, dass zwei der mit 'X' markierten Zielfelder von der Startposition nicht ermittelt werden. Zum einen ist dies das 'X' ganz oben rechts in der Ecke, das aufgrund einer fehlenden Verbindung nicht erreichbar ist. Zum anderen ist es das untere mittlere 'X', das hinter einem anderen Ausgang liegt.

Algorithmus Der Algorithmus zum Auffinden eines Wegs aus einem Labyrinth schaut ausgehend von der aktuellen Position, ob es einen Weg in die vier Himmelsrichtungen gibt. Dazu werden schon besuchte benachbarte Felder mit dem Zeichen '.' markiert, so wie man es in der Realität etwa mit Steinchen machen würde. Das Ausprobieren wird so lange fortgesetzt, bis man auf ein 'X' als Lösung, eine Mauer in Form eines '#' oder ein bereits besuchtes Feld (markiert durch '.') trifft. Existiert ausgehend von einer Position keine einzige mögliche Richtung, so nutzt man Backtracking, nimmt den zuletzt eingeschlagenen Weg zurück und probiert von dort die verbliebenen anderen Wege. Das Ganze implementiert man wie folgt:

```
def find_way_out(values, x, y):
    if x < 0 or y < 0 or x > len(values[0]) or y >= len(values):
        return False

    # rekursiver Abbruch
    if get_at(values, x, y) == 'X':
        print("FOUND EXIT: x: {}, y: {}".format(x, y))
        return True

    # Mauer oder bereits besucht?
    if get_at(values, x, y) in '#.':
        return False

    # rekursiver Abstieg
    if get_at(values, x, y) == ' ':
        # markiere als besucht
        values[y][x] = '.'

        # versuche alle 4 Himmelsrichtungen
        up = find_way_out(values, x, y - 1)
        left = find_way_out(values, x + 1, y)
        down = find_way_out(values, x, y + 1)
        right = find_way_out(values, x - 1, y)

        found_a_way = up or left or down or right

        # Backtracking, weil keine gültige Lösung
        if not found_a_way:
            values[y][x] = ' '  # Feldmarkierung löschen

        return found_a_way

    raise ValueError("wrong char in labyrinth")
```

Bitte beachten Sie, dass wir in den Methoden die natürliche Ausrichtung von x- und y-Koordinate verwenden, beim Zugriff auf das Array bzw. die verschachtelten Listen jedoch die Reihenfolge `[y][x]` lautet, weil wir in Zeilen arbeiten, wie ich es bereits in der Einführung im Kapitel zu Arrays in Abschnitt 6.1.2 besprochen habe.

Prüfung

Zum Ausprobieren definieren wir das Labyrinth aus der Einleitung. Dann rufen wir die Funktion `find_way_out()` auf, die dann die zuvor gezeigten Ausgänge aus dem Labyrinth protokolliert und schließlich die Wege mit '.' visualisiert – hierbei nutzen wir eine Version von `print_array()`, die zwischen den Zeichen keinen Leerraum lässt, damit das Labyrinth besser erkennbar wird.

```
def main():
    world_big = [list("##################################"),
                 list("# #         #    #     #  #   X#X#"),
                 list("#  ##### #### ##   ##  #  # ###  #"),
                 list("#  ##  #    #  ## ##  #  #     # #"),
                 list("#    #  ###  # ## ##   #   ### # #"),
                 list("# #   ####     ## ##      ###  # #"),
                 list("####   #     ####  ####  # ####  #"),
                 list("######   #########   ##   # ###  #"),
                 list("##     #  X X####X #  #  # ###  ##"),
                 list("##################################")]

    print_array(world_big)
    if find_way_out(world_big, 1, 1):
        print_array(world_big)
```

Alternative

Die gezeigte Realisierungsvariante bereitet die Wege zu den Zielfeldern grafisch ganz nett auf. Sie besitzt jedoch zwei kleinere Nachteile: Zum einen bricht sie beim Antreffen eines Ausgangs direkt ab und findet somit einen dahinter liegenden Ausgang nicht. Zum anderen wird bei mehreren Wegen zu einem Zielfeld auch mehrmals das Finden eines Ausgangs protokolliert. Letzteres könnte man recht einfach dadurch lösen, dass man alle Lösungswege in einem Set aufsammelt.

Möchte man alle erreichbaren Ausgänge finden, so kann man die zuvor gezeigt Methode abwandeln, sodass besuchte Felder mit einem `'#'` markiert werden und damit das Spielfeld zum Abschluss die Wege nicht mehr zeigt, was ein Vorteil der initialen Variante war.

```
def find_way_out_v2(board, x, y):
    if board[y][x] == '#':
        return False

    found = board[y][x] == 'X'
    if found:
        print("FOUND EXIT: x: {}, y: {}".format(x, y))

    board[y][x] = '#'

    right = find_way_out_v2(board, x + 1, y)
    left = find_way_out_v2(board, x - 1, y)
    down = find_way_out_v2(board, x, y + 1)
    up = find_way_out_v2(board, x, y - 1)

    return found or right or left or down or up
```

Zwar ist das Spielfeld danach unkenntlich, aber es werden vier Ausgänge gefunden:

```
FOUND EXIT: x: 10, y: 8
FOUND EXIT: x: 12, y: 8
FOUND EXIT: x: 30, y: 1
FOUND EXIT: x: 17, y: 8
```

7.4.5 Lösung 5: Sudoku-Solver (★★★★☆)

Schreiben Sie eine Funktion `solve_sudoku(board)`, die für ein als Parameter übergebenes teilinitialisiertes Spielfeld eine gültige Lösung ermittelt, sofern es eine solche gibt.

Beispiel Nachfolgend ist ein gültiges Spielfeld mit einigen Lücken gezeigt.

1	2		4	5		7	8	9
	5	6	7		9		2	3
7	8		1	2	3	4	5	6
2	1	4		6		8		7
3	6		8		7	2	1	4
	9	7		1	4	3	6	
5	3	1	6		2	9		8
6		2	9	7	8	5	3	1
9	7			3	1	6	4	2

Dieses sollte zu folgender Lösung vervollständigt werden:

1	2	3	4	5	6	7	8	9
4	5	6	7	8	9	1	2	3
7	8	9	1	2	3	4	5	6
2	1	4	3	6	5	8	9	7
3	6	5	8	9	7	2	1	4
8	9	7	2	1	4	3	6	5
5	3	1	6	4	2	9	7	8
6	4	2	9	7	8	5	3	1
9	7	8	5	3	1	6	4	2

Algorithmus Zur Lösung von Sudoku verwenden wir Backtracking. Wie bei anderen Backtracking-Problemstellungen kann man auch Sudoku durch schrittweisen Versuch und Irrtum lösen. In diesem Fall bedeutet das, dass man für die Leerfelder jeweils verschiedene Nummern ausprobiert. Dabei darf laut Sudoku-Regeln die momentane Ziffer weder horizontal, vertikal noch in einem 3 x 3-Block bereits existieren. Falls wir eine gültige Wertebelegung feststellen, können wir an der nächsten Position rekursiv weitermachen, um zu testen, ob wir zu einer Lösung kommen. Wird keine gefunden, dann versuchen wir das Vorgehen mit der nächsten Ziffer. Wenn jedoch keine der Ziffern von 1 bis 9 zu einer Lösung führt, dann gibt es keine Lösung.

Wir gehen in der Implementierung wie folgt vor:

1. Prüfe, ob alle Zeilen bearbeitet wurden, dann hat man eine Lösung.
2. Finde das nächste Leerfeld. Überspringe dazu alle bereits gefüllten Felder. Dies kann auch zu Zeilenwechseln führen.
3. Existiert kein Leerfeld bis zur letzten Reihe mehr, so haben wir die Lösung gefunden.
4. Ansonsten prüfen wir für das Leerfeld die Ziffern von 1 bis 9:
   a. Gibt es einen Konflikt? Dann müssen wir die nächste Ziffer probieren.
   b. Die Ziffer ist ein möglicher Kandidat. Wir rufen unsere Funktion rekursiv für die nachfolgende Position (nächste Spalte oder sogar nächste Zeile) auf.
   c. Liefert die Rekursion `False`, so führt diese Ziffer nicht zu einer Lösung und wir setzen Backtracking ein.

```
def solve_sudoku(board):
    return __solve_sudoku_helper(board, 0, 0)


def __solve_sudoku_helper(board, start_row, start_col):
    # 1) Bereits alle Zeilen bearbeitet?
    if start_row > 8:
        return True

    row = start_row
    col = start_col

    # 2) Überspringe so lange Felder mit Zahlen, bis wir auf ein Leerfeld stoßen
    while board[row][col] != 0:
        col += 1
        if col > 8:
            col = 0
            row += 1
            # 3) Bereits alle Zeilen bearbeitet?
            if row > 8:
                return True

    solved = False
    # 4) Probiere für das aktuelle Feld alle Ziffern von 1 bis 9 durch
    for num in range(1, 10):
        board[row][col] = num

        # 4a) Prüfe, ob das gesamte Spielfeld mit der Ziffer noch gültig ist
        if is_valid_position(board):

            # 4b) Rekursiver Abstieg für das Nachfolgefeld
            if col < 8:
                # rekursiver Abstieg: nächstes Feld in x-Richtung
                solved = __solve_sudoku_helper(board, row, col + 1)
            else:
                # rekursiver Abstieg: nächstes Feld in neuer Zeile
                solved = __solve_sudoku_helper(board, row + 1, 0)

            # 4c) Backtracking, wenn Rekursion nicht erfolgreich
            if not solved:
                # Backtracking: keine Lösung gefunden
                board[row][col] = 0
```

```
            else:
                return True
        else:
            # Nächste Ziffer probieren
            board[row][col] = 0

    return False


def is_valid_position(board):
    return check_horizontally(board) and \
           check_vertically(board) and \
           check_boxes(board)
```

Schon beim Betrachten dieser Umsetzung könnten uns Zweifel kommen, ob diese Variante wirklich optimal ist, selbst ohne die Details der im Anschluss gezeigten Hilfsfunktionen zu kennen. Warum? Wir prüfen bei jedem Schritt immer wieder das gesamte Spielfeld auf Gültigkeit, und das auch noch in Kombination mit Backtracking! Darauf gehe ich später detaillierter ein.

Betrachten wir zunächst die drei Funktionen `check_horizontally(board)`, `check_vertically(board)` und `check_boxes(board)`. Diese haben wir bereits zur Lösung von Aufgabe 9 in Abschnitt 6.3.9 ab Seite 278 implementiert. Sie werden hier der Vollständigkeit halber noch einmal gezeigt:

```
def check_horizontally(board):
    for row in range(9):
        # Alle Werte einer Zeile in einer Liste aufsammeln
        row_values = [board[row][x] for x in range(9)]

        if not all_desired_numbers(row_values):
            return False

    return True


def check_vertically(board):
    for x in range(9):
        # Alle Werte einer Spalte in einer Liste aufsammeln
        column_values = [board[row][x] for row in range(9)]

        if not all_desired_numbers(column_values):
            return False

    return True


def check_boxes(board):
    for y_box in range(3):
        for x_box in range(3):
            box_values = collect_box_values(board, y_box, x_box)

            if not all_desired_numbers(box_values):
                return False

    return True
```

Dabei spielen noch folgende Hilfsfunktionen eine wichtige Rolle:

```
def collect_box_values(board, y_box, x_box):
    box_values = []

    for y in range(3):
        for x in range(3):
            real_y = y_box * 3 + y
            real_x = x_box * 3 + x

            box_values.append(board[real_y][real_x])

    return box_values


def all_desired_numbers(all_collected_values):
    relevant_values = list(all_collected_values)

    # Leerfelder raus
    relevant_values = remove_all_occurences(relevant_values, 0)

    # Prüfe auf keine Duplikate?
    values_set = set(relevant_values)

    if len(relevant_values) != len(values_set):
        return False

    # nur 1 bis 9?
    return {1, 2, 3, 4, 5, 6, 7, 8, 9}.issuperset(values_set)


def remove_all_occurences(values, val):
    return [value for value in values if value != val]


def print_array(values):
    for y in range(len(values)):
        for x in range(len(values[y])):
            print(values[y][x], end=" ")

        print()
```

Prüfung

Wir prüfen diese Implementierung mit unserem Beispiel aus der Einleitung:

```
def main():
    board = [[1, 2, 0, 4, 5, 0, 7, 8, 9],
             [0, 5, 6, 7, 0, 9, 0, 2, 3],
             [7, 8, 0, 1, 2, 3, 4, 5, 6],
             [2, 1, 4, 0, 6, 0, 8, 0, 7],
             [3, 6, 0, 8, 9, 7, 2, 1, 4],
             [0, 9, 7, 0, 1, 4, 3, 6, 0],
             [5, 3, 1, 6, 0, 2, 9, 0, 8],
             [6, 0, 2, 9, 7, 8, 5, 3, 1],
             [9, 7, 0, 0, 3, 1, 6, 4, 2]]
    if solve_sudoku(board):
        print("Solved!")
    print_array(board)
```

Damit erhalten wir folgendes Ergebnis:

```
Solved!
1 2 3 4 5 6 7 8 9
4 5 6 7 8 9 1 2 3
7 8 9 1 2 3 4 5 6
2 1 4 3 6 5 8 9 7
3 6 5 8 9 7 2 1 4
8 9 7 2 1 4 3 6 5
5 3 1 6 4 2 9 7 8
6 4 2 9 7 8 5 3 1
9 7 8 5 3 1 6 4 2
```

Die Ausgabe der Lösung erfolgt innerhalb weniger Sekundenbruchteile. Das Ganze lief bisher wirklich prima. Was passiert aber, wenn das vorgegebene Spielfeld kaum Ziffern enthält, sondern sehr viele Leerfelder?

Spielfelder mit mehr Leerstellen Wenn wir die Herausforderung angehen, Spielfelder mit wenigen vorgegebenen Ziffern lösen zu wollen, dann sind viele Varianten auszuprobieren, und es kommt dementsprechend vermehrt Backtracking zum Einsatz. Nehmen wir an, wir wollten etwa folgendes Spielfeld lösen:

```
board2 = [
    [6, 0, 2, 0, 5, 0, 0, 0, 0],
    [0, 0, 0, 0, 0, 4, 0, 3, 0],
    [0, 0, 0, 0, 0, 0, 0, 0, 0],
    [4, 3, 0, 0, 0, 8, 0, 0, 0],
    [0, 1, 0, 0, 0, 0, 2, 0, 0],
    [0, 0, 0, 0, 0, 0, 7, 0, 0],
    [5, 0, 0, 2, 7, 0, 0, 0, 0],
    [0, 0, 0, 0, 0, 0, 0, 8, 1],
    [0, 0, 0, 6, 0, 0, 0, 0, 0],
]
```

Das geht prinzipiell schon mit unserem Algorithmus, benötigt aber mitunter mehrere 10 Minuten. Obwohl das ziemlich lang ist, könnten Sie in dieser Zeit schwierige Rätsel aber vielleicht noch immer nicht per Hand lösen – mit dem Computer sollte es allerdings deutlich schneller gehen. Was können wir also verbessern?

Sinnvolle Optimierungen

Idee 1: Optimierung der Prüfung In jedem Schritt immer das gesamte Spielfeld auf Gültigkeit zu prüfen, ist weder sinnvoll, nötig, noch performant. Als Optimierung modifizieren wir die Prüfung derart, dass jeweils nur eine einzelne Spalte, Zeile und die relevante Box geprüft werden. Dazu müssen wir zunächst die Funktion `is_valid_position()` leicht abwandeln, sodass sie Spalte und Zeile als Parameter erhält:

```
def is_valid_position(board, row, col):
    return check_single_horizontally(board, row) and \
           check_single_vertically(board, col) and \
           check_single_box(board, row, col)
```

Zudem erstellt man dann spezifische Prüffunktionen wie die folgende:

```
def check_single_horizontally(board, row):
    column_values = [board[row][col] for col in range(9)]

    return all_desired_numbers(column_values)


def check_single_vertically(board, col):
    row_values = [board[row][col] for row in range(9)]

    return all_desired_numbers(row_values)
```

Mit dieser Optimierung landet man bei Laufzeiten im Bereich von wenigen Sekunden – bei komplizierten Spielfeldern zwischen 20 und 50 Sekunden. Das ist schon mal deutlich besser, aber es geht noch viel performanter.

Idee 2: Geschicktere Prüfung Wenn wir uns die Abläufe anschauen, so sehen wir, dass wir einfach alle Ziffern durchprobieren – das verstößt ein wenig gegen den gesunden Menschenverstand. Wäre es nicht sinnvoller, nur potenziell gültige Wege zu beschreiten und dazu vorab zu prüfen, ob die aktuelle Ziffer in dem Kontext überhaupt nutzbar ist? Wir können dadurch dann all diejenigen Ziffern direkt außen vor lassen, die bereits in einer Zeile, Spalte oder der Box vorhanden sind. Dazu müssen wir die Prüfung wie folgt abändern und die potenzielle Ziffer als Parameter übergeben:

```
def is_valid_position(board, row, col, num):
    return check_num_not_in_column(board, col, num) and \
           check_num_not_in_row(board, row, num) and \
           check_num_not_in_box(board, row, col, num)


def check_num_not_in_column(board, col, num):
    for row in range(9):
        if board[row][col] == num:
            return False

    return True


def check_num_not_in_row(board, row, num):
    for col in range(9):
        if board[row][col] == num:
           return False

    return True


def check_num_not_in_box(board, row, col, num):
    adjusted_row = row // 3 * 3
    adjusted_col = col // 3 * 3

    for y in range(3):
        for x in range(3):
            if board[adjusted_row + y][adjusted_col + x] == num:
                return False

    return True
```

Idee 3: Optimierte Reihenfolge von Setzen und Prüfen Schließlich modifizieren wir das Ausprobieren derart, dass nur nach festgestellter Zulässigkeit auch das Setzen der Ziffer auf dem Spielfeld erfolgt. Zuvor hatten wir alle Positionen durchprobiert. Das wurde in der Funktion `solve_sudoku()` als Schritt 4 ausgeführt:

```
def __solve_sudoku_helper(board, start_row, start_col):
    ...

    solved = False
    # 4) Probiere für das aktuelle Feld alle Ziffern von 1 bis 9 durch
    for num in range(1, 10):
        board[row][col] = num

        # 4a) Prüfe, ob das gesamte Spielfeld mit der Ziffer noch gültig ist
        if is_valid_position(board, row, col, num):

   ...
```

Diese Prüfung hatten wir zweimal optimiert: Zunächst wurde die Funktion in `is_valid_position(board, row, col)` umgebaut, sodass sie auch die Zeile und Spalte erhält. Als weitere Verbesserung übergaben wir noch die zu prüfende Ziffer: `is_valid_position(board, row, col, num)`.

Nun gehen wir noch einen Schritt weiter und ändern die Reihenfolge von Einsetzen des Werts und der Prüfung. Dazu tauschen wir nur zwei Zeilen, nämlich die Zuweisung und das `if` mit dem Aufruf der optimierten Variante der Gültigkeitsprüfung:

```
# 4) Probiere für das aktuelle Feld alle Ziffern von 1 bis 9 durch
for num in range(1, 10):

    # 4a) Prüfe, ob das Spielfeld mit der Ziffer noch gültig ist
    if is_valid_position(board, row, col, num)
          board[row][col] = num
```

Ergebnisse der vorgenommenen Optimierungen Durch unsere Optimierungen – die im Übrigen zu keinen Einschränkungen der Lesbarkeit oder Verständlichkeit führen – können wir uns das Ausprobieren sehr vieler, niemals zum Ziel führender Lösungswege ersparen. Selbst für komplexere Spielfelder wurden die Lösungen auf meinem iMac (i7 4 Ghz) immer in rund 1 Minute ermittelt.

Die naive Art der Umsetzung mit der Gesamtprüfung des Spielfelds bei jedem Schritt führte bei komplexeren Spielfeldern zu Laufzeiten von über 20 Minuten. Während die erste Optimierung nach rund 3,5 Minuten eine Lösung findet, führt dann die Kombination aus den Ideen 2 und 3 zu einer Laufzeit von rund 1 Minute.

7.4.6 Lösung 6: Math Operator Checker (★★★★☆)

Bei dieser Aufgabe geht es um ein mathematisch angehauchtes Rätsel: Für eine Menge von Ziffern und eine andere Menge von möglichen Operatoren sollen alle Kombinationen ermittelt werden, die einen gewünschten Wert ergeben. Dabei darf die Reihenfolge der Ziffern nicht verändert werden, aber es kann zwischen die Ziffern ein Operator aus der Menge der möglichen Operatoren eingefügt werden, jedoch nicht vor der ersten Ziffer. Schreiben Sie eine Funktion `all_combinations_with_value(n)`, die für die Ziffern 1 bis 9 und die Operationen +, − und auch »Zusammenfassen der Ziffern« alle Kombinationen ermittelt, die zu dem als Parameter übergebenen Wert führen. Starten Sie mit einer Funktion `find_all_combinations(values)`, die alle möglichen Kombinationen errechnet und dazu die entsprechenden Ziffern übergeben bekommt.

Beispiele Betrachten wir zwei Kombination nur für die Ziffern 1, 2 und 3:

$$
\begin{aligned}
1+2+3 &= 6 \\
1+23 &= 24
\end{aligned}
$$

Insgesamt lassen sich mit diesen Ziffern die folgenden unterschiedlichen Kombinationen bilden:

Eingabe	Resultat (`all_combinations()`)
[1, 2, 3]	{ ("12-3" : 9, "123" : 123, "1+2+3" : 6, "1+2-3" : 0, "1-2+3" : 2, "1-23" : -22, "1-2-3" : -4, "1+23" : 24, "12+3" : 15)) }

Nehmen wir an, wir wollten aus den gegebenen Ziffern 1 bis 9 und der Menge an verfügbaren Operatoren (+, − und »Zusammenfassen«) den Wert 100 erzeugen, dann ist das z. B. wie folgt möglich:

$$1+2+3-4+5+6+78+9=100$$

Insgesamt sollten folgende Varianten ermittelt werden:

Eingabe	Resultat (`all_combinations_with_value()`)
100	["1+23-4+5+6+78-9", "12+3+4+5-6-7+89", "123-45-67+89", "123+4-5+67-89", "123-4-5-6-7+8-9", "123+45-67+8-9", "1+2+3-4+5+6+78+9", "12+3-4+5+67+8+9", "1+23-4+56+7+8+9", "1+2+34-5+67-8+9", "12-3-4+5-6+7+89"]

Algorithmus Zunächst untergliedern wir das Problem auf High-Level-Ebene, indem wir alle möglichen Kombinationen durch Aufruf der Funktion `all_combinations()` berechnen und dann mit `find_by_value()` nach denjenigen Kombinationen suchen, deren Auswertung den Vorgabewert ergeben:

```
def all_combinations_with_value(base_values, desired_value):
    all_combinations = find_all_combinations(base_values)

    return find_by_value(all_combinations, desired_value)


def find_by_value(all_combinations, desired_value):
    return {key for key, value in all_combinations.items()
            if value == desired_value}
```

Zur Berechnung der Kombinationen wird die Eingabe jeweils in einen linken und einen rechten Teil untergliedert. Dadurch ergeben sich drei zu lösende Teilprobleme, nämlich $l + r$, $l - r$ und lr, wobei l und r für den linken und rechten Teil der Eingabe stehen. Deren Ergebnis berechnen wir mit der Funktion `eval()`. Gibt es nur noch eine Ziffer, so ist diese das Ergebnis und bildet den rekursiven Abbruch:

```
def find_all_combinations(digits):
    # rekursiver Abbruch
    if len(digits) == 0:
        return {}
    if len(digits) == 1:
        last_digit = digits[0]
        return {last_digit: last_digit}

    # rekursiver Abstieg
    left = digits[0]
    right = digits[1:]
    results = find_all_combinations(right)

    # Erstelle alle Kombinationen
    solutions = {}
    for expression, value in results.items():
        right_expr = str(expression)

        solutions[str(left) + "+" + right_expr] = \
            eval(str(left) + "+" + right_expr)
        solutions[str(left) + "-" + right_expr] = \
            eval(str(left) + "-" + right_expr)
        solutions[str(left) + right_expr] = \
            eval(str(left) + right_expr)

    return solutions
```

Diese Variante ist recht gut verständlich, besitzt jedoch den Nachteil, dass hier wieder diverse Teillisten erzeugt werden. Da die Liste mit den Ziffern vermutlich eher kurz ist, spielt das keine Rolle. Schauen wir als Mini-Optimierung trotzdem einmal auf eine Variante, die mit einem Positionszeiger arbeitet:

```
def find_all_combinations(digits):
    return __all_combinations_helper(digits, 0)


def __all_combinations_helper(digits, pos):
    # rekursiver Abbruch: letzte Ziffer
    # Keine Berechnungen, nur Ziffer
    if pos == len(digits) - 1:
        last_digit = digits[len(digits) - 1]
        return {last_digit: last_digit}
```

```
    # rekursiver Abstieg
    results = __all_combinations_helper(digits, pos + 1)

    # Erstelle alle Kombinationen
    solutions = {}

    current_digit = digits[pos]
    left = str(current_digit)
    for expression, value in results.items():
        right = str(expression)

        solutions[left + "+" + right] = eval(left + "+" + right)
        solutions[left + "-" + right] = eval(left + "-" + right)
        solutions[left + right] = eval(left + right)

    return solutions
```

Prüfung

Verwenden wir wieder die Werte aus dem einleitenden Beispiel. Zunächst schreiben wir einen Unit Test, der für die Eingaben 1 bis 3 prüft, welche Kombinationen sich daraus bilden lassen:

```
@pytest.mark.parametrize("digits, expected",
                         [([1, 2, 3],
                           {"12-3": 9,
                            "123": 123,
                            "1+2+3": 6,
                            "1+2-3": 0,
                            "1-2+3": 2,
                            "1-23": -22,
                            "1-2-3": -4,
                            "1+23": 24,
                            "12+3": 15})])
def test_all_combinations(digits, expected):
    result = find_all_combinations(digits)

    assert result == expected
```

Die Funktionalität für einen speziellen Ergebniswert prüfen wir wie folgt:

```
@pytest.mark.parametrize("digits, value, expected",
                         [([1, 2, 3, 4, 5, 6, 7, 8, 9], 100,
                           {"1+23-4+5+6+78-9",
                            "12+3+4+5-6-7+89",
                            "123-45-67+89",
                            "123+4-5+67-89",
                            "123-4-5-6-7+8-9",
                            "123+45-67+8-9",
                            "1+2+3-4+5+6+78+9",
                            "12+3-4+5+67+8+9",
                            "1+23-4+56+7+8+9",
                            "1+2+34-5+67-8+9",
                            "12-3-4+5-6+7+89"})])
def test_all_combinations_with_value(digits, value, expected):
    result = all_combinations_with_value(digits, value)

    assert result == expected
```

7.4.7 Lösung 7: Wassereimer-Problem (★★★★☆)

Gegeben seien zwei Eimer mit dem Fassungsvermögen von m und n Litern. Leider sind diese Eimer ohne Markierungen oder Hinweise auf ihren Füllstand. Die Aufgabe besteht darin, x Liter abzumessen, wobei x kleiner als m oder n ist. Dabei soll am Ende ein Eimer x Liter enthalten und der andere leer sein. Schreiben Sie dazu eine Funktion `solve_water_jugs(size1, size2, desired_liters)`, die den eingeschlagenen Lösungsweg auf der Konsole ausgibt und im Erfolgsfall `True` zurückgibt, ansonsten `False`.

Beispiel Für zwei Eimer mit einmal 4 und einmal 3 Litern Fassungsvermögen können wir auf folgende Weise 2 Liter abmessen:

Zustand	Aktion
Jug 1:0 / 2: 0	Beide Eimer initial leer
Jug 1:4 / 2: 0	Fülle Eimer 1 (unnötig, aber aufgrund des Algorithmus)
Jug 1:4 / 2: 3	Fülle Eimer 2
Jug 1:0 / 2: 3	Leere Eimer 1
Jug 1:3 / 2: 0	Schütte Eimer 2 in Eimer 1
Jug 1:3 / 2: 3	Fülle Eimer 2
Jug 1:4 / 2: 2	Schütte Eimer 2 in Eimer 1
Jug 1:0 / 2: 2	Schütte Eimer 1 aus
Solved	

Beachten Sie bitte, dass dagegen das Abmessen von 2 Litern mit je zwei Eimern von 4 Litern Fassungsvermögen nicht möglich ist.

Algorithmus Zur Lösung des Wassereimer-Problems nutzen wir Rekursion mit Backtracking. Dabei hat man zu jedem Zeitpunkt folgende nächste Aktionen als Möglichkeit:

- Leere Eimer 1 vollständig.
- Leere Eimer 2 vollständig.
- Fülle Eimer 1 vollständig.
- Fülle Eimer 2 vollständig.
- Befülle Eimer 1 aus Eimer 2, bis der Ausgangseimer leer oder der zu befüllende voll ist.
- Befülle Eimer 2 aus Eimer 1, bis der Ausgangseimer leer oder der zu befüllende voll ist.

Wir probieren diese sechs Varianten schrittweise durch, bis eine davon erfolgreich ist. Dazu müssen wir jeweils testen, ob in einem der beiden Eimer die gewünschte Anzahl an Litern ist und ob der andere leer ist:

```
def is_solved(current_jug1, current_jug2, desired_liters):
    return (current_jug1 == desired_liters and current_jug2 == 0) or \
           (current_jug2 == desired_liters and current_jug1 == 0)
```

Weil das Ausprobieren vieler Lösungswege ziemlich aufwendig werden kann, merken wir uns zur Optimierung die bereits ausprobierten Kombinationen. Dies beschleunigt die Berechnung um Längen, macht die Implementierung aber nur minimal komplizierter, wenn man die bereits berechneten Füllstände in Form eines Tupels modelliert. Zur Lösungsfindung starten wir mit zwei leeren Eimern:

```
def solve_water_jugs(size1, size2, desired_liters):
    return __solve_water_jugs_rec(size1, size2, desired_liters, 0, 0, {})


def __solve_water_jugs_rec(size1, size2, desired_liters,
                           current_jug1, current_jug2, already_tried):

    if is_solved(current_jug1, current_jug2, desired_liters):
        print("Solved Jug 1:", current_jug1, " / 2:", current_jug2)
        return True

    key = (current_jug1, current_jug2)
    if not key in already_tried:
        already_tried[key] = True

        # Probiere alle 6 Varianten aus
        print("Jug 1:", current_jug1, " / 2: ", current_jug2)

        min_2_1 = min(current_jug2, (size1 - current_jug1))
        min_1_2 = min(current_jug1, (size2 - current_jug2))

        result = __solve_water_jugs_rec(size1, size2, desired_liters,
                                        0, current_jug2, already_tried) or \
                 __solve_water_jugs_rec(size1, size2, desired_liters,
                                        current_jug1, 0, already_tried) or \
                 __solve_water_jugs_rec(size1, size2, desired_liters,
                                        size1, current_jug2, already_tried) or \
                 __solve_water_jugs_rec(size1, size2, desired_liters,
                                        current_jug1, size2, already_tried) or \
                 __solve_water_jugs_rec(size1, size2, desired_liters,
                                        current_jug1 + min_2_1,
                                        current_jug2 - min_2_1,
                                        already_tried) or \
                 __solve_water_jugs_rec(size1, size2, desired_liters,
                                        current_jug1 - min_1_2,
                                        current_jug2 + min_1_2,
                                        already_tried)

        already_tried[key] = result

        return result

    return False
```

Achtung: Möglicher Fallstrick

Beim Implementieren könnte man auf die Idee kommen, einfach alle sechs Varianten unabhängig voneinander zu untersuchen, so wie man es etwa für die Ermittlung aller Ausgänge aus dem Labyrinth machen würde. Hier ist das aber falsch, weil dadurch mehrere Aktionen in einem Schritt möglich wären. Daher darf jeweils immer nur ein Schritt geprüft werden und nur im Fall eines Nichterfolgs ein anderer. Somit ist die nachfolgend gezeigte Variante nicht korrekt – sie findet zwar die Lösung, aber es werden zusätzliche, zum Teil verwirrende Schritte ausgeführt:

```
# Intuitiv, ABER FALSCH, weil so auch 2 oder mehr Schritte möglich
action_empty1 = __solve_water_jugs_rec(size1, size2, desired_liters,
                                        0, current_jug2, already_tried);
action_empty2 = __solve_water_jugs_rec(size1, size2, desired_liters,
                                        current_jug1, 0, already_tried);
action_fill1 = __solve_water_jugs_rec(size1, size2, desired_liters,
                                       size1, current_jug2, already_tried);
action_fill2 = __solve_water_jugs_rec(size1, size2, desired_liters,
                                       current_jug1, size2, already_tried);

min_2_1 = min(current_jug2, (size1 - current_jug1))
action_fillup1_from2 = __solve_water_jugs_rec(size1, size2, desired_liters,
                                               current_jug1 + min_2_1),
                                               current_jug2 - min_2_1,
                                                     already_tried);

min_1_2 = min(current_jug1, (size2 - current_jug2))
action_fillup2_from1 = __solve_water_jugs_rec(size1, size2, desired_liters,
                                               current_jug1 - min_1_2),
                                               current_jug2 + min_1_2,
                                                     already_tried);
```

Prüfung

Ermitteln wir für die Kombination aus dem Beispiel die Lösung in der Python-Kommandozeile:

```
>>> print(solve_water_jugs(4, 3, 2))
Jug 1: 0  / 2:  0
Jug 1: 4  / 2:  0
Jug 1: 4  / 2:  3
Jug 1: 0  / 2:  3
Jug 1: 3  / 2:  0
Jug 1: 3  / 2:  3
Jug 1: 4  / 2:  2
Solved Jug 1: 0  / 2: 2
True
```

Probieren wir das Gegenbeispiel mit zwei 4-Liter-Eimern und dem Ziel 2 Liter aus:

```
>>> print(solve_water_jugs(4, 4, 2))
Jug 1: 0  / 2:  0
Jug 1: 4  / 2:  0
Jug 1: 4  / 2:  4
Jug 1: 0  / 2:  4
False
```

7.4.8 Lösung 8: Alle Palindrom-Teilstrings (★★★★☆)

In dieser Aufgabe wollen wir zu einem gegebenen Wort ermitteln, ob darin Palindrome enthalten sind und wenn ja, welche. Schreiben Sie eine rekursive Funktion `all_palindrome_parts_rec(input)`, die in dem übergebenen String alle Palindrome mit mindestens zwei Buchstaben ermittelt und diese alphabetisch sortiert zurückgibt.[2]

Beispiele

Eingabe	Resultat
"BCDEDCB"	["BCDEDCB", "CDEDC", "DED"]
"ABALOTTOLL"	["ABA", "LL", "LOTTOL", "OTTO", "TT"]
"racecar"	["aceca", "cec", "racecar"]

Algorithmus Die Prüfung untergliedert das Problem in drei Subprobleme für Texte mindestens der Länge 2:

1. Ist der gesamte momentane Bereich ein Palindrom?
2. Ist der links verkürzte Teil ein Palindrom? (für alle Positionen von rechts)
3. Ist der rechts verkürzte Teil ein Palindrom? (für alle Positionen von links)

Zum besseren Verständnis schauen wir uns das Vorgehen für den Ausgangswert `LOTTOL` an:

```
1) LOTTOL
2) OTTOL, TTOL, TOL, OL
3) LOTTO, LOTT, LOT, LO
```

Danach geht man sowohl links als auch rechts um jeweils ein Zeichen nach innen und wiederholt die Prüfungen und dieses Verfahren, bis sich die Positionen überlappen. Für das Beispiel würde dann wie folgt weiter geprüft:

```
1) OTTO
2) TTO, TO
3) OTT, OT
```

Und schließlich bleibt im letzten Schritt nur eine Prüfung, weil die anderen Teilstrings nur noch aus einem Zeichen bestehen:

```
1) TT
2) T
3) T
```

[2]Selbstverständlich sind wir in dieser Aufgabe nicht an leeren Strings und einzelnen Zeichen interessiert, obwohl diese per Definition natürlich streng genommen auch Palindrome sind.

Wie schon mehrmals verwendet, kommt hier wieder eine zweistufige Variante zum Einsatz. Dabei wird in der ersten Funktion vor allem das Ergebnisobjekt initialisiert und dann der rekursive Aufruf geeignet gestartet.

Implementieren wir basierend auf diesem schrittweisen Vorgehen die Prüfung auf Palindrom-Teilstrings wie folgt:

```
def all_palindrome_parts_rec(input):
    results = set()

    __all_palindrome_parts_rec(input, 0, len(input) - 1, results)

    return results


def __all_palindrome_parts_rec(input, left, right, results):
    # rekursiver Abbruch
    if left >= right:
        return

    # 1) Prüfe, ob der gesamte String ein Palindrom ist
    complete_is_palindrome = is_palindrome_rec_in_range(input, left, right)
    if complete_is_palindrome:
        new_candidate = input[left : right + 1]
        results.add(new_candidate)

    # 2) Prüfe von links verkürzten Text
    for i in range(left + 1, right):
        left_part_is_palindrome = is_palindrome_rec_in_range(input, i, right)
        if left_part_is_palindrome:
            new_candidate = input[i : right + 1]
            results.add(new_candidate)

    # 3) Prüfe von rechts verkürzten Text
    for i in range(right - 1, left, -1):
        right_part_is_palindrome = is_palindrome_rec_in_range(input, left, i)
        if right_part_is_palindrome:
            new_candidate = input[left : i + 1]
            results.add(new_candidate)

    # rekursiver Abstieg
    __all_palindrome_parts_rec_in_range(input, left + 1, right - 1, results)
```

Dabei nutzen wir die bereits in Abschnitt 4.3.4 in der Lösung zur Übungsaufgabe 4 erstellte Funktion `is_palindrome_rec_in_range(input, left, right)` zum Prüfen auf Palindrome auf Bereiche eines Strings. Diese ist hier der Vollständigkeit nochmals abgebildet:

```
def is_palindrome_rec_in_range(input, left, right):
    # rekursiver Abbruch
    if left >= right:
        return True

    if input[left] == input[right]:
        # rekursiver Abstieg
        return is_palindrome_rec_in_range(input, left + 1, right - 1)

    return False
```

Optimierter Algorithmus Statt die verkürzten Teilstrings alle mühsam durchzuprobieren, können wir doch viel besser unsere Methode rekursiv für einen verkürzten Teil aufrufen:

```
def all_palindrome_parts_rec_optimized(input):
    results = set()

    __all_palindrome_parts_rec_optimized(input, 0, len(input) - 1, results)

    return results


def __all_palindrome_parts_rec_optimized(input, left, right, results):
    # rekursiver Abbruch
    if left >= right:
        return

    # 1) Prüfe, ob der gesamte String ein Palindrom ist
    if is_palindrome_rec(input, left, right):
        results.add(input[left: right + 1])

    # rekursiver Abstieg: 2) + 3) von links / rechts testen
    __all_palindrome_parts_rec_optimized(input, left + 1, right, results)
    __all_palindrome_parts_rec_optimized(input, left, right - 1, results)
```

Das Ganze lässt sich noch etwas lesbarer, dafür aber durch das Erzeugen von Teilstrings (etwas) schlechter bezüglich der Performance, gestalten:

```
def all_palindrome_parts_rec_optimized_v3(input):
    results = set()

    __all_palindrome_parts_rec_optimized_v3(input, results)

    return results


def __all_palindrome_parts_rec_optimized_v3(input, results):
    # rekursiver Abbruch
    if len(input) < 2:
        return

    # 1) Prüfe, ob der gesamte String ein Palindrom ist
    if is_palindrome_rec(input, 0, len(input) - 1):
        results.add(input)

    # rekursiver Abstieg: 2) + 3) von links / rechts testen
    __all_palindrome_parts_rec_optimized_v3(input[1:], results)
    __all_palindrome_parts_rec_optimized_v3(input[0:len(input) - 1], results)
```

Prüfung

Zum Test nutzen wir folgende Eingaben, die die korrekte Funktionsweise zeigen:

```
def input_and_expected():
    return [("BCDEDCB",
             {"BCDEDCB", "CDEDC", "DED"}),
            ("ABALOTTOLL",
             {"ABA", "LL", "LOTTOL", "OTTO", "TT"}),
            ("racecar",
             {"aceca", "cec", "racecar"})]
```

```
@pytest.mark.parametrize("input, expected",
                         input_and_expected())
def test_all_palindrome_parts_recs(input, expected):
    result = all_palindrome_parts_rec(input)

    assert result == expected


@pytest.mark.parametrize("input, expected",
                         input_and_expected())
def test_all_palindrome_parts_recs_optimized(input, expected):
    result = all_palindrome_parts_rec_optimized(input)

    assert result == expected


@pytest.mark.parametrize("input, expected",
                         input_and_expected())
def test_all_palindrome_parts_recs_optimized_v3(input, expected):
    result = all_palindrome_parts_rec_optimized_v3(input)

    assert result == expected
```

Bonus: Finden Sie unter allen Palindrom-Teilstrings den längsten

Dabei gibt es diesmal keine Forderung bezüglich maximaler Performance.

Algorithmus Nachdem man alle Palindrom-Teilstrings berechnet hat, ist das Ermitteln des längsten nur eine Kleinigkeit, indem man die Werte durchläuft und mithilfe von `len()` den längsten wie folgt ermittelt:

```
def longest_palindrome_part(input):
    all_palindrome_parts = all_palindrome_parts_rec(input)

    longest = ''
    for word in all_palindrome_parts:
        if len(word) > len(longest):
            longest = word

    return longest
```

Prüfung

Zum Test nutzen wir folgende Eingaben, die die korrekte Funktionsweise zeigen:

```
@pytest.mark.parametrize("input, expected",
                         [("ABALOTTOLL", "LOTTOL"),
                          ("dreh_malam_herd", "dreh_malam_herd"),
                          ("abc_XYZYX_def", "_XYZYX_")])
def test_longest_palindrome(input, expected):
    longest = longest_palindrome_part(input)

    assert longest == expected
```

7.4.9 Lösung 9: n-Damen-Problem (★★★☆☆)

Beim n-Damen-Problem sollen n Damen auf einem n x n-Spielfeld so platziert werden, dass sich keine zwei Damen gemäß Schachregeln schlagen können – somit dürfen andere Damen weder auf der gleichen Zeile, Spalte noch in den Diagonalen platziert sein. Erweitern Sie dazu die in Abschnitt 7.2.1 gezeigte Lösung und implementieren Sie die Funktion `is_valid_position(board, col, row)`. Schreiben Sie zudem eine Funktion `print_board(board)` zur Darstellung des Spielfelds sowie zur Ausgabe der Lösung auf der Konsole.

Beispiel Für ein 4 x 4-Spielfeld gibt es folgende Lösung, wobei die Damen durch ein 'Q' symbolisiert sind – englisch Queen für Dame.

```
---------
| |Q| | |
---------
| | | |Q|
---------
|Q| | | |
---------
| | |Q| |
---------
```

Algorithmus Man versucht, die Damen der Reihe nach an verschiedenen Positionen zu platzieren. Dabei starten wir mit einer Dame in Reihe 0 und Position 0 (obere linke Ecke). Nach jeder Platzierung wird geprüft, ob es keine Kollisionen in den Richtungen vertikal sowie diagonal links und rechts nach oben mit bereits platzierten Damen gibt. Eine Prüfung nach unten ist logischerweise in keinem Fall erforderlich, da dort noch keine Damen platziert sein können, weil die Befüllung von oben nach unten erfolgt. Da wir zudem zeilenweise vorgehen, ist auch keine Prüfung in der Horizontalen notwendig.

Sofern die Position gültig ist, gehe in die nächste Reihe, probiere alle Positionen von 0 bis $n - 1$. Dieses Vorgehen wird wiederholt, bis man schließlich auch die Dame in der letzten Reihe platziert hat. Falls es beim Positionieren einer Dame ein Problem gibt, nutze Backtracking: Entferne die zuletzt platzierte Dame und versuche es an der nächstmöglichen Position erneut. Falls das Ende der Reihe ohne Lösung erreicht wurde, so ist dies eine ungültige Konstellation und es muss auch die Vorgängerdame neu platziert werden. Man sieht, dass Backtracking mitunter eine Reihe zurück nach oben geht, im Extremfall bis zur allerersten Reihe.

Beginnen wir mit dem einfachen Teil, nämlich dem Rekapitulieren der Einführung und dem Erstellen des Spielfelds sowie dem Aufruf der Funktion zur Lösung:

```
def solve_n_queens(size):
    board = initialize_board(size)

    # Starte die rekursive Lösungsfindung
    solved = __solve_n_queens_helper(board, 0)

    return solved, board


def initialize_board(size):
    return [[' ' for col in range(size)] for row in range(size)]
```

Zur Modellierung des Spielfelds nutzen wir ineinander geschachtelte Listen fixer Größe und ein 'Q' repräsentiert eine Dame, ein Leerzeichen ein freies Feld. Um den Algorithmus verständlich zu halten, verwenden wir die zwei im Anschluss gezeigten Funktionen `place_queen()` und `remove_queen()`.

```
def __solve_n_queens_helper(board, row):
    max_row, max_col = get_dimension(board)

    # rekursiver Abbruch
    if row >= max_row:
        return True

    solved = False
    col = 0
    while col < max_col and not solved:
        if is_valid_position((board, col, row):
           place_queen(board, col, row

             # rekursiver Abstieg
             solved = __solve_n_queens_helper(board, row + 1)

             # Backtracking, sofern keine Lösung
             if not solved:
                 remove_queen(board, col, row)

        col += 1

    return solved
```

Zur besseren Lesbarkeit werden die Funktionen wie folgt modifiziert:

```
def place_queen(board, col, row):
    board[row][col] = 'Q'


def remove_queen(board, col, row):
    board[row][col] = ' '
```

Zur Erinnerung ist `get_dimension(values2dim)` nochmals gezeigt:

```
def get_dimension(values2dim):
    if (isinstance(values2dim, list)):
        return (len(values2dim), len(values2dim[0]))

    if (isinstance(values2dim, np.ndarray)):
        return values2dim.shape

    raise Exception("unsupported type", type(values2dim)) '
```

Start der eigenen Implementierung Machen wir uns nun an die Implementierung der Hilfsfunktionen, zunächst derjenigen, die prüft, ob eine Konstellation gültig ist:

```
def is_valid_position(board, col, row):
    max_row, max_col = get_dimension(board)

    return check_horizontally(board, row, max_col) and \
           check_vertically(board, col, max_row) and \
           check_diagonally_left_up(board, col, row) and \
           check_diagonally_right_up(board, col, row, max_col)
```

Eigentlich ist die horizontale Prüfung überflüssig, da wir gerade eine neue Reihe prüfen, in der noch keine andere Dame platziert sein kann – aus Gründen der Veranschaulichung implementieren und rufen wir die Funktion trotzdem auf.

Bei der Implementierung nutzen wir folgende Hilfsfunktionen zum Prüfen in x- und y-Richtung:

```
def check_horizontally(board, row, max_col):
    col = 0
    while col < max_col and board[row][col] == ' ':
        col += 1

    return col >= max_col


def check_vertically(board, col, max_row):
    row = 0
    while row < max_row and board[row][col] == ' ':
        row +- 1

    return row >= max_roy
```

Da wir das Spielfeld von oben nach unten befüllen, kann unter der aktuellen Position noch keine Dame platziert sein. Somit beschränken wir uns auf die relevanten Diagonalen nach links und rechts oben:

```
def check_diagonally_right_up(board, col, row, max_col):
    diag_ru_free = True

    while col < max_col and row >= 0:
        diag_ru_free = diag_ru_free and board[row][col] == ' '
        row -= 1
        col += 1

    return diag_ru_free


def check_diagonally_left_up(board, col, row):
    diag_lu_free = True

    while col >= 0 and row >= 0:
        diag_lu_free = diag_lu_free and board[row][col] == ' '
        row -= 1
        col -= 1

    return diag_lu_free
```

Die Ausgabe des stilisierten Schachbretts mit n x n Feldern wird wie folgt implementiert – etwas spezieller ist hierbei nur die Berechnung der Gitter und der Querlinien:

```
def print_board(values):
    line = "-" * (len(values[0]) * 2 + 1)
    print(line)

    for y in range(len(values)):
        print("|", end='')
        for x in range(len(values[y])):
            print(values[y][x], end='|')

        print()
        print(line)
```

Prüfung

Wir berechnen für zwei unterschiedlich große Spielfelder mit `solve_n_queens()` die Lösung des n-Damen-Problems und geben diese jeweils auf der Konsole aus:

```
def solve_and_print(size):
    solved_and_board = solve_n_queens(size)

    if solved_and_board[0]:
        print_board(solved_and_board[1])


def main():
    solve_and_print(4)
    solve_and_print(8)
```

Für diese Spielfelder der Größen 4 x 4 und 8 x 8 erhalten wir folgende Ausgaben:

```
---------
| |Q| | |
---------
| | | |Q|
---------
|Q| | | |
---------
| | |Q| |
---------
-----------------
|Q| | | | | | | |
-----------------
| | | | |Q| | | |
-----------------
| | | | | | | |Q|
-----------------
| | | | | |Q| | |
-----------------
| | |Q| | | | | |
-----------------
| | | | | | |Q| |
-----------------
| |Q| | | | | | |
-----------------
| | | |Q| | | | |
-----------------
```

Alternativer Lösungsansatz

Während die zuvor gewählte Repräsentation als zweidimensionales Array (bzw. genauer als zweidimensionale verschachtelte Listen) absolut eingängig ist, existiert eine Optimierung: Weil nur je eine Dame pro Reihe platziert werden darf, lässt sich zur Modellierung des Spielfelds und der Positionierung der Damen eine Liste einsetzen, wodurch sich einiges vereinfacht. Klingt zunächst merkwürdig. Wie soll das gehen?

Zur Lösung des n-Damen-Problems benötigen wir jeweils x- und y-Koordinaten. Diese rekonstruieren wir durch folgenden Trick: Die y-Koordinate ergibt sich aus der Position in der Liste und für die x-Koordinate speichern wir einen korrespondierenden Zahlenwert in der Liste. Die Präsenz einer Dame, die zuvor durch das Zeichen 'Q' modelliert wurde, ist nun indirekt ermittelbar: Enthält die Liste an der Position der y-Koordinate einen Zahlenwert größer oder gleich 0, so ist eine Dame vorhanden.

Mit diesem Wissen können wir die Implementierung des Algorithmus an den geeigneten Stellen anpassen. Tatsächlich ändert sich an der grundsätzlichen Logik nichts, jedoch an den Signaturen und der Positionsverarbeitung. Praktischerweise müssen wir vorab auch kein zweidimensionales Modell des Spielfelds mehr erzeugen. Aber schauen wir uns zunächst den eigentlichen Algorithmus an:

```
def solve_n_queens(size):
    board = []
    solved = __solve_n_queens_helper(board, 0, size)

    return solved, board  # (solved, board)


def __solve_n_queens_helper(board, row, size):
    # rekursiver Abbruch
    if row >= size:
        return True

    solved = False
    col = 0
    while col < size and not solved:
        if __is_valid_position(board, col, row, size):
            __place_queen(board, col, row)

            # rekursiver Abstieg
            solved = __solve_n_queens_helper(board, row + 1, size)

            # Backtracking, sofern keine Lösung
            if not solved:
                __remove_queen(board, col, row)

    return solved
```

Zur besseren Lesbarkeit modifizieren wir folgende Funktionen geeignet:

```
def __placeQueen(board, col, row):
    if len(board) != row:
        raise ValueError("invalid row" + str(row) + " col: " + str(col))

    board.append(col)


def __removeQueen(board, col, row):
    if board[row] != col:
        raise ValueError("invalid col" + str(col) + " row: " + str(row))

    board.remove(col)
```

Die Implementierung der Prüfung, ob eine Konstellation gültig ist, vereinfacht sich enorm: Für die Vertikale wird geschaut, ob die Liste bereits die gleiche Spalte enthält. Lediglich die Prüfung der Diagonalen erfolgt noch in einer separaten Hilfsfunktion:

```
def __is_valid_position(board, col, row, size):
    yfree = not col in board

    return yfree and __check_diagonally(board, col, row, size)
```

Bei den Diagonalen nutzt man wiederum den Trick, dass die Differenz in x-Richtung der Differenz in y-Richtung entsprechen muss, damit die Damen auf einer Diagonalen liegen. Dazu müssen ausgehend von der aktuellen Position lediglich die Koordinaten berechnet und verglichen werden:

```
(x - 2, y - 2)  X       X   (x + 2, y - 2)
                 \     /
(x - 1, y - 1)    X   X     (x + 1, y - 1)
                   \ /
                    X
                  (x,y)
```

Das Ganze implementieren wir wie folgt:

```
def __check_diagonally(board, col, row, size):
    diag_lu_free = True
    diag_ru_free = True

    for y in range(row):
        x_pos_lu = col - (row - y)
        x_pos_ru = col + (row - y)

        if x_pos_lu >= 0:
            diag_lu_free = diag_lu_free and board[y] != x_pos_lu

        if x_pos_ru < size:
            diag_ru_free = diag_ru_free and board[y] != x_pos_ru

    return diag_ru_free and diag_lu_free
```

Die Ausgabe des stilisierten Schachbretts mit n x n Feldern muss lediglich minimal an die neue Datenstruktur angepasst werden:

```
def print_board(board, size):
    line = "-" * (size * 2 + 1)
    print(line)

    for y in range(size):
        print("|", end='')
        for x in range(size):
            value = 'Q' if x == board[y] else ' '
            print(value, end='|')

        print("\n" + line)
```

Prüfung

Wir berechnen wiederum für zwei Spielfelder mit `solve_n_queens()` die Lösung des n-Damen-Problems, die als Tupel geliefert wird, nämlich in Form einer booleschen Variablen als Indikator, ob es eine Lösung gibt, und als Liste mit der Lösung, sofern sie existiert. Diese wird dann auf der Konsole ausgegeben:

```
def solve_and_print(size):
    solved_and_board = solve_n_queens(size)

    if solved_and_board[0]:
        print_board(solved_and_board[1], size)


def main():
    solve_and_print(4)
    solve_and_print(8)
```

Die Resultate sind identisch mit den vorherigen und werden daher nicht nochmals gezeigt.

8 Binärbäume

Zwar bietet Python mit Listen, Sets und Dictionaries einige praxisrelevanter Datenstrukturen, jedoch existieren leider keine Bäume zur direkten Nutzung. Diese sind allerdings für diverse Anwendungsfälle hilfreich und somit wünschenswert. Weil das Themengebiet Bäume ziemlich umfangreich ist und um den Rahmen dieses Buchs nicht zu sprengen, werden wir uns nachfolgend vor allem mit den Spezialfällen Binärbaum und binärer Suchbaum beschäftigen.

Bevor wir Bäume genauer betrachten, möchte ich einige Einsatzgebiete nennen:

- Ein Dateisystem ist hierarchisch strukturiert und lässt sich als Baum modellieren. Dabei entsprechen die Knoten den Verzeichnissen und die Blätter den Dateien.
- Mathematische Berechnungen kann man durch Bäume darstellen. Das werden wir später in einer Übungsaufgabe nachvollziehen.
- Im Bereich der Datenbanken werden sogenannte B-Bäume zur effizienten Speicherung und Suche eingesetzt.
- Beim Compilerbau nutzt man einen sogenannten Abstract Syntax Tree (AST) zur Repräsentation des Sourcecodes.

8.1 Einführung

In dieser Einführung lernen wir zunächst einige Begrifflichkeiten kennen, bevor wir uns kurz den Binärbaum sowie den binären Suchbaum anschauen. Danach thematisiere ich das Traversieren und ein paar Eigenschaften von Bäumen. Abschließend stelle ich drei Bäume vor, die immer wieder im Text und in den Aufgaben genutzt werden.

8.1.1 Aufbau, Begrifflichkeiten und Anwendungsbeispiele

Bäume erlauben sowohl eine strukturierte Speicherung als auch einen effizienten Zugriff auf dort verwaltete Daten. Dazu sind ***Bäume*** streng hierarchisch aufgebaut und wie bei realen Bäumen wächst kein Ast wieder zurück in den Stamm. Ein Verästelungspunkt wird ***Knoten*** genannt und speichert einen Wert. Ein Knoten am Ende eines Asts wird als ***Blatt*** bezeichnet – auch dort finden sich Werte. Die verbindenden Aststücke heißen ***Kanten***. Folgende Abbildung vermittelt einen ersten Eindruck.

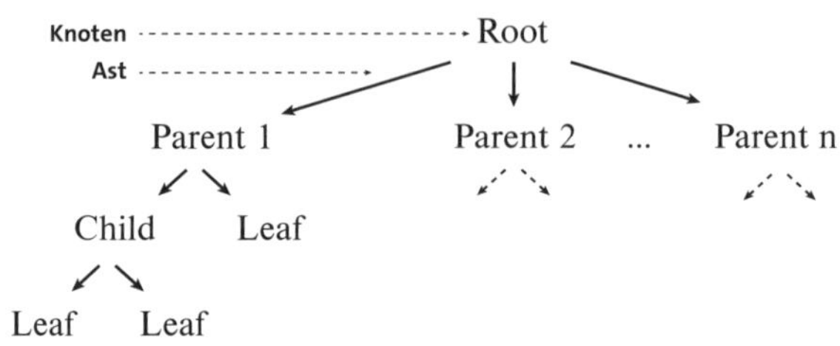

Abbildung 8-1 *Baum mit einigen Knoten und Blättern*

Die Abbildung verdeutlicht, dass Bäume aus hierarchisch angeordneten Knoten bestehen, die sich ausgehend von einer Wurzel (Root) (die sich in der Informatik interessanterweise oben befindet) in mehrere Kinder (Child) verzweigen, die wiederum beliebig viele Kindknoten besitzen können. Damit sind diese Eltern (Parent) und bilden jeweils wieder die Wurzeln von Teilbäumen. Dabei wird jeder Knoten genau durch einen anderen Knoten referenziert.

8.1.2 Binärbäume

Ein Binärbaum ist ein spezieller Baum, in dem jeder Knoten einen Wert speichert und jeder Knoten maximal zwei Nachfolger, oft left und right genannt, besitzen kann. Aufgrund dieser Einschränkung lassen sich viele Algorithmen einfacher als für allgemeine Bäume formulieren. Dadurch ist der Binärbaum in der Informatik weit verbreitet. Zudem bildet er die Basis für den im Anschluss vorgestellten binären Suchbaum.

Binärbaum im Selbstbau Ein Binärbaum lässt sich mit wenig Aufwand z. B. durch die folgende Klasse `BinaryTreeNode` selbst realisieren:

```
class BinaryTreeNode:

    def __init__(self, item):
        self.left = None
        self.right = None
        self.item = item

    def is_leaf(self):
        return self.left == None and self.right == None

    def __str__(self):
        return "BinaryTreeNode [item=%s, left=%s, right=%s]" %
               (self.item, self.left, self.right)
```

Für die Beispiele dieses Buchs benötigen wir keine Modellierung des Binärbaums als eigenständige Klasse `BinaryTree`, sondern wir nutzen immer einen speziellen Knoten als Wurzel vom obigen Typ `BinaryTreeNode`. Um die Handhabung in eigenen und vor allem komplexeren Business-Applikationen weiter zu vereinfachen, bietet sich allerdings die Definition einer Klasse `BinaryTree` an. Dort kann man zudem verschiedene nützliche Funktionalitäten bereitstellen.

8.1.3 Binärbäume mit Ordnung: binäre Suchbäume

Teilweise werden die Begriffe Binärbaum und binärer Suchbaum (Binary Search Tree, kurz: BST) synonym verwendet, was jedoch nicht korrekt ist. Ein binärer Suchbaum ist zwar ein Binärbaum, allerdings einer mit der zusätzlichen Eigenschaft, dass die Knoten gemäß ihrer Werte angeordnet sind. Dabei gilt, dass der Wert der Wurzel größer als derjenige des linken Nachfolgers und kleiner als derjenige des rechten Nachfolgers ist. Diese Bedingung gilt rekursiv für alle Teilbäume, wie es Abbildung 8-2 veranschaulicht. Demzufolge enthält ein BST keinen Wert mehrfach.

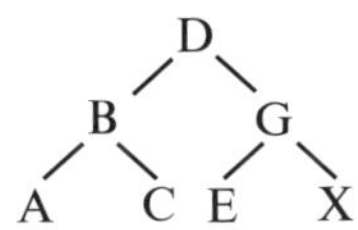

Abbildung 8-2 *Beispiel eines Binary Search Tree mit Buchstaben*

Suchen in einem BST Durch die Ordnung der Werte kann eine Suche in einem BST in logarithmischer Zeit ausgeführt werden. Dazu implementieren wir die Funktion `find(startNode, searchFor)`. Diese sucht abhängig vom Vergleich des Werts mit dem Wert des aktuellen Knotens im jeweils passenden Teilstück des Baums weiter, bis der Wert gefunden wird. Bei Nichtvorhandensein wird `None` geliefert:

```
def find(current_node, search_for):
    # rekursiver Abbruch
    if current_node is None:
        return None

    # rekursiver Abstieg nach links oder rechts je nach Vergleich
    if current_node.item < search_for:
        return find(current_node.right, search_for)
    if current_node.item > search_for:
        return find(current_node.left, search_for)

    return current_node
```

Einfügen in einen BST Auch das Einfügen in einen BST lässt sich rekursiv formulieren. Das Einfügen muss bei der Wurzel starten, sodass die Größenrelation innerhalb des BSTs sichergestellt werden kann:

```
def insert(current_node, value):
    # rekursiver Abbruch
    if current_node is None:
        return BinaryTreeNode(value)

    # rekursiver Abstieg nach links oder rechts je nach Vergleich
    if value < current_node.item:
        current_node.left = insert(current_node.left, value)
    else:
        current_node.right = insert(current_node.right, value)

    return current_node
```

Beispiel für einen BST Die zuvor gezeigten Funktionen sind auch Bestandteil der Utility-Klasse zu diesem Kapitel namens `TreeUtils`. Damit lassen sich dann BSTs recht einfach und lesbar konstruieren – nachfolgend nutzen wir den Trick »Unterstrich als Präfix«, um die Namen der Knoten möglichst sprechend gestalten zu können. Zudem benötigt man die Zuweisung an eine Variable nur dann, wenn mit dem Knoten weitergearbeitet werden soll – bitte denken Sie daran, dass immer die Wurzel zurückgegeben wird.

```
_3 = BinaryTreeNode(3)
insert(_3, 1)
insert(_3, 2)
insert(_3, 4)
TreeUtils.nice_print(_3)
print("tree contains 2? ", find(_3, 2))
print("tree contains 13?", find(_3, 13))
```

Damit wird folgende Ausgabe generiert:

```
            3
      |-----+-----|
      1           4
      +--|
         2
tree contains 2?  BinaryTreeNode [item=2, left=None, right=None]
tree contains 13? None
```

Problematische Einfügereihenfolge Bitte beachten Sie, dass die Reihenfolge, in der Elemente hinzugefügt werden, große Auswirkung auf die Performance nachfolgender Aktionen wie Suchen besitzen kann. Das behandle ich kurz in Abschnitt 8.1.5. Nun zeige ich, wie schnell ein Baum zu einer Liste degeneriert:

```
_4 = BinaryTreeNode(4)
insert(_4, 3)
insert(_4, 2)
insert(_4, 1)
TreeUtils.nice_print(_4)
```

Damit wird folgende Ausgabe generiert:

```
                        4
            |-----------+
            3
      |-----+
      2
   |--+
   1
```

Tipp: ASCII-Ausgabe von Bäumen

Für die Ausgabe von Bäumen in den Beispielen und Aufgaben rufe ich eine Funktion `nice_print()` auf. Deren Implementierung wird in Übungsaufgabe 13 entwickelt.

8.1.4 Traversierungen

Beim Durchlaufen eines Baums unterscheidet man zwischen Tiefen- und Breitensuche. Nachfolgende Abbildung verdeutlicht beide Arten.

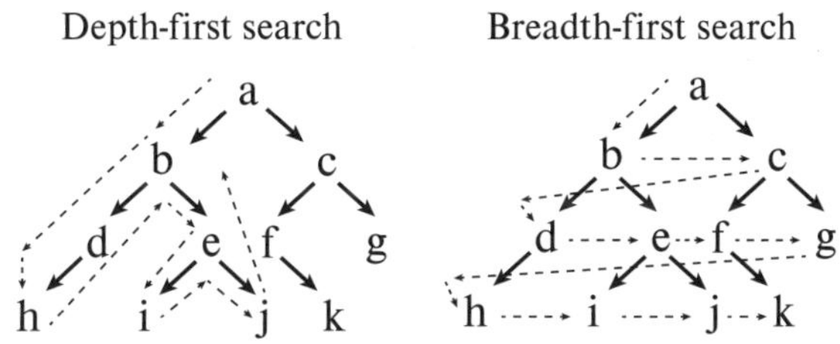

***Abbildung 8-3** Verfahren bei Tiefensuche und Breitensuche*

Bei der Tiefensuche geht man den Baum möglichst tief ab. Dies wird auch als Depth-First bezeichnet. Bei der Breitensuche bewegt man sich ausgehend von der Wurzel jeweils Ebene für Ebene durch den Baum. Deswegen spricht man auch von Levelorder oder Breadth-First.

Breitensuche (Breadth-First / Levelorder)

Für den Baum aus dem Beispiel ergibt sich dann folgende Reihenfolge beim Durchlauf durch die Ebenen von der Wurzel nach unten – die Implementierung ist Thema der Übungsaufgabe 5.

```
a b c d e f g h i j k
```

Konvertierung von Baum in Liste Ein großer Vorteil am Levelorder-Durchlauf ist seine gute Nachvollziehbarkeit und Verständlichkeit: Hat man einen Baum vor Augen, so kann man diesen Durchlauf und sein Ergebnis leicht vorhersagen. Das ist insbesondere beim Testen eine wichtige und nützliche Eigenschaft.

Auf Basis der Implementierung eines Levelorder-Durchlaufs kann man folgendermaßen einen Baum in eine Liste wandeln:

```
def convert_to_list(node):
    result = []
    levelorder(node, lambda item: result.append(item))
    return result
```

Tiefensuche (Depth-First)

Die drei bekannten Verfahren der Tiefensuche sind Preorder, Inorder und Postorder. Dabei verarbeitet Preorder zunächst den Knoten selbst und danach diejenigen aus dem linken und dann dem rechten Teilbaum. Bei Inorder ist die Reihenfolge zunächst linker Teilbaum, dann der Knoten selbst und danach rechter Teilbaum. Postorder verarbeitet zunächst die Teilbäume links, dann rechts und schließlich den Knoten selbst. Die drei Verfahren der Tiefensuche durchlaufen den zuvor gezeigten Baum wie folgt:

```
preorder:     a b d h e i j c f k g
inorder:      h d b i e j a f k c g
postorder:    h d i j e b k f g c a
```

Die Ausgaben sind nicht ganz so intuitiv. Im Falle eines BSTs liefert der Inorder-Durchlauf die Werte der Knoten gemäß der Ordnung ihrer Werte. Das ergibt für folgenden Baum: 1 2 3 4 5 6 7.

```
          4
    |-----+-----|
    2           6
 |--+--|     |--+--|
 1     3     5     7
```

Interessanterweise lassen sich diese Traversierungen leicht rekursiv implementieren. Die Aktion ist jeweils fett hervorgehoben:

```
def preorder(node):
    if node == None:
        return

    print(node.item)
    preorder(node.left)
    preorder(node.right)


def inorder(node):
    if node == None:
        return

    inorder(node.left)
    print(node.item)
    inorder(node.right)


def postorder(node):
    if node == None:
        return

    postorder(node.left)
    postorder(node.right)
    print(node.item)
```

Hinweis: Praxisrelevanz von Postorder

Postorder ist eine wichtige Form des Baumdurchlaufs, unter anderem für folgende Anwendungsfälle:

- Löschen – Beim Löschen eines Wurzelknotens eines Teilbaums muss man immer auch dafür sorgen, dass die Kindknoten korrekt gelöscht werden. Dafür bietet sich ein Postorder-Durchlauf förmlich an.
- Berechnungen von Größen – Zur Ermittlung der Größe eines Verzeichnisses oder der Dauer eines hierarchischen Projekts ist Postorder bestens geeignet.

8.1.5 Balancierte Bäume und weitere Eigenschaften

Man spricht von ***balancierten Bäumen***, wenn in einem Binärbaum die Höhen der beiden Teilbäume um höchstens 1 (manchmal auch um einen anderen konstanten Wert) voneinander abweichen. Das Gegenteil ist ein ***degenerierter Baum***,der unter anderem dadurch entsteht, dass man Daten in »für den Baum ungeschickter« Weise einfügt, konkret: wenn man Zahlen geordnet in einen binären Suchbaum einfügt. Dann degeneriert der Baum zu einer linearen Liste, wie wir es in einem Beispiel in Abschnitt 8.1.3 gesehen haben.

Manchmal kann man durch eine oder mehrere Rotation(en) die Balanciertheit wiederherstellen. Nachfolgend wird für den Baum aus der Einleitung zunächst eine Rotation nach links und danach eine solche nach rechts visualisiert. In der Mitte findet sich die balancierte Ausgangslage:

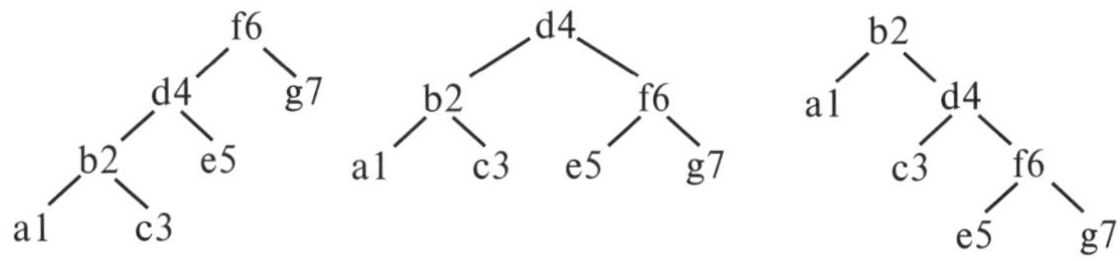

Abbildung 8-4 *Rotation nach links, Original, Rotation nach rechts*

Die Eigenschaften Ebene und Höhe

Wie eingangs angedeutet, sind Bäume hierarchisch strukturiert und bestehen aus Knoten, die optional Kindknoten besitzen und beliebig tief verschachtelt sein können. Dafür existieren die beiden Begriffe ***Ebene*** und ***Höhe***. Die Ebene wird gewöhnlich von 0 gezählt und startet bei der Wurzel und geht dann hinab bis zum tiefsten Blatt. Für die Höhe gilt Folgendes: Für einen einzelnen Knoten ist diese 1, für einen Teilbaum ist sie durch die Anzahl an Knoten auf dem Weg bis zum tiefsten Blatt bestimmt. Das Ganze ist in der folgenden Abbildung visualisiert – dabei sind einige als Child bezeichnete Knoten tatsächlich gleichzeitig auch Parent von anderen.

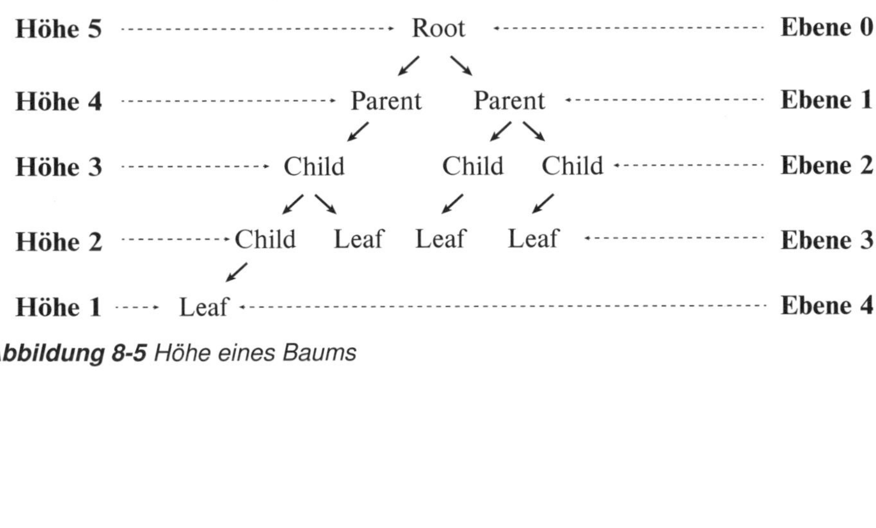

Abbildung 8-5 *Höhe eines Baums*

Die Eigenschaften Vollständigkeit und Perfektheit

Ein vollständiger Binärbaum zeichnet sich dadurch aus, dass bis auf die letzte Ebene alle anderen vollständig gefüllt sein müssen und zudem in der letzten Ebene alle Knoten so weit links wie möglich sind, also keine Lücken entstehen oder alle Knoten vorhanden sind.

Bei einem ***vollständigen Binärbaum*** dürfen auf der rechten Seite Werte fehlen (in der Algorithmik nennt man das auch »linksvoll«):

```
      4
    /   \
   2     6
  / \   /
 1   3 5
```

Sind alle Positionen belegt, dann spricht man von einem ***perfekten Baum***.

```
      4
    /   \
   2     6
  / \   / \
 1   3 5   7
```

Folgende Konstellation ist bei einem Binärbaum dagegen im Kontext der Vollständigkeit nicht erlaubt, weil hier die 5 aus dem oberen Baum fehlt und eine Lücke entsteht. Damit ist der Baum nicht »linksvoll«:

```
      4
    /   \
   2     6
  / \     \
 1   3     7
```

Versuchen wir es noch etwas formaler:

- Ein ***perfekter Binärbaum*** ist ein solcher, bei dem alle Blätter auf derselben Ebene sind, und alle Knoten jeweils zwei Nachfolger besitzen.
- Ein ***vollständiger Binärbaum*** ist ein Binärbaum, bei dem alle Ebenen vollständig gefüllt sind – mit Ausnahme der letzten, bei der Knoten fehlen dürfen, jedoch nur so weit rechts wie möglich.
- Dann findet man noch die Definition eines ***vollen Binärbaums***, was bedeutet, dass jeder Knoten entweder keine oder zwei Kinder besitzt, wie es nachfolgende Darstellung zeigt.

```
      4
    /   \
   2     6
        / \
       5   7
```

  Dies ist die schwächste Forderung. Eine grafische Verdeutlichung findet man online unter `https://www.programiz.com/dsa/complete-binary-tree`.

8.1.6 Bäume für die Beispiele und Übungsaufgaben

Weil wir nachfolgend immer wieder auf einige typische Baumstrukturen zurückgreifen, implementieren wir drei Erzeugungsfunktionen in einem Utility-Modul `ExampleTrees`.

Baum mit Buchstaben und Ziffern

Zum Ausprobieren der Baumdurchläufe und weiterer Aktionen konstruieren wir einen Baum aus sieben Knoten. Dazu definieren wir Objekte vom Typ `BinaryTreeNode`, die nach ihrer Erzeugung noch passend miteinander verbunden werden müssen – aus Gründen der Einfachheit sind die Beispiele hier ohne Information Hiding realisiert. Demzufolge greifen wir direkt auf die Attribute `left` und `right` zu:

```
def create_example_tree():
    a1 = BinaryTreeNode("a1")
    b2 = BinaryTreeNode("b2")
    c3 = BinaryTreeNode("c3")
    d4 = BinaryTreeNode("d4")
    e5 = BinaryTreeNode("e5")
    f6 = BinaryTreeNode("f6")
    g7 = BinaryTreeNode("g7")

    d4.left = b2
    d4.right = f6
    b2.left = a1
    b2.right = c3
    f6.left = e5
    f6.right = g7

    return d4
```

Das ergibt folgenden Baum mit der Wurzel `d4`:

```
          d4
    |-----+-----|
   b2          f6
 |--+--|     |--+--|
a1     c3   e5     g7
```

Vielleicht wundern Sie sich über die Kombination von Buchstaben und Ziffern. Ich habe das bewusst gewählt, weil sich so einige Algorithmen noch etwas leichter nachvollziehen lassen – etwa zur Reihenfolgeprüfung bei Traversierungen.

Bäume mit textuellen und richtigen Ziffern

Für einige Übungsaufgaben benötigen wir außerdem einen Baum, bei dem die Werte der Knoten nur aus Ziffern (jedoch textuell als String) bestehen. Weil wir die Variablen für die einzelnen Knoten nicht durch Ziffern benennen können, bedienen wir uns erneut des Tricks, den Variablennamen mit einem Unterstrich zu beginnen. Zur Konstruktion des Baums nutzen wir die Funktion `insert()`, die den einzufügenden Wert an der für ihn passenden Stelle anordnet – das ist nur möglich, wenn wir mit einem BST und seiner Ordnung arbeiten. Wie man leicht sieht, wird das Ganze deutlich einfacher als die zuvor dargestellte händische Verknüpfung.

```
def create_number_tree():
    _4 = BinaryTreeNode("4")
    insert(_4, "2")
    insert(_4, "1")
    insert(_4, "3")
    insert(_4, "6")
    insert(_4, "5")
    insert(_4, "7")

    return _4
```

Das ergibt folgenden Baum:

```
              4
        |-----+-----|
        2           6
     |--+--|     |--+--|
     1     3     5     7
```

Variante mit Ganzzahlen Der gezeigte Baum wird als Variante für Ganzzahlen wie folgt erzeugt:

```
def create_integer_number_tree():
    _4 = BinaryTreeNode(4)
    insert(_4, 2)
    insert(_4, 1)
    insert(_4, 3)
    insert(_4, 6)
    insert(_4, 5)
    insert(_4, 7)

    return _4
```

8.2 Aufgaben

8.2.1 Aufgabe 1: Tree Traversal (★★☆☆☆)

Erweitern Sie die bereits in der Einführung vorgestellten Funktionen zum Traversieren von Bäumen so, dass diese eine beliebige Aktion auf dem aktuellen Knoten während des Durchlaufs ausführen können. Fügen Sie dazu eine Aktion in die jeweilige Signatur ein, etwa für Inorder: `inorder(node, action)`.

Bonus: Baum in eine Liste abfüllen Erstellen Sie eine Repräsentation der Werte der Knoten in Form einer Liste. Schreiben Sie dazu eine Funktion `to_list(node)`, die die Werte basierend auf einem Inorder-Durchlauf liefert, sowie die Funktionen `to_list_preorder(node)` und `to_list_postorder(node)`, die auf einem Pre- bzw. Postorder-Durchlauf basieren.

8.2.2 Aufgabe 2: In-, Pre- und Postorder iterativ (★★★★☆)

In der Einführung haben wir In-, Pre- und Postorder als rekursive Varianten kennengelernt. Implementieren Sie diese Art der Durchläufe iterativ.

Beispiel Verwenden Sie folgenden Baum:

```
          d4
     |-----+-----|
    b2           f6
  |--+--|     |--+--|
 a1    c3    e5    g7
```

Die drei Verfahren der Tiefensuche durchlaufen diesen Baum wie folgt:

```
preorder:     d4 b2 a1 c3 f6 e5 g7
inorder:      a1 b2 c3 d4 e5 f6 g7
postorder:    a1 c3 b2 e5 g7 f6 d4
```

8.2.3 Aufgabe 3: Tree-Höhe berechnen (★★☆☆☆)

Implementieren Sie eine Funktion `get_height(node)`, um die Höhe sowohl für einen Baum als auch für Teilbäume mit einem einzelnen Knoten als Wurzel bestimmen zu können.

Beispiel Als Ausgangsbasis dient folgender Baum der Höhe 4:

```
                    E
        |-----------+-----------|
        C                       G
   |-----|               |-----+-----|
   A                     F           H
                                     |--|
                                        I
```

8.2.4 Aufgabe 4: Kleinster gemeinsamer Vorfahre (★★★☆☆)

Berechnen Sie für einen beliebigen binären Suchbaum den kleinsten gemeinsamen Vorfahren (Lowest Common Ancestor (LCA)) für zwei Knoten A und B. Damit ist derjenige Knoten gemeint, der Vorfahre sowohl von A als auch von B und zudem möglichst tief im Baum angesiedelt ist – die Wurzel ist immer Vorfahre von A und B. Schreiben Sie eine Funktion `find_lca(start_node, value1, value2)`, die neben dem Startknoten der Suche (in der Regel die Wurzel) auch einen unteren und einen oberen Grenzwert erhält, die indirekt dann die Knoten beschreiben, die diesen Werten am nächsten sind. Liegen die Grenzwerte außerhalb des Wertebereichs, so existiert kein LCA und es soll `None` geliefert werden.

Beispiel In der nachfolgenden Abbildung ist ein Binärbaum gezeigt. Wenn man den kleinsten gemeinsamen Vorfahren für die Knoten mit den Werten 1 und 5 ermittelt, so ist dies der Knoten mit dem Wert 4. In der Abbildung sind die jeweiligen Knoten eingekreist und der Vorfahre zusätzlich fett markiert.

```
                     6
         |-----------+-----------|
         ④                       7
   |-----+-----|
   2           ⑤
|--+--|
①     3
```

8.2.5 Aufgabe 5: Breadth-First (★★★☆☆)

In dieser Aufgabe sollen Sie die Breitensuche, Breadth-First oder Levelorder genannt, in Form der Funktion `levelorder(start_node, action)` implementieren. Die Breitensuche startet beim übergebenen Knoten – normalerweise ist das die Wurzel – und arbeitet sich dann Ebene für Ebene durch den Baum.

Hinweis Nutzen Sie eine Queue zur Datenhaltung der noch zu besuchenden Knoten. Die iterative Variante ist ein wenig einfacher als die rekursive.

Beispiele Für die folgenden beiden Bäume soll die Abfolge 1 2 3 4 5 6 7 (links) und M I C H A E L (rechts) als Ergebnis ermittelt werden.

```
            1                          M
      |-----+-----|              |-----+-----|
      2           3              I           C
   |--+--|     |--+--|        |--+--|     |--+--|
   4     5     6     7        H     A     E     L
```

8.2.6 Aufgabe 6: Level Sum (★★★★☆)

In der vorherigen Aufgabe haben wir die Breitensuche implementiert. Nun wollen wir die Werte pro Ebene eines Baums summieren. Nehmen wir dazu an, die Werte wären natürliche Zahlen. Schreiben Sie eine Funktion `level_sum(start_node)`.

Beispiel Für den gezeigten Baum sollen die Summen der Werte der Knoten pro Ebene gebildet werden und folgendes Ergebnis liefern: {0: 4, 1: 8, 2: 17, 3: 16}.

```
                    4
          |-----------+-----------|
          2                       6
    |-----+-----|           |-----+-----|
    1           3           5           8
                                     |--+--|
                                     7     9
```

Ebene	Wert(e)	Resultat
0	4	4
1	2, 6	8
2	1, 3, 5, 8	17
3	7, 9	16

8.2.7 Aufgabe 7: Tree Rotate (★★★☆☆)

Schreiben Sie je eine Funktion `rotate_left(node)` und `rotate_right(node)`, die den Baum um den als Parameter übergebenen Knoten nach links bzw. rechts rotiert.

Beispiel Nachfolgend wird eine Rotation nach links und eine nach rechts visualisiert, wobei sich die balancierte Ausgangslage in der Mitte befindet:

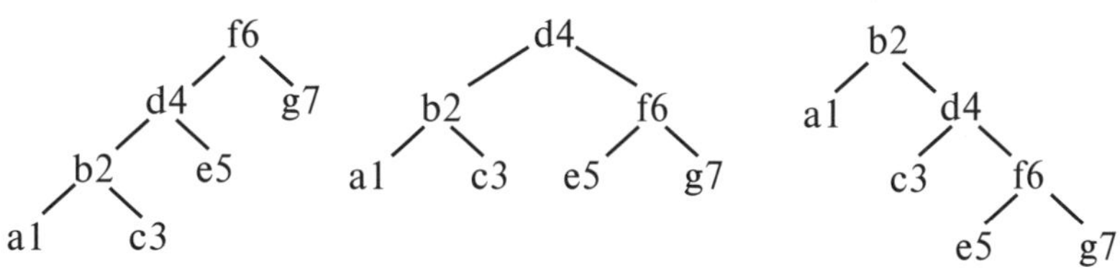

Abbildung 8-6 *Rotation nach links, Original, Rotation nach rechts*

8.2.8 Aufgabe 8: Rekonstruktion (★★★☆☆)

Aufgabe 8a: Rekonstruktion aus einer Liste (★★☆☆☆)

In dieser Aufgabe wollen wir aus einer aufsteigend sortierten Liste mit Ganzzahlen einen möglichst ausgeglichenen binären Suchbaum erstellen.

Beispiel Gegeben seien beispielsweise diese Werte:

```
values = [1, 2, 3, 4, 5, 6, 7]
```

Dann sollte daraus folgender Baum rekonstruiert werden:

```
          4
    |-----+-----|
    2           6
 |--+--|     |--+--|
 1     3     5     7
```

Aufgabe 8b: Rekonstruktion aus In-/Preorder (★★★☆☆)

Nehmen wir an, wir hätten als Information über einen Baum die jeweils als Liste aufbereitete Abfolge der Werte in Pre- und Inorder und sollten daraus den korrespondierenden Baum rekonstruieren. Schreiben Sie eine Funktion `reconstruct(preorder_values, inorder_values)`.

Beispiel Gegeben seien die beiden Wertefolgen der Durchläufe, aus denen wieder der im vorherigen Aufgabenteil gezeigte Baum rekonstruiert werden sollte.

```
preorder_values = [4, 2, 1, 3, 6, 5, 7]
inorder_values = [1, 2, 3, 4, 5, 6, 7]
```

8.2.9 Aufgabe 9: Math Evaluation (★★☆☆☆)

Mathematische Ausdrücke mit den vier Operatoren $+$, $-$, $/$ und $*$ sollen als Baum modelliert und der Wert einzelner Knoten, insbesondere auch der der Wurzel, berechnet werden. Schreiben Sie dazu eine Funktion `evaluate(node)`.

Beispiel Repräsentieren Sie den Ausdruck $3 + 7 * (7 - 1)$ durch folgenden Baum, um für die Wurzel den Wert 45 zu errechnen.

```
                  +
      |-----------+-----------|
      3                       *
                  |-----+-----|
                  7           -
                           |--+--|
                           7     1
```

8.2.10 Aufgabe 10: Symmetrie (★★☆☆☆)

Prüfen Sie, ob ein beliebiger Binärbaum symmetrisch im Aufbau ist. Schreiben Sie dazu eine Funktion `is_symmetric(node)`. Neben der Struktur kann man auch auf Wertgleichheit prüfen.

Beispiele Zur Prüfung auf Symmetrie nutzen wir einen von der Struktur her symmetrischen Binärbaum (links) sowie einen Binärbaum, der auch bezüglich der Werte symmetrisch ist (rechts).

```
         4                                  1
    |-----+-----|                          / \
    2           6                         2   2
 |--+--|     |--+--|                     /     \
 1     3     5     7                    3       3
```

Hinweis: Die Eigenschaft Symmetrie

Bei einem symmetrischen Binärbaum sind der linke und der rechte Teilbaum wie an einer gedachten vertikalen Linie durch die Wurzel gespiegelt (durch | angedeutet):

```
    1
   /|\
  2 | 2
 /  |  \
3   |   3
```

Je nach Definition kann für die Symmetrie auch auf einen Vergleich der Werte verzichtet werden und nur der strukturelle Aufbau als relevant zählen.

Bonus: Baum spiegeln Im Praxistipp hatte ich eine Spiegelachse durch die Wurzel angedeutet. Erstellen Sie eine Funktion `invert(node)`, die die Knoten eines Baums an dieser angedeuteten Linie durch die Wurzel spiegelt.

Beispiel Eine Spiegelung sieht wie folgt aus:

```
         4                                  4
    |-----+-----|                      |-----+-----|
    2           6          =>          6           2
 |--+--|     |--+--|                |--+--|     |--+--|
 1     3     5     7                7     5     3     1
```

8.2.11 Aufgabe 11: Check Binary Search Tree (★★☆☆☆)

In dieser Aufgabe sollen Sie prüfen, ob ein beliebiger Binärbaum die Eigenschaft eines binären Suchbaums (Binary Search Tree (BST)) erfüllt, also die Werte im linken Teilbaum kleiner als die Wurzel sind und die im rechten Teilbaum größer – und das für jeden Teilbaum ausgehend von der Wurzel. Vereinfachend gehen wir von `int`-Werten aus. Schreiben Sie dazu eine Funktion `is_bst(node)`.

Beispiel Nutzen Sie den folgenden Binärbaum, der auch ein binärer Suchbaum ist. Würden Sie etwa auf der linken Seite die 1 durch eine höhere Zahl ersetzen, wäre das kein binärer Suchbaum mehr, der rechte Teilbaum unter der 6 aber immer noch.

```
          4
    |-----+-----|
    2           6
 |--+--|     |--+--|
 1     3     5     7
```

8.2.12 Aufgabe 12: Vollständigkeit (★★★★★)

In dieser Aufgabe sollen Sie die Vollständigkeit eines Baums prüfen. Dazu lösen Sie in den ersten beiden Aufgabenteilen zunächst die Grundlagen und wagen sich dann an die trickreichere Prüfung auf Vollständigkeit.

Aufgabe 12a: Anzahl Knoten (★☆☆☆☆)

Zählen Sie, wie viele Knoten in einem beliebigen Binärbaum enthalten sind. Schreiben Sie dazu eine Funktion `count_nodes(node)`.

Beispiel Für den gezeigten Binärbaum sollte der Wert 7 ermittelt werden. Entfernt man den rechten Teilbaum, so besteht der Baum lediglich noch aus 4 Knoten.

```
          4
    |-----+-----|
    2           6
 |--+--|     |--+--|
 1     3     5     7
```

Aufgabe 12b: Prüfung auf voll / perfekt (★★☆☆☆)

Prüfen Sie, ob in einem beliebigen Binärbaum alle Knoten jeweils zwei Nachfolger bzw. Blätter haben und dieser somit voll ist. Für Perfektheit müssen alle Blätter auf der gleichen Höhe sein. Schreiben Sie je eine Funktion `is_full(node)` und `is_perfect(node)`.

Beispiel Der gezeigte Binärbaum ist sowohl perfekt als auch voll. Entfernt man die Knoten mit den Werten 1 und 3 ist er nicht mehr perfekt, aber noch voll.

```
     Voll und perfekt           Voll, aber nicht perfekt
            4                              4
      |-----+-----|                  |-----+-----|
      2           6                  2           6
   |--+--|     |--+--|                        |--+--|
   1     3     5     7                        5     7
```

Aufgabe 12c: Vollständigkeit (★★★★☆)

In dieser Teilaufgabe sollen Sie prüfen, ob ein Baum vollständig ist, so wie es in der Einführung definiert wurde, also ein Binärbaum, bei dem alle Ebenen voll gefüllt sind, mit der erlaubten Ausnahme der letzten Ebene, in der Knoten fehlen dürfen, jedoch nur mit Lücken so weit rechts wie möglich.

Beispiel Neben dem bisher verwendeten perfekten Baum ist auch der nachfolgende Baum per Definition vollständig. Wenn wir jedoch die Kinder vom Knoten H entfernen, ist der Baum nicht mehr vollständig.

```
                  F
      |-----------+-----------|
      D                       H
|-----+-----|           |-----+-----|
B           E           G           I
|--+--|
A     C
```

Aufgabe 12d: Vollständigkeit rekursiv (★★★★★)

In dieser letzten Teilaufgabe soll als besonderes Schmankerl folgende Herausforderung gemeistert werden: Die Prüfung ist ohne zusätzliche Datenstrukturen und rein mit Rekursion zu lösen. Das klingt zunächst kaum umsetzbar, daher gebe ich einen Tipp.

Tipp: Erarbeiten Sie sich die Lösung schrittweise. Erzeugen Sie eine Hilfsdatenstruktur, die modelliert, ob ein Knoten für eine gewisse Position existiert oder nicht. Durchlaufen Sie dann den Baum und markieren Sie die Positionen passend. Wandeln Sie diese Implementierung in eine rein rekursive ohne die Hilfsdatenstruktur um.

Beispiel Wie schon zuvor ist der nachfolgende Baum per Definition vollständig.

```
                  F
      |-----------+-----------|
      D                       H
|-----+-----|           |-----+-----|
B           E           G           I
|--+--|
A     C
```

8.2.13 Aufgabe 13: Tree Printer (★★★★★)

In dieser Aufgabe sollen Sie die grafische Ausgabe eines Binärbaums implementieren, wie wir sie zuvor schon in den Beispielen gesehen haben.

Dazu lösen Sie in den ersten drei Aufgabenteilen zunächst die Grundlagen und wagen sich dann an die trickreichere grafische Aufbereitung von Bäumen.

Tipp Nutzen Sie ein fixes Raster von Blöcken der Breite 3. Das trägt zu einer ausgewogenen Darstellung und zur Reduktion der Komplexität deutlich bei.

Beispiel Der nachfolgende Baum deckt diverse Spezialfälle ab:

```
                         F
             |-----------+-----------|
             D                       H
       |-----+                       +-----|
       B                                   I
    |--+--|
    A     C
```

Aufgabe 13a: Breite eines Teilbaums (★★☆☆☆)

In diesem Aufgabenteil sollen Sie die maximale Breite eines Teilbaums einer gegebenen Höhe bestimmen. Dabei nehmen wir vereinfachend an, dass die Knoten maximal mit drei Zeichen dargestellt werden und dass zwischen diesen jeweils ein Abstand von mindestens drei Zeichen ist: Das gilt für die Blätter, wenn der Baum voll gefüllt ist. Auf höheren Ebene ist natürlich mehr Platz zwischen den Knoten zweier Teilbäume.

Beispiel Als Beispiel sehen wir links die Abmessungen eines Baums der Höhe 2 und rechts daneben einen Baum der Höhe 3. Auf Basis des Dreier-Rasters ergeben sich 9 und 21 als Breiten.

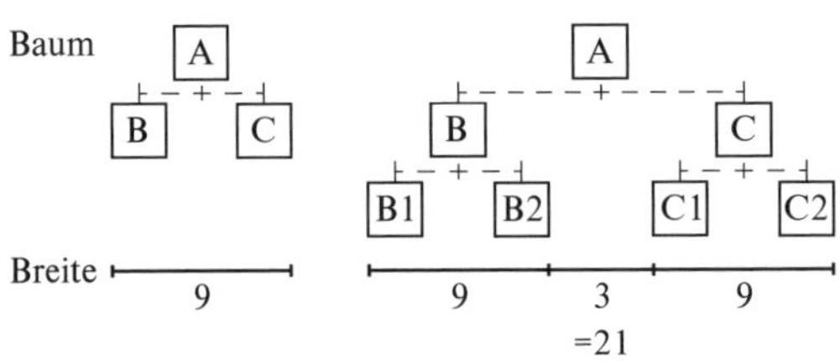

***Abbildung 8-7** Baumbreiten im Dreier-Raster*

Höhe	Gesamtbreite	Breite des Teilbaums
1	3	0
2	9	3
3	21	9
4	45	21

Aufgabe 13b: Knoten zeichnen (★★☆☆☆)

Schreiben Sie eine Funktion `draw_node(current_node, line_length)`, die eine grafische Ausgabe eines Knotens erstellt und dabei die übergebene Menge an Leerzeichen passend erzeugt. Der Knotenwert soll maximal dreistellig und mittig ausgegeben werden.

Tipp: Denken Sie daran, dass die Darstellung der Ebene darunter links mit der Zeichenfolge ' |-' startet, wenn der aktuelle Knoten einen linken Nachfolger besitzt.

Beispiel Im Beispiel ist ein einzelner Knoten mit einem Spacing von 5 Zeichen dargestellt. Zudem ist der Knotenwert mittig in einem Dreier-Kasten ausgerichtet.

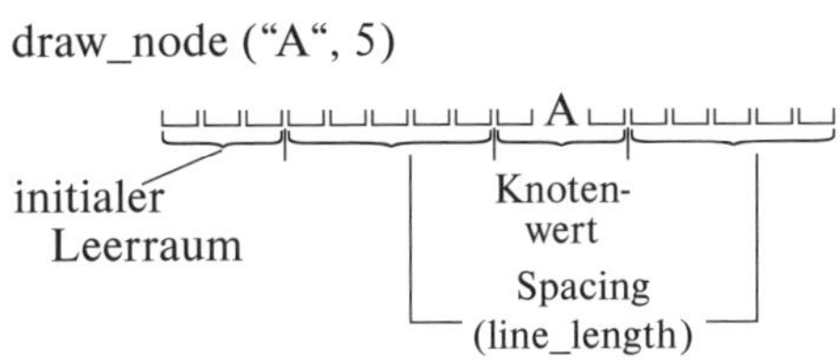

***Abbildung 8-8** Abmessungen beim Zeichnen von Knoten*

Aufgabe 13c: Verbindungslinien zeichnen (★★☆☆☆)

Schreiben Sie eine Funktion `draw_connections(node, line_length)`, die eine grafische Ausgabe der Verbindungslinien eines Knotens zu seinen zwei Nachfolgern zeichnet und auch fehlende Nachfolger korrekt behandelt.

Tipp Die Linienlänge bezieht sich auf die Zeichen zwischen den Knotendarstellungen. Die Enden sind jeweils noch geeignet anzuhängen, ebenso wie das mittlere Verbindungsstück.

Beispiel Die nachfolgende Abbildung visualisiert alle beim Zeichnen relevanten Fälle, also mit keinem, einem und zwei Nachfolgern.

```
                          F
              |-----------+-----------|
              D                        H
        |-----+                        +-----|
        B                                    I
     |--+--|
     A     C
```

Nachfolgend ist nochmals eine schematische Darstellung gezeigt:

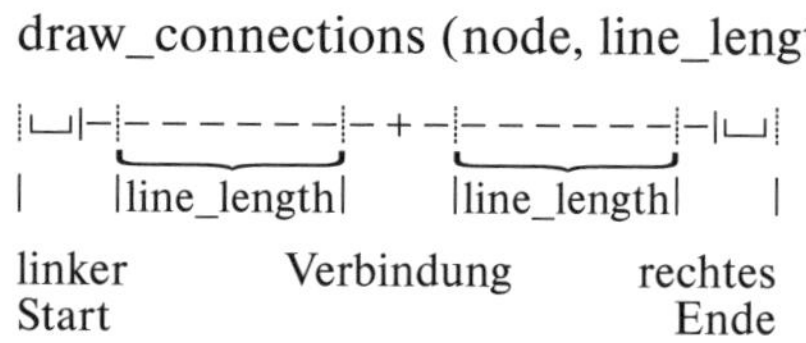

***Abbildung 8-9** Schematische Darstellung der Verbindungslinien*

Aufgabe 13d: Baumdarstellung (★★★★★)

Kombinieren Sie alle Lösungen der Aufgabenteile und ergänzen Sie die notwendigen Schritte, um einen beliebigen Binärbaum geeignet auf der Konsole ausgeben zu können. Schreiben Sie dazu eine Funktion `nice_print(node)`.

Beispiel Die Ausgabe des im einleitenden Beispiel dargestellten Baums sollte durch `nice_print()` in etwa wie folgt aussehen:

```
                          F
              |-----------+-----------|
              D                        H
        |-----+-----|            |-----+-----|
        B           E            G           I
     |--+--|
     A     C
```

Prüfen Sie Ihren Algorithmus auch mal mit einem richtigen Ungetüm an Baum, den Sie in den Sourcen finden, hier ein deutlich abgespeckter Vertreter:

```
                                         BIG
                 |------------------------+------------------------|
                b2                                                f6
     |-----------+-----------|                         |-----------+-----------|
    a1                      d4                        d4                       g7
                       |-----+-----|            |-----+-----|
                      c3           f6          b2          e5
                                 |--+--|     |--+--|
                                e5    g7    a1    c3
```

8.3 Lösungen

8.3.1 Lösung 1: Tree Traversal (★★☆☆☆)

Erweitern Sie die bereits in der Einführung vorgestellten Funktionen zum Traversieren von Bäumen so, dass diese eine beliebige Aktion auf dem aktuellen Knoten während des Durchlaufs ausführen können. Fügen Sie dazu eine Aktion in die jeweilige Signatur ein, etwa für Inorder: `inorder(node, action)`.

Algorithmus Bei dieser Erweiterung erhält jede Funktion zum Durchlaufen des Baums zusätzlich einen Parameter für eine Aktion. Diese wird an passender Stelle statt der Konsolenausgabe aufgerufen:

```
def inorder(node, action):
    if node is None:
        return

    inorder(node.left, action)
    action(node.item)
    inorder(node.right, action)


def preorder(node, action):
    if node is None:
        return

    action(node.item)
    preorder(node.left, action)
    preorder(node.right, action)


def postorder(node, action):
    if node is None:
        return

    postorder(node.left, action)
    postorder(node.right, action)
    action(node.item)
```

Bonus: Baum in eine Liste abfüllen

Erstellen Sie eine Repräsentation der Werte der Knoten in Form einer Liste. Schreiben Sie dazu eine Funktion `to_list(node)`, die die Werte basierend auf einem Inorder-Durchlauf liefert, sowie die Funktionen `to_list_preorder(node)` und `to_list_postorder(node)`, die auf einem Pre- bzw. Postorder-Durchlauf basieren.

Algorithmus Statt der bisher genutzten Konsolenausgabe als Aktion erfolgt das Hinzufügen des aktuellen Werts je nach gewählter Durchlaufstrategie. Für den rekursiven Abstieg nutzt man dann += zum Hinzufügen der Teilergebnisse und für den Wert des aktuellen Knotens die Funktion `append()`:

```
def to_list(start_node):
    if start_node is None:
        return []

    result = []

    result += to_list(start_node.left)
    result.append(startNode.item)
    result += to_list(start_node.right)

    return result


def to_list_preorder(start_node):
    if start_node is None:
        return []

    result = []

    result.append(start_node.item)
    result += to_list_preorder((start_node.left)
    result += to_list_preorder((start_node.right)

    return result


def to_list_postorder(start_node):
    if (start_node == None):
        return []

    result = []

    result += to_list_postorder(start_node.left)
    result += to_list_postorder(start_node.right)
    result.append(start_node.item)

    return result
```

Prüfung

Wir definieren zunächst einen Baum, führen dann einen Inorder-Durchlauf mit der übergebenen Aktion aus und befüllen danach noch zwei Listen aus dem Baum:

```
def main():
    def myprint(item):
        print(item, end=' ')

    root = ExampleTrees.create_example_tree()
    TreeUtils.nice_print(root)

    print("\ninorder with action:")
    inorder(root, myprint)
    print("\npreorder with action:")
    preorder(root, myprint)
    print("\npostorder with action:")
    postorder(root, myprint)

    print("\nto_list:", to_list(root))
    print("to_list_preorder:", to_list_preorder(root))
    print("to_list_postorder:", to_list_postorder(root))
```

Führen wir diese `main()`-Funktion aus, so erhalten wir folgende Ausgaben, die zeigen, dass unsere Implementierung das tut, was sie soll:

```
              d4
          |-----+-----|
         b2          f6
       |--+--|     |--+--|
      a1    c3    e5    g7

inorder with action:
a1 b2 c3 d4 e5 f6 g7
preorder with action:
d4 b2 a1 c3 f6 e5 g7
postorder with action:
a1 c3 b2 e5 g7 f6 d4
to_list: ['a1', 'b2', 'c3', 'd4', 'e5', 'f6', 'g7']
to_list_preorder: ['d4', 'b2', 'a1', 'c3', 'f6', 'e5', 'g7']
to_list_postorder: ['a1', 'c3', 'b2', 'e5', 'g7', 'f6', 'd4']
```

8.3.2 Lösung 2: In-, Pre- und Postorder iterativ (★★★★☆)

In der Einführung haben wir In-, Pre- und Postorder als rekursive Varianten kennengelernt. Implementieren Sie diese Art der Durchläufe iterativ.

Beispiel Verwenden Sie folgenden Baum:

```
          d4
      |-----+-----|
     b2          f6
   |--+--|     |--+--|
  a1    c3    e5    g7
```

Die drei Verfahren der Tiefensuche durchlaufen diesen Baum wie folgt:

```
preorder:     d4 b2 a1 c3 f6 e5 g7
inorder:      a1 b2 c3 d4 e5 f6 g7
postorder:    a1 c3 b2 e5 g7 f6 d4
```

Vorüberlegungen zu den Algorithmen Für die iterativen Implementierungen benötigen wir jeweils eine Hilfsdatenstruktur. Das schauen wir uns nun im Detail für die drei Varianten an.

Algorithmus für Inorder (★★★☆☆) Bei der Umsetzung eines Inorder-Durchlaufs nutzen wir einen Stack zur Zwischenspeicherung später zu verarbeitender Knoten sowie eine Variable `current_node` zur Speicherung des aktuellen Knotens. Die Idee besteht darin, ausgehend von der Wurzel so lange im Baum nach links unten zu gehen und den jeweils aktuellen Knoten auf den Stack zu legen, bis man keinen Nachfolger mehr findet. Dann nimmt man den obersten Knoten vom Stack und verarbeitet diesen (hier durch eine simple Konsolenausgabe). Nun macht man mit dem rechten Nachfolger weiter. Auch hier gilt: Gibt es keinen Nachfolger, so verarbeitet man den obersten Knoten vom Stack. Für den Baum des Beispiels ergibt sich folgender Ablauf:

currentNode	Stack	Aktion(en)	Abstiegsrichtung
d4	[]	push d4	↙
b2	[d4]	push b2	↙
a1	[b2, d4]	push a1	↙
None	[a1, b2, d4]	pop + action a1	↘
None	[b2, d4]	pop + action b2	↘
c3	[d4]	push c3	↙
None	[c3, d4]	pop + action c3	↘
None	[d4]	pop + action d4	↘
f6	[]	push f6	↙
e5	[f6]	push e5	↙
None	[e5, f6]	pop + action e5	↘
None	[f6]	pop + action f6	↘
g7	[]	push g7	↙
None	[g7]	pop + action g7	↘
None	[]	Ende	

Basierend darauf sieht die iterative Implementierung von Inorder wie folgt aus:

```
def inorder_iterative(start_node, action):
    if start_node is None:
        return

    nodes_to_process = Stack()
    current_node = start_node

    # so lange noch Knoten auf dem Stack oder der aktuelle Knoten nicht None
    while not nodes_to_process.is_empty() or current_node is not None:
        if current_node is not None:
            # Abstieg nach links
            nodes_to_process.push(current_node)
            current_node = current_node.left
        else:
            # kein linker Nachfolger, dann aktuellen Knoten verarbeiten
            current_node = nodes_to_process.pop()
            action(current_node.item)

            # mit rechtem Nachfolger weitermachen
            current_node = current_node.right
```

Algorithmus für Preorder (★★☆☆☆) Interessanterweise ist Preorder recht einfach, weil ja immer zunächst die Wurzel eines Teilbaums und dann der linke und rechte Teilbaum verarbeitet werden. Dazu nutzen wir erneut einen Stack, den wir initial mit dem aktuellen Knoten befüllen. Solange der Stack nicht leer ist, ermitteln wir das oberste Element davon und führen zunächst die gewünschte Aktion aus. Danach legen wir den linken und den rechten Nachfolgerknoten auf den Stack. Dabei muss man beachten, dass die Reihenfolge beim Hinzufügen entgegengesetzt zu der beim Auslesen ist. Damit der linke Teilbaum zuerst verarbeitet wird, muss man den rechten Knoten vor dem linken auf den Stack legen. Das wiederholt sich, bis der Stack leer ist. Für den Baum des Beispiels ergibt sich folgender Ablauf:

currentNode	Stack	Aktion(en)
	[d4]	Start: push d4
d4	[b2, f6]	pop + action d4, push f6, push b2
b2	[a1, c3, f6]	pop + action b2, push c3, push a1
a1	[c3, f6]	pop + action a1
c3	[f6]	pop + action c3
f6	[e5, g7]	pop + action f6, push g7, push e5
e5	[g7]	pop + action e5
g7	[]	pop + action g7
None	[]	Ende

Damit ergibt sich folgende iterative Implementierung von Preorder, die strukturell sehr ähnlich zu der rekursiven Variante ist.

```
def preorder_iterative(start_node, action):
    if start_node is None:
        return

    nodes_to_process = Stack()
    nodes_to_process.push(start_node)

    while not nodes_to_process.is_empty():
        current_node = nodes_to_process.pop()

        if current_node is not None:
            action(current_node.item)

            # damit links zuerst verarbeitet wird, hier Reihenfolge umgedreht
            nodes_to_process.push(current_node.right)
            nodes_to_process.push(current_node.left)
```

Um die Implementierung möglichst einfach zu halten, hilft uns, dass man in Containern den Wert `None` speichern kann. Dadurch wird die Prüfung auf `None` nur einmal beim Entnehmen aus dem Stack ausgeführt und der Sourcecode ansonsten frei von Spezialbehandlungen gehalten.

Algorithmus für Postorder (★★★★☆) Bei Postorder nutzen wir ebenfalls einen Stack zur Zwischenspeicherung der später zu verarbeitenden Knoten. Der Algorithmus ist von den dreien aber der mit den größten Herausforderungen und knifflig in der Umsetzung. Das liegt daran, dass bei Postorder die Traversierung zwar an der Wurzel startet, die Aktion dafür aber erst nach dem Besuch des linken und rechten Teilbaums ausgeführt werden darf. Deswegen haben wir eine interessante Änderung im Vergleich zu den vorherigen beiden Algorithmen: Wenn bei diesen ein Element vom Stack genommen wurde, dann wurde es verarbeitet und nicht nochmals »angefasst«. Bei der Postorder-Implementierung wird ein Element zweimal mit dem Stack verarbeitet und erst beim zweiten Mal auch daraus entfernt.

Dieses Mal betrachten wir zuerst den Sourcecode und danach gebe ich weitere Erklärungen:

```
def postorder_iterative(start_node, action):
    if start_node is None:
        return

    nodes_to_process = Stack()
    current_node = start_node
    last_node_visited = None

    while not nodes_to_process.is_empty() or current_node is not None:
        if current_node != None:
            # Abstieg nach links
            nodes_to_process.push(current_node)
            current_node = current_node.left
        else:
            peek_node = nodes_to_process.peek()
            # Abstieg nach rechts
            if peek_node.right is not None and \
                last_node_visited != peek_node.right:
                current_node = peek_node.right
            else:
                # Verarbeitung von Sub-Wurzel oder Leaf
                last_node_visited = nodes_to_process.pop()
                action(last_node_visited.item)
```

Das Ganze läuft wie folgt: Wir beginnen mit dem Wurzelknoten, legen diesen auf den Stack und gehen im linken Teilbaum weiter. Dies wiederholen wir, bis wir keinen linken Nachfolger mehr finden. Nun müssen wir zum rechten Nachfolger wechseln. Erst danach darf die Wurzel bearbeitet werden. Da wir alle Knoten auf dem Stack gespeichert haben, inspizieren wir jetzt den Knoten vom Stack. Besitzt dieser keine rechten Kinder und haben wir diesen nicht gerade besucht, dann führen wir die übergebene Aktion aus und merken uns diesen Knoten als zuletzt besucht. Für den anderen Fall, dass es einen rechten Teilbaum gibt, durchlaufen wir diesen ebenfalls wie gerade beschrieben. Dieses Vorgehen wird so lange wiederholt, bis der Stack leer ist.

currentNode	Stack	peekNode	Aktion
d4	[d4]		push d4
b2	[b2, d4]		push b2
a1	[a1, b2, d4]		push a1
None	[a1, b2, d4]	a1	action a1
None	[b2, d4]	b2	peek + right
c3	[c3, b2, d4]		push c3
None	[c3, b2, d4]	c3	action c3
None	[b2, d4]	b2	action b2
f6	[f6, d4]		push f6
e5	[e5, f6, d4]		push e5
None	[f6, d4]	e5	action e5
None	[f6, d4]	f6	peek + right
g7	[g7, f6, d4]		push g7
None	[g7, f6, d4]	g7	action g7
None	[f6, d4]	f6	action f6
None	[d4]	d4	action d4
None	[]		

Hinweis: Iterative Implementierung von Postorder

Während die Implementierungen der rekursiven Varianten der drei Traversierungen alle gleichermaßen leicht und jeweils wenig komplex sind, gilt das für die iterativen Umsetzungen in keiner Weise. Pre- und Inorder lassen sich noch mit ein wenig Nachdenken ohne größere Schwierigkeiten implementieren. Bei Postorder muss man aber schon richtig kämpfen. Es ist demnach keine Schande, dort ein paar Anläufe zu benötigen und Fehlerkorrekturen anbringen zu müssen.

Keine Sorge, es ist nicht immer so tricky: Selbst der später thematisierte Breadth-First-Durchlauf, der Ebene für Ebene traversiert, ist nach meiner Einschätzung deutlich weniger komplex zu realisieren als die iterative Postorder-Variante.

Rekursion kann in einigen Fällen der Schlüssel zur Einfachheit sein. Mitunter geht dies aber zulasten der Laufzeit. Zur Optimierung haben wir Memoization kennengelernt. Allerdings lassen sich für einige Problemstellungen auch sehr verständliche iterative Varianten finden.

Prüfung

Wir definieren den Baum aus dem einleitenden Beispiel und durchlaufen diesen dann jeweils mit dem gewünschten Verfahren:

```
def main():
    def myprint(item):
        print(item, end=' ')

    root = ExampleTrees.create_example_tree()
    TreeUtils.nice_print(root)

    print("inorder iterative:")
    inorder_iterative(root, myprint)
    print("\npreorder iterative:")
    preorder_iterative(root, myprint)
    print("\npostorder iterative:")
    postorder_iterative(root, myprint)
```

Führen wir die obige `main()`-Funktion aus, so erhalten wir folgende Ausgaben, die zeigen, dass unsere Implementierung das tut, was sie soll:

```
              d4
         |-----+-----|
        b2          f6
     |--+--|     |--+--|
    a1    c3    e5    g7

inorder iterative:
a1 b2 c3 d4 e5 f6 g7
preorder iterative:
d4 b2 a1 c3 f6 e5 g7
postorder iterative:
a1 c3 b2 e5 g7 f6 d4
```

Prüfung mit Unit Test Exemplarisch und weil uns die Implementierung schon einiges abverlangt hat, zeige ich den Test für Postorder – die beiden anderen Prüfungen erfolgen analog und finden sich in den Sourcen des Begleitprojekts. Zum Test wird jeweils beim Durchlauf der aktuelle Wert in eine Liste gefüllt und diese danach gegen die erwarteten Werte geprüft:

```
def test_postorder_iterative():
    root = ExampleTrees.create_example_tree()

    result = []
    postorder_iterative(root, lambda item: result.append(item))

    assert result == ["a1", "c3", "b2", "e5", "g7", "f6", "d4"]
```

Überraschungsalgorithmus

Während sich Preorder ziemlich leicht iterativ gestalten ließ, wurde es mit Inorder etwas schwieriger und mit Postorder sogar richtig knifflig. Doch dann erhielt ich von Prof. Dr. Dominik Gruntz einen Algorithmusvorschlag, wie man das Ganze stark vereinfachen kann. Besten Dank an Dominik dafür! Die Idee ist, die Abläufe analog zu den rekursiven beizubehalten, jedoch in umgekehrter Reihenfolge, da man ja mit einem Stack arbeitet. Zudem integriert man künstliche neue Baumknoten:

```
def inorder_iterative_v2(root):
    stack = Stack()
    stack.push(root)

    while not stack.is_empty():
        current_node = stack.pop()
        if not current_node is None:
            if current_node.is_leaf():
                print(current_node.item, end=" ")
            else:
                stack.push(current_node.right)
                stack.push(BinaryTreeNode(current_node.item))
                stack.push(current_node.left)
    print()
```

Und besser noch: Man kann daraus eine allgemeingültige Methode machen, die alle drei Varianten des Durchlaufs ermöglicht. Dazu definieren wir zunächst eine Aufzählung und danach eine Methode `traverse()`, die an jeweils passender Stelle im Ablauf einen derartigen künstlichen Eintrag mit einem Baumknoten vornimmt. Diese sorgen wie erwähnt dafür, dass die Bearbeitung an der richtigen Stelle erfolgt.

```
class Order(Enum):
    PREORDER = auto()
    INORDER = auto()
    POSTORDER = auto()


def traverse(root, order):
    stack = Stack()
    stack.push(root)

    while not stack.is_empty():
        current_node = stack.pop()
        if not current_node is None:
            if current_node.is_leaf():
                print(current_node.item, end = " ")
            else:
                if order == Order.POSTORDER:
                    stack.push(BinaryTreeNode(current_node.item))

                stack.push(current_node.right)

                if order == Order.INORDER:
                    stack.push(BinaryTreeNode(current_node.item))

                stack.push(current_node.left)

                if order == Order.PREORDER:
                    stack.push(BinaryTreeNode(current_node.item))
    print()
```

Erkenntnis An diesem Beispiel kann man sehr schön nachvollziehen, dass ein gründliches Nachdenken über ein Problem zu einfacherem, leichter verständlichem und weniger komplexem Sourcecode führen kann. Außerdem ist es immer auch gut, wenn man eine zweite oder dritte Meinung einholt, falls eine Lösung komplexer als gewünscht ist.

8.3.3 Lösung 3: Tree-Höhe berechnen (★★☆☆☆)

Implementieren Sie eine Funktion `get_height(node)`, um die Höhe sowohl für einen Baum als auch für Teilbäume mit einem einzelnen Knoten als Wurzel bestimmen zu können.

Beispiel Als Ausgangsbasis dient folgender Baum der Höhe 4:

```
                    E
          |-----------+-----------|
          C                       G
    |-----+                 |-----+-----|
    A                       F           H
                                        +--|
                                           I
```

Algorithmus Die Berechnung der Höhe eines Baums nutzt einen rekursiven Algorithmus, der jeweils die Höhe des linken und des rechten Teilbaums ermittelt. Schließlich muss man daraus das Maximum bilden und dann noch den Wert 1 für das aktuelle Level hinzu addieren:

```
def get_height(parent):
    # rekursiver Abbruch
    if parent is None:
        return 0

    # rekursiver Abstieg
    left_height = get_height(parent.left)
    right_height = get_height(parent.right)

    return 1 + max(left_height, right_height)
```

Prüfung

Wir konstruieren den Baum aus dem Beispiel und lassen uns dann die Höhen für einige ausgesuchte Knoten berechnen:

```
def main():
    e = BinaryTreeNode("E")
    insert(e, "C")
    insert(e, "A")
    insert(e, "G")
    insert(e, "F")
    insert(e, "H")
    insert(e, "I")

    TreeUtils.nice_print(e);

    print_infos(e.left, e, e.right, e.right.right.right)


def print_infos(c, e, g, i):
    print("\nHeight of root E:", get\_height(e))
    print("Height from left parent C: ", get\_height(c))
    print("Height from right parent G:", get\_height(g))
    print("Height from right child I: ", get\_height(i))
```

Es kommt zu folgenden Ausgaben:

```
                       E
            |-----------+-----------|
            C                       G
      |-----+                 |-----+-----|
      A                       F           H
                                          +--|
                                             I

Height of root E: 4
Height from left parent C:  2
Height from right parent G: 3
Height from right child I:  1
```

8.3.4 Lösung 4: Kleinster gemeinsamer Vorfahre (★★★☆☆)

Berechnen Sie für einen beliebigen binären Suchbaum den kleinsten gemeinsamen Vorfahren (Lowest Common Ancestor (LCA)) für zwei Knoten A und B. Damit ist derjenige Knoten gemeint, der Vorfahre sowohl von A als auch von B und zudem möglichst tief im Baum angesiedelt ist – die Wurzel ist immer Vorfahre von A und B. Schreiben Sie eine Funktion `find_lca(start_node, value1, value2)`, die neben dem Startknoten der Suche (in der Regel die Wurzel) auch einen unteren und einen oberen Grenzwert erhält, die indirekt dann die Knoten beschreiben, die diesen Werten am nächsten sind. Liegen die Grenzwerte außerhalb des Wertebereichs, so existiert kein LCA und es soll `None` geliefert werden.

Beispiel In der nachfolgenden Abbildung ist ein Binärbaum gezeigt. Wenn man den kleinsten gemeinsamen Vorfahren für die Knoten mit den Werten 1 und 5 ermittelt, so ist dies der Knoten mit dem Wert 4. In der Abbildung sind die jeweiligen Knoten eingekreist und der Vorfahre zusätzlich fett markiert.

```
                 6
        |-----------+-----------|
        ④                       7
   |-----+-----|
   2           ⑤
|--+--|
①     3
```

Algorithmus Intuitiv ist man versucht, von den beiden Knoten nach oben zu gehen, bis sich die Wege kreuzen. Das ist jedoch nur dann möglich, wenn in den Kindknoten auch Verweise auf den Parent gespeichert sind. In unserer Modellierung der Bäume mithilfe der Klasse `BinaryTreeNode` werden aber lediglich Verweise auf Kinder, nicht aber den Vaterknoten, gespeichert.

Trotzdem gibt es aber eine verblüffend einfache Umsetzung ausgehend von der Wurzel. Von dort gehen wir wie folgt vor: Gegeben sei mit $current\_value$ der Wert des aktuellen Knotens. Zudem seien $value1$ und $value2$ die übergebenen Grenzwerte, also diejenigen, die die beiden Knoten der potenziellen Nachfolger einschließen. Wenn $value1$ und $value2$ kleiner als $current\_value$ sind, dann müssen wegen der Eigenschaft der Sortierung innerhalb des binären Suchbaums beide im linken Teilbaum beheimatet sein – suche dort weiter. Wenn sowohl $value1$ als auch $value2$ größer als $current\_value$ sind, dann suche rechts weiter. Ansonsten gilt $value1 < current\_value < value2$ oder $value2 < current\_value < value1$. Für diese Fälle hat man den LCA gefunden: Es ist der aktuelle Knoten.

```
def find_lca(start_node, value1, value2):
    # rekursiver Abbruch
    if start_node is None:
        return None

    current_value = start_node.item

    # rekursiver Abstieg
    if value1 < current_value and value2 < current_value:
        return find_lca(start_node.left, value1, value2)

    if value1 > current_value and value2 > current_value:
        return find_lca(start_node.right, value1, value2)

    # Hier gilt value1 < current_value < value2 bzw.
    # value2 < current_value < value1
    return start_node
```

Prüfung

Wir konstruieren den im Beispiel gezeigten Baum und rufen unsere Funktion auf:

```
@pytest.mark.parametrize("value1, value2, expected",
                         [(1, 3, 2), (1, 5, 4), (2, 5, 4),
                          (3, 5, 4), (1, 7, 6)])
def test_find_lca(value1, value2, expected):
    root = create_lca_example_tree()

    result = find_lca(root, value1, value2)

    assert result.item == expected


def test_find_lca_special():
    root = create_lca_example_tree()

    result = find_lca(root, 1, 2)

    assert result.item == 2
```

Prüft man nur die recht offensichtlichen Fälle, so funktioniert alles prima. Kommt man auf die Idee, zwei Knoten in einer Parent-Child-Beziehung, nämlich die Knoten mit den Werten 1 und 2, zu prüfen, dann wird man intuitiv den Knoten mit dem Wert 4 erwarten. Es wird aber der Knoten mit dem Wert 2 errechnet. Laut der Definition (unter anderem in Wikipedia) ist jeder Knoten auch als Nachfolger von sich selbst zu betrachten und somit ist der Knoten mit dem Wert 2 in diesem Fall tatsächlich der LCA.

Der Vollständigkeit halber sei noch die Konstruktion des Baums gezeigt:

```
def create_lca_example_tree():
    _6 = BinaryTreeNode(6)
    insert(_6, 7)
    insert(_6, 4)
    insert(_6, 5)
    insert(_6, 2)
    insert(_6, 1)
    insert(_6, 3)

    return _6
```

8.3.5 Lösung 5: Breadth-First (★★★☆☆)

In dieser Aufgabe sollen Sie die Breitensuche, Breadth-First oder Levelorder genannt, in Form der Funktion `levelorder(start_node, action)` implementieren. Die Breitensuche startet beim übergebenen Knoten – normalerweise ist das die Wurzel – und arbeitet sich dann Ebene für Ebene durch den Baum.

Hinweis Nutzen Sie eine Queue zur Datenhaltung der noch zu besuchenden Knoten. Die iterative Variante ist ein wenig einfacher als die rekursive.

Beispiele Für die folgenden beiden Bäume soll die Abfolge 1 2 3 4 5 6 7 (links) und M I C H A E L (rechts) als Ergebnis ermittelt werden.

```
          1                        M
    |-----+-----|            |-----+-----|
    2           3            I           C
 |--+--|     |--+--|      |--+--|     |--+--|
 4     5     6     7      H     A     E     L
```

Algorithmus Für die Breitensuche verwenden wir eine Queue als Zwischenspeicher für später zu bearbeitende Knoten. Zunächst fügt man die Wurzel in die Queue ein. Danach verarbeitet man so lange Elemente, wie solche in der Queue vorhanden sind. Das untergliedert sich in drei Teilschritte: Als Erstes führt man die gewünschte Aktion für das aktuelle Element aus. Danach legt man den linken und rechten Nachfolgerknoten in die Queue. Unser Algorithmus prüft in der Verarbeitung, ob der Wert in der Queue ungleich `None` ist. Dadurch kann man auf Spezialbehandlungen fehlender Nachfolger beim Hinzufügen verzichten.

```
def levelorder(start_node, action):
    if start_node is None:
        return

    to_process = Queue()
    to_process.enqueue(start_node)

    while not to_process.is_empty():
        current = to_process.dequeue()

        if current is not None:
            action(current.item)

            to_process.enqueue(current.left)
            to_process.enqueue(current.right)
```

Um den Sourcecode möglichst frei von Spezialbehandlungen und `None`-Prüfungen zu halten, hilft uns, dass in Containern auch `None`-Werte gespeichert werden können. Dadurch können wir die `None`-Prüfung einmal beim Entnehmen aus dem Stack ausführen und müssen dies nicht beim Hinzufügen der Kindknoten prüfen.

Statt der `while`-Schleife kann man das Ganze auch durch rekursive Aufrufe lösen. Bei Interesse studieren Sie den Sourcecode im Begleitprojekt.

Verdeutlichen wir uns, wie die Abläufe im Detail sind.

Queue	Aktion
[1]	1
[3, 2]	2
[5, 4, 3]	3
[7, 6, 5, 4]	4
[7, 6, 5]	5
[7, 6]	6
[7]	7
[]	Ende

Prüfung

Wir konstruieren den Baum und rufen unsere gerade erstellte Funktion auf. Als Unit Test wird jeweils der aktuelle Wert beim Durchlauf in eine Liste gefüllt und diese danach gegen die erwarteten Werte geprüft:

```
def create_level_order_example_tree():
    _1 = BinaryTreeNode("1")
    _2 = BinaryTreeNode("2")
    _3 = BinaryTreeNode("3")
    _4 = BinaryTreeNode("4")
    _5 = BinaryTreeNode("5")
    _6 = BinaryTreeNode("6")
    _7 = BinaryTreeNode("7")

    _1.left = _2
    _1.right = _3
    _2.left = _4
    _2.right = _5
    _3.left = _6
    _3.right = _7

    return _1


def test_levelorder():
    root = create_level_order_example_tree()

    result = []
    levelorder(root, lambda item: result.append(item))

    assert result == ["1", "2", "3", "4", "5", "6", "7"]
```

8.3.6 Lösung 6: Level Sum (★★★★☆)

In der vorherigen Aufgabe haben wir die Breitensuche implementiert. Nun wollen wir die Werte pro Ebene eines Baums summieren. Nehmen wir dazu an, die Werte wären natürliche Zahlen. Schreiben Sie eine Funktion `level_sum(start_node)`.

Beispiel Für den gezeigten Baum sollen die Summen der Werte der Knoten pro Ebene gebildet werden und folgendes Ergebnis liefern: {0: 4, 1: 8, 2: 17, 3: 16}.

```
                  4
         |-----------+-----------|
         2                       6
   |-----+-----|           |-----+-----|
   1           3           5           8
                                 |--+--|
                                 7     9
```

Ebene	Wert(e)	Resultat
0	4	4
1	2, 6	8
2	1, 3, 5, 8	17
3	7, 9	16

Algorithmus Der Breadth-First-Durchlauf bildet eine gute Basis. Was uns zur Lösung noch fehlt, ist eine geeignete Datenstruktur und eine Möglichkeit, die momentane Ebene zu bestimmen. Mit etwas Überlegung kommen wir darauf, ein Dictionary als Ergebnisdatenstruktur zu verwenden. Als Schlüssel dient die aktuelle Ebene. Den Wert bildet ein Tupel. Wir durchlaufen den Baum wie bei Levelorder. Zum Bestimmen des Levels tricksen wir: Da wir von der Wurzel (eines Teilbaums) starten, können wir hier Level 0 annehmen. Jeder Wechsel in eine tiefere Ebene erhöht den Wert. Nun müssen wir diesen nur noch passend im Zugriff haben. Dazu nutzen wir den zweiten Wert aus dem Tupel. Somit wissen wir immer, auf welcher Ebene der aktuell bearbeitete Knoten liegt.

```
def level_sum(start_node):
    if start_node is None:
        return {}

    result = {}

    to_process = Queue()
    # sehr cool, Tupel (node, level)
    to_process.enqueue((start_node, 0))

    while not to_process.is_empty():
        current_node_and_level = to_process.dequeue()

        current_node = current_node_and_level[0]
        level = current_node_and_level[1]
```

```
        if level not in result:
            result[level] = 0

        result[level] += current_node.item

        if current_node.left is not None:
            to_process.enqueue((current_node.left, level + 1))

        if current_node.right is not None:
            to_process.enqueue((current_node.right, level + 1))

    return result
```

Algorithmus mit Tiefensuche Interessanterweise lässt sich das Ganze auch problemlos mithilfe von Tiefensuche implementieren, und zwar unabhängig von der Art des Durchlaufs – es funktioniert mit Pre-, In- und Postorder gleichermaßen gut. Nachfolgend ist es mit Inorder realisiert und die Varianten für Pre- und Postorder sind als Kommentar angedeutet:

```
def level_sum_depth_first(root):
    results = {}

    traverse_depth_first(root, 0, results)

    return dict(sorted(results.items()))


def traverse_depth_first(current_node, level, results):
    if current_node:
        # PREORDER
        # results[level] = results.get(level, 0) + current_node.item
        traverse_depth_first(current_node.left, level + 1, results)

        # INORDER
        results[level] = results.get(level, 0) + current_node.item

        traverse_depth_first(current_node.right, level + 1, results)

        # POSTORDER
        # results[level] = results.get(level, 0) + current_node.item
```

Als Datenstruktur nutzen wir wie zuvor ein Dictionary, dessen Schlüssel die Ebene ist. Gibt es zu der Ebene schon einen Eintrag, so wird der Wert des aktuellen Knotens hinzugezählt. Ansonsten wird über den Trick der Angabe eines Defaultwerts beim Aufruf `get(level, 0)` für einen Startwert von 0 gesorgt.

Prüfung

Konstruieren wir wie gewohnt den Baum aus dem Beispiel und rufen die gerade implementierte Funktion auf:

```
def main():
    root = create_example_level_sum_tree()

    result = level_sum(root)
    print("\nlevel_sum:", result)


def create_example_level_sum_tree():
    _4 = BinaryTreeNode(4)
    insert(_4, 2)
    insert(_4, 1)
    insert(_4, 3)
    insert(_4, 6)
    insert(_4, 5)
    insert(_4, 8)
    insert(_4, 7)
    insert(_4, 9)
    return _4
```

Dann erhalten wir folgende Ausgaben:

```
                        4
            |-----------+-----------|
            2                       6
      |-----+-----|           |-----+-----|
      1           3           5           8
                                       |--+--|
                                       7     9
level_sum: {0=4, 1=8, 2=17, 3=16}
```

Prüfung mit Unit Test Als Unit Test lässt sich dies auch recht einfach formulieren:

```
def test_level_sum():
    root = create_example_level_sum_tree()

    result = level_sum(root)

    assert result == {0: 4, 1: 8, 2: 17, 3: 16}


def test_level_sum_depth_first():
    root = create_example_level_sum_tree()

    result = level_sum_depth_first(root)

    assert result == {0: 4, 1: 8, 2: 17, 3: 16}
```

8.3.7 Lösung 7: Tree Rotate (★★★☆☆)

Schreiben Sie je eine Funktion `rotate_left(node)` und `rotate_right(node)`, die den Baum um den als Parameter übergebenen Knoten nach links bzw. rechts rotiert.

Beispiel Nachfolgend wird eine Rotation nach links und eine nach rechts visualisiert, wobei sich die balancierte Ausgangslage in der Mitte befindet:

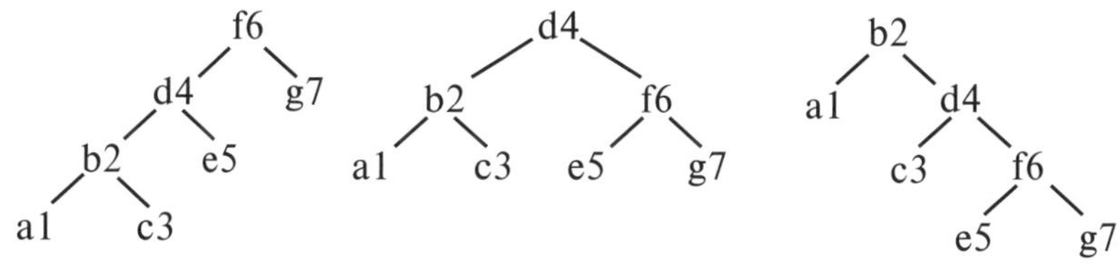

Abbildung 8-10 *Rotation nach links, Original, Rotation nach rechts*

Algorithmus Zunächst könnte man vor der erwarteten, tatsächlich aber nur vermeintlichen Komplexität des Unterfangens zurückschrecken. Generell ist es eine gute Idee, das Ganze an einem einfachen Beispiel – wie dem obigen – gedanklich durchzuspielen. Recht schnell wird einem dann klar, dass weitaus weniger Knoten betroffen und Aktionen nötig sind als vermutlich erwartet. Um die jeweilige Rotation auszuführen, muss man tatsächlich nur die Wurzel und den linken bzw. rechten Nachbarn sowie eine spezifische Ebene tiefer betrachten:

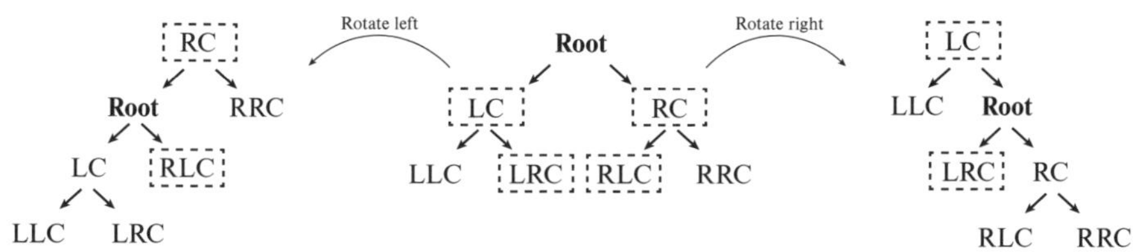

Abbildung 8-11 *Betroffene Knoten bei Rotationen*

Dieses Schaubild verdeutlicht, dass wir lediglich zwei Verbindungen im Baum »umhängen« müssen, um die Rotation zu vollziehen. Um dies besser verstehen zu können, sind die relevanten Knoten entsprechend benannt: In der Abbildung steht LC und RC für Left Child und Right Child, LLC und LRC dann für Left Left Child und Left Right Child sowie RLC und RRC für Right Left Child und Right Right Child.

Mit diesen Vorüberlegungen folgt die Implementierung der Rotationen exakt dem durch die Grafiken verdeutlichten Ablauf:

```
def rotate_left(node):
    if node.right is None:
        raise ValueError("can't rotate left, no valid root")

    rc = node.right
    rlc = node.right.left

    rc.left = node
    node.right = rlc

    return rc


def rotate_right(node):
    if node.left is None:
        raise ValueError("can't rotate right, no valid root")

    lc = node.left
    lrc = node.left.right

    lc.right = node
    node.left = lrc

    return lc
```

Prüfung

Wir definieren zunächst den mittleren Baum aus dem Beispiel, rotieren ihn zum einen nach links und zum anderen zweimal nach rechts, was dann einer einfachen Rotation nach rechts ausgehend von der Mitte entsprechen sollte:

```
def main():
    root = ExampleTrees.create_example_tree()
    TreeUtils.nice_print(root)

    print("\nRotate left")
    left_rotated_root = rotate_left(root)
    TreeUtils.nice_print(left_rotated_root)

    print("\nRotate right")
    right_rotated_root = rotate_right(rotate_right(left_rotated_root))
    TreeUtils.nice_print(right_rotated_root)
```

Führen Sie das Programm aus, um zu sehen, dass die Rotationen korrekt arbeiten:

```
              d4
        |-----+-----|
       b2          f6
    |--+--|     |--+--|
   a1    c3    e5    g7

Rotate left
                          f6
              |-----------+-----------|
              d4                     g7
        |-----+-----|
       b2          e5
    |--+--|
   a1    c3
```

```
Rotate right
                          b2
                |-----------+-----------|
               a1                      d4
                                 |-----+-----|
                                c3          f6
                                          |--+--|
                                         e5    g7
```

Prüfung mit Unit Test Überlegen wir einmal, wie wir das Ganze mittels Unit Tests prüfen könnten. Wieder kommt es auf die richtige Idee und Datenstruktur an. Schwierig und aufwendig wäre es, die entstehenden Bäume strukturell auf Übereinstimmung zu prüfen. Viel einfacher geht es, wenn wir das Ergebnis eines Durchlaufs mit den erwarteten Werten vergleichen. Aber Achtung: Dabei dürfen wir nicht den Inorder-Durchlauf nehmen, da dieser unabhängig von der Struktur des Baums immer die gleiche Knotenreihenfolge produziert! Hier bieten sich entweder ein Preorder- oder Postorder- oder besser noch ein Levelorder-Durchlauf an. Letzterer besitzt den großen Vorteil, dass sich die Reihenfolge leicht anhand der grafischen Baumdarstellung erschließen lässt und er sich somit am besten für den Unit Test eignet, weil dieser dadurch nachvollziehbar und verständlich bleibt:

```
def test_rotate_left():
    root = ExampleTrees.create_example_tree()

    result = rotate_left(root)
    as_list = convert_to_list(result)
    assert as_list == ["f6", "d4", "g7", "b2", "e5", "a1", "c3"]


def test_rotate_right():
    root = ExampleTrees.create_example_tree()

    result = rotate_right(root)
    as_list = convert_to_list(result)
    assert as_list == ["b2", "a1", "d4", "c3", "f6", "e5", "g7"]
```

Zur Erinnerung ist hier nochmals die Funktion zum Konvertieren eines Baums in eine Liste auf Basis eine Levelorder-Durchlaufs gezeigt:

```
def convert_to_list(node):
    result = []
    levelorder(node, lambda item: result.append(item))
    return result
```

8.3.8 Lösung 8: Rekonstruktion (★★★☆☆)

Lösung 8a: Rekonstruktion aus einer Liste (★★☆☆☆)

In dieser Aufgabe wollen wir aus einer aufsteigend sortierten Liste mit Ganzzahlen einen möglichst ausgeglichenen binären Suchbaum erstellen.

Beispiel Gegeben seien beispielsweise diese Werte:

```
values = [1, 2, 3, 4, 5, 6, 7]
```

Dann sollte daraus folgender Baum rekonstruiert werden:

```
          4
    |-----+-----|
    2           6
 |--+--|     |--+--|
 1     3     5     7
```

Algorithmus Einen binären Suchbaum aus einer aufsteigend sortierten Liste zu rekonstruieren, ist gar nicht so schwierig: Aufgrund der Sortierung können wir jeweils die Liste halbieren und den Wert in der Mitte als Basis für den neuen Knoten nutzen. Den linken und rechten Teilbaum konstruieren wir rekursiv aus dem linken bzw. rechten Teil der Liste. Die Halbierung setzen wir so lange fort, bis die Restliste nur noch die Größe 0 oder 1 hat:

```
def reconstruct(values):
    # rekursiver Abbruch
    if not values:   # len(values) == 0 not recommended by PEP 8
        return None

    mid_idx = len(values) // 2
    mid_value = values[mid_idx]

    new_node = BinaryTreeNode(mid_value)

    # rekursiver Abbruch
    if len(values) == 1:
        return new_node

    # rekursiver Abstieg
    left_part = values[0: mid_idx]
    right_part = values[mid_idx + 1:len(values)]

    new_node.left = reconstruct(left_part)
    new_node.right = reconstruct(right_part)

    return new_node
```

Man könnte die Abfrage auf die Länge 1 in der Mitte der Funktion weglassen, ohne dass sich die Funktionalität ändert. Die Funktion würde dann einfach zweimal für eine leere Liste aufgerufen und dadurch direkt terminieren. Ich fand diese Sonderbehandlung etwas verständlicher, aber das ist Geschmackssache.

Prüfung

Wir wollen unsere Implementierung in Aktion erleben und geben eine beliebige, aber passend sortierte Liste mit `int`-Werten vor. Damit rufen wir unsere Funktion auf, die als Ergebnis die Wurzel des Baums liefert. Schließlich überprüfen wir, ob der Baum tatsächlich vollständig und korrekt rekonstruiert wurde, indem wir verschiedene Informationen auf der Konsole ausgeben:

```
def main():
    inputs = [[1, 2, 3, 4, 5, 6, 7],
              [1, 2, 3, 4, 5, 6, 7, 8]]

    for values in inputs:
        root = reconstruct(values)
        print_info(root)
```

Die Ausgabefunktion ist einfach zu implementieren:

```
def print_info(root):
    TreeUtils.nice_print(root)

    print("Root: ", root.item)
    print("Left: ", root.left.item)
    print("Right:", root.right.item)
    print()
```

Folgende gekürzte Ausgaben zeigen die korrekte Rekonstruktion der beiden Bäume:

```
           4
     |-----+-----|
     2           6
  |--+--|     |--+--|
  1     3     5     7
Root:  BinaryTreeNode [item=4, left=BinaryTreeNode [item=2, ..
Left:  BinaryTreeNode [item=2, left=BinaryTreeNode [item=1, ...
Right: BinaryTreeNode [item=6, left=BinaryTreeNode [item=5, ...

                 5
           |-----------+-----------|
           3                       7
     |-----+-----|           |-----+-----|
     2           4           6           8
  |--|
  1
Root:  BinaryTreeNode [item=5, left=BinaryTreeNode [item=3, ...
Left:  BinaryTreeNode [item=3, left=BinaryTreeNode [item=2, ...
Right: BinaryTreeNode [item=7, left=BinaryTreeNode [item=6, ...
```

Prüfung mit Unit Test Für den Unit Test nutzen wir erneut einen Levelorder-Durchlauf, um die Rekonstruktion zu verifizieren:

```
def test_reconstruct_from_list():
    inputs = [1, 2, 3, 4, 5, 6, 7]

    result_root = reconstruct(inputs)
    result = convert_to_list(result_root)

    assert result == [4, 2, 6, 1, 3, 5, 7]
```

Lösung 8b: Rekonstruktion aus In-/Preorder (★★★☆☆)

Nehmen wir an, wir hätten als Information über einen Baum die jeweils als Liste aufbereitete Abfolge der Werte in Pre- und Inorder und sollten daraus den korrespondierenden Baum rekonstruieren. Schreiben Sie eine Funktion `reconstruct(preorder_values, inorder_values)`.

Beispiel Gegeben seien die beiden Wertefolgen der Durchläufe, aus denen wieder der im vorherigen Aufgabenteil gezeigte Baum rekonstruiert werden sollte.

```
preorder_values = [4, 2, 1, 3, 6, 5, 7]
inorder_values = [1, 2, 3, 4, 5, 6, 7]
```

Hier in der Lösung nochmals dargestellt:

```
            4
      |-----+-----|
      2           6
   |--+--|     |--+--|
   1     3     5     7
```

Algorithmus Um die Notwendigkeit zweier Eingaben und den Algorithmus besser zu verstehen, schauen wir uns exemplarisch noch einmal die Werte eines Pre- und Inorder-Durchlaufs mit fett markiertem Wert der Wurzel an:

```
Preorder     4 2 1 3 6 5 7
Inorder      1 2 3 4 5 6 7
```

Der Preorder-Durchlauf beginnt immer mit der Wurzel, somit können wir basierend auf dem ersten Wert zunächst die Wurzel erzeugen. Durch eine Suche nach dem Wert der Wurzel in der Wertefolge des Inorder-Durchlaufs finden wir die Aufteilung in linken und rechten Teilbaum heraus: Alles, was in Inorder links von der Position des Werts der Wurzel ist, bildet die Werte des linken Teilbaums. Analog gilt dies für die Werte rechts davon und den rechten Teilbaum. Damit ergeben sich folgende Sublisten:

```
left:   1 2 3
right:  5 6 7
```

Um unsere Funktion rekursiv aufrufen zu können, müssen wir die korrespondierenden Wertefolgen für Preorder finden. Wie geht man da vor?

Betrachten wir dazu nochmal genauer die Werte eines Pre- und Inorder-Durchlaufs. Durch scharfes Hinschauen erkennen wir folgendes Muster:

$$Preorder\ \overbrace{4}^{root}\ \overbrace{2\,1\,3}^{left}\,\overbrace{6\,5\,7}^{right}$$

$$Inorder\ \underbrace{1\,2\,3}_{left}\ \underbrace{4}_{root}\ \underbrace{5\,6\,7}_{right}$$

Mit diesem Wissen können wir den Algorithmus wie folgt implementieren, wobei wir vom Slicing profitieren, um die passenden Teilstücke aus dem Original zu generieren und für den rekursiven Abstieg zu nutzen:

```
def reconstruct_clearer(preorder_values, inorder_values):
    # rekursiver Abbruch
    # len(values) == 0 not recommended by PEP 8
    if not preorder_values or not inorder_values:
        return None

    root_value = preorder_values[0]
    root = BinaryTreeNode(root_value)

    # rekursiver Abbruch
    if len(preorder_values) == 1 and len(inorder_values) == 1:
        return root

    # rekursiver Abstieg
    index = inorder_values.index(root_value)

    # linker und rechter Teil für Inorder
    left_inorder = inorder_values[0: index]
    right_inorder = inorder_values[index + 1: len(inorder_values)]

    # linker und rechter Teil für Preorder
    left_preorder = preorder_values[1: 1 + index]
    right_preorder = preorder_values[index + 1: len(preorder_values)]

    root.left = reconstruct_clearer(left_preorder, left_inorder)
    root.right = reconstruct_clearer(right_preorder, right_inorder)

    return root
```

Prüfung

Zum Nachvollziehen der Rekonstruktion geben wir die passenden Wertefolgen als drei verschachtelte Listen vor: Wie gehabt extrahiert Pytest aus diesen Eingaben automatisch jeweils die Pre- und Inorder-Werte sowie das Ergebnis in Form eines Levelorder-Durchlaufs. Dass diese Form eine gute Nachvollziehbarkeit auf Basis der grafischen Repräsentation bietet, habe ich bereits motiviert.

```
@pytest.mark.parametrize("preorder_values, inorder_values, expected",
                         [([4, 2, 1, 3, 6, 5, 7], [1, 2, 3, 4, 5, 6, 7],
                           [4, 2, 6, 1, 3, 5, 7]),
                          ([5, 4, 2, 1, 3, 7, 6, 8], [1, 2, 3, 4, 5, 6, 7, 8],
                           [5, 4, 7, 2, 6, 8, 1, 3])])
def test_reconstruct_from_pre_in_order(preorder_values, inorder_values,
                                       expected):

    result_root = reconstruct_clearer(preorder_values, inorder_values)
    result = convert_to_list(result_root)

    assert result == expected
```

Tipp: Wissenswertes zur Rekonstruktion

Interessanterweise lässt sich mithilfe des gezeigten Algorithmus jeder Binärbaum rekonstruieren, unabhängig davon, ob er auch ein binärer Suchbaum ist, also seine Knoten einer Ordnung folgen. Aber es wird noch bemerkenswerter: Für den Fall, dass die Werte des Preorder-Durchlaufs einem binären Suchbaum entstammen, kann man diesen lediglich basierend darauf wie folgt rekonstruieren:

```
def reconstruct_from_preorder_bst(preorder_values):
    # rekursiver Abbruch
    if not preorder_values:
        return None

    root_value = preorder_values[0]
    root = BinaryTreeNode(root_value)

    # Aufspaltung
    left_values = [value for value in preorder_values if value < root_value]
    right_values = [value for value in preorder_values if value > root_value]

    # rekursiver Abbstieg
    root.left = reconstruct_from_preorder_bst(left_values)
    root.right = reconstruct_from_preorder_bst(right_values)

    return root
```

Das Ganze ist möglich, weil bei einem binären Suchbaum für die Werte des Preorder-Durchlaufs gilt, dass zuerst der Wert der Wurzel auftritt, danach direkt darauffolgend die Werte, die kleiner als die Wurzel sind, und schließlich diejenigen des rechten Teilbaums, die zudem auch größer als der Wert der Wurzel sind. Diese Bedingung gilt auch rekursiv. Mithilfe zweier Filterbedingungen lassen sich so alle Werte des linken bzw. rechten Teilbaums einfach – wie oben gezeigt – extrahieren und als Eingabe für den rekursiven Aufruf nutzen.

Probieren Sie die Rekonstruktion doch einmal mit folgendem Datenbestand aus:

```
inputs = [[4, 2, 1, 3, 6, 5, 7],
          [5, 4, 2, 1, 3, 7, 6, 8]]

for values in inputs:
    root = reconstruct_from_preorder_bst(values)
    TreeUtils.nice_print(root)
```

Die ersten Eingabedaten erzeugen folgenden Baum:

```
         4
   |-----+-----|
   2           6
|--+--|     |--+--|
1     3     5     7
```

8.3.9 Lösung 9: Math Evaluation (★★☆☆☆)

Mathematische Ausdrücke mit den vier Operatoren $+$, $-$, $/$ und $*$ sollen als Baum modelliert und der Wert einzelner Knoten, insbesondere auch der der Wurzel, berechnet werden. Schreiben Sie dazu eine Funktion `evaluate(node)`.

Beispiel Repräsentieren Sie den Ausdruck $3 + 7 * (7 - 1)$ durch folgenden Baum, um für die Wurzel den Wert 45 zu errechnen.

```
                 +
     |-----------+-----------|
     3                       *
                       |-----+-----|
                       7           -
                                |--+--|
                                7     1
```

Algorithmus Die Aufgabenstellung lässt sich einfach und übersichtlich durch rekursiven Aufruf in Verbindung mit den passenden Operatoren wie folgt lösen:

```
def evaluate(node):
    value = node.item;

    if value == "+":
        return evaluate(node.left) + evaluate(node.right)
    if value == "-":
        return evaluate(node.left) - evaluate(node.right)
    if value == "*":
        return evaluate(node.left) * evaluate(node.right)
    if value == "/":
        return evaluate(node.left) / evaluate(node.right)
    else:
        return int(value)
```

Prüfung

Konstruieren wir den Baum aus dem Beispiel und rufen die obige Funktion auf:

```
def main():
    plus = BinaryTreeNode("+")
    _3 = BinaryTreeNode("3")
    mult = BinaryTreeNode("*")
    _7 = BinaryTreeNode("7")
    minus = BinaryTreeNode("-")
    _1 = BinaryTreeNode("1")

    plus.left = _3
    plus.right = mult
    mult.left = _7
    mult.right = minus
    minus.left = _7
    minus.right = _1

    print("+:", evaluate(plus))
    print("*:", evaluate(mult))
    print("-:", evaluate(minus))
```

Führen wir diese `main()`-Funktion aus, so erhalten wir zum einen die Ausgabe des Baums und zum anderen die Ergebnisse der ausgewählten einzelnen Knoten:

```
                    +
        |-----------+-----------|
        3                       *
                          |-----+-----|
                          7           -
                                   |--+--|
                                   7     1
+: 45
*: 42
-: 6
```

8.3.10 Lösung 10: Symmetrie (★★☆☆☆)

Prüfen Sie, ob ein beliebiger Binärbaum symmetrisch im Aufbau ist. Schreiben Sie dazu eine Funktion `is_symmetric(node)`. Neben der Struktur kann man auch auf Wertgleichheit prüfen.

Beispiele Zur Prüfung auf Symmetrie nutzen wir einen von der Struktur her symmetrischen Binärbaum (links) sowie einen Binärbaum, der auch bezüglich der Werte symmetrisch ist (rechts).

```
            4                              1
      |-----+-----|                       / \
      2           6                      2   2
   |--+--|     |--+--|                  /     \
   1     3     5     7                 3       3
```

Hinweis: Die Eigenschaft Symmetrie

Bei einem symmetrischen Binärbaum sind der linke und der rechte Teilbaum wie an einer gedachten vertikalen Linie durch die Wurzel gespiegelt (durch | angedeutet):

```
    1
  / | \
 2  |  2
/   |   \
3   |   3
```

Je nach Definition kann für die Symmetrie auch auf einen Vergleich der Werte verzichtet werden und nur der strukturelle Aufbau als relevant zählen.

Algorithmus Erneut profitieren wir bei den Algorithmen für Bäume von einem guten Basiswissen bezüglich Rekursion. Wir prüfen ausgehend von der Wurzel jeweils die zwei sich gegenüberliegenden Nachfolgerknoten. Der einfachste Fall ist, dass für einen Knoten keine zu betrachtenden Nachfolgerknoten existieren. Diese Konstellation ist immer symmetrisch. Wenn von den zwei zu vergleichenden Nachfolgerknoten jedoch nur einer existiert, dann ist der Baum nicht symmetrisch. Demnach ist nur noch der Fall für zwei Nachfolgerknoten besonders zu betrachten. Hierbei müssen die jeweiligen linken und rechten Teilbäume spiegelverkehrt sein. Dazu prüft man rekursiv, ob der rechte Teilbaum des linken und der linke Teilbaum des rechten Knotens strukturell zueinander passen, ebenso wie der linke Teilbaum des rechten und der rechte Teilbaum des linken Knotens:

```
def is_symmetric(node):
    if node is None:
        return True

    return check_if_nodes_are_symmetric(node.left, node.right)


def check_if_nodes_are_symmetric(left, right):
    if left is None and right is None:
        return True
    if left is None or right is None:
        return False

    # Beide Teilbäume hinabsteigen
    return check_if_nodes_are_symmetric(left.right, right.left) and \
           check_if_nodes_are_symmetric(left.left, right.right)
```

Erweiterter Algorithmus: Werte-Symmetrie Tatsächlich ist die Erweiterung auf Wertprüfung einfach, wenn man die Aufgabe korrekt implementiert hat. Es muss nur noch der boolesche Parameter `check_value` in der Signatur ergänzt und an passender Stelle vor dem rekursiven Abstieg ausgewertet werden:

```
def check_if_nodes_and_values_are_symmetric(left, right, check_value):
    if left is None and right is None:
        return True
    if left is None or right is None:
        return False

    # Prüfe die Werte
    if check_value and not left.item == right.item:
        return False

    # Beide Teilbäume hinabsteigen
    return check_if_nodes_and_values_are_symmetric(left.right, right.left,
                                                   check_value) and \
           check_if_nodes_and_values_are_symmetric(left.left, right.right,
                                                   check_value)
```

Prüfung

Wir konstruieren die beiden Bäume aus der Einführung und rufen unsere gerade erstellte Funktion auf. Der erste Baum ist ein bereits bekannter Vertreter, der andere wird explizit für dieses Beispiel mit `create_symmetric_number_tree()` erstellt.

```
def main():
    root = ExampleTrees.create_number_tree()
    TreeUtils.nice_print(root)
    print("symmetric:", is_symmetric(root))

    root2 = create_symmetric_number_tree()
    TreeUtils.nice_print(root2)
    print("symmetric:", is_symmetric(root2))

    # Modifizierter Baum: Füge eine 4 hinzu
    root2.right.left = BinaryTreeNode("4")
    TreeUtils.nice_print(root2)
    print("symmetric:", is_symmetric((root2))
```

In `create_symmetric_number_tree()` erzeugen wir eine Wurzel und dann den symmetrischen Aufbau mit Knoten mit den Werten 2 und 3. Danach wird der Knoten mit dem Wert 4 hinzugefügt, was bewusst die Symmetrie zerstört:

```
def create_symmetric_number_tree():
    root = BinaryTreeNode("1")
    root.left = BinaryTreeNode("2")
    root.right = BinaryTreeNode("2")
    root.left.left = BinaryTreeNode("3")
    root.right.right = BinaryTreeNode("3")
    return root
```

Führen wir diese `main()`-Funktion aus, so erhalten wir die erwarteten Ergebnisse:

```
            4
      |-----+-----|
      2           6
   |--+--|     |--+--|
   1     3     5     7
symmetric: True
            1
      |-----+-----|
      2           2
   |--|           |--|
   3                 3
symmetric: True
            1
      |-----+-----|
      2           2
   |--|        |--+--|
   3           4     3
symmetric: False
```

Bonus: Baum spiegeln

Im Praxistipp hatte ich eine Spiegelachse durch die Wurzel angedeutet. Erstellen Sie eine Funktion `invert(node)`, die die Knoten eines Baums an dieser angedeuteten Linie durch die Wurzel spiegelt.

Beispiel Eine Spiegelung sieht wie folgt aus:

```
             4                                    4
       |-----+-----|                        |-----+-----|
       2           6           =>           6           2
    |--+--|     |--+--|                  |--+--|     |--+--|
    1     3     5     7                  7     5     3     1
```

Algorithmus Zunächst könnte man wieder einmal annehmen, dass die Aufgabenstellung schwierig zu lösen ist. Aber tatsächlich ist sie mithilfe von Rekursion viel leichter umzusetzen, als man es initial denkt.

Der Algorithmus läuft ausgehend von der Wurzel hinab und vertauscht jeweils den linken und rechten Teilbaum. Dazu speichern wir diese Teilbäume in einer temporären Variablen und weisen diese dann der jeweils anderen Seite zu. Das ist wirklich schon alles!

Das implementieren wir in Python wie folgt:

```
def invert(root):
    if root is None:
        return None

    inverted_right = invert(root.right)
    inverted_left = invert(root.left)

    root.left = inverted_right
    root.right = inverted_left

    return root
```

Python-Shortcut Mithilfe der Tupelschreibweise kann man das Ganze noch kompakter wie folgt implementieren:

```
def invert_clearer(root):
    if root is None:
        return None

    root.left, root.right = invert(root.right), invert(root.left)

    return root
```

Prüfung

Wir konstruieren den linken Baum aus der Einführung und rufen unsere gerade erstellte Funktionen auf:

```
def main():
    root = ExampleTrees.create_number_tree()
    newroot = invert(root)
    TreeUtils.nice_print(newroot)

    newroot = invert_clearer(newroot)
    TreeUtils.nice_print(newroot)
```

Führen wir diese `main()`-Funktion aus, so erhalten wir die erwartete Spiegelung und eine weitere ergibt wieder das Original:

```
             4
       |-----+-----|
       6           2
    |--+--|     |--+--|
    7     5     3     1

             4
       |-----+-----|
       2           6
    |--+--|     |--+--|
    1     3     5     7
```

8.3.11 Lösung 11: Check Binary Search Tree (★★☆☆☆)

In dieser Aufgabe sollen Sie prüfen, ob ein beliebiger Binärbaum die Eigenschaft eines binären Suchbaums (Binary Search Tree (BST)) erfüllt, also die Werte im linken Teilbaum kleiner als die Wurzel sind und die im rechten Teilbaum größer – und das für jeden Teilbaum ausgehend von der Wurzel. Vereinfachend gehen wir von `int`-Werten aus. Schreiben Sie dazu eine Funktion `is_bst(node)`.

Beispiel Nutzen Sie den folgenden Binärbaum, der auch ein binärer Suchbaum ist. Würden Sie etwa auf der linken Seite die 1 durch eine größere Zahl ersetzen, wäre das kein binärer Suchbaum mehr, der rechte Teilbaum unter der 6 aber immer noch.

```
            4
      |-----+-----|
      2           6
   |--+--|     |--+--|
   1     3     5     7
```

Algorithmus Aus der Aufgabenstellung erkennen wir eine rekursive Auslegung. Ein Baum mit nur einem Knoten ist immer ein binärer Suchbaum. Gibt es einen linken oder rechten Nachfolger oder gar beide, so prüfen wir von diesen die Werte auf Einhaltung der Größenrelation und rekursiv deren Nachfolger, sofern existent.

```
def is_bst(node):
    # rekursiver Abbruch
    if node is None:
        return True

    if node.is_leaf():
        return True

    # rekursiver Abstieg
    is_left_bst = True
    is_right_bst = True
    if node.left is not None:
        is_left_bst = node.left.item < node.item and is_bst(node.left)
    if node.right is not None:
        is_right_bst = node.right.item > node.item and is_bst(node.right)

    return is_left_bst and is_right_bst
```

Prüfung

Wir konstruieren den Baum aus dem Beispiel und rufen unsere gerade erstellte Funktion auf. Zudem führen wir zwei Modifikationen durch und prüfen erneut:

```
def main():
    _4 = create_integer_number_tree()

    _2 = _4.left
    _6 = _4.right
    TreeUtils.nice_print(_4)
    print("is_bst(_4):", is_bst(_4))
    print("is_bst(_2):", is_bst(_2))
    print("is_bst(_6):", is_bst(_6))

    # Verändere den Baum links auf falsche und rechts auf korrekte Weise
    _2.left = BinaryTreeNode(13)
    _6.right = None

    TreeUtils.nice_print(_4)
    print("is_bst(_4):", is_bst(_4))
    print("is_bst(_2):", is_bst(_2))
    print("is_bst(_6):", is_bst(_6))
```

Führen wir diese `main()`-Funktion aus, so erhalten wir sowohl die Ausgabe des Baums als auch die Ergebnisse für ausgewählte einzelne Knoten, ob diese für sich betrachtet (aber natürlich mit ihren Nachfolgern) einen binären Suchbaum darstellen.

Wenn wir mutwillig im linken Teilbaum einen größeren Wert (z. B. 13) speichern, ist weder der gesamte Baum noch derjenige Teil mit dem Knoten 2 als Wurzel ein BST. Für den rechten Teilbaum gilt: Löscht man den Knoten mit dem Wert 7, so bleibt der rechte Teilbaum mit dem Knoten mit dem Wert 6 als Wurzel trotzdem noch ein BST.

```
            4
      |-----+-----|
      2           6
   |--+--|     |--+--|
   1     3     5     7
is_bst(_4): True
is_bst(_2): True
is_bst(_6): True

            4
      |-----+-----|
      2           6
   |--+--|     |--|
  13     3     5
is_bst(_4): False
is_bst(_2): False
is_bst(_6): True
```

8.3.12 Lösung 12: Vollständigkeit (★★★★★)

In dieser Aufgabe sollen Sie die Vollständigkeit eines Baums prüfen. Dazu lösen Sie in den ersten beiden Aufgabenteilen zunächst die Grundlagen und wagen sich dann an die trickreichere Prüfung auf Vollständigkeit.

Lösung 12a: Anzahl Knoten (★☆☆☆☆)

Zählen Sie, wie viele Knoten in einem beliebigen Binärbaum enthalten sind. Schreiben Sie dazu eine Funktion `count_nodes(node)`.

Beispiel Für den gezeigten Binärbaum sollte der Wert 7 ermittelt werden. Entfernt man den rechten Teilbaum, so besteht der Baum lediglich noch aus 4 Knoten.

```
          4
    |-----+-----|
    2           6
 |--+--|     |--+--|
 1     3     5     7
```

Algorithmus Der Algorithmus ist wirklich extrem einfach, wenn man ihn rekursiv formuliert. Jeder Knoten zählt 1. Dann fährt man mit der Zählung sowohl in dessen linkem als auch rechtem Teilbaum fort und addiert deren Ergebnis, bis man auf ein Blatt trifft:

```
def count_nodes(node):
    if node is None:
        return 0

    return 1 + count_nodes(node.left) + count_nodes(node.right)
```

Lösung 12b: Prüfung auf voll / perfekt (★★☆☆☆)

Prüfen Sie, ob in einem beliebigen Binärbaum alle Knoten jeweils zwei Nachfolger bzw. Blätter haben und dieser somit voll ist. Für Perfektheit müssen alle Blätter auf der gleichen Höhe sein. Schreiben Sie je eine Funktion `is_full(node)` und `is_perfect(node)`.

Beispiel Der gezeigte Binärbaum ist sowohl perfekt als auch voll. Entfernt man die Knoten mit den Werten 1 und 3 ist er nicht mehr perfekt, aber noch voll.

```
     Voll und perfekt            Voll, aber nicht perfekt
           4                               4
     |-----+-----|                   |-----+-----|
     2           6                   2           6
  |--+--|     |--+--|                         |--+--|
  1     3     5     7                         5     7
```

Algorithmus Die Prüfung, ob ein Baum voll ist, fällt nicht so schwer, wenn man dies rekursiv formuliert – bitte verwechseln Sie nicht voll und vollständig (Definition vgl. Einführung). Ein Baum ist voll, wenn jeder Knoten entweder keine oder zwei Nachfolger besitzt. Findet man etwas anderes, so kann es kein voller Baum sein:

```
def is_full(node):
    if node is None:
        return True

    return __is_full_helper(node.left, node.right)


def __is_full_helper(left_node, right_node):
    if left_node is None and right_node is None:
        return True

    if left_node is not None and right_node is not None:
        return is_full(left_node) and is_full(right_node)

    return False
```

Das ist schon ein guter Anfang. Basierend darauf bedarf es einiger kleinerer Erweiterungen, um die Perfektheit prüfen zu können. Zunächst müssen wir die Höhe des Baums, also ausgehend von dem übergebenen Knoten, bestimmen. Danach gehen wir ganz ähnlich wie bei `is_full()` vor, jedoch muss jeder Knoten nun zwingend zwei Nachfolger besitzen. Der rekursive Abbruch erfolgt auf der Ebene der Blätter. Für diese müssen wir prüfen, ob sie auf der korrekten Höhe sind. Dabei stolpern wir darüber, dass die Höhe eines Blatts 1 ist. Deswegen benötigen wir noch die Ebene, auf der sie sich befinden. Dazu tricksen wir mit einem zusätzlichen Parameter `current_level` in unserer Funktion. Damit ergibt sich folgende Implementierung:

```
def is_perfect(node):
    if node is None:
        return True

    height = get_height(node)

    return is_perfect_helper(node.left, node.right, height, 1)


def is_perfect_helper(left_node, right_node, height, current_level):
    if left_node is None or right_node is None:
        return False

    if left_node.is_leaf() and right_node.is_leaf():
        return on_same_height(left_node, right_node, height, current_level)

    return is_perfect_helper(left_node.left, left_node.right, height,
                             current_level + 1) and \
        is_perfect_helper(right_node.left, right_node.right, height,
                          current_level + 1)


def on_same_height(left_node, right_node, height, current_level):
    # Problem Höhe von dem Knoten ist 1, deswegen müssen wir
    # hier noch das aktuelle Level mitberücksichtigen
    return get_height(left_node) + current_level == height and \
        get_height(right_node) + current_level == height
```

Prüfung

Wir konstruieren den Baum mit Zahlen aus der Einführung und rufen unsere gerade erstellten Funktionen auf. Zudem führen wir eine Modifikation am Baum durch, indem wir die Knoten mit den Werten 1 und 3 löschen. Dann rufen wir die Funktionen erneut auf:

```
def main():
    _4 = ExampleTrees.create_number_tree()
    TreeUtils.nice_print(_4)

    print("#nodes:", count_nodes(_4))
    print("is_full?:", is_full(_4))
    print("is_perfect?:", is_perfect(_4))
    print()

    # Lösche Knoten mit den Werten 1, 3
    _4.left.left = None
    _4.left.right = None
    TreeUtils.nice_print(_4)

    print("#nodes:", count_nodes(_4))
    print("is_full?:", is_full(_4))
    print("is_perfect?:", is_perfect(_4))
    print()
```

Führen wir diese `main()`-Funktion aus, so erhalten wir die erwarteten Ergebnisse:

```
                4
          |-----+-----|
          2           6
       |--+--|     |--+--|
       1     3     5     7
#nodes: 7
is_full?: true
is_perfect?: true

                4
          |-----+-----|
          2           6
                   |--+--|
                   5     7

#nodes: 5
is_full?: true
is_perfect?: false
```

Lösung 12c: Vollständigkeit (★★★★☆)

In dieser Teilaufgabe sollen Sie prüfen, ob ein Baum vollständig ist, so wie es in der Einführung definiert wurde, also ein Binärbaum, bei dem alle Ebenen voll gefüllt sind, mit der erlaubten Ausnahme der letzten Ebene, in der Knoten fehlen dürfen, jedoch nur mit Lücken so weit rechts wie möglich.

Beispiel Neben dem bisher verwendeten perfekten Baum ist auch der nachfolgende Baum per Definition vollständig. Wenn wir jedoch die Kinder vom Knoten H entfernen, ist der Baum nicht mehr vollständig.

```
                    F
          |-----------+-----------|
          D                       H
     |-----+-----|           |-----+-----|
     B           E           G           I
  |--+--|
  A     C
```

Algorithmus Zunächst scheint dies eine ziemlich knifflige Aufgabe zu sein, auf jeden Fall deutlich komplizierter als die zuvor gezeigten »Prüfungen«. Wenn wir nochmals die Definition anschauen, soll der Baum jeweils paarweise Nachfolger enthalten. Zudem darf es keine Lücken im Baum geben, also keinen Knoten mit fehlendem linken Nachfolger, aber mit einem rechten Nachfolger. Insbesondere dürfen nur Blätter von rechts fehlen. Bei genauerer optischer Betrachtung fällt auf, dass man Ebene für Ebene ablaufen kann und dann nur in der letzten Ebene Knoten fehlen dürfen.

Jetzt kommt uns der Levelorder-Durchlauf in den Sinn. Diesen nutzen wir hier und ergänzen lediglich ein paar Prüfungen: Jeder Knoten, den wir uns anschauen, darf keinen rechten Nachfolger ohne linken besitzen. Zudem prüfen wir, ob wir zwischenzeitlich einen fehlenden Knoten entdeckt haben. Wie kann es dazu kommen? Das ist immer dann möglich, wenn wir die Nachfolger eines Knotens der Queue hinzufügen wollen, es jedoch nur einen linken oder rechten Nachfolger gibt. Dies wird durch das Flag `missing_node` ausgedrückt. Wurde also ein fehlender Nachfolger entdeckt, dann dürfen die danach verarbeiteten Knoten nur noch Blätter sein.

```
def levelorder_is_complete(start_node):
    if start_node is None:
        return False

    to_process = Queue()
    to_process.enqueue(start_node)

    # Indikator, dass ein Knoten nicht zwei Nachfolger hat
    missing_node = False

    while not to_process.is_empty():
        current = to_process.dequeue()

        # Nur Nachfahren auf der rechten Seite
        if current.left is None and current.right is not None:
            return False

        # Wenn zuvor ein fehlender Knoten entdeckt wurde,
        # dann darf der nächste nur ein Blatt sein
        if missing_node and not current.is_leaf():
            return False

        # Nimm Subelemente auf, markiere, falls nicht vollständig
        if current.left is not None:
            to_process.enqueue(current.left)
        else:
```

```
                missing_node = True

            if current.right is not None:
                to_process.enqueue(current.right)
            else:
                missing_node = True

    # Alle Knoten erfolgreich getestet
    return True
```

Prüfung

Wir konstruieren den Baum aus dem Beispiel und rufen unsere gerade erstellte Funktion auf. Zudem führen wir eine Modifikation durch, indem wir die Blätter unter dem Knoten H entfernen. Dann prüfen wir erneut:

```
def main():
    F = create_completness_example_tree()
    TreeUtils.nice_print(F)
    print("levelorder_is_complete?", levelorder_is_complete(F))

    # Modifikation: entferne Blätter unter H
    F.right.left = None
    F.right.right = None
    TreeUtils.nice_print(F)
    print("levelorder_is_complete?", levelorder_is_complete(F))


def create_completness_example_tree():
    F = BinaryTreeNode("F")
    TreeUtils.insert(F, "D")
    TreeUtils.insert(F, "H")
    TreeUtils.insert(F, "B")
    TreeUtils.insert(F, "E")
    TreeUtils.insert(F, "A")
    TreeUtils.insert(F, "C")
    TreeUtils.insert(F, "G")
    TreeUtils.insert(F, "I")
    return F
```

Führen wir diese `main()`-Funktion aus, so erhalten wir die erwarteten Ergebnisse:

```
                            F
                |-----------+-----------|
                D                       H
          |-----+-----|           |-----+-----|
          B           E           G           I
       |--+--|
       A     C
levelorder_is_complete? True
                            F
                |-----------+-----------|
                D                       H
          |-----+-----|
          B           E
       |--+--|
       A     C
levelorder_is_complete? False
```

Lösung 12d: Vollständigkeit rekursiv (★★★★★)

In dieser letzten Teilaufgabe soll als besonderes Schmankerl folgende Herausforderung gemeistert werden: Die Prüfung ist ohne zusätzliche Datenstrukturen und rein mit Rekursion zu lösen. Das klingt zunächst kaum umsetzbar, daher gebe ich einen Tipp.

Tipp: Erarbeiten Sie sich die Lösung schrittweise. Erzeugen Sie eine Hilfsdatenstruktur, die modelliert, ob ein Knoten für eine gewisse Position existiert oder nicht. Durchlaufen Sie dann den Baum und markieren Sie die Positionen passend. Wandeln Sie diese Implementierung in eine rein rekursive ohne die Hilfsdatenstruktur um.

Beispiel Wie schon zuvor ist der nachfolgende Baum per Definition vollständig.

```
                         F
             |-----------+-----------|
             D                       H
       |-----+-----|           |-----+-----|
       B           E           G           I
    |--+--|
    A     C
```

Algorithmus Tatsächlich klingt die Aufgabenstellung kaum schaffbar, aber deshalb ist es ja auch eine sehr schwierige Aufgabe. Wie so oft, lohnt es sich, zunächst einmal eine Variante zu entwickeln, die noch nicht alle geforderten Eigenschaften erfüllt, und diese schrittweise zu verfeinern. Wir beginnen mit den Hinweisen aus dem Tipp.

Die Idee ist folgende: Wir durchlaufen den Baum und markieren für jeden Knoten, der existiert, genau dies in einer Liste. Dabei nummerieren wir die Positionen gemäß Levelorder von links nach rechts und oben nach unten durch. Um die Position des aktuellen Knotens in der Liste zu ermitteln, nehmen wir folgende Berechnung vor: Für Position i besitzt der linke Nachfolger die Position $i * 2 + 1$ und der rechte Nachfolger hat Position $i * 2 + 2$.[1] Folgende Abbildung 8-12 verdeutlicht dies.

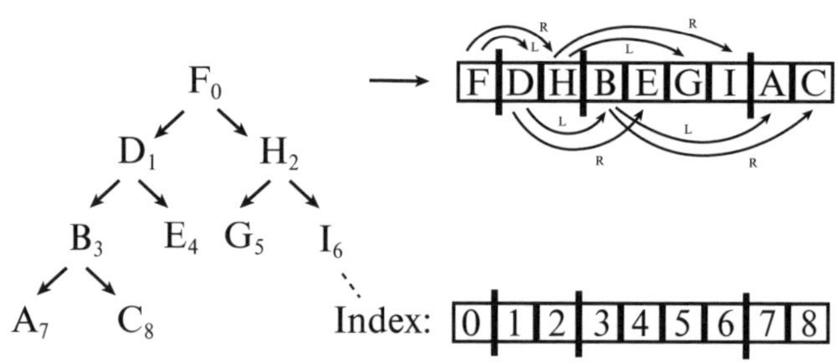

***Abbildung 8-12** Abbildung Baumknoten auf Position in Liste / Array*

[1] Die Berechnung wird noch etwas einfacher, wenn man der Wurzel den Index 1 gibt, dann besitzen die Kinder die Positionen $2i$ und $2i + 1$.

Nun müssen wir noch wissen, wie groß die Liste sein muss. Theoretisch kann sie maximal 2^{height} Elemente enthalten. Bei sehr tiefen und dadurch ausladenden Bäumen könnten aber auch viele Blätter gar nicht existieren. Als Speicheroptimierung zählen wir daher zunächst die Anzahl der Knoten, um die tatsächlich benötigte Größe zu ermitteln – dabei hilft uns Übungsaufgabe 12a. Danach durchlaufen wir alle Elemente des Baums mithilfe der Funktion `traverse_and_mark()`. Zum Schluss fassen wir die Daten mit `all_assigned()` zusammen:

```
def is_complete(start_node):
    node_count = count_nodes(start_node)

    node_exists = [False] * node_count

    # jetzt durchlaufen wir den Baum von der Wurzel nach unten
    traverse_and_mark(start_node, node_exists, 0)

    return  all_assigned((node_exists)
```

Kommen wir zum Durchlaufen des Baums und dem Befüllen der Liste. Interessanterweise spielt es dabei keine Rolle, ob man hier Pre-, In- oder Postorder nutzt. Wichtig ist nur, dass die Positionen gemäß der genannten Berechnungsvorschrift ermittelt werden:

```
def traverse_and_mark(start_node, node_exists, pos):
    # rekursiver Abbruch
    if start_node is None:
        return

    if pos >= len(node_exists):
        return

    # Aktion
    node_exists[pos] = True

    # rekursiver Abstieg
    traverse_and_mark(start_node.left, node_exists, pos * 2 + 1)
    traverse_and_mark(start_node.right, node_exists, pos * 2 + 2)
```

Schließlich müssen wir prüfen, ob es in der Liste eine Position gibt, die nicht mit `True` belegt ist. In diesem Fall wäre es kein vollständiger Baum. Das ermittelt nachfolgende Funktion:

```
def all_assigned(node_exists):
    for exists in node_exists:
        if not exists:
            return False

    return True
```

Puh, das war bisher ein ganz schönes Stück Arbeit und man musste sich schon einiger Tricks bedienen. Positiv sei angemerkt, dass dieser Algorithmus funktioniert. Das zeige ich später zusammen mit dem rein auf rekursive Verarbeitung umgestellten Algorithmus, der auf diesen Ideen basiert.

Negativ ist jedoch, dass wir je nach Größe des Baums einiges an zusätzlichem Speicher benötigen. Schauen wir, wie wir dies durch die rein rekursive Variante vermeiden.

Rekursiver Algorithmus Unser Ziel ist es, auf die Liste als Hilfsdatenstruktur zu verzichten und nur noch rekursiv zu arbeiten. Deshalb bietet sich als Ausgangspunkt die Funktion `traverse_and_mark()` an. Wenn wir keine Liste als Datenspeicher nutzen dürfen, benötigen wir die Anzahl der Knoten als Parameter. Anstatt jeweils rekursiv die Liste zu befüllen, ruft sich die Funktion einfach selbst auf:

```
def is_complete_rec(start_node):
    return __is_complete_rec_helper(start_node, 0, count_nodes(start_node))


def __is_complete_rec_helper(start_node, pos, node_count):
    if start_node is None:
        return True
    if pos >= node_count:
        return False

    if not __is_complete_rec_helper(start_node.left, 2 * pos + 1, node_count):
        return False
    if not __is_complete_rec_helper(start_node.right, 2 * pos + 2, node_count):
        return False

    return True
```

Ohne die Zwischenschritte wäre es – zumindest mir – extrem schwergefallen, die Aufgabenstellung rekursiv zu formulieren, da sich der Trick der Logik in der Positionsberechnung und Prüfung kaum ohne die Liste im Hinterkopf herleiten lässt. Es ist schon beeindruckend, was diese wenigen Zeilen leisten.

Prüfung

Erneut konstruieren wir den Baum und modifizieren ihn nach erfolgter Prüfung. Nimmt man den Knoten H oder I einzeln oder beide weg, so gilt die Vollständigkeit nicht mehr.

```
def main():
    F = create_completness_example_tree()
    TreeUtils.nice_print(F)
    print("is_complete?", is_complete(F))
    print("is_complete_rec?", is_complete_rec(F))

    # Modifikation: entferne Blätter unter H
    F.right.left = None
    F.right.right = None
    TreeUtils.nice_print(F)
    print("is_complete?", is_complete(F))
    print("is_complete_rec?", is_complete_rec(F))


def create_completness_example_tree():
    F = BinaryTreeNode("F")
    TreeUtils.insert(F, "D")
    TreeUtils.insert(F, "H")
    TreeUtils.insert(F, "B")
    TreeUtils.insert(F, "E")
    TreeUtils.insert(F, "A")
    TreeUtils.insert(F, "C")
    TreeUtils.insert(F, "G")
    TreeUtils.insert(F, "I")
    return F
```

Führen wir diese `main()`-Funktion aus, so erhalten wir die erwarteten Ergebnisse – zudem sind diese für die Funktionsvariationen konsistent:

```
                        F
            |-----------+-----------|
            D                       H
      |-----+-----|           |-----+-----|
      B           E           G           I
   |--+--|
   A     C

is_complete? True
is_complete_rec? True
                        F
            |-----------+-----------|
            D                       H
      |-----+-----|
      B           E
   |--+--|
   A     C

is_complete? False
is_complete_rec? False
```

8.3.13 Lösung 13: Tree Printer (★★★★★)

In dieser Aufgabe sollen Sie die grafische Ausgabe eines Binärbaums implementieren, wie wir sie zuvor schon in den Beispielen gesehen haben.

Dazu lösen Sie in den ersten drei Aufgabenteilen zunächst die Grundlagen und wagen sich dann an die trickreichere grafische Aufbereitung von Bäumen.

Tipp Nutzen Sie ein fixes Raster von Blöcken der Breite 3. Das trägt zu einer ausgewogenen Darstellung und zur Reduktion der Komplexität deutlich bei.

Beispiel Der nachfolgende Baum deckt diverse Spezialfälle ab:

```
                        F
            |-----------+-----------|
            D                       H
      |-----+                       +-----|
      B                                   I
   |--+--|
   A     C
```

Lösung 13a: Breite eines Teilbaums (★★☆☆☆)

In diesem Aufgabenteil sollen Sie die maximale Breite eines Teilbaums einer gegebenen Höhe bestimmen. Dabei nehmen wir vereinfachend an, dass die Knoten maximal mit drei Zeichen dargestellt werden und dass zwischen diesen jeweils ein Abstand von mindestens drei Zeichen ist: Das gilt für die Blätter, wenn der Baum voll gefüllt ist. Auf höheren Ebene ist natürlich mehr Platz zwischen den Knoten zweier Teilbäume.

Beispiel Als Beispiel sehen wir links die Abmessungen eines Baums der Höhe 2 und rechts daneben einen Baum der Höhe 3. Auf Basis des Dreier-Rasters ergeben sich 9 und 21 als Breiten.

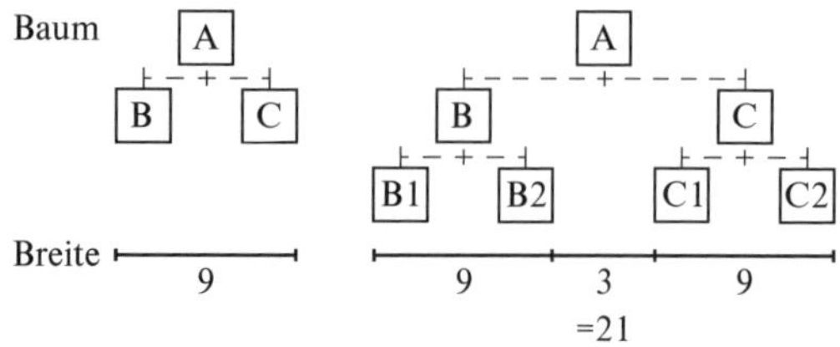

Abbildung 8-13 *Baumbreiten im Dreier-Raster*

Höhe	Gesamtbreite	Breite des Teilbaums
1	3	0
2	9	3
3	21	9
4	45	21

Algorithmus In der Grafik erkennen wir, dass in der untersten Ebene eines Binärbaums maximal 2^n Knoten vorhanden sein können, mit n als Höhe des Baums. Weil wir die maximale Breite bestimmen wollen und – um den Rahmen nicht zu sprengen – auch von variablen Breiten der Knoten absehen wollen, ergibt sich für eine Höhe $height$ die Gesamtbreite wie folgt:

$$max\_num\_of\_leaves * leaf\_width + (max\_num\_of\_leaves - 1) * spacing$$

Darauf basiert folgende Implementierung – ein wenig tricky ist vielleicht die letzte Berechnung. Wir müssen einmal das Spacing abziehen und durch zwei dividieren, da wir ja nur die maximale Breite eines Teilbaums ermitteln wollen:

```
def subtree_width(height):
    if height <= 0:
        return 0

    leaf_width = 3
    spacing = 3

    max_num_of_leaves = pow(2, height - 1)
    width_of_tree = max_num_of_leaves * leaf_width + \
                    (max_num_of_leaves - 1) * spacing
    width_of_subtree = (width_of_tree - spacing) // 2

    return width_of_subtree
```

Lösung 13b: Knoten zeichnen (★★☆☆☆)

Schreiben Sie eine Funktion `draw_node(current_node, line_length)`, die eine grafische Ausgabe eines Knotens erstellt und dabei die übergebene Menge an Leerzeichen passend erzeugt. Der Knotenwert soll maximal dreistellig und mittig ausgegeben werden.

Tipp: Denken Sie daran, dass die Darstellung der Ebene darunter links mit der Zeichenfolge ' |-' startet, wenn der aktuelle Knoten einen linken Nachfolger besitzt.

Beispiel Im Beispiel ist ein einzelner Knoten mit einem Spacing von 5 Zeichen dargestellt. Zudem ist der Knotenwert mittig in einem Dreier-Kasten ausgerichtet.

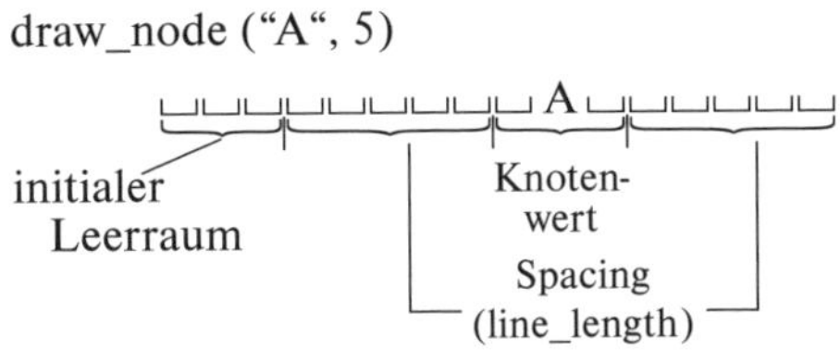

Abbildung 8-14 Abmessungen beim Zeichnen von Knoten

Algorithmus Wie üblich ist es eine gute Idee, die Komplexität durch Untergliedern in mehrere kleinere Teilaufgaben zu reduzieren. Mithilfe eine Funktion `spacing()` erzeugen wir den benötigten Abstand sowohl links als auch rechts von der Knotendarstellung. Deren Aufbereitung prüft zunächst die Sonderfälle kein Knoten oder kein Wert im Knoten, dann entspricht dies grafisch einem Freiraum von drei Zeichen. Ansonsten füllen wir den in einen String gewandelten Wert mit Leerzeichen auf, falls dieser kürzer als drei Zeichen ist. Ist er länger, beschneiden wir den Text auf drei Zeichen. Das geschieht in der Funktion `stringify_node_value(node)`. Weil nachfolgende Zeilen bei Existenz eines linken Nachfolgers mit dem Text ' |-' beginnen, fügen wir vorne an unsere Stringrepräsentation noch drei Leerzeichen ein:

```
def draw_node(current_node, line_length):
    str_node = "   "
    str_node += spacing(line_length)
    str_node += stringify_node_value(current_node)
    str_node += spacing(line_length)

    return str_node


def stringify_node_value(node):
    if node is None:
        return "   "
    if node.item is None:
        return "   "

    node_value = str(node.item)
```

```
    if len(node_value) == 1:
        return " " + node_value + " "
    if len(node_value) == 2:
        return node_value + " "

    return node_value[0:3]


def spacing(line_length):
    return " " * line_length
```

Lösung 13c: Verbindungslinien zeichnen (★★☆☆☆)

Schreiben Sie eine Funktion `draw_connections(node, line_length)`, die eine grafische Ausgabe der Verbindungslinien eines Knotens zu seinen zwei Nachfolgern zeichnet und auch fehlende Nachfolger korrekt behandelt.

Tipp Die Linienlänge bezieht sich auf die Zeichen zwischen den Knotendarstellungen. Die Enden sind jeweils noch geeignet anzuhängen, ebenso wie das mittlere Verbindungsstück.

Beispiel Die nachfolgende Abbildung visualisiert alle beim Zeichnen relevanten Fälle, also mit keinem, einem und zwei Nachfolgern.

```
                        F
             |-----------+-----------|
             D                      H
       |-----+                      +-----|
       B                                  I
    |--+--|
    A     C
```

Nachfolgend ist nochmals eine schematische Darstellung gezeigt:

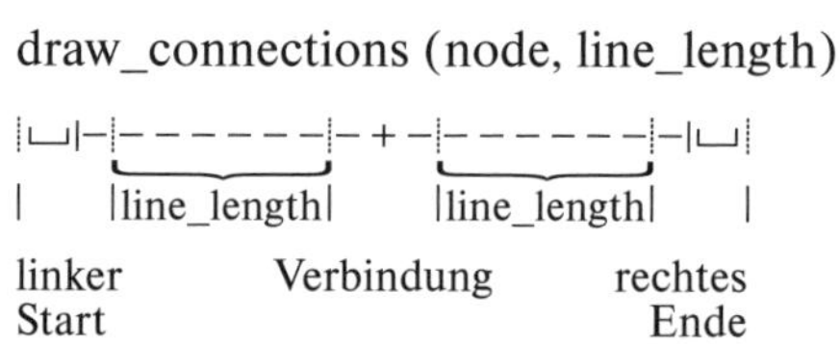

Abbildung 8-15 *Schematische Darstellung der Verbindungslinien*

Algorithmus Beim Zeichnen der Verbindungslinien unterhalb eines Knotens sind alle drei Varianten mit und ohne linken bzw. rechten Nachfolger abzudecken. Noch ein klein wenig interessanter ist es, dass ein nicht vorhandener Knoten auch eine entsprechende Ausgabe von Leerzeichen produzieren muss. Das wird benötigt, wenn auf der linken Seite keine Kinder existieren. Ansonsten würden die Knoten auf der rechten Seite nicht korrekt eingerückt.

Wir untergliedern das Zeichnen in drei Teile. Als Erstes bereiten wir mit `draw_left_connection_part()` den linken Teil der Ausgabe auf. Danach erstellen wir in `draw_junction(node)` den Verbindungspunkt unter Beachtung aller Spezialfälle. Schließlich wird mit `draw_right_connection_part()` noch der rechte Teil aufbereitet:

```
def draw_connections(node, line_length):
    if node is None:
        return "   " + spacing(line_length) + \
               "   " + spacing(line_length) + "   "

    connection = draw_left_connection_part(node, line_length)
    connection += draw_junction(node)
    connection += draw_right_connection_part(node, line_length)

    return connection


def draw_left_connection_part(node, line_length):
    if node.left is None:
        return "   " + spacing(line_length)
    else:
        return " |-" + draw_line(line_length)


def draw_right_connection_part(node, line_length):
    if node.right is None:
        return spacing(line_length) + "   "
    else:
        return draw_line(line_length) + "-| "


def draw_junction(node):
    if node.left is None and node.right is None:
        return "   "
    elif node.left is None:
        return " +-"
    elif node.right is None:
        return "-+ "
    else:
        return "-+-"


def draw_line(line_length):
    return "-" * line_length
```

Lösung 13d: Baumdarstellung (★★★★★)

Kombinieren Sie alle Lösungen der Aufgabenteile und ergänzen Sie die notwendigen Schritte, um einen beliebigen Binärbaum geeignet auf der Konsole ausgeben zu können. Schreiben Sie dazu eine Funktion `nice_print(node)`.

Beispiel Die Ausgabe des im einleitenden Beispiel dargestellten Baums sollte durch `nice_print()` in etwa wie folgt aussehen:

```
                          F
             |-----------+-----------|
             D                       H
       |-----+-----|           |-----+-----|
       B           E           G           I
    |--+--|
    A     C
```

Prüfen Sie Ihren Algorithmus auch mal mit einem richtigen Ungetüm an Baum, den Sie in den Sourcen finden, hier ein deutlich abgespeckter Vertreter:

```
                                          BIG
                  |-----------------------+-----------------------|
                  b2                                              f6
      |-----------+-----------|                       |-----------+-----------|
      a1                      d4                      d4                      g7
                        |-----+-----|           |-----+-----|
                        c3          f6          b2          e5
                                 |--+--|     |--+--|
                                 e5    g7    a1    c3
```

Algorithmus In der vorherigen Aufgabe haben Sie kennengelernt, wie man Binärbäume auf Listen oder Arrays abbilden kann. Hier muss das sogar noch leicht abgewandelt werden, da in dem Baum im Gegensatz zur Vollständigkeit an beliebigen Stellen auch Knoten fehlen können. Zur Größenberechnung der Liste benötigen wir die Höhe des Baums. Diese ist auch wichtig, um die entsprechenden Abstände und Linienlängen zu berechnen. Dabei hilft dann auch noch der Trick, die maximale Breite eines Teilbaums zu bestimmen und geeignet zu nutzen.

Diese Ideen kann man aufgreifen, um sich eine passende Liste zu erstellen, in der verstreut die Knoten hinterlegt sind. Dabei helfen die folgenden Funktionen:

```
def fill_nodes_into_list(start_node):
    height = get_height(start_node)
    nodes = [None] * pow(2, height)

    traverse_and_mark(start_node, nodes, 0)

    return nodes


def traverse_and_mark(start_node, nodes, pos):
    if start_node is None:
        return

    if pos >= len(nodes):
        return

    # Aktion
    nodes[pos] = start_node

    # rekursiver Abstieg
    traverse_and_mark(start_node.left, nodes, pos * 2 + 1)
    traverse_and_mark(start_node.right, nodes, pos * 2 + 2)
```

Zum Zeichnen wird dann Ebene für Ebene durch den Baum und die Liste gewandert und die grafische Repräsentation aufbereitet. Das hat allerdings den Nachteil, dass sehr ausladende Bäume auch ziemlich viel zusätzlichen Speicher beim Zeichnen benötigen, da sie ja als Liste vorgehalten werden.

Dabei warten ein paar Herausforderungen auf uns:

- Da wir oben mit dem Zeichnen anfangen, müssen wir bei jeder neuen Ebene die bisher aufbereiteten Zeilen um entsprechende Positionen nach rechts verschieben.
- Die Abstände zwischen den Knoten und die Längen der Verbindungslinien sind abhängig von der Gesamthöhe, der aktuellen Ebene sowie Position zu berechnen und einzuhalten. Dabei benötigt die unterste Ebene noch eine Spezialbehandlung.

Nachfolgende Abbildung verdeutlicht das Raster und die unterschiedlichen Abstände zwischen den Knoten pro Ebene:

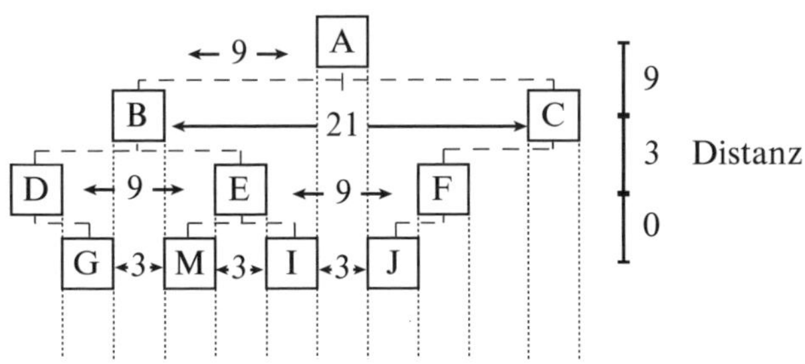

Abbildung 8-16 *Abstände zwischen den Knoten*

Die zugehörige Implementierung profitiert durch den Einsatz geeigneter Hilfsfunktionen:

```
def nice_print_v1(node):
    if node is None:
        return

    tree_height = get_height(node)
    all_nodes = fill_nodes_into_list(node)

    # laufe Level für Level
    offset = 0
    lines = []
    for level in range(tree_height):

        line_length = subtree_width(tree_height - 1 - level)

        # Vorgängerzeilen nach rechts einrücken
        for i in range(len(lines)):
            lines[i] = "   " + spacing(line_length) + lines[i]

        nodes_per_level = pow(2, level)
        node_line = ""
        connection_line = ""

        for pos in range(nodes_per_level):
            current_node = all_nodes[offset + pos]

            node_line += draw_node(current_node, line_length)
            node_line += spacing_between_nodes(tree_height, level)
            connection_line += draw_connections(current_node, line_length)
            connection_line += spacing_between_connections(tree_height, level)

        lines.append(node_line)
        lines.append(connection_line)

        # Springe in der Liste weiter
        offset += nodes_per_level

    for line in lines:
        print(line)


def spacing_between_nodes(tree_height, level):
    spacing_length = subtree_width(tree_height - level)
    spacing = " " * spacing_length
    if spacing_length > 0:
        spacing += "   "
    return spacing


def spacing_between_connections(tree_height, level):
    spacing_length = subtree_width(tree_height - level)
    return " " * spacing_length
```

Speicheroptimierter Algorithmus Nachfolgend stelle ich eine Variante vor, die keinen zusätzlichen Speicher benötigt, sondern mit einem Levelorder-Durchlauf die grafische Repräsentation des Baums aufbereitet. Dabei nutzen wir eine Liste mit einzelnen Zeilen, wobei sich solche mit Knoten und Verbindungslinien abwechseln. Die zuvor gezeigte Variante empfinde ich etwas klarer, insbesondere benötigt nachfolgende Version die Spezialbehandlung des Wechsels der Ebenen, was in der ersten Version natürlicher geschieht.

Insgesamt ist es aber weiterhin ein klarer Levelorder-Durchlauf, dessen Aktion in diesem Fall etwas umfangreicher ist:

```
def nice_print(start_node):
    if start_node is None:
        return

    to_process = Queue()
    # sehr cool: Tupel (node, level)
    to_process.enqueue((start_node, 0))

    tree_height = get_height(start_node)
    lines = []

    level = 0
    node_line = ""
    connection_line = ""
    additional_left_spacing = ""

    while not to_process.is_empty() and level < tree_height:
        # Levelorder
        current_node_and_level = to_process.dequeue()
        current_node = current_node_and_level[0]
        node_level = current_node_and_level[1]

        line_length = subtree_width(tree_height - 1 - level)

        # Wechsel in der Ebene
        if level != node_level:
            level = node_level
            line_length = subtree_width(tree_height - 1 - level)

            lines.append(node_line)
            lines.append(connection_line)

            for i in range(len(lines)):
                lines[i] = "    " + additional_left_spacing + \
                           spacing(line_length) + lines[i]

            node_line = ""
            connection_line = ""

        node_line += draw_node(current_node, line_length)
        node_line += spacing_between_nodes(tree_height, level)
        connection_line += draw_connections(current_node, line_length)
        connection_line += spacing_between_connections(tree_height, level)

        # Levelorder
        if current_node is not None:
            to_process.enqueue((current_node.left, level + 1))
            to_process.enqueue((current_node.right, level + 1))
        else:
            # künstliche Platzhalter
            to_process.enqueue((None, level + 1))
            to_process.enqueue((None, level + 1))

    for line in lines:
        print(line)
```

Prüfung

Wir haben jetzt einiges entwickelt, nun wollen wir auch die Früchte unserer Arbeit sehen. Dazu nutzen wir die Bäume aus dem einleitenden Beispiel. Am ersten Baum lässt sich die prinzipielle Arbeitsweise gut erkennen. Der zweite ist eine Kombination aus den bisherigen Beispielbäumen, jedoch nach links und rechts rotiert und unter einer neuen Wurzel mit dem Wert `BIG` vereint:

```
def create_tree_print_example_tree():
    F = BinaryTreeNode("F")
    TreeUtils.insert(F, "D")
    TreeUtils.insert(F, "H")
    TreeUtils.insert(F, "B")
    TreeUtils.insert(F, "A")
    TreeUtils.insert(F, "C")
    TreeUtils.insert(F, "I")
    return F


def create_big_tree():
    d4a = ExampleTrees.create_example_tree()
    d4b = ExampleTrees.create_example_tree()
    BIG = BinaryTreeNode("BIG")
    BIG.left = rotate_right(d4a)
    BIG.right = rotate_left(d4b)
    return BIG
```

Diese Funktionen ergeben folgende Bäume:

```
                         F
            |-----------+-----------|
            D                       H
      |-----+                       +-----|
      B                                   I
   |--+--|
   A     C

                                    BIG
               |-----------------------+-----------------------|
              b2                                               f6
   |-----------+-----------|                       |-----------+-----------|
  a1                      d4                      d4                       g7
                     |-----+-----|           |-----+-----|
                    c3           f6          b2          e5
                              |--+--|     |--+--|
                              e5    g7    a1    c3
```

Wenn Sie einmal sehen wollen, wie schön wirklich ausladende Bäume dargestellt werden, dann rufen Sie die Funktion einmal für folgendes Konstrukt auf:

```
def create_monster_tree():
    mon = BinaryTreeNode("MON")
    mon.left = create_big_tree()
    mon.right = create_big_tree()
    return mon
```

Im Begleitprojekt finden Sie eine Doppelkombination dieses Monsterbaums, den ich spaßeshalber auf den Namen »KingKong« getauft habe.

9 Suchen und Sortieren

Suchen und Sortieren sind zwei elementare Themen der Informatik im Bereich der Algorithmen und Datenstrukturen. Die Python-Standardbibliothek setzt beide mit effizienten Implementierungen um und nimmt einem dadurch viel Arbeit ab. Nichtsdestotrotz ist das Verständnis der zugrunde liegenden Algorithmen hilfreich, um die am besten passende Variante für einen Anwendungsfall wählen zu können. Das Thema Suchen stelle ich hier nur einführend vor. In diesem Kapitel widmen wir uns vorrangig einigen essenziellen Sortierverfahren, weil dabei einige algorithmische Tricks gelernt werden können.

9.1 Einführung Suchen

Beim Verwalten von Daten muss man immer mal wieder auch nach Elementen suchen, etwa nach Kunden mit dem Vornamen »Carsten« oder nach einer Rechnung zu einem bestimmten Bestelldatum. Praktischerweise besitzen alle Container diverse Funktionen, etwa solche, mit denen man nach Elementen suchen kann.

Suchen mit `in()`, `index()` und `count()`

Manchmal muss man lediglich prüfen, ob gewisse Daten in einem Container enthalten sind. Dabei hilft das Schlüsselwort `in`. Teilweise möchte man aber auch die Position des Elements erhalten. Dann nutzt man `index()`, das jedoch einen `ValueError` bei Nichtexistenz auslöst:

```
3 in [1, 2, 3] # => True

[1, 2, 3].index(2) # => 1
[1, 2, 3].index(4) # => ValueError
```

Darüber hinaus gilt es zu bedenken, dass `index()` immer den Index des ersten Auftretens liefert. Gibt es mehrere gleiche Elemente und sollen auch alle deren Fundstellen ermittelt werden, dann kann man sich mit einer Kombination aus `in` und `enumerate()` helfen. Bei Bedarf liefert `count()` die Anzahl der gleichen Elemente:

```
print([1, 2, 3, 2].index(2)) # => 1

print([i for i, val in enumerate([1, 2, 3, 2, 4, 2]) if val == 2]) # => [1, 3, 5]
print([1, 2, 3, 2, 4, 2].count(2)) # => 3
```

Für Dictionaries kann man die Schlüssel (`keys()`), die Werte (`values()`) oder deren Kombination mit `items()` ermitteln. Bei Abfragen gibt es für die Schlüssel noch eine Kurzform:

```
programmers = {"Michael": "Python",
               "Tim": "C++",
               "Karthi": "Java"}

if "Karthi" in programmers.keys():
    print("Karthi is here")

# Python-Kurzform
if "Karthi" in programmers:
    print("Karthi is here II")

if "C++" in programmers.values():
    print("someone knows C++")

if ("Michael", "Python") in programmers.items():
    print("Michael knows Python")
```

Darüber hinaus kann man mit `all()` prüfen, ob eine Menge von Elementen enthalten ist. Mit `any()` lässt sich ermitteln, ob es überhaupt eine Übereinstimmung gibt:

```
print(all([7, 2] in [2, 3, 5, 7, 9])) # => True
print(any([7, 2] in [2, 3, 5, 7, 9])) # => True
print(any([4] in [2, 3, 5, 7, 9])) # => False

# Alternative mit mehr Flexibilität
print(all(elem in [2, 3, 5, 7, 9] for elem in [7, 2])) # => True
print(any(elem in [2, 3, 5, 7, 9] for elem in [7, 2])) # => True
print(any(elem in [2, 3, 5, 7, 9] for elem in [4])) # => False
```

Suchen mit `rindex()` und `rfind()`

Für Strings gibt es die Funktionen `rindex()` und `rfind()`, um die Position eines gesuchten Elements vom Ende der Zeichenkette zu ermitteln:

```
print("Hallo".rindex("l")) # => 3
print("Hallo".rfind("l")) # => 3
print("Hallo".rfind("x")) # => -1
# print("Hallo".rindex("x")) # => ValueError: substring not found
```

Leider existiert Derartiges nicht für Listen. Allerdings kann man das recht einfach selbst programmieren, wobei ich hier den aus Java bekannten und meiner Ansicht nach besser verständlichen Funktionsnamen `last_index_of()` nutze. Wird kein Element gefunden, so ist die Rückgabe -1:

```
def last_index_of(values, search_for):
    for pos in range(len(values) - 1, -1, -1):
        if values[pos] == search_for:
            return pos

    return -1


print(last_index_of([1, 2, 3, 2, 4, 2, 5, 2], 2))  # => 7
```

9.1.1 Binärsuche

Neben den gerade genannten Suchfunktionen, die iterativ so lange alle Elemente der Datenstruktur betrachten, bis sie fündig geworden sind, kann man eine effiziente Suche, die sogenannte ***Binärsuche***, anbieten. ***Diese setzt allerdings zwingend sortierte Daten voraus***. Wenn man Daten explizit erst sortieren muss, dann ist der Vorteil gegenüber einer linearen Suche gerade bei kleinen Datenbeständen kaum gegeben.

Bei größeren Datenvolumina ist die logarithmische Laufzeit einer Binärsuche allerdings deutlich besser als diejenige einer linearen Suche: Die geringe Laufzeit wird dadurch erreicht, dass der Algorithmus die jeweils zu verarbeitenden Bereiche halbiert und danach im passenden Teilstück weitersucht. Abbildung 9-1 stellt den prinzipiellen Ablauf dar, wobei aussortierte Teilstücke grau markiert sind.

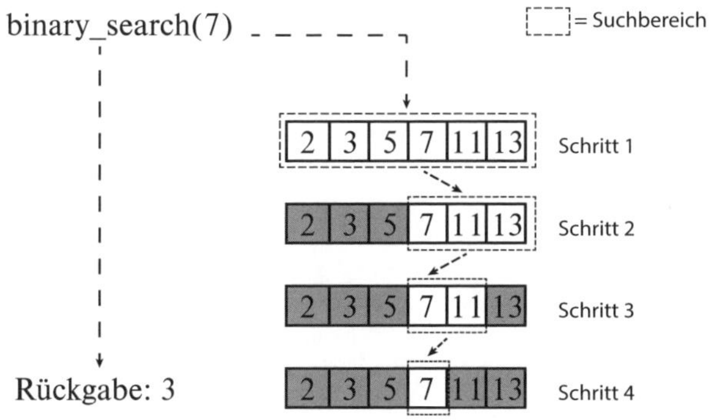

Abbildung 9-1 *Schematischer Ablauf bei der Binärsuche*

In der Abbildung zeigt der Pfeil im ersten Schritt zwischen die Elemente – je nach Implementierung von `binary_search()` wird bei gerader Anzahl das zur Mitte direkt benachbarte linke bzw. rechte Element zum Vergleich genutzt.

9.2 Einführung Sortieren

In diesem Abschnitt stelle ich Ihnen einige Sortieralgorithmen vor, die die Grundlage für die späteren Übungsaufgaben bilden.

9.2.1 Insertion Sort

Insertion Sort kann man sich am besten mit dem Sortieren der eigenen Karten in der Hand bei einem Kartenspiel vorstellen. Man beginnt auf der linken Seite, nimmt dann immer die nächste rechts benachbarte Karte und fügt diese passend in den bereits sortierten linken Teil ein, wodurch in der Regel einige der bereits sortierten Karten nach rechts wandern. Bei diesem Vorgehen kann man die erste Karte überspringen, da sie für sich betrachtet sortiert ist und somit mit der zweiten Karte starten. Schauen wir uns das für die Zahlenfolge 4, 2, 7, 9, 1 an — dazu ist das jeweilige neu einzusortierende Element markiert und der links bereits sortierte Teil vom unsortierten Teil rechts mit || abgetrennt:

```
4 || ② 7 9 1
2 4 || ⑦ 9 1
2 4 7 || ⑨ 1
2 4 7 9 || ①
1 2 4 7 9
```

Im Beispiel startet man mit dem Wert 2. Für jede Zahl muss man die korrekte Einfügeposition ermitteln. Dafür gibt es die nachfolgend beschriebenen zwei Varianten.

Einfügeposition bestimmen

Ausgehend von der aktuellen Position läuft man so lange nach links, wie die Vergleichswerte größer sind. Alternativ kann man auch von vorne beginnen und so lange eine Position nach rechts gehen, wie die verglichenen Werte kleiner sind:

```
def find_insert_pos_from_current(values, current_pos):
    insert_pos = current_pos
    while insert_pos > 0 and values[insert_pos - 1] > values[current_pos]:
        insert_pos -= 1

    return insert_pos


def find_insert_pos_from_start(values, current_pos):
    insert_pos = 0
    while insert_pos < current_pos and values[insert_pos] < values[current_pos]:
        insert_pos += 1

    return insert_pos
```

Tipp: Stabiles Sortieren

Wenn beim Sortieren für Elemente gleichen Werts deren ursprüngliche Reihenfolge in der Collection bestehen bleibt, dann spricht man von ***stabilem Sortieren***. Das ist oftmals eine zu bevorzugende Eigenschaft, weil ggf. mit den Elementen verknüpfte Daten so nicht in der Reihenfolge durcheinanderkommen.

Für das Beispiel führt die Variante `find_insert_pos_from_current()` zu einem stabilen Sortierverfahren, die zweite dagegen nicht. Ersetzt man dort jedoch das < durch <=, so wird das resultierende Sortierverfahren ebenfalls stabil:

```
while insert_pos < current_pos and \
      values[insert_pos] <= values[current_pos]:
```

Das liegt daran, dass dadurch ein zuletzt gefundenes gleiches Element immer hinter allen gleichen Elementen angeordnet wird.

Sortieren durch Einfügen

Nachdem man die korrekte Einfügeposition für einen Wert kennt, müssen noch alle Werte (bis zur Position des aktuell betrachteten Werts) um eine Position nach rechts geschoben werden. Schließlich wird der Wert an der gefundenen Position eingefügt:

```
def insertion_sort(values):
    for current_pos in range(1, len(numbers)):
        current_val = numbers[current_pos]
        insert_pos = find_insert_pos_from_current(values, current_pos)

        move_right(values, current_pos, insert_pos)

        numbers[insert_pos] = current_val


def move_right(values, current_pos, insert_pos):
    move_pos = current_pos
    while move_pos > insert_pos:
        values[move_pos] = values[move_pos - 1]
        move_pos -= 1
```

Im Listing ist eine gut nachvollziehbare Realisierung gezeigt, die auf Verständlichkeit und nicht auf Geschwindigkeit setzt. Tatsächlich kann man einige Aktionen geschickt miteinander verbinden und so die mehrfachen Durchläufe vermeiden. In der Übungsaufgabe 4 geht es später um genau diese Optimierung.

9.2.2 Selection Sort

Selection Sort ist ein weiteres intuitiv verständliches Verfahren mit zwei Varianten: Eine basiert auf dem Minimum und die andere auf dem Maximum. Bei der Minimum-Variante wird die zu sortierende Liste bzw. das Array von vorne nach hinten durchlaufen und dabei in jedem Schritt das Minimum aus dem noch unsortierten Teilbereich ermittelt. Dieses wird nach vorne bewegt, indem es mit dem aktuellen Element vertauscht wird. Dadurch wächst der sortierte Bereich von vorne und es verkleinert sich der verbliebene noch unsortierte Bereich. Für die Variante mit Maximum durchläuft man die zu sortierenden Daten von hinten nach vorne, ordnet das jeweilige Maximum hinten ein, sodass der sortierte Bereich von hinten wächst.

Zum besseren Verständnis betrachten wir das für ein paar Werte — dazu ist das jeweilige Minimum bzw. Maximum speziell markiert und der sortierte vom unsortierten Teil mit || abgetrennt. Man erkennt gut, wie der sortierte Teil wächst.

```
    MIN                     MAX
    ->                       <-
    || 4 2 7 9 ①            4 2 7 ⑨ 1 ||

1:  1 || ② 7 9 4            4 2 ⑦ 1 || 9

2:  1 2 || 7 9 ④            ④ 2 1 || 7 9

3:  1 2 4 || 9 ⑦            1 ② || 4 7 9

4:  1 2 4 7 || 9            1 || 2 4 7 9
```

Nachfolgend ist die Implementierung der Variante für das Minimum gezeigt:

```
def selection_sort_min(values):
    for i in range(len(values) - 1):
        min_idx = i

        # Finde Minimum
        for j in range(i + 1, len(values)):
            if values[j] < values[min_idx]:
                min_idx = j

        # Tausche aktuellen Wert mit Minimum
        tmp = values[min_idx]
        values[min_idx] = values[i]
        values[i] = tmp
```

Wenn man Algorithmen nur auf dieser Low-Level-Ebene anschaut, fällt meistens das Verständnis und Nachvollziehen schwer. Natürlich müssen die endgültigen, in Frameworks eingesetzten Algorithmen möglichst optimal sein. Dazu benötigt man Abschätzungen mit der O-Notation, die auf der Low-Level-Ebene einfacher durchführbar sind als auf der High-Level-Ebene, da dann sämtliche Konstrukte inklusive aufgerufener Funktionen betrachtet werden müssen. Jedoch ist es zum Lernen und zum Einstieg viel geeigneter, zunächst verständlich zu programmieren und dann in weiteren Schritten an der Optimierung zu arbeiten.

Meinung: Starte mit Verständlichkeit

Wie lässt sich Selection Sort auf höherer Abstraktionsebene beschreiben? Dazu greifen wir auf einige Hilfsfunktionen zurück, die wir zu Arrays erstellt haben: Zum einen in der Einführung die Funktion `swap()` zum Vertauschen von Elementen, zum anderen die Funktion `find_min_pos()` zum Auffinden der Position des kleinsten Elements, was als Übungsaufgabe 11 in Abschnitt 6.3.11 ab Seite 287 erstellt wurde. Praktischerweise lassen sich diese ohne Änderung auch für Listen nutzen.

Durch deren Verwendung wird der eigentliche Ablauf nahezu sofort ersichtlich: Wir durchlaufen die Liste von vorne und suchen jeweils das Minimum des verbleibenden Teils und tauschen dieses mit dem Wert der aktuellen Position:

```
def selection_sort_min_readable(values):
    for cur_idx in range(len(values) - 1):
        min_idx = find_min_pos(values, cur_idx, len(values))
        swap(values, min_idx, cur_idx)
```

Im Listing kommen die zwei fett markierten Hilfsmethoden aus der Klasse `ArrayUtils` zum Einsatz. Wie üblich bündelt die Klasse `ArrayUtils` verschiedene in Kapitel 6 entwickelte Hilfsmethoden. Zum leichteren Ausprobieren des Beispiels mit der Kommandozeile sind nachfolgend die zwei im obigen Listing aufgerufenen Hilfsmethoden nochmals abgebildet:

```
def find_min_pos(values, start_pos, end_pos):
    min_pos = start_pos
    for i in range(start_pos + 1, end_pos):
        if values[i] < values[min_pos]:
            min_pos = i

    return min_pos


def swap(values, pos1, pos2):
    temp = values[pos1]
    values[pos1] = values[pos2]
    values[pos2] = temp
```

Probieren wir das mal auf der Kommandozeile aus:

```
>>> values = [ 4, 2, 7, 9, 1 ]
>>> selection_sort_min_readable(values)
>>> print(values)
[1, 2, 4, 7, 9]
```

9.2.3 Merge Sort

Merge Sort basiert auf einem Divide-and-Conquer-Ansatz und zerteilt rekursiv die zu sortierende Liste in immer kleiner werdende Teile mit etwa der Hälfte der ursprünglichen Größe, bis diese nur noch aus einem oder ggf. keinem Element bestehen. Danach werden die Teile wieder vereint. In diesem Merge-Schritt erfolgt das Sortieren durch die passende, auf den jeweiligen Werten basierende Zusammenführung. Die Abläufe kann man sich wie folgt verdeutlichen:

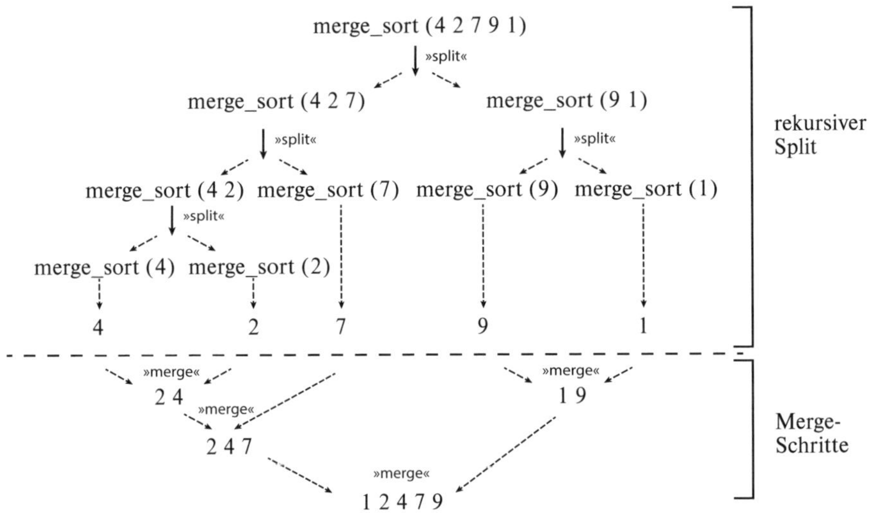

Abbildung 9-2 *Ablauf bei Merge Sort*

Der Algorithmus des Aufsplittens lässt sich rekursiv und gut verständlich – allerdings auch etwas ineffizient – implementieren, sofern man neue Listen erzeugen darf. Dabei kommt die Realisierung der Funktion `merge(values1, values2)` zum Einsatz, die bereits in der Übungsaufgabe 12 in Abschnitt 5.3.12 ab Seite 204 erstellt wurde:

```
def merge_sort(to_sort):
    # Rekursiver Abbruch: Länge 0 (nur wenn initial leere Liste) oder 1
    if len(to_sort) <= 1:
        return to_sort

    # Rekursiver Abstieg: teile in zwei Hälften
    mid_pos = len(to_sort) // 2
    left = to_sort[0: mid_pos]
    result_left = merge_sort(left)

    right = to_sort[mid_pos: len(to_sort)]
    result_right = merge_sort(right)

    # Verbinde die Teilresultate zu größerem sortiertem Datenbestand
    return merge(result_left, result_right)
```

Tipp: Analogie aus dem realen Leben führt zu Optimierung

Auch für Merge Sort lässt sich wieder die Analogie zum Sortieren von Karten eines Kartenspiels nutzen. Wenn man einen ziemlich großen Stapel an Karten sortieren muss, kann man diesen in viele, deutlich kleinere Stapel aufteilen, diese für sich sortieren und danach sukzessive vereinigen. Statt jedoch die Stapel bis auf eine Karte zu reduzieren, bietet es sich an, die kleineren Stapel mit einem anderen Verfahren zu sortieren, oftmals mit Insertion Sort, das für kleine, idealerweise fast geordnete Werte eine Laufzeit von $O(n)$ besitzt. Das kann man zum Feintunen verwenden. Genialerweise ist dies bei Merge Sort kinderleicht:

```
def merge_sort_with_insertion_sort(to_sort):
    # Rekursiver Abbruch inklusive Mini-Optimierung
    if len(to_sort) < 5:
        insertion_sort(to_sort)
        return to_sort

    # Rekursiver Abstieg: teile in zwei Hälften
    mid_pos = len(to_sort) // 2
    left = to_sort[0: mid_pos]
    result_left = merge_sort(left)

    right = to_sort[mid_pos: len(to_sort)]
    result_right = merge_sort(right)

    # Verbinde die Teilresultate zu größerer sortierter Liste
    return merge(result_left, result_right)
```

Abschließend möchte ich noch darauf hinweisen, dass die Grenze, ab wann man auf Insertion Sort wechseln sollte, hier recht willkürlich auf den Wert 5 festgesetzt wurde. Vermutlich sind Werte zwischen 10 und 20 Elemente ziemlich praxistauglich, jedoch sollte man dann auf das Wissen von Algorithmen-Profis zurückgreifen, die für Laufzeiten mathematisch fundierte Abschätzungen erstellen.

9.2.4 Quick Sort

Ebenso wie Merge Sort basiert auch Quick Sort auf einem Divide-and-Conquer-Ansatz und zerteilt den zu sortierenden Datenbestand in immer kleiner werdende Teile. Dabei wird ein spezielles Element (***Pivot*** genannt) ausgewählt, das die Unterteilung festlegt. Der Einfachheit halber kann man das erste Element des zu sortierenden Teilbereichs als Pivot-Element wählen – andere Varianten sind aber denkbar. Bei Quick Sort erfolgt das Sortieren basierend auf diesem Pivot-Element, indem man alle Elemente des Teilbereichs gemäß ihrem Wert links (kleiner oder gleich) bzw. rechts (größer) vom Pivot anordnet. Dadurch ist das Pivot-Element an der korrekten Stelle einsortiert. Nun wird das Ganze rekursiv für die linken und rechten Teile wiederholt, bis die Teilbereiche nur noch aus einem Element bestehen. Die Abläufe zeigt folgende Abbildung.

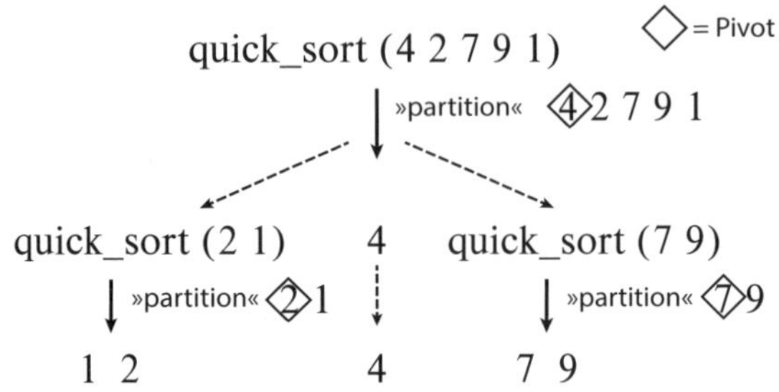

Abbildung 9-3 *Ablauf bei Quick Sort*

Beginnen wir mit einer Umsetzung mit Listen als Hilfsdatenstruktur, da dies leichter nachvollziehbar ist. Dadurch lassen sich das Aufgliedern in kleinere und gleiche sowie größere Elemente einfach implementieren und auch das spätere Zusammenfügen der Ergebnisse der rekursiven Teilberechnungen ist leicht. Die gesamte Implementierung ist bewusst nicht auf Geschwindigkeit, sondern Verständlichkeit optimiert.

Zur Partitionierung sammelt man in je einer Liste alle Elemente, die kleiner oder gleich bzw. die größer als der Wert des Pivot-Elements sind. Dabei überspringen wir das erste Element, da dieses das Pivot-Element ist, und wenden dann die jeweils passende als Lambda übergebene Filterbedingung an.

```
def quick_sort(values):
    # rekursiver Abbruch
    if len(values) <= 1:
        return values

    # Aufsammeln kleiner gleich / größer als Pivot
    pivot = values[0]
    below_or_equals = [value for value in values[1:] if value <= pivot]
    aboves = [value for value in values[1:] if value > pivot]

    # rekursiver Abstieg
    sorted_lowers_part = quick_sort(below_or_equals)
    sorted_uppers_part = quick_sort(aboves)

    # Zusammenfügen
    return sorted_lowers_part + [pivot] + sorted_uppers_part
```

Mit eigenen Listen als Zwischenspeicher und Hilfsdatenstruktur sowie nicht auf Performance optimiert ist das Ganze recht intuitiv. Deutlich unhandlicher wird es, wenn man die Partitionierung für Listen inplace, also direkt in der Originalliste selbst, realisieren möchte. Davon dürfen Sie sich später in Form der Übungsaufgabe 5 überzeugen. Den prinzipiellen Ablauf schauen wir uns nun an.

Inplace-Umsetzung

Der grundsätzliche Algorithmus lässt sich wie folgt implementieren, wobei die Realisierung der Partitionierung – wie schon erwähnt – eine Übungsaufgabe sein wird:

```
def quick_sort_inplace(values):
    quick_sort_in_range(values, 0, len(values) - 1)


def quick_sort_in_range(values, left, right):
    # rekursiver Abbruch
    if left >= right:
        return

    partition_index = partition(values, left, right)

    # rekursiver Abstieg
    quick_sort_in_range(values, left, partition_index - 1)
    quick_sort_in_range(values, partition_index + 1, right)
```

Tipp: Vermeidung von Seiteneffekten durch Kopie

Soll der ursprüngliche Datenbestand nicht verändert werden, so kann man zunächst eine Kopie davon erstellen und danach dann die Inplace-Funktion aufrufen:

```
def quick_sort_with_copy(values):
    copied_values = values.copy()
    quick_sort_inplace(copied_values);

    return copied_values
```

9.2.5 Bucket Sort

Bucket Sort ist ein interessantes Sortierverfahren, dessen Algorithmus ich nachfolgend nur skizziere, da die Implementierung Thema der Übungsaufgabe 7 ist.

Bucket Sort ist ein zweistufiges Verfahren zum Sortieren der Daten. Zunächst werden die Werte in speziellen Containern (den sogenannten Buckets) gesammelt. Danach werden diese Werte dann passend in eine sortierte Liste überführt. Damit der Algorithmus möglich ist, müssen die zu sortierenden Elemente eine begrenzte Wertemenge besitzen. Das gilt etwa für Altersangaben von Personen, wo wir einen Wertebereich von 0 bis 150 annehmen können.

```
ages = [10, 50, 22, 7, 42, 111, 50, 7]
```

Durch diese Festlegung auf eine maximale Anzahl an unterschiedlichen Werten lassen sich korrespondierend viele Behälter, die Buckets, nutzen, um die Werte bzw. genauer deren Häufigkeit zu speichern. Für jeden möglichen Wert wird ein Bucket vorgesehen.

Schritt 1: Verteilung auf Buckets Nun wird die Ausgangsmenge an Daten durchlaufen und deren Auftreten in den Buckets vermerkt. Exemplarisch für die obigen Altersangaben ergibt sich folgende Verteilung:

```
bucket[7] = 2
bucket[10] = 1
bucket[22] = 1
bucket[42] = 1
bucket[50] = 2
bucket[111] = 1
```

Schritt 2: Aufbereitung des sortierten Ergebnisses In einem letzten Schritt werden die Buckets von vorne durchlaufen und die jeweiligen Werte in das Resultat so oft eingefügt, wie deren Anzahl im Bucket hinterlegt ist. Damit entsteht diese Sortierung:

```
result = [7, 7, 10, 22, 42, 50, 50, 111]
```

9.2.6 Schlussgedanken

Viele der intuitiv gut zu erfassenden Algorithmen wie Insertion Sort und Selection Sort haben allerdings den Nachteil, dass sie in der Regel eine Laufzeit von $O(n^2)$ besitzen. Insertion Sort verfügt jedoch über eine positive und bemerkenswerte Besonderheit, sofern die Ausgangsdaten (nahezu) sortiert vorliegen: Dann wird Insertion Sort mit $O(n)$ extrem performant.

Quick Sort und Merge Sort sind in der Regel mit einer Laufzeit von $O(n \cdot log(n))$ sehr performant, allerdings besitzen diese auch eine höhere Komplexität des Sourcecodes, insbesondere, wenn dort inplace gearbeitet wird. Das Inplace-Arbeiten ist für Frameworks und größere Datenbestände sehr wichtig für die Performance. Bei Straight-Forward-Implementierungen von Merge Sort und Quick Sort werden oftmals viele Kopien von Teilbereichen erzeugt (bei Quick Sort bei der Partionierung). Für beides gibt es aber Varianten, die die Aktionen inplace erledigen. Interessanterweise sind die jeweiligen Teilungen der zu sortierenden Teilbereiche per Rekursion ziemlich einfach zu formulieren, jedoch ist der Teil zur Partitionierung bzw. zum Mergen dann komplexer und schwieriger zu implementieren, vor allem, wenn man inplace arbeitet. Für Merge Sort finden Sie ein Beispiel im mitgelieferten Python-Projekt, für Quick Sort dürfen Sie sich in der Übungsaufgabe 6 daran versuchen.

Verbleibt noch Bucket Sort. Dieser Algorithmus läuft mitunter sogar in linearer Laufzeit, allerdings ist er im Gegensatz zu den anderen vorgestellten Sortierverfahren nicht allgemeingültig, da er die schon genannte Restriktion der Einschränkung der möglichen Wertemenge besitzt.

9.3 Aufgaben

9.3.1 Aufgabe 1: Contains All (★★☆☆☆)

Es soll eine Funktion `contains_all(values, search_values)` für Listen erstellt werden, die prüft, ob alle übergebenen Werte in der Ausgangsliste auch vorhanden sind. Benutzen Sie explizit nicht die Python-Standardfunktionalität von `all()`, sondern programmieren Sie dies selbst.

Beispiele

Eingabe	Suchwerte	Resultat
[0, 1, 2, 3, 4, 5, 6, 7, 8, 9]	[7, 2]	True
[0, 1, 2, 3, 4, 5, 6, 7, 8, 9]	[5, 11]	False

9.3.2 Aufgabe 2: Partitionierung (★★★★☆)

Die Aufgabenstellung besteht darin, eine gemischte Folge der Buchstaben A und B in einem einzigen Durchlauf passend zu sortieren bzw. so anzuordnen, dass alle As vor den Bs auftreten. Das kann man auch auf drei Buchstaben ausweiten.

Beispiele

Eingabe	Resultat
"ABAABBBAAABBBA"	"AAAAAAABBBBBBB"
"ABACCBBCAACCBBA"	"AAAAABBBBBCCCCC"

Aufgabe 2a: Partitionierung von zwei Buchstaben (★★★☆☆)

Schreiben Sie eine Funktion `partition2(text)`, die eine gegebene Folge der zwei Buchstaben A und B in die geordnete Folge bringt, bei der alle As vor den Bs auftreten.

Aufgabe 2b: Partitionierung von drei Buchstaben (★★★★☆)

Schreiben Sie eine Funktion `partition3(text)`, die eine gegebene Folge von drei Buchstaben A, B und C in die geordnete Folge bringt, bei der alle As vor den Bs und diese wiederum vor den Cs auftreten. Statt mit Buchstaben kann man sich dies für Farben einer Flagge vorstellen. Dann ist es unter dem Namen »***Dutch Flag Problem***« bekannt.

9.3.3 Aufgabe 3: Binärsuche (★★☆☆☆)

Aufgabe 3a: Binärsuche rekursiv (★★☆☆☆)

Schreiben Sie eine rekursive Funktion `binary_search(values, search_for)`, die in einer sortierten Liste nach dem gewünschten Wert sucht.

Beispiele

Eingabe	Suchwert	Resultat
[1, 2, 3, 4, 5, 7, 8, 9]	5	True
[1, 2, 3, 4, 5, 7, 8, 9]	6	False

Aufgabe 3b: Binärsuche iterativ (★★☆☆☆)

Wandeln Sie die rekursive Funktion in eine iterative Funktion mit abgeändertem Rückgabewert und folgendem Namen: `binary_search_iterative(values, search_value)`. Liefern Sie statt `True` bzw. `False` die Position des Suchwerts bzw. -1 für nicht gefunden.

Beispiele

Eingabe	Suchwert	Position
[1, 2, 3, 4, 5, 7, 8, 9]	5	4
[1, 2, 3, 4, 5, 7, 8, 9]	6	-1

9.3.4 Aufgabe 4: Insertion Sort (★★☆☆☆)

In der Einführung in Abschnitt 9.2.1 hatte ich eine vereinfachte, gut nachvollziehbare Realisierung von Insertion Sort gezeigt. In dieser Aufgabenstellung geht es darum, das Ganze zu optimieren, indem das Auffinden der Einfügeposition und das dafür nötige Tauschen und Einfügen in einem Rutsch erfolgen. Schreiben Sie eine optimierte Version von `insertion_sort(values)`.

Beispiel

Eingabe	Resultat
[7, 2, 5, 1, 6, 8, 9, 4, 3]	[1, 2, 3, 4, 5, 6, 7, 8, 9]

9.3.5 Aufgabe 5: Selection Sort (★★☆☆☆)

Schreiben Sie eine Variante von Selection Sort, die statt des Minimums das Maximum nutzt und folgende Signatur besitzt: `selection_sort_max_inplace(values)`.

Was ist zu modifizieren, damit der Sortieralgorithmus die Originaldaten unverändert lässt und eine neue, sortierte Liste zurückgibt? Schreiben Sie dazu eine Funktion `selection_sort_max_copy(values)`.

Beispiel

Eingabe	Resultat
[7, 2, 5, 1, 6, 8, 9, 4, 3]	[1, 2, 3, 4, 5, 6, 7, 8, 9]

9.3.6 Aufgabe 6: Quick Sort (★★★☆☆)

Quick Sort habe ich in der Einführung in Abschnitt 9.2.4 beschrieben. Während sich die Implementierung der Aufteilung in zwei Bereiche mit Werten kleiner gleich bzw. größer als das Pivot-Element mithilfe von Listen als Hilfsdatenstrukturen einfach und sehr verständlich realisieren lässt, ist das für Listen als Inplace-Variante herausfordernder. Nun soll die Partitionierung mit der Funktion `partition(values, left, right)` umgesetzt werden. Nachfolgend ist noch einmal der bereits bestehende, aufrufende und inplace arbeitende Sourcecode abgebildet:

```
def quick_sort_inplace(values):
    quick_sort_in_range(values, 0, len(values) - 1)


def quick_sort_in_range(values, left, right):
    # rekursiver Abbruch
    if left >= right:
        return

    partition_index = partition(values, left, right)

    # rekursiver Abstieg
    quick_sort_in_range(values, left, partition_index - 1)
    quick_sort_in_range(values, partition_index + 1, right)
```

Beispiele

Eingabe	Resultat
[5, 2, 7, 1, 4, 3, 6, 8]	[1, 2, 3, 4, 5, 6, 7, 8]
[5, 2, 7, 9, 6, 3, 1, 4, 8]	[1, 2, 3, 4, 5, 6, 7, 8, 9]
[5, 2, 7, 9, 6, 3, 1, 4, 2, 3, 8]	[1, 2, 2, 3, 3, 4, 5, 6, 7, 8, 9]

9.3.7 Aufgabe 7: Bucket Sort (★★☆☆☆)

In Abschnitt 9.2.5 wurde der Algorithmus von Bucket Sort beschrieben. In dieser Aufgabe soll eine Funktion `bucket_sort(values, expected_max)` erstellt werden, die dieses Sortierverfahren für ein Liste von Werten und einen erwarteten Maximalwert implementiert.

Beispiel

Eingabe	Maximalwert	Resultat
[10, 50, 22, 7, 42, 111, 50, 7]	120	[7, 7, 10, 22, 42, 50, 50, 111]

9.3.8 Aufgabe 8: Suche in rotierten Daten (★★★★☆)

In dieser Aufgabenstellung sind in einer gegebenen sortierten Folge von Ganzzahlwerten zwei Suchprobleme zu lösen. Die Herausforderung besteht darin, dass die Werte zwar geordnet, aber in sich rotiert sind, sodass das kleinste Element eben nicht vorne und das größte nicht hinten in den Daten zu finden ist (außer im Spezialfall einer Rotation um 0 Positionen).

Tipp Prüfen Sie unbedingt auch den Spezialfall einer Rotation von 0 bzw. einem Vielfachen der Länge der Liste bzw. des Arrays, was wieder einer Rotation um den Wert 0 entspräche.

Aufgabe 8a: Flankenwechsel effizient (★★★★☆)

Schreiben Sie eine Funktion `find_flank_pos(values)`, die eine in einer gegebenen sortierten Folge von n Ganzzahlwerten, etwa 25, 33, 47, 1, 2, 3, 5, 11, effizient in logarithmischer Zeit, also $O(log(n))$, die Position des Flankenwechsels, bestimmt. Schreiben Sie zwei auf `find_flank_pos(values)` basierende Funktionen `min_value(values)` und `max_value(values)`, die gemäß ihrem Namen das Minimum bzw. Maximum aus der gegebenen sortierten, aber rotierten Wertefolge ermitteln.

Beispiele

Eingabe	Flankenposition	Minimum	Maximum
[25, 33, 47, 1, 2, 3, 5, 11]	3	1	47
[5, 11, 17, 25, 1, 2]	4	1	25
[6, 1, 2, 3, 4, 5]	1	1	6
[1, 2, 3, 4, 5, 6]	0 (Spezialfall)	1	6

Aufgabe 8b: Binärsuche in rotierten Daten (★★★★☆)

Schreiben Sie eine Funktion `binary_search_rotated(values, search_for)`, die in einer gegebenen sortierten Folge von Ganzzahlwerten, etwa der Zahlenfolge 25, 33, 47, 1, 2, 3, 5, 11, effizient nach einem übergebenen Wert sucht und dessen Position oder -1 bei Nichtenthaltensein liefert.

Beispiele

Eingabe	Flankenposition	Suchwert	Ergebnis
[25, 33, 47, 1, 2, 3, 5, 11]	3	47	2
[25, 33, 47, 1, 2, 3, 5, 11]	3	3	5
[25, 33, 47, 1, 2, 3, 5, 11]	3	13	-1
[1, 2, 3, 4, 5, 6, 7]	0 (Spezialfall)	5	4
[1, 2, 3, 4, 5, 6, 7]	0 (Spezialfall)	13	-1

9.4 Lösungen

9.4.1 Lösung 1: Contains All (★★☆☆☆)

Es soll eine Funktion `contains_all(values, search_values)` für Listen erstellt werden, die prüft, ob alle übergebenen Werte in der Ausgangsliste auch vorhanden sind. Benutzen Sie explizit nicht die Python-Standardfunktionalität von `all()`, sondern programmieren Sie dies selbst.

Beispiele

Eingabe	Suchwerte	Resultat
[0, 1, 2, 3, 4, 5, 6, 7, 8, 9]	[7, 2]	True
[0, 1, 2, 3, 4, 5, 6, 7, 8, 9]	[5, 11]	False

Algorithmus Für unsere Implementierung rufen wir die Prüfung mit `in` wiederholt auf, und zwar für alle zur Prüfung auf Enthaltensein übergebenen Elemente:

```
def contains_all(values, search_values):
    for current in search_values:
        if not current in values:
            return False

    return True
```

Python-Shortcut Das kann man mithilfe von `all()` kompakter schreiben, trotzdem bietet sich wohl eine Hilfsfunktion an, um den aufrufenden Sourcecode möglichst verständlich zu halten:

```
def contains_all_v2(values, search_values):
    return all(elem in values for elem in search_values)
```

Prüfung

Definieren wir eine Liste mit den Zahlen von 0 bis 9 und prüfen, ob dort die Werte 7 und 2 sowie 5 und 11 vorhanden sind:

```
@pytest.mark.parametrize("values, search_values, expected",
                         [([0, 1, 2, 3, 4, 5, 6, 7, 8, 9], [7, 2], True),
                          ([0, 1, 2, 3, 4, 5, 6, 7, 8, 9], [5, 11], False)])
def test_contains_all(values, search_values, expected):
    assert contains_all(values, search_values) == expected


@pytest.mark.parametrize("values, search_values, expected",
                         [([0, 1, 2, 3, 4, 5, 6, 7, 8, 9], [7, 2], True),
                          ([0, 1, 2, 3, 4, 5, 6, 7, 8, 9], [5, 11], False)])
def test_contains_all_v2(values, search_values, expected):
    assert contains_all_v2(values, search_values) == expected
```

9.4.2 Lösung 2: Partitionierung (★★★★☆)

Die Aufgabenstellung besteht darin, eine gemischte Folge der Buchstaben A und B in einem einzigen Durchlauf passend zu sortieren bzw. so anzuordnen, dass alle As vor den Bs auftreten. Das kann man auch auf drei Buchstaben ausweiten.

Beispiele

Eingabe	Resultat
"ABAABBBAAABBBA"	"AAAAAAABBBBBBB"
"ABACCBBCAACCBBA"	"AAAAABBBBBCCCCC"

Lösung 2a: Partitionierung von zwei Buchstaben (★★★☆☆)

Schreiben Sie eine Funktion `partition2(text)`, die eine gegebene Folge der zwei Buchstaben A und B in die geordnete Folge bringt, bei der alle As vor den Bs auftreten.

Algorithmus Obwohl man zunächst versucht ist, alle möglichen Positionen miteinander zu vergleichen, existiert doch eine extrem pfiffige und performante Lösung, die die Aufgabenstellung in einem Durchlauf löst. Man arbeitet mit zwei Positionszeigern *low* und *high*, die die vordere und hintere Position, in diesem Fall des gültigen Bereichs, gegeben durch das hinterste A und das vorderste B, markieren. Dieser Bereich ist initial leer und wächst, bis man am Textende ankommt. Man nutzt folgendes Vorgehen: Beim Auffinden eines As wird die Position der As erhöht. Bei einem B wird dieses nach hinten getauscht und der Positionszeiger der Bs verringert, wodurch sich der bereits korrekt aufgeteilte Bereich ausdehnt.

```
def partition2(char_values):
    low = 0
    high = len(char_values) - 1

    while low <= high:
        if char_values[low] == 'A':
            low += 1
        else:
            swap_positions(char_values, low, high)
            high -= 1
            # low muss bleiben, weil ja theoretisch auch ein
            # B nach vorne getauscht werden kann

    return "".join(char_values)


def swap_positions(list, pos1, pos2):
    list[pos1], list[pos2] = list[pos2], list[pos1]
```

Weil beim Tauschen auch ein B nach vorne gelangen kann, darf der untere Positionszeiger nicht verändert werden. Bei einem der nächsten Schritte wird das B dann wieder nach hinten gelangen. Durch diesen trickreichen Algorithmus ist man in der Lage, in einem einzigen Durchlauf alle As vor den Bs anzuordnen.

Lösung 2b: Partitionierung von drei Buchstaben (★★★★☆)

Schreiben Sie eine Funktion `partition3(text)`, die eine gegebene Folge von drei Buchstaben A, B und C in die geordnete Folge bringt, bei der alle As vor den Bs und diese wiederum vor den Cs auftreten. Statt mit Buchstaben kann man sich dies für Farben einer Flagge vorstellen. Dann ist es unter dem Namen »***Dutch Flag Problem***« bekannt.

Algorithmus Die Erweiterung von zwei auf drei Buchstaben (oder Farben) setzt ähnliche Ideen wie zuvor ein, jedoch mit ein paar weiteren Tricks und Spezialbehandlungen. Man beginnt wieder am Anfang des Arrays, nutzt jedoch die drei Positionsmarker low, mid und $high$. Zu Anfang befinden sich diese für das erste und mittlere Zeichen auf der Position 0, der für $high$ auf der Endposition. Findet man ein 'A', so verschiebt sich die Position für low und mid um eins nach rechts. Zuvor muss noch das letzte Zeichen aus dem unteren Bereich mit dem aktuellen (mittleren) vertauscht werden. Liest man ein 'B', so wird nur die mittlere Position in Richtung Ende verschoben. Ist das aktuelle Zeichen ein 'C', so muss dieses nach hinten getauscht werden. Die Positionsmarkierung für den oberen Bereich wird dann um 1 verringert.

```
def partition3(char_values):
    low = 0
    mid = 0
    high = len(char_values) - 1

    while mid <= high:
        if char_values[mid] == 'A':
            swap_positions(char_values, low, mid)
            low += 1
            mid += 1
        elif char_values[mid] == 'B':
            mid += 1
        else:
            swap_positions(char_values, mid, high)
            high -= 1
            # low und mid müssen bleiben, weil ja theoretisch auch ein B oder C
            # nach vorne getauscht werden kann

    return "".join(char_values)
```

Prüfung

Zum Überprüfen der Funktionalität nutzen wir zwei Strings, bestehend aus einer gemischten Folge der Buchstaben A und B bzw. A, B und C:

```
def test_partition2():
    assert partition2(list("ABAABBBAAABBBA")) == "AAAAAAABBBBBBB"


def test_partition3():
    assert partition3(list("ABACCBBCAACCBBA")) == "AAAAABBBBBCCCCC"
```

9.4.3 Lösung 3: Binärsuche (★★☆☆☆)

Lösung 3a: Binärsuche rekursiv (★★☆☆☆)

Schreiben Sie eine rekursive Funktion `binary_search(values, search_for)`, die in einer sortierten Liste nach dem gewünschten Wert sucht.

Beispiele

Eingabe	Suchwert	Resultat
[1, 2, 3, 4, 5, 7, 8, 9]	5	True
[1, 2, 3, 4, 5, 7, 8, 9]	6	False

Algorithmus Teile die Liste in zwei Hälften. Bestimme den Wert in der Mitte und schaue, ob in der unteren oder oberen Hälfte weiter gesucht werden muss. Das lässt sich aufgrund der gegebenen Sortierung leicht feststellen:

$$
\begin{aligned}
Wert_{mitte} &== Suchwert && \Rightarrow \text{gefunden, Ende} \\
Wert_{mitte} &< Suchwert && \Rightarrow \text{oben weiter suchen} \\
Wert_{mitte} &> Suchwert && \Rightarrow \text{unten weiter suchen}
\end{aligned}
$$

Die Umsetzung in Python folgt strikt der Beschreibung – wie üblich muss man an den Grenzen der Liste bzw. des Arrays besonders darauf achten, keine Flüchtigkeitsfehler zu machen:

```
def binary_search(sorted_values, search_for):

    mid_pos = len(sorted_values) // 2

    # Rekursiver Abbruch
    if search_for == sorted_values[mid_pos]:
        return True

    # es gibt noch mindestens 2 Zahlen
    if len(sorted_values) > 1:
        if search_for < sorted_values[mid_pos]:
            # Rekursiver Abstieg: suche im unteren Bereich weiter
            lower_half = sorted_values[0: mid_pos]
            return binary_search(lower_half, search_for)

        if search_for > sorted_values[mid_pos]:
            # Rekursiver Abstieg: suche im oberen Bereich weiter
            upper_half = sorted_values[mid_pos + 1: len(sorted_values)]
            return binary_search(upper_half, search_for)

    return False
```

Optimierter Algorithmus Die gezeigte Lösung ist nicht wirklich optimal, da zum Weitersuchen ständig Teile der ursprünglichen Daten kopiert werden. Das Ganze lässt sich unter Zuhilfenahme zweier Indexvariablen komplett ohne das potenziell aufwendige Kopieren gestalten – folgende Lösung ist sicher zu bevorzugen:

```
def binary_search_optimized(values, search_value):
    return binary_search_in_range(values, search_value, 0, len(values) - 1)


def binary_search_in_range(values, search_for, left, right):
    if right >= left:
        mid_idx = (left + right) // 2

        if search_for == values[mid_idx]:
            return True

        # Rekursiver Abstieg: suche im unteren / oberen Bereich weiter
        if search_for < values[mid_idx]:
            return binary_search_in_range(values, search_for,
                                          left, mid_idx - 1)
        else:
            return binary_search_in_range(values, search_for,
                                          mid_idx + 1, right)

    return False
```

Lösung 3b: Binärsuche iterativ (★★☆☆☆)

Wandeln Sie die rekursive Funktion in eine iterative Funktion mit abgeändertem Rückgabewert und folgendem Namen: `binary_search_iterative(values, search_for)`. Liefern Sie statt `True` bzw. `False` die Position des Suchwerts bzw. -1 für nicht gefunden.

Beispiele

Eingabe	Suchwert	Position
[1, 2, 3, 4, 5, 7, 8, 9]	5	4
[1, 2, 3, 4, 5, 7, 8, 9]	6	-1

Algorithmus Basierend auf der gerade gezeigten rekursiven Variante lässt sich die iterative Umsetzung recht einfach herleiten. Dabei nutzen wir zwei Positionsmarker $left$ und $right$ für links und rechts, die initial am Anfang und Ende (Position 0 und $length - 1$) starten. Diese beide Marker bestimmen die jeweiligen Indexgrenzen, in denen weiter gesucht werden muss. Zunächst vergleichen wir den Wert in der Mitte mit dem gesuchten. Bei Gleichheit geben wir den Index zurück. Ansonsten halbieren wir das Suchgebiet und fahren fort, bis entweder die Suche erfolgreich ist oder aber sich der linke und rechte Positionsmarker überkreuzen:

```
def binary_search_iterative(values, search_for):
    left = 0
    right = len(values) - 1

    while right >= left:

        mid_idx = (left + right) // 2

        if search_for == values[mid_idx]:
            return mid_idx

        if search_for < values[mid_idx]:
            right = mid_idx - 1
        else:
            left = mid_idx + 1

    return -1
```

Prüfung

Zum Test nutzen wir folgende Eingaben, die die korrekte Funktionsweise zeigen:

```
@pytest.mark.parametrize("sorted_values, search_for, expected",
                         [([1, 2, 3, 4, 5, 7, 8, 9], 5, True),
                          ([1, 2, 3, 4, 5, 7, 8, 9],6, False)])
def test_binary_search(sorted_values, search_for, expected):
    assert binary_search(sorted_values, search_for) == expected


@pytest.mark.parametrize("sorted_values, search_for, expected",
                         [([1, 2, 3, 4, 5, 7, 8, 9], 5, True),
                          ([1, 2, 3, 4, 5, 7, 8, 9], 6, False)])
def test_binary_search_optimized(sorted_values, search_for, expected):
    assert binary_search_optimized(sorted_values, search_for) == expected


@pytest.mark.parametrize("sorted_values, search_for, expected",
                         [([1, 2, 3, 4, 5, 7, 8, 9], 5, 4),
                          ([1, 2, 3, 4, 5, 7, 8, 9], 6, -1)])
def test_binary_search_iterative(sorted_values, search_for, expected):
    assert binary_search_iterative(sorted_values, search_for) == expected
```

9.4.4 Lösung 4: Insertion Sort (★★☆☆☆)

In der Einführung in Abschnitt 9.2.1 hatte ich eine vereinfachte, gut nachvollziehbare Realisierung von Insertion Sort gezeigt. In dieser Aufgabenstellung geht es darum, das Ganze zu optimieren, indem das Auffinden der Einfügeposition und das dafür nötige Tauschen und Einfügen in einem Rutsch erfolgen. Schreiben Sie eine optimierte Version von `insertion_sort(values)`.

Beispiel

Eingabe	Resultat
[7, 2, 5, 1, 6, 8, 9, 4, 3]	[1, 2, 3, 4, 5, 6, 7, 8, 9]

Algorithmus Für alle Elemente durchlaufen wir folgende Vorgehensweise, exemplarisch für die Wertefolge 24**3**17 beschrieben: Wenn wir die 3 als einzusortierenden Wert betrachten, müssen wir ausgehend von der Position so lange mit dem linken Nachbarn tauschen, wie dessen Wert größer als der aktuelle ist und wir noch nicht ganz vorne in der Liste angekommen sind – in diesem Fall tauscht man die 3 nur mit der 4. Als Nächstes muss die 1 bis ganz nach vorne getauscht werden. Schließlich ist die 7 schon an der richtigen Position:

```
def insertion_sort(values):
    for i in range(1, len(values)):
        # Prüfe, ob aktuelles Element größer als Vorgänger
        current_idx = i
        while current_idx > 0 and values[current_idx - 1] > values[current_idx]:
            swap_positions(values, current_idx - 1, current_idx)
            current_idx -= 1


def swap_positions(values, pos1, pos2):
    values[pos1], values[pos2] = values[pos2], values[pos1]
```

Die Funktion zum Tauschen der Werte zweier Positionen lässt sich in Python durch die Tupel-Schreibweise und auch noch ohne Klammern sehr kompakt gestalten.

Prüfung

Wir verifizieren mithilfe eines Unit Tests, dass die Implementierung bei der gegebenen Zahlenfolge das gewünschte Ergebnis liefert:

```
def test_insertion_sort():
    values = [7, 2, 5, 1, 6, 8, 9, 4, 3]
    insertion_sort(values)

    assert values == [1, 2, 3, 4, 5, 6, 7, 8, 9]
```

9.4.5 Lösung 5: Selection Sort (★★☆☆☆)

Schreiben Sie eine Variante von Selection Sort, die statt des Minimums das Maximum nutzt und folgende Signatur besitzt: `selection_sort_max_inplace(values)`.

Was ist zu modifizieren, damit der Sortieralgorithmus die Originaldaten unverändert lässt und eine neue, sortierte Liste zurückgibt? Schreiben Sie dazu eine Funktion `selection_sort_max_copy(values)`.

Beispiel

Eingabe	Resultat
[7, 2, 5, 1, 6, 8, 9, 4, 3]	[1, 2, 3, 4, 5, 6, 7, 8, 9]

Algorithmus Die zu sortierende Liste wird von hinten nach vorne durchlaufen und das jeweils größte Element nach hinten an die aktuelle Position bewegt. Durch Aufruf der Funktion `find_max_pos()` ermitteln wir die Position des Maximums aus dem verbleibenden unsortierten Teilbereich – diese Funktion wurde als Lösung der Übungsaufgabe 12 in Abschnitt 6.3.11 ab Seite 287 für Arrays erstellt – sie lässt sich ohne Änderung auch für Listen nutzen. Im Anschluss wird das Element entsprechend nach hinten bewegt, indem es mit dem aktuellen Element vertauscht wird. Auf diese Weise verkleinert sich der verbliebene, noch nicht sortierte Teilbereich, bis dieser nur noch aus dem vordersten Element besteht:

```
def selection_sort_max_inplace(values):
    for i in range(len(values) - 1, 0, -1):
        max_pos = find_max_pos(values, 0, i + 1)

        swap_positions(values, max_pos, i)
```

Die Funktion mit der Kopierfunktionalität ist trivial zu implementieren, wenn man die vorherige Funktion erstellt hat:

```
def selection_sort_max_copy(values):
    copy = list(values)
    selection_sort_max_inplace(copy)
    return copy
```

Prüfung

Wir verifizieren mithilfe eines Unit Tests, dass die Implementierung bei der gegebenen Zahlenfolge das gewünschte Ergebnis liefert:

```
def test_selection_sort_max_inplace():
    values = [7, 2, 5, 1, 6, 8, 9, 4, 3]
    selection_sort_max_inplace(values)

    assert values == [1, 2, 3, 4, 5, 6, 7, 8, 9]
```

9.4.6 Lösung 6: Quick Sort (★★★☆☆)

Quick Sort habe ich in der Einführung in Abschnitt 9.2.4 beschrieben. Während sich die Implementierung der Aufteilung in zwei Bereiche mit Werten kleiner gleich bzw. größer als das Pivot-Element mithilfe von Listen als Hilfsdatenstrukturen einfach und sehr verständlich realisieren lässt, ist das für Listen als Inplace-Variante herausfordernder. Nun soll die Partitionierung mit der Funktion `partition(values, left, right)` umgesetzt werden. Nachfolgend ist noch einmal der bereits bestehende, aufrufende und inplace arbeitende Sourcecode abgebildet:

```
def quick_sort_inplace(values):
    quick_sort_in_range(values, 0, len(values) - 1)


def quick_sort_in_range(values, left, right):
    # rekursiver Abbruch
    if left >= right:
        return

    partition_index = partition(values, left, right)

    # rekursiver Abstieg
    quick_sort_in_range(values, left, partition_index - 1)
    quick_sort_in_range(values, partition_index + 1, right)
```

Beispiele

Eingabe	Resultat
[5, 2, 7, 1, 4, 3, 6, 8]	[1, 2, 3, 4, 5, 6, 7, 8]
[5, 2, 7, 9, 6, 3, 1, 4, 8]	[1, 2, 3, 4, 5, 6, 7, 8, 9]
[5, 2, 7, 9, 6, 3, 1, 4, 2, 3, 8]	[1, 2, 2, 3, 3, 4, 5, 6, 7, 8, 9]

Algorithmus Eine Liste bzw. ein Array (oder ein Teilbereich davon) wird durch Übergabe des unteren Start- und oberen Schlussindex in zwei Teilfelder aufgeteilt, indem ein Wert an einer speziellen Position (z. B. vorderstes Element) als Pivot-Element gewählt wird. Nun werden die beiden Teilbereiche so umgeordnet, dass sich in dem unteren alle Elemente mit Werten kleiner als das oder gleich dem Pivot-Element und im oberen Bereich alle mit einem Wert größer als das Pivot-Element befinden. Hierbei bewegen sich die beiden Indizes $leftIndex$ und $rightIndex$ jeweils nach innen, so lange die Bedingungen $values[leftIndex] <= pivot$ für links und $pivot < values[rightIndex]$ für rechts gelten. Wird ein unpassend eingeordnetes Element auf der linken Seite gefunden, so beginnt die Prüfung auf der rechten Seite. Wird auch hier ein unpassend eingeordnetes Element gefunden, so werden die beiden getauscht. Das wiederholt sich, so lange sich die Positionsmarker nicht überkreuzen. Zum Schluss muss noch das Element von der Position $rightIndex$ mit dem Pivot-Element vertauscht werden. Dabei gibt es noch den Spezialfall, dass die Liste bzw. das Array nur zwei Elemente groß ist. Dann muss man zusätzlich sicherstellen, dass der rechte Wert tatsächlich größer als derjenige des Pivots ist:

```
def partition(values, left, right):
    pivot = values[left]

    left_index = left + 1
    right_index = right

    while left_index < right_index:
        # Bewege die Position left_index nach rechts, so lange Wert kleiner
        # gleich Pivot und linke Grenze kleiner als rechte Grenze
        while values[left_index] <= pivot and left_index < right_index:
            left_index += 1

        # Bewege die Position right_index nach links, so lange Wert größer als
        # Pivot und rechte Grenze größer oder gleich linke Grenze
        while pivot < values[right_index] and right_index >= left_index:
            right_index -= 1

        if left_index < right_index:
            swap_positions(values, left_index, right_index)

    # Spezialfall 2-elementige(s) Array/Liste mit falscher Sortierung, aber kein
    # Durchlauf (wg. left_index == right_index) sowie Normalfall ganz am Ende
    if values[right_index] < pivot:
        swap_positions(values, left, right_index)

    return right_index
```

Prüfung

Definieren wir die drei Listen aus den einleitenden Beispielen und prüfen damit unsere Implementierung von Quick Sort:

```
@pytest.mark.parametrize("values, expected",
                         [([5, 2, 7, 1, 4, 3, 6, 8],
                           [1, 2, 3, 4, 5, 6, 7, 8]),
                          ([5, 2, 7, 9, 6, 3, 1, 4, 8],
                           [1, 2, 3, 4, 5, 6, 7, 8, 9]),
                          [[5, 2, 7, 9, 6, 3, 1, 4, 2, 3, 8],
                           [1, 2, 2, 3, 3, 4, 5, 6, 7, 8, 9]]])
def test_quick_sort_inplace(values, expected):
    quick_sort_inplace(values)

    assert values == expected
```

9.4.7 Lösung 7: Bucket Sort (★★☆☆☆)

In Abschnitt 9.2.5 wurde der Algorithmus von Bucket Sort beschrieben. In dieser Aufgabe soll eine Funktion `bucket_sort(values, expected_max)` erstellt werden, die dieses Sortierverfahren für ein Liste von Werten und einen erwarteten Maximalwert implementiert.

Beispiel

Eingabe	Maximalwert	Resultat
[10, 50, 22, 7, 42, 111, 50, 7]	120	[7, 7, 10, 22, 42, 50, 50, 111]

Algorithmus Bucket Sort ist einer der am einfachsten zu implementierenden Sortieralgorithmen und zudem mit linearer Laufzeit einer der schnellsten – allerdings mit der Voraussetzung eines begrenzten Wertebereichs.

Zunächst erzeugt man alle Buckets, die die Anzahl an Werten speichern. Danach realisiert man Bucket Sort in zwei Schritten:

1. Man durchläuft alle Eingabewerte und teilt diese den korrespondierenden Buckets zu. Gibt es mehrere gleiche Elemente, so muss man den Zähler erhöhen.
2. Im finalen Schritt werden dann basierend auf den Zählerwerten die Werte rekonstruiert.

Das beschriebene Vorgehen bildet man wie folgt in Python ab:

```
def bucket_sort(values, expected_max):
    buckets = [0] * (expected_max + 1)

    collect_into_buckets(values, buckets)

    results = [0] * len(values)

    fill_result_from_buckets(buckets, results)

    return results
```

Damit ist der Algorithmus in seinen Grundzügen beschrieben, es verbleibt lediglich die Implementierung der beiden Hilfsfunktionen, die aber auch direkt erfolgt. Zum Berechnen der Anzahl der jeweiligen Zahlen läuft man durch die ursprüngliche Daten und erhöht einfach den Zähler im entsprechenden Bucket:

```
def collect_into_buckets(values, buckets):
    for current in values:
        buckets[current] += 1
```

Nur ein ganz klein wenig komplexer ist das Generieren der Lösung, basierend auf den Mengenangaben in den Buckets. Dazu durchläuft man alle Buckets. Ist an Index i eine Menge größer als 0 verzeichnet, so muss dieser Indexwert so oft wie dort angegeben in das Ziel kopiert werden – hier durch die `while`-Schleife gelöst. Separat müssen wir nur noch die Position in der Ergebnisliste mitführen:

```
def fill_result_from_buckets(buckets, results):
    result_pos = 0

    for i, count in enumerate(buckets):
        while count > 0:
            results[result_pos] = i

            count -= 1
            result_pos += 1
```

Prüfung

Wir schreiben eine kurze Testfunktion, um unsere Implementierung von Bucket Sort mit einigen Werten zu prüfen:

```
@pytest.mark.parametrize("values, max, expected",
                         [([10, 50, 22, 7, 42, 111, 50, 7], 150,
                           [7, 7, 10, 22, 42, 50, 50, 111]),
                          ([10, 50, 22, 7, 42, 111, 50, 7], 120,
                           [7, 7, 10, 22, 42, 50, 50, 111]),
                          [[5, 2, 7, 9, 6, 3, 1, 4, 2, 3, 8], 10,
                           [1, 2, 2, 3, 3, 4, 5, 6, 7, 8, 9]]])
def test_bucket_sort(values, max, expected):
    result = bucket_sort(values, max)

    assert result == expected
```

9.4.8 Lösung 8: Suche in rotierten Daten (★★★★☆)

In dieser Aufgabenstellung sind in einer gegebenen sortierten Folge von Ganzzahlwerten zwei Suchprobleme zu lösen. Die Herausforderung besteht darin, dass die Werte zwar geordnet, aber in sich rotiert sind, sodass das kleinste Element eben nicht vorne und das größte nicht hinten in den Daten zu finden ist (außer im Spezialfall einer Rotation um 0 Positionen).

Tipp Prüfen Sie unbedingt auch den Spezialfall einer Rotation von 0 bzw. einem Vielfachen der Länge der Liste bzw. des Arrays, was wieder einer Rotation um den Wert 0 entspräche.

Lösung 8a: Flankenwechsel effizient (★★★★☆)

Schreiben Sie eine Funktion `find_flank_pos(values)`, die in einer gegebenen sortierten Folge von n Ganzzahlwerten, etwa 25, 33, 47, 1, 2, 3, 5, 11, effizient in logarithmischer Zeit, also $O(log(n))$, die Position des Flankenwechsels bestimmt. Schreiben Sie zwei auf `find_flank_pos(values)` basierende Funktionen `min_value(values)` und `max_value(values)`, die gemäß ihrem Namen das Minimum bzw. Maximum aus der gegebenen sortierten, aber rotierten Wertefolge ermitteln.

Beispiele

Eingabe	Flankenposition	Minimum	Maximum
[25, 33, 47, 1, 2, 3, 5, 11]	3	1	47
[5, 11, 17, 25, 1, 2]	4	1	25
[6, 1, 2, 3, 4, 5]	1	1	6
[1, 2, 3, 4, 5, 6]	0 (Spezialfall)	1	6

Vorüberlegungen zum Algorithmus Beginnen wir mit der Brute-Force-Variante der linearen Suche, um später unsere optimierte Version dagegen prüfen zu können. Bei der Suche müssen wir lediglich für jedes Element von vorne nach hinten prüfen, ob der Nachfolger eines Werts kleiner als das momentane Element ist:

```
def find_flank_pos_simple(values):
    for i in range(len(values)):
        next_idx = (i + 1) % len(values)
        if values[i] > values[next_idx]:
            return next_idx

    raise Exception("should never reach here!")
```

Natürlich ist beim Durchlaufen auch der Spezialfall zu berücksichtigen, dass der Flankenwechsel ganz am Ende der Daten stattfindet, dann hat man eine nicht rotierte Wertefolge als Ausgangsbasis.

Algorithmus Wie können wir denn nun vorgehen, damit wir logarithmische Laufzeit erreichen? Dazu nutzen wir aus, dass die Wertefolge sortiert ist und sich dann dem Gedanken der Binärsuche folgend die Suchbereiche immer halbieren lassen. Weil eine Rotation vorliegt, müssen wir dabei aber bezüglich der Indizes etwas aufpassen.

Es sind drei Vergleiche auszuführen:

- Fall A: Mit dem Vorgänger: Ist dieser größer, so haben wir den Flankenwechsel gefunden.
- Fall B: Mit dem ganz linken Element: Ist dieses größer als das aktuelle Element, dann muss der Flankenwechsel irgendwo dazwischen geschehen. Rechts können wir ausschließen.
- Fall C: Mit dem ganz rechten Element: Ist dieses kleiner, so muss der Flankenwechsel auf der rechten Seite stattfinden, die linke Hälfte können wir ausschließen.

Ganz zu Anfang muss noch der Sonderfall des nicht rotierten Ausgangsdatenbestands adäquat abgeprüft werden. Das lässt sich dadurch feststellen, dass der Wert ganz links kleiner als der ganz rechts ist.

Mit diesen Vorüberlegungen entsteht folgende Implementierung:

```
def find_flank_pos(values):
    return find_flank_pos_in_range(values, 0, len(values) - 1)


def find_flank_pos_in_range(values, left, right):
    mid_pos = left + (right - left) // 2
    mid_value = values[mid_pos]

    # Spezialfall keine Rotation
    if values[left] < values[right]:
        return 0

    prev_index = mid_pos - 1
    if prev_index < 0:
        prev_index = len(values) - 1

    # Fall A: Wert links davon ist größer, dann haben wir Flankenwechsel
    if values[prev_index] > mid_value:
        return mid_pos

    if values[left] > mid_value:
        # Fall B: Flankenwechsel muss links liegen, da erster Wert
        # größer als in der Mitte
        return find_flank_pos_in_range(values, left, mid_pos + 1)

    if values[right] < mid_value:
        # Fall C: Flankenwechsel muss rechts liegen, da letzter Wert
        # kleiner als in der Mitte
        return find_flank_pos_in_range(values, mid_pos + 1, right)

    raise Exception("should not reach here")
```

Basierend auf dieser Funktion schreiben wir die Funktionen zur Bestimmung von Minimum und Maximum ganz einfach wie folgt mit dem Wissen, dass die Position des Flankenwechsels das Minimum enthält und die Position des Maximums eine Position links davon ist. Durch die praktische Python-Eigenschaft negative Indizes für einen Zugriff vom Ende der Datenstruktur her zu unterstützen, muss für eine Rotation um 0 keine Korrektur erfolgen:

```
def min_value(values):
    flank_pos = find_flank_pos(values)
    return values[flank_pos]


def max_value(values):
    flank_pos = find_flank_pos(values)
    return values[(flank_pos - 1) % len(values)]
```

Prüfung

Wir prüfen die Ermittlung des Flankenwechsels durch folgenden parametrisierten Test – insbesondere auch den Spezialfall nicht rotierter Eingabewerte:

```
@pytest.mark.parametrize("values, expected",
                         [([25, 33, 47, 1, 2, 3, 5, 11], 3),
                          ([6, 7, 1, 2, 3, 4, 5], 2),
                          ([1, 2, 3, 4, 5, 6, 7], 0)])
def test_find_flank_pos(values, expected):
    flank_pos = find_flank_pos(values)

    assert flank_pos == expected
```

Lösung 8b: Binärsuche in rotierten Daten (★★★★☆)

Schreiben Sie eine Funktion `binary_search_rotated(values, search_for)`, die in einer gegebenen sortierten Folge von Ganzzahlwerten, etwa der Zahlenfolge 25, 33, 47, 1, 2, 3, 5, 11, effizient nach einem übergebenen Wert sucht und dessen Position oder -1 bei Nichtenthaltensein liefert.

Beispiele

Eingabe	Flankenposition	Suchwert	Ergebnis
[25, 33, 47, 1, 2, 3, 5, 11]	3	47	2
[25, 33, 47, 1, 2, 3, 5, 11]	3	3	5
[25, 33, 47, 1, 2, 3, 5, 11]	3	13	-1
[1, 2, 3, 4, 5, 6, 7]	0 (Spezialfall)	5	4
[1, 2, 3, 4, 5, 6, 7]	0 (Spezialfall)	13	-1

Algorithmus Nachdem man den Flankenwechsel effizient in $O(log(n))$ ermitteln kann, gibt es für nicht ganz so große Datenmengen die Möglichkeit der Listenerweiterung, bei der man den vorderen Teil ausschneidet und am Ende der Liste anhängt und dafür dann die schon in der Übungsaufgabe 3 entwickelte Binärsuche aufruft:

```
25 | 27 | 33 | 2 | 3 | 5    =>    2 | 3 | 5 | 25 | 27 | 33
```

Dieses Vorgehen verursacht aber einiges an Aufwand. Wie geht es besser?

Dazu passen wir die Binärsuche so an, dass eine untere und obere Grenze angegeben wird. Wir greifen die Idee der Listenerweiterung auf, gestalten diese jedoch virtuell. Schauen wir uns dies am Beispiel für die Suche nach der 47 in der Zahlenfolge aus der Aufgabenstellung an.

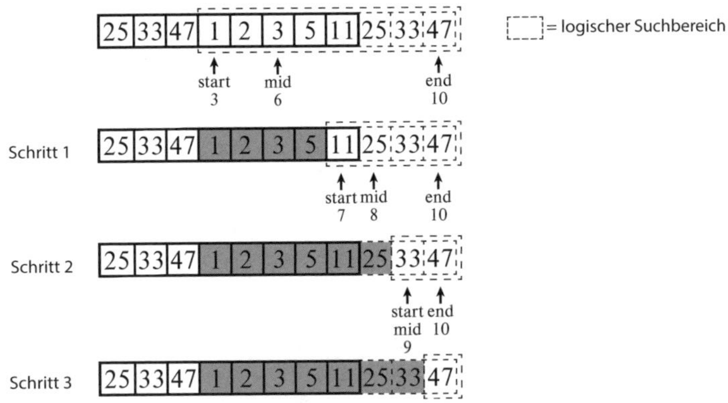

Abbildung 9-4 *Ablauf bei Rotated Binary Search*

Basierend auf diesen Vorgedanken gehen wir bei der Binärsuche folgendermaßen vor: Zunächst ermitteln wir die Position des Flankenwechsels und nutzen diese, um unseren Suchwertebereich vorzugeben. Nun führen wir eine ganz normale Binärsuche aus, jedoch greifen wir zum Modulo-Operator, um den erweiterten Wertebereich wieder in die Indexgrenzen zu bringen und basierend darauf den Vergleichswert zu ermitteln:

```
def binary_search_rotated(values, search_for):
    flank_pos = find_flank_pos(values)

    return binary_search_rotated_in_range(values, search_for, flank_pos,
                                          flank_pos - 1 + len(values))


def binary_search_rotated_in_range(values, search_for, start, end):
    if start > end:
        return -1

    mid_pos = start + (end - start) // 2
    adjusted_mid = mid_pos % len(values)
    mid_value = values[adjusted_mid]

    if mid_value == search_for:
        return adjusted_mid

    if search_for < mid_value:
        return binary_search_rotated_in_range(values, search_for,
                                              start, mid_pos - 1)
    if search_for > mid_value:
        return binary_search_rotated_in_range(values, search_for,
                                              mid_pos + 1, end)
```

Python-spezifischer Algorithmus Gerade habe ich einen allgemeingültigen Algorithmus beschrieben. In Python kann man noch ausnutzen, dass die Indizes auch negativ sein können und dann vom Ende der Liste bzw. des Arrays operieren.

Wie schon zuvor greifen wir die Idee auf, die Binärsuche mit verschobenem Index durchzuführen. Statt der virtuellen Verlängerung der Ausgangsdaten und des Rückabbildens per Modulo auf den realen Wertebereich nutzen wir einfach, dass der Wertebereich um n Positionen verschoben ist. Somit kann man statt zwischen 0 und n im Bereich zwischen $flankpos - n$ und $flankpos - 1$ suchen. Damit es dann mit der Abbruchbedingung klappt, muss diese hinter die auf Prüfung auf Wertgleichheit verschoben werden und in eine Prüfung auf Übereinstimmung von `start` und `end` abgewandelt werden. Im eigentlichen Aufruf müssen wir die Start- und Endposition geeignet berechnen und den Sonderfall »keine Rotation« abdecken:

```
def binary_search_rotated2(values, search_for):
    flank_pos = find_flank_pos(values)

    start = flank_pos - len(values)
    end = flank_pos - 1
    if flank_pos == 0:
        start = 0
        end = len(values) - 1

    return binary_search_rotated_helper2(values, search_for, start, end)


def binary_search_rotated_helper2(values, search_for, start, end):

    mid_pos = start + (end - start) // 2
    mid_value = values[mid_pos]

    if mid_value == search_for:
        return mid_pos % len(values)

    if start == end:
        return -1

    if search_for < mid_value:
        return binary_search_rotated_helper2(values, search_for,
                                             start, mid_pos - 1)
    if search_for > mid_value:
        return binary_search_rotated_helper2(values, search_for,
                                             mid_pos + 1, end)
```

Prüfung

Zum Überprüfen der Funktionalität nutzen wir die Wertekombinationen aus dem einführenden Beispiel:

```
@pytest.mark.parametrize("values, search_for, expected",
                         [([25, 33, 47, 1, 2, 3, 5, 11], 47, 2),
                          ([25, 33, 47, 1, 2, 3, 5, 11], 3, 5),
                          ([25, 33, 47, 1, 2, 3, 5, 11], 13, -1),
                          ([1, 2, 3, 4, 5, 6, 7], 5, 4),
                          ([1, 2, 3, 4, 5, 6, 7], 13, -1)])
def test_binary_search_rotated(values, search_for, expected):
    pos = binary_search_rotated(values, search_for)

    assert pos == expected
```

10 Schlusswort und ergänzende Literatur

Nun, am Ende dieses Übungsbuchs angelangt, kommen wir zu einem Fazit. Außerdem präsentiere ich Ihnen noch zwei Knobelaufgaben, bevor wir danach einen Blick auf ergänzende Literatur werfen.

10.1 Schlusswort

Durch die Lektüre dieses Buchs und vor allem auch durch das Lösen und Implementieren der Übungsaufgaben sollten Sie einen guten Erfahrungsschatz gewonnen haben. Mit diesem Wissen müssten sich jetzt diverse Aufgaben aus der täglichen Praxis etwas einfacher erledigen lassen. Am meisten profitiert man natürlich, wenn man die vorgestellten Lösungen nicht nur nachvollzieht, sondern auch etwas experimentiert und abwandelt.

10.1.1 Gelerntes pro Kapitel

Rekapitulieren wir noch einmal, was in den einzelnen Kapiteln und Themengebieten vermittelt wurde und was Sie gelernt haben sollten.

Mathematisches Das Kapitel zum mathematischen Basiswissen führt den Modulo-Operator ein, der ganz wesentlich ist, beispielsweise für die Extraktion von Ziffern und bei der Berechnung von Prüfsummen. Die Übungen zur Kombinatorik haben gezeigt, wie man durch kleine Tricks die Laufzeit leicht um eine Größenordnung reduzieren kann. Auch die Primzahlen bieten einige interessante Facetten, etwa Varianten zu deren Berechnung. Das gestaltet sich im Nachhinein viel einfacher, als vielleicht zunächst gedacht. Generell sollte bei jeder Problemstellung grob der Algorithmus und die Vorgehensweise verstanden werden, denn dann verliert beispielsweise selbst die Zerlegung in Primfaktoren ihren möglichen Schrecken.

Rekursion Im einführenden Kapitel zu Rekursion wurden die Grundlagen für ein gutes Verständnis gelegt. Viele Übungsaufgaben haben Ihre Kenntnisse erweitert. Zudem konnten Sie das erworbene Basiswissen gewinnbringend in den darauffolgenden Kapiteln einsetzen. Ein Paradebeispiel dafür sind verschiedene Algorithmen auf Bäumen, die sich oft leicht rekursiv formulieren lassen – iterativ ist beispielsweise ein Postorder-Durchlauf schon herausfordernd, mit Rekursion dagegen sehr einfach.

Wir haben aber auch erkannt, dass die einfache Rekursion nicht nur Vorteile bringt, sondern manchmal durch lange Laufzeiten einiges an Geduld erfordert. Im Fortgeschrittenenkapitel zu Rekursion haben Sie mit Memoization und Backtracking Ihren Werkzeugkasten entscheidend erweitert. Dadurch ließen sich die Performance steigern sowie unterhaltsame und amüsante Knobelaufgaben lösen, etwa für Sudoku-Rätsel oder das n-Damen-Problem. Auch war es möglich, einen Ausweg aus einem Labyrinth zu finden. All das erforderte zwar etwas mehr Programmieraufwand, war jedoch ohne allzu große Komplexität umzusetzen.

Strings Zeichenketten sind aus nahezu keinem Programm wegzudenken. Neben einfachen Aufgaben zur Palindrom-Prüfung oder dem Umdrehen einer Zeichenfolge ließen sich einige Aufgaben durch den Einsatz geeigneter Hilfsdatenstrukturen deutlich vereinfachen, etwa die Prüfung auf wohlgeformte Klammern, die Umwandlung eines Worts in Morsecode und einiges mehr. Generell merkt man bereits hier, dass das Lösen von Problemen umso leichter fällt, je mehr Basiswissen man in verschiedenen Bereichen besitzt.

Basisdatenstrukturen Dieses Kapitel vertiefte das Wissen zu grundlegenden Datenstrukturen wie Listen, Sets und Dictionaries. In Business-Applikationen ist deren Kenntnis essenziell. Aber nicht nur einzeln, sondern vor allem auch in Kombination lassen sich damit viele Aufgabenstellungen geeignet lösen, etwa das Löschen von Duplikaten aus Listen. Darüber hinaus trainiert beispielsweise die Aufgabe zum magischen Dreieck das abstrakte Denken. Ein kleines Schmankerl war, die Autovervollständigung von Excel selbst zu programmieren. Es ist schon überraschend, wie elegant man das realisieren kann.

Arrays Ebenso wie Strings gehören Arrays in vielen Programmiersprachen zu Basisbausteinen. In Python finden oftmals Listen eher Verwendung, da Arrays nicht direkt in der Sprache unterstützt werden. Allerdings gibt es mit NumPy eine valide Alternative, mit der sich Arrays einfach definieren lassen und die mit deutlichen Performance-Verbesserungen im Vergleich zu Listen aufwarten kann.

Insbesondere ist es wichtig, die tückischen Off-by-one-Fehler zu vermeiden. In diesem Kapitel wurden kleinere Hilfsfunktionen erstellt, die, passend eingesetzt, Algorithmen verständlicher machen können. Für zweidimensionale Arrays haben wir unter anderem kennengelernt, wie man Richtungen geschickt modelliert und dies etwa zum Füllen von Flächen mit Mustern nutzen kann. Als herausfordernde Aufgabenstellungen wurden der Spiraldurchlauf sowie das Löschen und das Befüllen eines Jewels- bzw. Minesweeper-Spielfelds thematisiert. Schließlich haben wir eine Funktionalität zum Zusammenführen von Arrays entwickelt. Diese ist für Merge Sort ein elementarer Bestandteil.

Binärbäume Das wohl komplexeste Themengebiet in diesem Buch sind die Binärbäume. Da sie nicht durch die Python-Standardbibliothek bereitgestellt werden, sind sie vermutlich nicht jedem Python-Entwickler so vertraut. Weil man damit aber viele Problemstellungen elegant lösen kann, gab dieses Kapitel eine Einführung und die Übungsaufgaben halfen, Binärbäume und ihre Möglichkeiten kennenzulernen. Neben verblüffend einfachen Dingen wie der Rotation lassen sich beispielsweise mathematische Berechnungen sehr smart als Binärbaum darstellen und verarbeiten. Etwas zum Knobeln waren sicher die Ermittlung des kleinsten gemeinsamen Vorfahrens und vor allem die Prüfung auf Vollständigkeit eines Binärbaums.

Suchen und Sortieren Zwar wird man heutzutage kaum noch einen Such- oder Sortieralgorithmus selbst programmieren, es ist aber für das algorithmische Verständnis hilfreich, sich einmal damit beschäftigt zu haben. Während naive Umsetzungen häufig eine Laufzeit von $O(n^2)$ besitzen, kann man dies mit Merge Sort und Quick Sort in der Regel auf $O(n \cdot log(n))$ reduzieren. Ganz besonders interessant ist, wie sich ein fixer Wertebereich auswirken kann. Dann spielt nämlich Bucket Sort mit einer Laufzeit von $O(n)$ seine Stärken aus.

10.1.2 Bedenkenswertes

Bei der Darstellung der Lösungen habe ich ab und an bewusst mal einen Irrweg oder eine suboptimale Brute-Force-Variante gezeigt, um dann den Lerneffekt zu demonstrieren, wenn an einer Verbesserung gearbeitet wird. Auch im Berufsalltag wird man vielfach bevorzugt iterativ vorgehen, weil die Anforderungen vielleicht nicht 100 % präzise sind, sich neue Wünsche ergeben usw. Deswegen bietet es sich förmlich an, erst einmal mit einer verständlichen Umsetzung der Aufgabenstellung zu beginnen, die sich im Nachhinein noch recht problemlos modifizieren lässt. Dann ist es oft sogar in Ordnung, einen noch nicht optimalen Lösungsweg einzuschlagen, der aber das Problem konzeptionell korrekt behandelt.

Gedanken zur Wartbarkeit

Zudem beobachtet man Folgendes: Sourcecode wird in der Regel viel häufiger gelesen als geschrieben. Denken Sie an Ihren Berufsalltag. Normalerweise starten Sie nicht auf der grünen Wiese, sondern erweitern ein bestehendes System um etwas Funktionalität oder fixen einen Bug. Dabei werden Sie es schätzen, wenn der ursprüngliche Programmautor verständliche Lösungswege und Programmkonstrukte gewählt hat sowie idealerweise sogar noch Unit Tests als Sicherheitsnetz existieren.

Kommen wir zur Entwicklung zurück. Machen Sie sich unbedingt vorab einige Gedanken, anstatt direkt mit dem Implementieren zu beginnen. Je strukturierter und präziser Sie ein Problem durchdrungen haben, desto klarer wird auch Ihre Umsetzung: Nachdem es einmal »Klick gemacht« hat und der »Groschen gefallen« ist, ist es oft kein allzu großer Schritt mehr, eine verständliche, gut strukturierte Lösung zu erstellen oder zu verbessern. Beginnt man jedoch zu früh mit einer Umsetzung rein als Sourcecode, so endet dies leider viel zu häufig in einem Desaster und einem Scheitern. Dann verbleibt einiges eher halbgar und Ergänzungen lassen sich kaum sinnvoll integrieren.

Ich möchte nochmals darauf hinweisen, dass mir beim Programmieren vor allem Nachvollziehbarkeit und damit eine später vereinfachte Wartbarkeit wichtig sind. Dies erreicht man im Allgemeinen durch kleine, möglichst verständliche Bausteine. Mit der ggf. (und vermutlich nur) minimal schlechteren Performance sowie der geringeren Kompaktheit kann man oftmals besser leben als mit einer ziemlich sicher auftretenden schlechten Wartbarkeit.

Gedanken zu Performance

Bedenken Sie bitte, dass in der heutigen Zeit verteilter Applikationen der Einfluss einzelner Anweisungen oder nicht optimierter Funktionen für die Performance kaum ins Gewicht fallen. Dagegen können sich zu häufige oder zu feingranulare REST-Aufrufe oder Datenbankzugriffe viel gravierender auf die Ausführungszeit auswirken als ein nicht bis ins Letzte optimierter Algorithmus. Meine Aussagen gelten vor allem für die selbst geschriebenen Funktionalitäten in Business-Applikationen. Für Frameworks und Algorithmen, die Millionen von Aufrufen (oder mehr) erfahren, ist die innere Schönheit dagegen potenziell weniger wichtig als deren Performance. Es wird wohl immer ein gewisser Interessenkonflikt zwischen den beiden Polen existieren: entweder kompakt und Performance-optimiert oder verständlich, dafür manchmal etwas langsamer.

Vorteile durch Unit Test

Selbst wenn man lediglich einfache Programme erstellt, bemerkt man immer wieder folgenden Sachverhalt: Prüft man die Implementierungen von Algorithmen rein auf Basis der Konsolenausgaben, so verbleiben oftmals unbemerkt Fehler – insbesondere für Sonderfälle, Grenzwerte usw. Zudem wird man ohne unterstützende Unit Tests eher weniger über die Schnittstellen der Klassen und die Signaturen der Funktionen nachdenken. Genau das hilft aber, die Handhabbarkeit für andere zu erhöhen. Mit Pytest macht das Schreiben von Unit Tests richtig Spaß und geht zügig von der Hand. Das liegt vor allem an den angenehmen und hilfreichen parametrisierten Tests.

Durch die Lektüre dieses Buchs und das Nachvollziehen der Lösungen sollten Sie neben Ihren Fähigkeiten bezüglich der behandelten Themengebiete auch ein Gespür für das Unit Testing gewonnen haben. Mehr noch: Beim Entwickeln von Lösungen gibt es ein Gefühl der Sicherheit, wenn die Unit Tests erfolgreich sind.

10.2 Knobelaufgaben

Nachdem Sie sich mit unterschiedlichsten Programmierrätseln beschäftigt haben, stelle ich Ihnen zum Abschluss noch zwei Knobelaufgaben vor, die zwar nichts direkt mit dem Programmieren zu tun haben, bei deren Lösung sich aber insbesondere noch einiges bezüglich Problemlösungsstrategien lernen lässt. Manchmal scheint etwas zunächst unmöglich und dann gibt es doch eine verblüffend einfache Lösung. Wenn Sie mögen, versuchen Sie sich an folgenden Knobelaufgaben:

- Goldsäcke – Fälschung entdecken
- Pferderennen – schnellste drei Pferde ermitteln

10.2.1 Goldsäcke – Fälschung entdecken

In diesem Rätsel geht es um 10 Goldsäcke, die mit jeweils 10 Münzen gefüllt sind, die je wiederum je 10 g schwer sind. Somit sollte jeder Goldsack 100 g wiegen.

Abbildung 10-1 *Goldsäcke*

Nun hat aber ein Trickbetrüger in einem Sack die Goldmünzen gegen Fälschungen ausgetauscht, die mit 9 g statt 10 g pro Münze etwas leichter sind. Finden Sie den Goldsack, der die Fälschungen enthält, mit nur einmaligem Wiegen. Dabei dürfen Sie aber verschieden viele Münzen aus beliebigen Säcken nehmen und gemeinsam wiegen.

Lösung

Zunächst klingt diese Aufgabe nahezu unmöglich, da mehrmaliges Wiegen und Vergleichen nicht erlaubt sind. Mit etwas Grübeln kommt man dann vielleicht auf folgenden Trick: Wir reihen die Säcke auf und nummerieren diese von 1 bis 10. Nun arbeiten wir positionsbasiert und legen jeweils so viele Münzen aus dem korrespondierenden Sack, wie es seiner Position entspricht, und wiegen dann alle gemeinsam, wie es nachfolgende Abbildung zeigt:

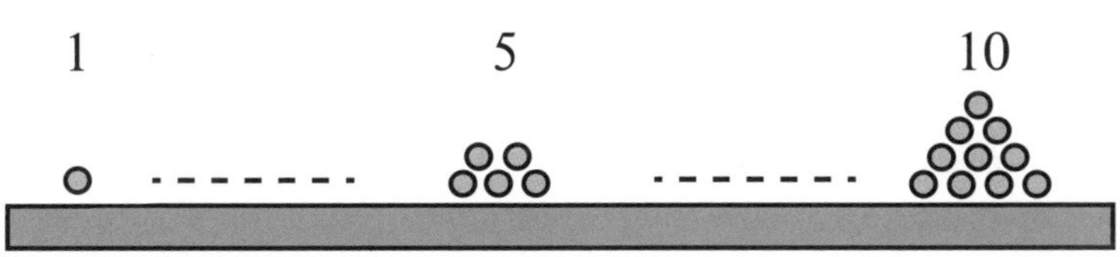

Abbildung 10-2 *Goldstücke wiegen*

Ohne Fälschungen wäre das Ergebnis wie folgt:

$$\begin{aligned} & 1 \times 10 + 2 \times 10 + 3 \times 10 + 4 \times 10 + 5 \times 10 + 6 \times 10 + 7 \times 10 + 8 \times 10 + 9 \times 10 + 10 \times 10 \\ = & \; 10 + 20 + 30 + 40 + 50 + 60 + 70 + 80 + 90 + 100 \\ = & \; 550 \end{aligned}$$

Nehmen wir an, in Sack 5 wären die Fälschungen, und betrachten das Ergebnis:

$$\begin{aligned} & 1 \times 10 + 2 \times 10 + 3 \times 10 + 4 \times 10 + \mathbf{5} \times \mathbf{9} + 6 \times 10 + 7 \times 10 + 8 \times 10 + 9 \times 10 + 10 \times 10 \\ = & \; 10 + 20 + 30 + 40 + \mathbf{45} + 60 + 70 + 80 + 90 + 100 \\ = & \; 545 \end{aligned}$$

Nehmen wir nun an, in Sack 2 wären die Fälschungen, und ermitteln das Ergebnis:

$$\begin{aligned} & 1 \times 10 + \mathbf{2} \times \mathbf{9} + 3 \times 10 + 4 \times 10 + 5 \times 10 + 6 \times 10 + 7 \times 10 + 8 \times 10 + 9 \times 10 + 10 \times 10 \\ = & \; 10 + \mathbf{18} + 30 + 40 + 50 + 60 + 70 + 80 + 90 + 100 \\ = & \; 548 \end{aligned}$$

Demnach können wir aufgrund der Differenz zu 550 den jeweiligen Sack identifizieren:

$$550 - gewogenes\ Gewicht \quad = \quad Position$$

10.2.2 Pferderennen – schnellste drei Pferde ermitteln

Bei dieser Knobelaufgabe geht es um die Lösung des folgenden Rätsels: Uns werden 25 Rennpferde zum Verkauf angeboten und wir wollen die drei schnellsten erwerben. Zwar gibt es eine Rennbahn mit Platz für maximal fünf Pferde, jedoch haben wir weder eine Stoppuhr noch eine andere Möglichkeit der Zeitmessung. Allerdings kann man die Pferde bei Rennen gegeneinander antreten lassen und Sie dürfen die Reihenfolge notieren. Wie ermitteln wir unter diesen Restriktionen nun die schnellsten drei und wie gehen wir vor? Wie viele Rennen mit welchen Pferden müssen wir maximal veranstalten?

Als Vereinfachung nehmen wir hier an, dass die Pferde durch die Rennen nicht erschöpft sind, bei jedem Rennen exakt gleich schnell laufen und dass außerdem kein Pferd gleich schnell wie ein anderes ist (genau wie bei einem Foto-Finish gibt es immer eine Reihenfolge).

Lösung

Auch hier muss man zunächst ziemlich nachdenken, um durch ein geschicktes Ausschlussverfahren die richtigen Rennen zu veranstalten, und davon möglichst wenige. Tatsächlich sind lediglich sieben Rennen notwendig, um die schnellsten drei Pferde zu ermitteln. Wie geht man dazu vor?

Schritt 1 Zunächst lassen wir jeweils fünf Pferde in fünf Rennen gegeneinander antreten und ermitteln somit die Gewinner aus diesen Rennen. Zur besseren Nachvollziehbarkeit bekommen alle Pferde eine Nummer zwischen 1 und 25, die normalerweise nichts über die Platzierung aussagt – nachfolgend nutze ich die Nummer zur besseren Unterscheidbarkeit, man könnte die Pferde genauso gut mit A, B, C, ... benennen, dann würde man aber weitere Unterscheidungen für die Sieger der Rennen benötigen.

Wir ermitteln so die Gewinner aus allen fünf Rennen und können per Ausschlussverfahren direkt alle Pferde auf den jeweiligen Plätzen 4 und 5 aus unserer Wahl für die nächsten Rennen entfernen:

Rennen \ Platz	1	2	3	4	5
Rennen 1	(1)	2	3	4	5
Rennen 2	(6)	7	8	9	10
Rennen 3	(11)	12	13	14	15
Rennen 4	(16)	17	18	19	20
Rennen 5	(21)	22	23	24	25

Ausschluss →

1	2	3	~~4~~	~~5~~
6	7	8	~~9~~	~~10~~
11	12	13	~~14~~	~~15~~
16	17	18	~~19~~	~~20~~
21	22	23	~~24~~	~~25~~

Abbildung 10-3 *Rennen 1 bis 5 beim Pferderennen*

Damit verbleiben 15 Pferde, und wenn man diese miteinander vergleichen wollte, wären nach diesen fünf Rennen noch mindestens drei Rennen nötig. Laut meiner Aussage reichen aber insgesamt sieben Rennen, sodass nur noch zwei Rennen erlaubt sind. Demnach müssen wir die zu vergleichende Anzahl an Pferden noch geeignet reduzieren.

Schritt 2 Damit deutlich weniger als 15 Pferde für die weitere Auswahl übrig bleiben, müssen wir ein weiteres Rennen durchführen, nämlich eines mit allen Siegern. Wieso? Bislang wissen wir lediglich etwas über die Pferde innerhalb der Gruppen selbst, nicht jedoch zwischen den Gruppen. Um über die relativen Verhältnisse der Geschwindigkeiten der Sieger eine Aussage zu erhalten, lassen wir diese gegeneinander antreten – auch hierbei können die letzten beiden nicht mehr zu den schnellsten drei Pferden gehören:

Rennen \ Platz	1	2	3	4	5
Rennen 6	1	6	11	~~16~~	~~21~~

Abbildung 10-4 *Rennen der Sieger*

Damit kann man aber automatisch sowohl die Pferde mit den Nummern 17 und 18 (langsamer als das Pferd mit der Nummer 16) als auch diejenigen mit den Nummern 22 und 23 (langsamer als das Pferd mit der Nummer 21) als Kandidaten eliminieren.

Schritt 3 Zunächst markieren wir die Ausschlüsse in einer Matrix und dann kombinieren wir das gewonnene Wissen, um mit dem nächsten Ausschluss beginnen zu können. Dazu fügen wir eine »>-Notation« für »schneller als« in die Matrix der Pferde ein. Weil Pferd 1 auch im Rennen der Sieger gewonnen hat, sind wir nun ganz sicher, dass das Pferd 1 auf jeden Fall das schnellste ist.

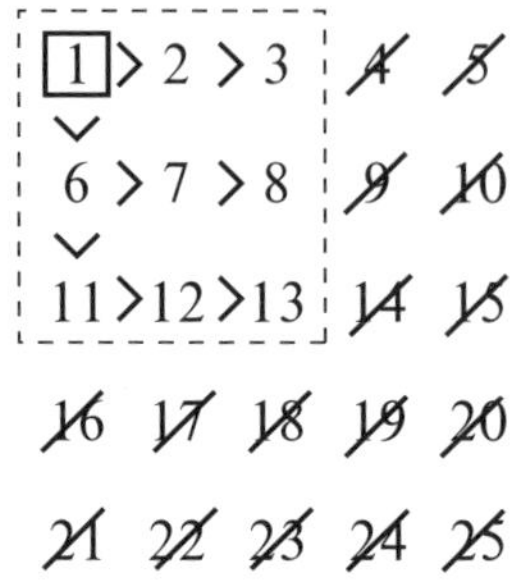

Abbildung 10-5 *Beste 9 beim Pferderennen*

Allerdings sind immer noch neun Pferde übrig – genauer eigentlich nur noch acht Kandidaten, da Pferd 1 das schnellste ist). Das spräche für mindestens noch zwei weitere Rennen. Lassen Sie uns nun ein wenig überlegen: Wir kennen die Reihenfolgen durch die vorherigen Rennen. Da wir nur die schnellsten drei ermitteln wollen, scheiden die Pferde mit den Nummern 8, 12 und 13 aus und es verbleiben nun fünf Pferde, nämlich die mit den Nummern 2, 3, 6, 7 und 11.

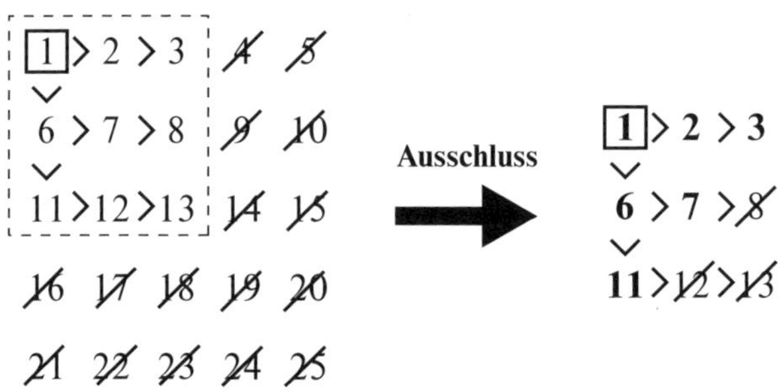

Abbildung 10-6 *Finaler Ausschluss beim Pferderennen*

Somit müssen wir nur noch diese Pferde (also 2, 3, 6, 7 und 11) gegeneinander antreten lassen und haben mit dem Gewinner und Zweitplatzierten dann das gesamtzweite und -dritte Pferd. Damit ergeben sich folgende mögliche Kombinationen als Endergebnis:

- 1, 2, 3
- 1, 2, 6
- 1, 6, 2
- 1, 6, 7
- 1, 6, 11

10.3 Ergänzende Literatur

In diesem Buch ging es mir vor allem darum, Ihnen ein paar Programmier- und Knobelaufgaben und eine kurzweilige Zeit beim Lösen zu bieten. Wenn die Aufgaben für Sie größtenteils gut lösbar waren, dann finden Sie nachfolgend verschiedene Bücher als ergänzende Lektüre.

Interessanterweise stößt man bei der Beschäftigung mit einem Thema immer wieder auch auf bisher unbekannte Literatur. Einige Bücher haben mich inspiriert und ich möchte sie Ihnen als Empfehlung ans Herz legen. Die Bücher habe ich thematisch gruppiert und hoffe, Ihnen damit einen guten Anhaltspunkt für weitere Schritte zu bieten.

Einstieg in Algorithmen und Datenstrukturen

Zum Einstieg in Algorithmen und Datenstrukturen gibt es diverse Bücher. Folgende kann ich Ihnen zur Komplettierung oder für eine andere Betrachtungsweise empfehlen:

- »**Grokking Algorithms**« [3] von Aditya Y. Bhargava
  Ein kleines, aber feines Buch, das einen gut lesbaren, nachvollziehbaren und unterhaltsamen Einstieg bietet, der durch viele Abbildungen bereichert wird. Die Beispiele sind in Python.
- »**A Common-Sense Guide to Data Structures and Algorithms**« [15] von Jay Wengrow
  Ein wunderbares, gut verständliches Buch zum Einstieg in Algorithmen und Datenstrukturen. Durch die umfangreichen Abbildungen lassen sich die Abläufe bei Algorithmen leicht nachvollziehen. Auch hier sind die Beispiele in Python.
- »**Problem Solving in Data Structures & Algorithms Using Java**« [5] von Hemant Jain
  Von den hier aufgelisteten Büchern ist dieses das umfangreichste und geht in Bezug auf die vorgestellten Themen weit über die vorherigen hinaus. Es bietet jedoch weniger erklärende Abbildungen und ist nicht ganz so intuitiv wie die anderen geschrieben. Dieses Buch erschwert vielleicht das (direkte) Nachvollziehen der Lösungen, weil Java zur Implementierung genutzt wird.

Grundlagenbücher

Wenn Sie die Thematik der Algorithmen und Datenstrukturen eher wissenschaftlich und von der Pike auf lernen wollen und es etwas formaler mögen, dann werfen Sie doch einen Blick in eines der folgenden Bücher:

- »**Algorithmen**« [12] von Robert Sedgewick
  Mit diesem Buch erhalten Sie einen gut lesbaren und nachvollziehbaren Einstieg in die Thematik. Es hat mich schon in meinem Studium begleitet.
- »**Data Structures and Algorithms with Object-Oriented Design Patterns in Java**« [11] von Bruno R. Preiss
  Dieses Buch liefert einen fundierten Überblick über gebräuchliche Datenstrukturen und zeigt, wie man diese mit Java umsetzen kann. Obwohl es aus dem Jahr 2000 stammt, ist es bezüglich Java und Datenstrukturen mein Favorit.

Spezialisierung auf Interviewfragen

Neben den zuvor genannten Grundlagenbüchern existieren einige, die sich vor allem auf Interviewfragen oder kleine Programmieraufgaben konzentrieren:

- »**Daily Coding Problem**« [7] von Alex Miller und Lawrence Wu
  Dies ist ein weiteres Buch, das eine ganze Menge an Informationen und auch Aufgabenstellungen inklusive Lösungen zu Algorithmen und Datenstrukturen bereitstellt. Es legt den Fokus auf kleine Programmieraufgaben für jeden Tag und basiert auf Python.
- »**Top 30 Java Interview Coding Tasks**« [13] von Matthew Urban
  Haben Sie nicht viel Zeit und sind weniger an Hintergrundinformationen interessiert, so ist diese kurze Broschüre bestimmt etwas für Sie, sofern Sie auch ein wenig Java sprechen. Hier werden Unit Tests zur Überprüfung der Implementierung verwendet, leider basierend auf JUnit 4 statt auf dem neueren JUnit 5.

Ergänzendes für das Jobinterview bei den Top-Firmen

Für die Vorbereitung zum Jobinterview bei einer der Top-Firmen, namentlich Amazon, Apple, Facebook, Google und Microsoft, empfehle ich Ihnen ergänzend zu meinem Buch noch nachfolgend aufgelistete Bücher. Diese gehen teilweise etwas mehr in die Tiefe und bieten noch kniffligere Aufgaben oder mehr Hintergrundwissen. Zudem beschreiben alle auch den Interviewprozess an sich und wie man sich geeignet vorbereitet.

- »**Cracking the coding interview**« [6] von Gayle Laakmann McDowell
  Dabei handelt es sich um ein großartiges Buch von einer extrem kompetenten Autorin. Allerdings empfiehlt sich die vorherige Lektüre eines Buchs über Algorithmen, damit man den Ausführungen besser folgen kann. Der Schwierigkeitsgrad einzelner Aufgaben ist zum Teil doch recht herausfordernd.
- »**Programming Interviews Exposed**« [8] von John Mongan, Noah Kindler und Eric Giguère
  Dieses Buch behandelt neben Algorithmen und Datenstrukturen auch Themen wie Concurrency, Design Patterns und Datenbanken. Es enthält weniger Aufgaben, aber sehr gute Erklärungen. Die Lösungen werden in unterschiedlichen Sprachen präsentiert.
- »**Elements of Programming Interviews in Python**« [1] von Adnan Aziz, Tsung-Hsien Lee und Amit Prakash
  Dieses Buch deckt viele verschiedene Themenbereiche ab, insbesondere Datenstrukturen und Algorithmen.

III Anhang

A Kurzeinführung Pytest

Pytest ist ein in Python geschriebenes Framework, das beim Erstellen und bei der Automatisierung von Testfällen unterstützt. Es ist leicht erlernbar und nimmt viel Arbeit beim Schreiben und Verwalten von Testfällen ab. Insbesondere muss nur die Logik für die Testfälle selbst implementiert werden. Im Gegensatz zu einigen anderen Frameworks muss keine Vielzahl an Funktionen gelernt werden, um Testbehauptungen aufzustellen, sondern es reicht eine.

Das in Python integrierte Modul `unittest` ist weniger komfortabel in der Handhabung als Pytest und dadurch weniger verbreitet. Details zu den beiden finden Sie unter `https://knapsackpro.com/testing_frameworks/difference_between/unittest/vs/pytest`. Praktischerweise erlaubt es Pytest auch, eine möglicherweise bestehende Testbasis, erstellt mit `unittest`, auszuführen, wodurch eine schrittweise Migration von `unittest` zu Pytest erleichtert wird.

A.1 Schreiben und Ausführen von Tests

A.1.1 Installation von Pytest

Bevor Sie Pytest verwenden können, müssen Sie es installieren. Das geht mit dem `pip`-Tool, das für Linux und Windows schlicht `pip`, unter Mac OS aber `pip3` heißt:

```
pip install -U pytest
```

Außerdem sind ein paar Plugins ganz nützlich, etwa das zum Aufbereiten einer HTML-Seite:

```
pip install pytest-html
```

Zur Konfiguration von Pytest in PyCharm lesen Sie bitte die Onlinedokumentation: `https://www.jetbrains.com/help/pycharm/pytest.html#9`.

A.1.2 Beispiel: Ein erster Unit Test

Zum Testen eines Moduls wird normalerweise ein korrespondierendes Testmodul geschrieben. Damit ein solches von Pytest erkannt wird, sollte es mit dem Postfix `test` oder `_test` enden, etwa `ex03_palindrome_test`. Häufig beginnt man zur Absicherung wichtiger Funktionalität damit, zunächst einige zentrale Funktionen durch Tests zu überprüfen. Das sollte schrittweise ausgeweitet werden. Testfälle formuliert man in Form spezieller Testfunktionen, die mit dem Präfix `test_` markiert sein müssen. Ansonsten werden sie von Pytest nicht als Testfall angesehen und bei der Testausführung ignoriert.

Betrachten wir ein einführendes Beispiel:

```
def test_index():
    # ARRANGE
    name = "Peter"

    # ACT
    pos = name.index("t")
    expected = 2

    # ASSERT
    assert pos == expected
```

Interessanterweise sehen wir keine Abhängigkeit zu Pytest. Tatsächlich wird das Ganze automatisch mit Pytest verknüpft und die Ausführung des Standard-Asserts so variiert, dass sich dort Pytest einklinkt und Testergebnisse produziert.

Außerdem erwähnenswert ist die Dreiteilung mit ARRANGE-ACT-ASSERT, zum Vorbereiten der Aktionen, Ausführen und Auswerten der Ergebnisse. Diese Struktur hilft dabei, saubere und verständliche Tests zu schreiben. Nicht immer gibt es einen ARRANGE-Teil und die Kommentare kann man weglassen, wenn man geübter ist.

A.1.3 Ausführen von Tests

Zum Ausführen der Unit Test mit Pytest können Sie entweder

- die Kommandozeile oder
- die IDE

nutzen.

Ausführen von Tests auf der Konsole

Das Ausführen der Unit Tests mit Pytest lässt sich im Hauptverzeichnis Ihres Projekts von der Konsole aus starten – hier mithilfe von `python` und der Modulangabe mit `-m`. Nur auf diese Weise werden die Tests bei mir immer sauber ausgeführt.

```
python3 -m pytest
```

Dadurch werden alle Tests gestartet und das Ergebnis auf der Konsole protokolliert. Für dieses Buch sieht es gekürzt wie folgt aus:

```
python3 -m pytest
================= test session starts ===================
platform darwin -- Python 3.8.3, pytest-6.0.2, py-1.9.0, pluggy-0.13.1
rootdir: /Users/michaeli/PycharmProjects/PythonChallenge
collected 627 items

tests/appendix/example_test.py .                                            [  0%]
tests/ch02_math/ex01_basiscs_test.py .................                      [  2%]
tests/ch02_math/ex02_number_as_text_test.py .........                       [  4%]
tests/ch02_math/ex03_perfectnumber_test.py ..........                       [  6%]
tests/ch02_math/ex04_primes_test.py .......................                 [ 10%]
...
tests/ch08_binary_trees/ex08_reconstruction_test.py ...                     [ 95%]
tests/ch09_search_and_sort/ex01_contains_test.py ....                       [ 95%]
tests/ch09_search_and_sort/ex02_partition_test.py ..                        [ 96%]
tests/ch09_search_and_sort/ex03_binary_search_test.py ......                [ 96%]
tests/ch09_search_and_sort/ex04_insertion_sort_test.py .                    [ 97%]
tests/ch09_search_and_sort/ex05_selection_sort_test.py .                    [ 97%]
tests/ch09_search_and_sort/ex06_quick_sort_test.py ...                      [ 97%]
tests/ch09_search_and_sort/ex07_bucket_sort_test.py ...                     [ 98%]
tests/ch09_search_and_sort/ex08_search_rotated_sorted_test.py ...........   [100%]

=============== 627 passed in 3.12s ====================
```

Ein Start mit

```
python3 -m pytest --html=pytest-report.html
```

erzeugt zusätzlich eine Aufbereitung der Testresultate als HTML, die Sie sich dann mit dem Browser Ihrer Wahl anschauen können. Ein Beispiel zeigt Abbildung A-1.

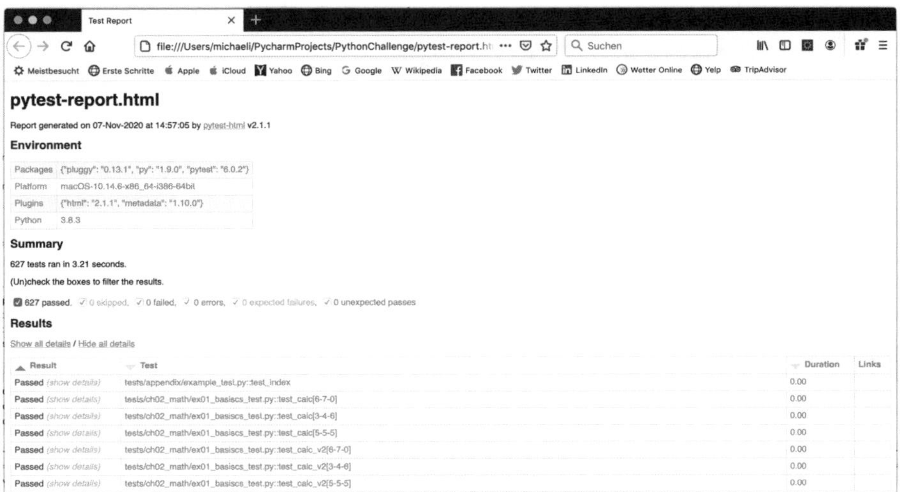

***Abbildung A-1** HTML-Darstellung eines Test-Reports*

Ausführen von Tests aus der IDE

Alternativ ist es etwas bequemer, die Testausführung direkt in der IDE zu starten. Zuvor muss allerdings Pytest korrekt konfiguriert sein. Praktischerweise ist Pytest in die gängige IDE PyCharm integriert. Tests lassen sich entweder über ein Kontextmenü oder über Buttons im GUI ausführen. Dabei kommt es zu einer Ausgabe ähnlich zu der in Abbildung A-2.

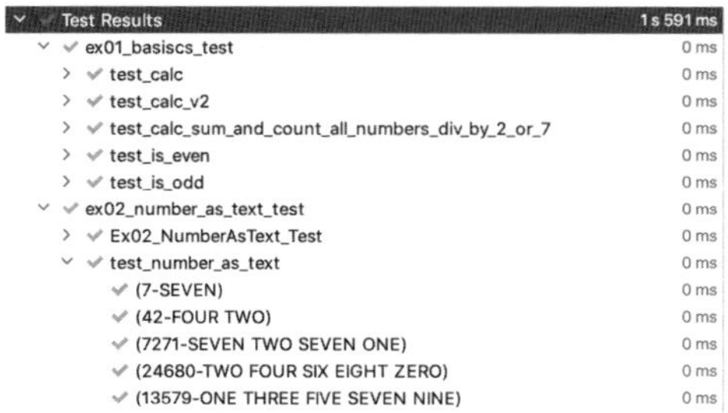

Abbildung A-2 *Testausführung aus dem GUI der IDE*

A.1.4 Behandlung erwarteter Exceptions

Manchmal sollen Testfälle das Auftreten von Exceptions während der Abarbeitung prüfen und ein Ausbleiben würde einen Fehler darstellen. Ein Beispiel ist der bewusste Zugriff auf eine nicht existente Position eines Strings. Ein `IndexError` sollte die Folge sein. Um erwartete Exceptions im Testfall so zu behandeln, dass diese einen Testerfolg und keinen Fehlschlag darstellen, muss die auszuführende Funktionalität speziell mit `with pytest.raises()` aufgerufen werden:

```
def test_str_to_number_invalid_input():
    with pytest.raises(ValueError):
        str_to_number("ABC")


def test_str_to_number_bonus_invalid_input():
    with pytest.raises(ValueError) as excinfo:
        str_to_number_bonus("0o128")

    assert str(excinfo.value).find("found digit >= 8") != -1


def test_fib_rec_wrong_input():
    with pytest.raises(ValueError) as excinfo:
        fib_rec(0)

    assert "n must be >= 1" in str(excinfo.value)
```

Im zweiten und dritten Testfall sehen wir, wie einfach man nun auch auf die Inhalte der ausgelösten Exceptions zugreifen kann, etwa um den Text oder andere Details überprüfen zu können.

A.1.5 Parametrisierte Tests mit Pytest

Des Öfteren muss man eine Vielzahl an Wertebelegungen testen. Würde man für jede davon eine eigene Testfunktion erstellen, so würde dies die Testklasse ziemlich aufblähen und unübersichtlich machen. Um das eleganter zu lösen, gibt es verschiedene Varianten. Alle davon haben ihre spezifischen Stärken und Schwächen.

Nachfolgend nehmen wir an, es sollen Berechnungen für festdefinierte Wertebereiche oder für eine ausgesuchte Menge an Eingaben geprüft werden.[1]

Ein parametrisierter Test ermöglicht genau das: Man schreibt die Testfunktion und definiert eine Menge an Eingaben und erwarteten Ergebnissen und das Testing-Framework führt die Testfunktion für alle der angegebenen Wertekombinationen automatisch aus.

Einführung in parametrisierte Tests

Mit Pytest ist die Definition von parametrisierten Tests sehr einfach. Wir müssen lediglich einen passenden Import ausführen, um dann die gewünschten Werte wie folgt anzugeben:

```
import pytest

@pytest.mark.parametrize("value1, value2, expected",
                         [("Micha", "Michael", 2),
                          ("Ananas", "Banane", 3)])
def test_edit_distance(value1, value2, expected):
    result = edit_distance(value1, value2)

    assert result == expected


@pytest.mark.parametrize("sorted_values, search_value, expected",
                         [([1, 2, 3, 4, 5, 7, 8, 9], 5, True),
                          ([1, 2, 3, 4, 5, 7, 8, 9], 6, False)])
def test_binary_search(sorted_values, search_value, expected):
    assert binary_search(sorted_values, search_value) == expected
```

Im Listing sehen wir, dass der parametrisierte Test mit `@pytest.mark.parametrize` annotiert werden muss. Der erste Parameter legt die Parameternamen und die Auswertung der Werteangaben fest. Diese Werte übergibt man als eine Liste von Tupeln. Für jede als Tupel angegebene Parametrisierung wird ein eigener Testfall erstellt und ausgeführt.

[1] Bei einer sehr großen Anzahl an Werten ist es keine gute Idee, für alle eine Prüfung vorzunehmen, da dies die Ausführungsdauer der Unit Tests oftmals deutlich verlängert – ohne jedoch einen echten Mehrwert zu liefern. Insbesondere hier empfiehlt sich der Einsatz von Repräsentanten aus Äquivalenzklassen, wodurch sich die Zahl der Testfälle drastisch reduzieren sollte. Für Details verweise ich auf mein Buch »Der Weg zum Java-Profi« [4].

Weitere Möglichkeiten in parametrisierten Tests

Genialerweise kann man alle Collection-Literale, also Tupel, Listen, Sets und Dictionaries, bei der Angabe der Testeingaben und -resultate nutzen:

```
@pytest.mark.parametrize("digits, value, expected",
                         [([1, 2, 3, 4, 5, 6, 7, 8, 9], 100,
                           {"1+23-4+5+6+78-9",
                            "12+3+4+5-6-7+89",
                            "123-45-67+89",
                            "123+4-5+67-89",
                            "123-4-5-6-7+8-9",
                            "123+45-67+8-9",
                            "1+2+3-4+5+6+78+9",
                            "12+3-4+5+67+8+9",
                            "1+23-4+56+7+8+9",
                            "1+2+34-5+67-8+9",
                            "12-3-4+5-6+7+89"})])
def test_all_combinations_with_value(digits, value, expected):
    result = all_combinations_with_value(digits, value)

    assert result == expected
```

A.2 Weiterführende Literatur zu Pytest

Dieser Anhang konnte nur einen ersten Einstieg in das Testen mit Pytest bieten und hilft dabei, die Beispiele leichter nachvollziehen zu können.

Natürlich gibt es noch deutlich mehr zu entdecken, etwa diverse Plugins. Weitere Informationen, wie Sie Pytest geeignet nutzen, finden Sie in folgenden Büchern:

- »Python Testing with pytest: Simple, Rapid, Effective, and Scalable« von Brian Okken [9]
- »pytest Quick Start Guide: Write better Python code with simple and maintainable tests« von Bruno Oliveira [10]

B Kurzeinführung Dekoratoren

In diesem Anhang möchte ich mit Dekoratoren noch ein Thema einführen, das elegante Lösungen von Querschnittsfunktionalitäten ermöglicht. Dekoratoren sind beispielsweise für Parameterprüfungen nützlich und werden insbesondere bei den fortgeschrittenen Rekursionsthemen verwendet.

Dekoratoren erlauben es, bestehender Funktionalität transparent, also ohne Erweiterungen in der Implementierung einer Funktion selbst, etwas hinzuzufügen. Obwohl das Schreiben von Dekoratoren recht einfach ist, gibt es ein paar Besonderheiten zu beachten. Schauen wir uns dies bei der Prüfung von Parametern für Funktionen ein wenig genauer an.

Argumentprüfung durch Dekorator

Zuvor haben wir verschiedene Argumentprüfungen vorgenommen, etwa um einen gültigen Wertebereich sicherzustellen. Diese Sanity Checks lassen sich in Python auch in einen Dekorator auslagern, sodass der eigentliche Funktionscode möglichst gut das zu lösende Problem ohne Sonderbehandlungen widerspiegelt.

Eine Funktion zur Prüfung auf positive Ganzzahlen lässt sich wie folgt implementieren – wobei wir als Parameter eine Funktion übergeben und eine Funktion als Rückgabe nutzen:

```
def check_argument_is_positive_integer(unary_func):
    def helper(n):
        if type(n) == int and n > 0:
            return unary_func(n)
        else:
            raise ValueError("n must be positive and of type int")

    return helper
```

Betrachten wir als einfaches Beispiel für die Verwendung die Berechnung der Fakultät:

```
def factorial(n):
    if n <= 0:
        raise ValueError("n must be >= 1")

    if n == 1:
        return 1

    return n * factorial(n - 1)
```

Zum Aktivieren der Prüfung kann man die obige Funktion folgendermaßen mit der Argumentprüfung ummanteln:

```
factorial = check_argument_is_positive_integer(factorial)
```

Es ist ebenfalls möglich, eine neue Funktion wie folgt zu definieren:

```
# Wrapping in neue Funktion
checked_factorial = check_argument_is_positive_integer(factorial)
print(checked_factorial(5))
# print(checked_factorial(-5)) # => ValueError
```

Hinweis: Higher Order Functions

In diesem Beispiel wird der Dekorator allein mithilfe von Funktionen bzw. geschachtelten Funktionen erstellt. Man spricht auch von »Higher Order Functions«. Damit ist gemeint, dass eine Funktion eine andere Funktion als Parameter erhält und eine Funktion als Ergebnis liefert.

Syntactic Sugar für Dekoratoren

In Python gibt es noch die Variante mit `@`. Damit können wir den Dekorator direkt über der Funktionsdefinition nutzen:

```
@check_argument_is_positive_integer
def factorial(n):
    if n <= 0:
        raise ValueError("n must be >= 1")

    if n == 1:
        return 1

    return n * factorial(n - 1)
```

Nun können wir auf die zwei Zeilen

```
    if n <= 0:
        raise ValueError("n must be >= 1")
```

verzichten und schreiben die Funktion kürzer und klarer wie folgt:

```
@check_argument_is_positive_integer
def factorial(n):
    if n == 1:
        return 1

    return n * factorial(n - 1)
```

Hinweis: Unterschied zwischen den Arten der Dekorierung

Bei `@<decorator>` wird die Dekoration immer vorgenommen. Bei einem Aufruf `<decorator>(function)` kann man die Funktion auch normal aufrufen und später den Dekorator explizit einschalten. Für unser Beispiel ruft man die Prüfung folgendermaßen auf, wobei der zweite Aufruf einen `ValueError` produziert:

```
# Aufruf mit "factorial" als Parameter
print(check_argument_is_positive_integer(factorial)(5))
print(check_argument_is_positive_integer(factorial)(-5))
```

Mehrere Parameter prüfen

Die Prüfung auf positive Ganzzahlen kann man auch auf mehrere Parameter, im Folgenden zwei, erweitern und beispielsweise für einfache Rechenoperationen wie $+$ und $-$ für natürliche Zahlen wie folgt einsetzen:

```
def check_arguments_are_positive_integers(binary_func):
    def helper(param1, param2):
        if type(param1) == int and param1 > 0 and \
           type(param2) == int and param2 > 0:
            return binary_func(param1, param2)
        else:
            raise ValueError("both params must be positive and of type int")

    return helper


@check_arguments_are_positive_integers
def add(value1, value2):
    return value1 + value2


@check_arguments_are_positive_integers
def subtract(value1, value2):
    return value1 - value2
```

Hinweis: Explizite Prüfungen oder Dekorator

Bedenken Sie bitte Folgendes: Mit zunehmender Zahl an Parametern nimmt auch die Komplexität der Prüfungen zu und die Verständlichkeit sinkt potenziell. Dadurch bietet sich ab etwa drei zu prüfenden Parametern wohl eher eine explizite Prüfung innerhalb der jeweiligen Methoden an, um die Nachvollziehbarkeit und Wartbarkeit zu wahren oder gar zu erhöhen.

Protokollierung von Funktionsaufrufen und Parameterübergabe

Zuvor haben wir die etwas vereinfachten Fälle von ein oder zwei Parametern betrachtet. Für diverse Dekoratoren ist es aber wichtig, für eine beliebige Anzahl an Parametern aufgerufen werden zu können, etwa für eine Protokollierung von Aufrufen oder eine Zeitmessung. Dazu kann man den Dekorator allgemeingültiger wie folgt definieren:

```
def audit_decorator(func):
    def wrapper(*args, **kwargs):
        print("Before calling " + func.__name__)
        result = func(*args, **kwargs)
        print("After calling " + func.__name__)
        return result

    return wrapper
```

Setzen wir diesen Dekorator zur Protokollierung einmal ein. Wir schreiben dazu Folgendes als Kombination zweier Dekoratoren:

```
@audit_decorator
@check_arguments_are_positive_integers
def add(value1, value2):
    return value1 + value2
```

Beim Ausführen mit

```
>>> print("add", add(2, 7))
```

erhalten wir allerdings den Namen des inneren Dekorators, hier `helper`, anstelle der vermutlich von Interesse gewesenen Originalfunktion `add`:

```
Before calling helper
After calling helper
add 9
```

Basierend auf diesen Ausgaben möchte ich noch explizit auf einen Punkt eingehen: Das Dekorieren funktionierte zwar so weit recht problemlos, jedoch sollte man bedenken, dass auf diese Weise die folgenden Attribute der Funktion verloren gehen:

- `__name__` (der Name der Funktion),
- `__doc__` (die Dokumentation, der docstring) und
- `__module__` (das Modul, wo die Funktion definiert wurde).

Verbesserung mit `wraps` aus dem Modul `functools`

Zuvor haben wir die etwas irritierende Ausgabe der ummantelnden statt der ummantelten Funktion gesehen. Als Abhilfe bietet sich die Kennzeichnung mit `wraps` aus dem Modul `functools` wie folgt an:

```
def check_arguments_are_positive_integers(binary_func):
    @wraps(binary_func)
    def helper(param1, param2):
        if type(param1) == int and param1 > 0 and \
           type(param2) == int and param2 > 0:
            return binary_func(param1, param2)
        else:
            raise ValueError("both params must be positive and of type int")

    return helper
```

Dadurch erfolgen die Ausgaben wie erwartet:

```
Before calling add
After calling add
add 9
```

Zudem sollten wir `@wraps` im `audit_decorator` ergänzen.

Kommen wir als Abschluss der Kurzvorstellung zum Profiling und zur Messung der Ausführungsdauer von Funktionen. Dazu definieren wir uns folgenden Dekorator:

```
def timed_execution(func):
    @wraps(func)
    def timed_execute(*args, **kwargs):
        start_time = time.process_time()
        result = func(*args, **kwargs)
        end_time = time.process_time()
        run_time = end_time - start_time
        print(f"'{func.__name__}' took {run_time * 1000:.2f} ms")
        return result

    return timed_execute
```

C Schnelleinstieg O-Notation

In diesem Buch verwende ich mitunter zum Einordnen der Laufzeitverhalten von Algorithmen die sogenannte O-Notation. Diese erlaubt eine formalere Betrachtung und Einordnung der Komplexität von Algorithmen.

C.1 Abschätzungen mit der O-Notation

Zur Abschätzung und Beschreibung der Komplexität von Algorithmen und damit zur Einordnung ihres Zeitverhaltens wäre es unpraktisch, immer Messungen vornehmen zu müssen. Außerdem spiegeln Messungen lediglich das Laufzeitverhalten unter gewissen Randbedingungen der Hardware (Prozessortakt, Speicher usw.) wider.

Um Folgen von Designentscheidungen unabhängig von solchen Details und auf einer abstrakteren Ebene einordnen zu können, verwendet man in der Informatik die sogenannte ***O-Notation***, die die obere Schranke für die Komplexität eines Algorithmus angibt. Dazu möchte man folgende Frage beantworten können: »Wie verhält sich ein Programm, wenn statt 1.000 Eingabewerten beispielsweise 10.000 oder 100.000 Eingabewerte verarbeitet werden?« Zur Beantwortung dieser Frage müssen die einzelnen Schritte eines Algorithmus betrachtet und klassifiziert werden. Ziel ist es, die Berechnung der Komplexität zu formalisieren, um Auswirkungen von Veränderungen an der Anzahl der Eingabedaten auf die Programmlaufzeit abschätzen zu können.

Betrachten wir folgende `while`-Schleife als einführendes Beispiel:

```
i = 0                       // O(1)
while i < n:                // O(n)
    create_person_in_db(i)  // O(1)
    i += 1                  // O(1)
```

Jede einzelne Anweisung wird mit der Komplexität $O(1)$ bewertet. Die Schleife selbst erhält aufgrund der n Ausführungen des Schleifenrumpfs die Komplexität $O(n)$ zugeordnet.[1] Rechnet man diese Werte zusammen, dann sind die Kosten für die Abarbeitung des Programms folglich: $O(1) + O(n) * (O(1) + O(1)) = O(1) + O(n) * 2$. Für eine Abschätzung der Komplexität spielen konstante Summanden und Faktoren keine Rolle. Nur die höchste Potenz von n ist von Interesse. Somit kommt man für das abgebildete

[1] Die Bedeutung der Notation wird auf der nächsten Seite mit der Vorstellung von Beispielen für weitere Komplexitätsklassen verständlicher. Eine weiterführende Darstellung finden Sie unter `http://www.linux-related.de/index.html?/coding/o-notation.htm`.

Programmstück auf eine Komplexität von $O(n)$. Diese Vereinfachung ist zulässig, da für größere Werte von n der Einfluss von Faktoren und kleineren Komplexitätsklassen unbedeutend ist. Für das Verständnis der Betrachtungen in den folgenden Abschnitten sollte diese informelle Definition ausreichend sein.

Nachfolgend möchte ich noch zwei Sätze von Robert Sedgewick, die die O-Notation charakterisieren, aus seinem Standardwerk »Algorithmen« [12] zitieren: »[...] ist die O-Schreibweise ein nützliches Hilfsmittel, um obere Schranken für die Laufzeit anzugeben, die von den Einzelheiten der Eingabedaten und der Implementation unabhängig sind.« Und weiter heißt es dort: »Die O-Schreibweise erweist sich als äußerst nützlich, indem sie Analytikern hilft, Algorithmen nach ihrer Leistungsfähigkeit zu klassifizieren, und indem sie Entwickler von Algorithmen bei der Suche nach den »besten« Algorithmen unterstützt.«

C.1.1 Komplexitätsklassen

Um das Laufzeitverhalten verschiedener Algorithmen miteinander vergleichen zu können, reichen in der Regel sieben unterschiedliche Komplexitätsklassen aus. Folgende Aufzählung nennt die jeweilige Komplexitätsklasse und einige Beispiele dazu:

- $O(1)$ – Die konstante Komplexität liefert eine von der Anzahl der Eingabedaten n unabhängige Laufzeit. Diese Komplexität repräsentiert häufig ***eine Anweisung*** oder eine einfache Berechnung, die aus einigen Berechnungsschritten besteht.
- $O(log(n))$ – Bei der logarithmischen Komplexität kommt es zu einer Verdopplung der Laufzeit, wenn die Eingabedatenmenge n quadriert wird. Ein bekanntes Beispiel für diese Komplexität ist die ***Binärsuche***.
- $O(n)$ – Bei der linearen Komplexität wächst die Laufzeit proportional zur Anzahl der Elemente n. Dies ist bei einfachen Schleifen und Iterationen der Fall, etwa bei einer ***Suche in einem Array*** oder einer Liste.
- $O(n \cdot log(n))$ – Diese Komplexität ist eine Kombination aus linearem und logarithmischem Wachstum. Einige der schnellsten ***Sortieralgorithmen*** (z. B. Merge Sort) besitzen diese Komplexität.
- $O(n^2)$ – Die quadratische Komplexität führt bei einer Verdopplung der Menge der Eingabedaten n bereits zu einer Vervierfachung der Laufzeit. Bei einer Verzehnfachung der Eingabedaten kommt es schon zu einem Verhundertfachen der Laufzeit. In der Praxis findet man diese Komplexität bei ***zwei ineinander verschachtelten `for`- oder `while`-Schleifen***. Einfache Sortieralgorithmen haben normalerweise diese Komplexität.
- $O(n^3)$ – Bei der kubischen Komplexität kommt es bei einer Verdopplung von n bereits zu einer Verachtfachung der Laufzeit. Die naive ***Multiplikation von Matrizen*** ist ein Beispiel für diese Komplexitätsklasse.

- $O(2^n)$ – Die exponentielle Komplexität führt bei einer Verdopplung von n zu einer Quadrierung der Laufzeit. Das klingt zunächst wenig. Bei einer Verzehnfachung steigt die Laufzeit aber um den Faktor 20 Milliarden! Die exponentielle Komplexität tritt häufig bei ***Optimierungsproblemen*** auf, etwa dem sogenannten Problem des Handlungsreisenden (***Traveling Salesman Problem***), bei dem es darum geht, den kürzesten Weg zwischen verschiedenen Städten zu ermitteln und dabei alle Städte zu besuchen. Um dem Problem der exorbitanten Laufzeit Herr zu werden, verwendet man Heuristiken, die zwar nicht die optimale Lösung, sondern nur eine Annäherung daran ermitteln, dafür aber eine viel geringere Komplexität und deutlich kürzere Laufzeit besitzen.

Tabelle C-1 zeigt eindrucksvoll, welche Auswirkungen die genannten Komplexitätsklassen für verschiedene Mengen von Eingabedaten n besitzen:[2]

Tabelle C-1 *Auswirkungen verschiedener Zeitkomplexitäten*

n	$O(log(n))$	$O(n)$	$O(n \cdot log(n))$	$O(n^2)$	$O(n^3)$
10	1	10	10	100	1.000
100	2	100	200	10.000	1.000.000
1.000	3	1.000	3.000	1.000.000	1.000.000.000
10.000	4	10.000	40.000	100.000.000	1.000.000.000.000
100.000	5	100.000	500.000	10.000.000.000	1.000.000.000.000.000
1.000.000	6	1.000.000	6.000.000	1.000.000.000.000	1.000.000.000.000.000.000

Anhand der dargestellten Werte bekommt man ein Gefühl für die Auswirkungen unterschiedlicher Komplexitäten: Bis etwa $O(n \cdot log(n))$ sind die Komplexitätsklassen günstig. Optimal und wünschenswert, wenn auch für viele Algorithmen nicht erreichbar, sind die Komplexitäten $O(1)$ und $O(log(n))$. Bereits $O(n^2)$ ist für größere Eingabemengen in der Regel nicht mehr günstig, kann aber bei einfachen Berechnungen und kleineren Werten für n problemlos eingesetzt werden.

Hinweis: Einfluss der Eingabedaten

Einige Algorithmen verhalten sich abhängig von den Eingabedaten unterschiedlich. Für Quick Sort ergibt sich im durchschnittlichen Fall eine Komplexität von $n \cdot log(n)$, die aber im Extremfall auf n^2 ansteigen kann. Da die O-Notation den »Worst Case« beschreibt, wird Quick Sort eine Komplexität von $O(n^2)$ zugeordnet.

[2] Dabei wird die Zeitkomplexität $O(2^n)$ nicht dargestellt, weil deren Wachstum zu stark ist, um es sinnvoll ohne den Einsatz von 10er-Potenzen auszudrücken.

C.1.2 Komplexität und Programmlaufzeit

Mögen die durch eine spezielle O-Komplexität errechneten Zahlen für eine Menge von Eingabewerten n manchmal auch abschreckend sein, so sagen diese jedoch nichts über die konkrete Ausführungszeit aus, sondern nur über deren Wachstum bei einer Vergrößerung der Eingabemenge. Wie bereits anhand des einführenden Beispiels deutlich wird, macht die O-Notation keine Aussage über die Dauer einzelner Berechnungsschritte: Das Inkrement `i += 1` und der Datenbankzugriff `create_person_in_db(i)` wurden jeweils mit $O(1)$ bewertet, obwohl der Datenbankzugriff auf die Ausführungszeit bezogen um mehrere Größenordnungen teurer als das Inkrement ist.

Für »normale« Anweisungen ohne Zugriffe auf externe Systeme, wie Dateisystem, Netzwerk oder Datenbank, also Additionen, Zuweisungen usw., ist der Einfluss von n bei heutigen Computern für typische Business-Applikationen mit Benutzerinteraktionen vielfach nicht ausschlaggebend: Die Auswirkungen auf die tatsächliche Laufzeit fallen für kleine n (< 1000) bei den Komplexitäten $O(n)$ bzw. $O(n^2)$ und sogar manchmal noch bei $O(n^3)$ heutzutage kaum wirklich störend ins Gewicht – das heißt jedoch nicht, dass man nicht möglichst optimale Algorithmen verwenden sollte. Vielmehr gilt im Umkehrschluss: Man kann auch mit einer ersten funktional korrekten Umsetzung starten und diese in Produktion bringen. Die optimierte Variante lässt sich dann einige Zeit später ausrollen.

Insgesamt möchte ich nochmals betonen, dass auch mehrfach ineinander verschachtelte Schleifen mit der Komplexität $O(n^2)$ oder $O(n^3)$ absolut gesehen oftmals viel schneller ausgeführt werden als einige Datenbankabfragen über ein Netzwerk mit der Komplexität $O(n)$. Ähnliches gilt für eine Suche in einem Array ($O(n)$) und einen Zugriff auf ein Element einer hashbasierten Datenstruktur ($O(1)$). Für kleine n kann die Berechnung der Hashwerte länger dauern als eine lineare Suche. Je größer allerdings n wird, desto mehr wirkt sich die schlechtere Komplexitätsklasse auf die tatsächliche Laufzeit aus.

Literaturverzeichnis

[1] Adnan Aziz, Tsung-Hsien Lee und Amit Prakash. *Elements Of Programming Interviews in Python*. CreateSpace Independent Publishing Platform, 2016.

[2] Dan Bader. *Python-Tricks – Praktische Tipps für Fortgeschrittene*. dpunkt.verlag, 2018.

[3] Aditya Y. Bhargava. *Grokking Algorithms*. Manning, 2016.

[4] Michael Inden. *Der Weg zum Java-Profi*. dpunkt.verlag, 5. Auflage, 2020.

[5] Hemant Jain. *Problem Solving in Data Structures & Algorithms Using Java*. 2. Auflage, 2018.

[6] Gayle Laakmann McDowell. *Cracking the coding interview*. CareerCup, 6. Auflage, 2016.

[7] Alex Miller und Lawrence Wu. *Daily Coding Problem*. 2019.

[8] John Mongan, Noah Kindler und Eric Giguère. *Programming Interviews Exposed*. Wrox, 4. Auflage, 2018.

[9] Brian Okken. *Python Testing with pytest: Simple, Rapid, Effective, and Scalable*. O'Reilly, 2017.

[10] Bruno Oliveira. *pytest Quick Start Guide: Write better Python code with simple and maintainable tests*. Packt Publishing, 2018.

[11] Bruno R. Preiss. *Data Structures and Algorithms with Object-Oriented Design Patterns in Java*. Wiley, 2000.

[12] Robert Sedgewick. *Algorithmen*. Addison-Wesley, 1992.

[13] Matthew Urban. *Top 30 Java Interview Coding Tasks*. net-boss, 2018.

[14] Rick van Hattern. *Mastering Python*. Packt Publishing, 2016.

[15] Jay Wengrow. *A Common-Sense Guide to Data Structures and Algorithms*. The Pragmatic Programmers, 2017.

Index